权威·前沿·原创

**皮书系列为
"十二五"国家重点图书出版规划项目**

广州青年发展报告
(2014~2015)

ANNUAL REPORT ON YOUTH DEVELOPMENT OF GUANGZHOU
(2014-2015)

主　编/魏国华　张　强
副 主 编/安建国　孙　柱　涂成林
执行主编/邱服兵　涂敏霞

社会科学文献出版社
SOCIAL SCIENCES ACADEMIC PRESS (CHINA)

图书在版编目(CIP)数据

广州青年发展报告.2014~2015/魏国华,张强主编.—北京:社会科学文献出版社,2015.7
 ISBN 978－7－5097－7593－6

Ⅰ.①广… Ⅱ.①魏… ②张… Ⅲ.①青年工作－研究报告－广州市－2014~2015 Ⅳ.①D432.6

中国版本图书馆CIP数据核字(2015)第125826号

广州蓝皮书
广州青年发展报告(2014~2015)

主　　编/魏国华　张　强
副 主 编/安建国　孙　柱　涂成林
执行主编/邱服兵　涂敏霞

出 版 人/谢寿光
项目统筹/任文武
责任编辑/张丽丽　王　颉

出　　版/社会科学文献出版社·皮书出版分社(010)59367127
　　　　　地址:北京市北三环中路甲29号院华龙大厦　邮编:100029
　　　　　网址:www.ssap.com.cn
发　　行/市场营销中心(010)59367081　59367090
　　　　　读者服务中心(010)59367028
印　　装/北京季蜂印刷有限公司

规　　格/开　本:787mm×1092mm　1/16
　　　　　印　张:24　字　数:398千字
版　　次/2015年7月第1版　2015年7月第1次印刷
书　　号/ISBN 978－7－5097－7593－6
定　　价/69.00元

皮书序列号/B－2013－318

本书如有破损、缺页、装订错误,请与本社读者服务中心联系更换

▲ 版权所有 翻印必究

广州蓝皮书系列编辑委员会

丛书编委（以姓氏笔画为序）：

丁旭光　马正勇　王旭东　王宏伟　王福军
邓成明　邓佑满　卢一先　冯　元　朱名宏
刘保春　孙　玥　李文新　杨　秦　肖振宇
邹采荣　沈　奎　张　强　陆志强　陈小钢
陈怡霓　陈浩钿　屈哨兵　贺　忠　袁锦霞
顾涧清　徐俊忠　郭　凡　郭志勇　涂成林
桑晓龙　庾建设　董　晧　傅继阳　曾伟玉
魏国华

《广州青年发展报告(2014~2015)》
编委会

主　　编　魏国华　张　强

副 主 编　安建国　孙　柱　涂成林

执行主编　邱服兵　涂敏霞

本书编委（以姓氏笔画为序）：

　　　　　　王晓杰　邓智平　丘昇龄　刘　念　刘思贤
　　　　　　刘梦琴　孙　慧　李　海　李超海　陈　烯
　　　　　　杨秋苑　吴冬华　邱服兵　沈　杰　罗飞宁
　　　　　　周理艺　段　希　赵道静　涂敏霞　龚　超
　　　　　　蒋亚辉　谭丽华

主要编撰者简介

魏国华 现任共青团广州市委书记、党组书记。2008年5月任共青团广州市委副书记，党组成员，十届、十一届广州市青联副主席。2011年9月至今，任共青团广州市委书记、党组书记，广东省第十一次党代会代表，中共第十届广州市委委员，广州市第十四届人大常委会委员，共青团第十七届中央委员会委员，共青团广东省委常委，广东省青年联合会副主席，广州市青年联合会主席。

张　强 现任广州大学党委副书记、纪委书记。1982年参加工作。先后获得哲学学士、经济学硕士学位，副教授。1982年起任共青团石家庄市委任办公室主任、宣传部长；1990年起任原广州大学办公室副主任、维修工程技术学部党支部书记、党委宣传部部长；2001年起任合并后的广州大学党委宣传部部长、党委组织部部长；2005年起任广州医学院党委副书记、纪委书记；2012年11月至今任广州大学党委副书记、纪委书记。第十一届广州市政协委员。曾被评为广州市优秀党务工作者。

安建国 现任共青团广州市委副书记、党组成员。2008年10月至今，任共青团广州市委副书记、党组成员，第十二届广州市政协常委，广州市青年联合会副主席。

孙　柱 现任共青团广州市委副书记、党组成员。2012年7月至今，任共青团广州市委副书记、党组成员、广州市青年联合会副主席。

涂成林 博士，现任广州大学广州发展研究院院长，博士生导师。广州市杰出专家，国务院特殊津贴专家。1985年起，曾先后在湖南省委理论研究室、广州市社会科学院、广州大学工作。兼任广东省体制改革研究会副会长、广东省综合改革研究院副院长、广州市蓝皮书研究会会长等多个社会职务。曾赴澳大利亚、新西兰、加拿大等国做访问学者。目前主要从事城市经济社会发展、文化科技政策及西方哲学、唯物史观等方面的研究。先后在《中国社会科学》、《哲学研究》、《中国社会科学内部文稿》、《中国科技论坛》等刊物发表论文100余篇，专著有《现象学的使命》、《国家软实力和文化安全研究》、《自主创新的制度安排》等，主持和承担国家社科基金重大项目、一般项目、省市社科规划项目、省市政府委托项目60余项。获得国家、省市政府哲学社会科学奖项20余项，获得"广州市优秀中青年哲学社会科学工作者"、"广州市杰出专家"等称号。

邱服兵 工程硕士，1991年参加工作。现任广州市团校校长、广州志愿者学院院长、广州市穗港澳青少年研究所所长、《青年探索》杂志社社长。曾主编《广州志愿服务发展报告》（2014）、《广州青年发展报告》（2012～2013）、《广州青年发展状况研究报告》（2009～2010）、《生命在感动中成长——广州亚残运会志愿者研究》、《志愿服务岗位能力培训教材》、《社会服务管理改革创新与青年群众工作》等。主持了"广州建设志愿者之城与志愿服务长效机制研究"（广州市哲学社会科学"十二五"规划2012年度委托课题）、"以志愿服务岗位能力培训体系创新志愿者培训"、"团校培训的困境与对策"等课题。

涂敏霞 现任广州市团校副校长、广州市穗港澳青少年研究所副所长，《青年探索》杂志执行主编、教授。兼任广州市青年研究会副会长、秘书长，广东省社会学研究会志愿服务研究专业委员会副主任，广东省青年研究会理事，中国青年研究会理事，国际社会学会青年社会学研究会会员。多年来一直从事青少年教育、青少年现状、青少年工作方面的研究，曾先后主持参与国家级重点课题10项，省市级课题20项及跨地区比较研究课题15项，主要编写的著作有：《广州志愿服务发展报告》（2014）、《广州青年发展报告》（2012～2013）、《青少年压力现状与心理调适——穗港澳三地比较研究》（主编）、《广州青年发展状况研究报告（2009～2010）、《生命在感动中成长——广州亚残运会志愿者研究》(主编)、《广州亚运会志愿服务研究》(执行主编)、《社会服务管理改革创新与青年群众工作》(主编)、《中国深圳义务工作发展报告》(副主编)、《青春体验——青少年素质拓展训练教程》(副主编)和《青春真相——广州青少年调查》(副主编)。在国家级、省、市级学术刊物上发表论文50多篇,编写出版穗、港、澳青年比较研究报告书及《广州青少年调研报告》30多本。

摘　要

《广州青年发展报告（2014~2015）》由一个总报告、十个分报告、两个专题报告组成。本书从广州青年的价值观、身心健康、教育与学习、就业、婚恋与家庭状况、社会参与、消费与闲暇娱乐、互联网运用状况、未成年人偏差行为状况、发展环境等十个方面展开深入系统的实证性研究，从社会学、社会工作、心理学、教育学、犯罪学等多个学科视角，深入研究、分析当代青年的价值诉求、思想观念、思维方式与生活方式，详细勾勒了当代广州青年生存与发展的基本特征，真实反映了广州青年生存与发展现状，并就广州青年的发展趋势及对广州社会发展的作用和影响进行了前瞻性的展望。

研究发现，与2010年、2012年的调查结果相比，广州青年的价值观更加多元化，个人本位、务实的价值取向依然是广州青年人生价值观的主要特征；在社会价值观方面，广州青年对国家社会经济发展信心回升，对社会建设领域越来越重视。在身心健康方面，目前广州青年存在一定的健康隐患，学习紧张、工作压力大、收入不够用一直高居广州青年压力源的前三位；父母、朋友依然是广州青年最主要的求助对象，专业机构的地位有所攀升。广州青年教育与学习有较好的社会氛围和家庭物质条件，他们对学历的期望较高，较看重个人能力的提升，教育满意度有所上升。在就业方面，"自主创业"成为广州青年成功就业的重要选择；工资待遇反超工作稳定性，成为广州青年求职中考虑的最主要因素；就业质量与工作满意度均有待提高。广州青年在择偶时更加注重精神追求及感官满足，情感因素与物质因素相对弱化；网络化社交意愿增强，婚姻责任意识与稳定性较差；性观念较为开放，性责任意识有所降低。在青年参与方面，广州青年政治意识和参与行为增强，但政治参与途径有限；社会参与热情高涨、行为踊跃。广州青年消费水平稳中有升，消费结构持续稳定；青年闲暇娱乐的内容与地点多样，互联网成为青年消费和闲暇娱乐的重要渠道。在互联网运用状况方面，广州青年上网更加普及，呈现低龄化、娱乐

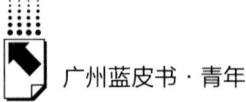

化、移动化的趋势。广州未成年人偏差行为整体严重性较低，偏差行为集中于逃学、不做课程作业等违纪行为。在发展环境方面，广州青年发展的政策体系日渐完善、社会环境不断优化，但与青年自身的需求还有一定差距，青年对发展环境满意度评价普遍不高。

随着广州的新定位、新发展、新谋划，交织着激荡变化的社会思潮，广州青年群体发生着急剧而显著的变化。在未来，我们应从优化工作理念、完善政策体系、加强公共服务等多维度开展青年工作，为青年发展营造更加和谐、良性的条件与环境，促进广州青年全面发展。

目 录

序 广州青年发展状况研究设计 ……………………………… 李超海 / 001

B Ⅰ 总报告

B.1 中国经济发展新常态下的广州青年发展 ……… 沈 杰 董艳春 / 001
  一 广州青年发展的宏观背景 ………………………………… / 002
  二 广州青年发展的主要特征 ………………………………… / 005
  三 促进广州青年发展的政策定位 …………………………… / 012

B Ⅱ 分报告

B.2 分报告一 广州青年教育与学习发展状况研究 ………… 蒋亚辉 / 020
B.3 分报告二 广州青年价值观发展状况研究 …… 涂敏霞 刘艺非 / 043
B.4 分报告三 广州青年身心健康发展研究 ………………… 杨秋苑 / 077
B.5 分报告四 广州青年就业发展研究报告 ………………… 孙 慧 / 107
B.6 分报告五 广州青年参与发展研究 ……………………… 吴冬华 / 134
B.7 分报告六 广州青年婚恋发展状况研究 ……………… 刘梦琴 等 / 156
B.8 分报告七 广州青年消费与闲暇娱乐状况研究 …… 谭丽华 周理艺 / 180
B.9 分报告八 广州青年互联网运用状况分析 ……………… 刘思贤 / 209
B.10 分报告九 广州市未成年人偏差行为状况研究 ………… 刘 念 / 240
B.11 分报告十 广州青年发展环境研究 …………… 赵道静 邓智平 / 273

001

BⅢ 专题报告

B.12 专题报告一 广州大学生发展状况调查报告 …… 龚　超　梁演云 / 291

B.13 专题报告二 广州农村青年发展状况调查报告
　　　……共青团广州市委员会　中山大学政治与公共事务管理学院
　　　　　　　　　　　　　　　广州青年发展现状课题组 / 306

B.14 后记 …………………………………………………………… / 343

Abstract ……………………………………………………………… / 346
Contents ……………………………………………………………… / 348

序
广州青年发展状况研究设计

李超海*

一 研究目的与意义

当前，中国人口正面临着急剧的结构调整和代际变迁，当前青年人群跟上一代以及下一代的异质性越来越明显，跟踪和了解不同时期和不同人口世代的青年人群，能够帮助我们更好地读懂青年和认识社会。广州青年发展状况跟踪调查便在此背景下提出、酝酿和实施，通过科学而系统地追踪广州青年人群的发展演变过程，不仅能够帮助我们认识不同年代青年人群的一般性状况，而且可以系统把握广州青年的动态发展过程，进而为了解青年、研究青年、服务青年提供一手的、科学的信息。因此，在快速变革时期进行广州青年状况的跟踪调查具有以下意义。

（一）全面、深入和持续记录广州青年的静态结构和动态变迁信息，为学术研究、政府决策、服务青年提供基础

通过广州青年发展状况调查既可以了解不同维度的青年信息，比如身心状况、教育情况、职业经历、人际关系、政治参与、社会服务、价值观念、消费模式、宗教信仰等多方面信息；又可以获得不同层次的青年信息，比如个体特征、家庭情况、社区参与等；还能够得到不同时期的比较信息，自 2010 年开展第一期广州青年发展状况调查之后，至今已是第三期，未来还将继续每隔两

---

* 李超海，广东省社会科学院副研究员，研究方向为城市社会学、家庭社会学。

年开展一次调查。

因此，基于不同维度、不同层面和不同时间获得的广州青年发展状况信息，必将为开展广州青年研究提供扎实的一手数据，为政府开展青年就业创业帮扶、心理辅导、政策制定等提供合理的依据，为共青团及各类社会组织服务和管理青年提供有效的信息。

（二）建立专业化的数据库，发挥团系统服务地方政府的"智库"作用

青年人群是社会上最有激情和充满活力的社会群体，但有关广州青年人群的高水平实证研究并不多。通过开展广州青年发展状况的跟踪调查研究，可以建立具有广州特色的青年人群数据库和信息库，通过数据库共享和信息库分享，能够吸引更好的专家学者、政府官员等参与到广州青年研究中来，从而推动广州青年研究更上一个台阶。

通过定期更新和挖掘广州青年发展状况数据库，不断放大数据的信息价值、研究价值和决策价值，通过纵向比较分析能够形成更好、更多的研究成果，从而发挥团系统服务地方、服务青年的"智库"功能。

（三）透过青年群体的变迁折射广州、广东乃至中国社会的变化

青年人群经过家庭、学习、社区等的社会化进入社会，他们的行为方式、价值观念、政治态度、宗教信仰、身心特征、社会参与等既受到宏观的经济、社会、文化、制度等结构性因素的影响，也受到上一代人群的示范影响。因此，青年人群的发展状况和发展变化，既是结构性因素和上一代人群塑造和影响的结果，也是中国教育成效和社会文明程度的体现，通过追踪青年人群的发展和变化，可以帮助我们更好地了解广州、广东乃至中国社会的变化和走向。

二 抽样方案设计

受时间、经费、人力、技术等因素的制约，同时为了确保11个区的汇总样本具有代表性，广州市青年价值观调查样本做到覆盖全市越秀区、海珠区、荔湾区、天河区、白云区、黄埔区、花都区、番禺区、南沙区、从化区和增城

区 11 个行政区。在抽样方法上，采用区层面的配额抽样和区内整群抽样相结合的方式进行。

（一）概念界定与研究对象

青年首先是一个生物概念，从生命周期的角度探讨人从性成熟过渡到社会再生产的发展阶段；也是一个心理概念，侧重青年的内心成长和发现"自我"的过程；也是一个社会学概念，侧重研究青年的社会化和社会适应。因此，青年是一个复合型概念，也是一个动态变迁的概念，尤其随着工业社会乃至信息社会的发展，人的再生产过程需要投入的时间、精力、成本等越来越多，从而使得青年概念的内涵和外延不断变化。

其中，年龄是界定和测量青年概念的最直观、最便利和最有效的指标。即便年龄是界定和测量青年概念的最常用指标国际组织和国内相关部门对青年年龄的界定也存在明显差异。比如，联合国教科文组织将 14~34 岁的人群界定为青年人口（1982 年），世界卫生组织将 14~44 岁的人群界定为青年人口（1992 年），联合国人口基金将 14~24 岁的人群界定为青年人口（1998 年）；国家统计局进行人口普查时将 15~34 岁的人群界定为青年人口，共青团的《团章》规定 14~28 岁的人群为青年人口，中国青年联合会的《青联章程》将 18~40 岁的人群界定为青年人口，香港、澳门和台湾地区将 10~24 岁的人群界定为青年人口。

虽然年龄有生理年龄和心理年龄的区分，存在着诸如：同样的生理年龄具有不同的心理年龄，生理年龄大而心理年龄小，生理年龄小而心理年龄大等的错位现象，但也存在着心理年龄随着生理年龄的增长而趋同的态势。但是，考虑到调查操作的便利性，再加上采用任何界定指标都存在损耗的问题，年龄作为界定青年人口指标的信度和效度均较高，为此本研究倾向于采用年龄作为界定青年群体的基础指标。具体来看，年龄在 15~34 岁的广州常住人口可以被界定为本课题的研究对象。

（二）抽样设计

1. 调查总体

本研究按照国家统计局的概念界定，将广州市 11 个区 15~34 岁人口界定为广州青年人群。因此，本研究将广州市15~34岁常住青年人口作为本研究的调查总体和研究对象。

2. 样本量规模测算

（1）样本量的确定

样本量的确定有三种原则：一是现实考虑。通常是在成本许可和方便获得样本的条件下尽可能抽取多的样本。

二是理论考虑。样本量抽取存在效度曲线，通常来说，样本量在3000份以上，样本的效度较高。此时，不断增加样本量能够保证样本的效度继续增加，但当样本量达到10000份以上时，如果继续增加样本量，而样本的效度变化很小或基本不变，那么样本量增加也就变得没有意义。

三是统计计算。根据设定的各种条件，计算出所需要的样本量。

（2）样本量计算

通常来说，简单随机抽样的样本量可以通过协调课题经费和研究精度而得出，既能够满足经费的限制，又可以确保研究精度可以接受，同时也要考虑资源和时间等限制条件，最终的样本量确定是基于上述因素之间的权衡关系。

一般来说，初始样本量的计算公式为：

$$n_1 = \frac{z^2 p(1-p)}{e^2}$$

假定：

真实的总体比例落在总体比例的样本估计值的（5%）范围内，则调查是可以接受的，也即误差界限 e 为 0.05。

调查估计值的置信度为95%，考虑到置信度为95%属于一个保守的抽样，能够确保样本代表性得到满足，此外，z = 1.96。

考虑到青年人群的同质性和青年人群的群体特征，预计本次调查的回答率为90%，即 r = 0.9。

则：

$$n_1 = \frac{1.96^2 \times 0.5 \times (1-0.5)}{0.05^2} = 384$$

由于本次调查对象是一个中等规模的抽样调查，故不需要进行样本量修正。

根据设计效果，再次进行调整 n_3，则：

$$n_3 = Bn_2 = n_2 = 384$$

此时，由于没有可利用的 B 的估计值，因此，取 B = 1，从而得到保守（即更大）的样本容量。

最后，根据无回答情况、回答问卷无效等情况，能够进行有效回答率预设为 90%，确定最终的样本容量 n，则

$$n = \frac{n_3}{4} = \frac{384}{0.9} = 427$$

可见，根据该方案，调查所需的样本容量为 427。

3. 实际操作方案

在具体计算样本量过程中，我们分别以各区为调查总体，考虑到各区的青年人口同质性、产业结构、青年群体类型等因素，对于各区分别设定不同的 p 值、误差界限，从而可以算出各区调查所需的样本量。

（1）计算样本量

具体操作步骤按照样本量计算步骤进行，考虑到其他情况比较接近，只是不同群体的回答率存在差异，通过计算可以得出以下结果（见表1）。

表1 计算各区的样本量

地区	误差界限	置信区间	有效回答率	调查样本量
荔湾	0.05	0.95	0.95	404
越秀	0.05	0.95	0.98	392
海珠	0.05	0.95	0.98	392
天河	0.05	0.95	0.95	404
白云	0.05	0.95	0.95	404
黄埔（含萝岗）	0.05	0.95	0.95	404
番禺	0.05	0.95	0.95	404
花都	0.05	0.95	0.95	404
南沙	0.05	0.95	0.95	404
增城	0.05	0.95	0.95	404
从化	0.05	0.95	0.95	404
总计需要调查样本总量				4420

（2）基于各区青年人口占比的配额样本量

此外，为了更好地反映和体现广州15～34岁青年人群的总特点，在课题经费5万元的基础上，我们计划调查4000份样本，按照广州"六普"数据中各区15～34岁青年人口占广州市青年人口总量的比例进行配额，可以得到以下结果（见表2）。

表2 按照广州"六普"青年人口比例配额的样本量

地区	常住人口	各区常住人口占全市常住人口总量比例（%）	样本配额
荔湾	300009	5.43	217
越秀	380770	6.90	276
海珠	586808	10.63	425
天河	739144	13.39	536
白云	1070675	19.29	772
黄埔（含萝岗）	419953	7.61	304
番禺	804338	14.57	583
花都	431746	7.82	313
南沙	115028	2.08	83
增城	433292	7.85	314
从化	239341	4.43	177
广州市	5521104	100.0	4000

（3）调查样本量

最后，在将计算样本量和配额样本量进行加总取平均值的基础上，可以得出各区最终需要调查的样本量（见表3）。

表3 最终调查样本总量及各区样本量分配

地区	计算样本量	样本配额量	最终调查样本量
荔湾	404	217	310
越秀	392	276	334
海珠	392	425	408
天河	404	536	470
白云	404	772	588
黄埔（含萝岗）	404	304	354

续表

地区	计算样本量	样本配额量	最终调查样本量
番禺	404	583	493
花都	404	313	358
南沙	404	83	243
增城	404	314	359
从化	404	177	290
最终调查样本总量		4207	

(4) 中学生样本量

依据《广州统计年鉴（2010）》可以发现：2010年广州市共有在校大学生、普通高中生、中职生和技工学校学生191.71万人，占全市15～34岁常住青年人口的34.70%。那么，本次青年人群调查中，应该调查学生样本数为1463人。

表4 不同层次学生占全市15～34岁常住人口比重情况

2010年各类在校学生情况	人数（万人）	占15～34岁常住青年人比重（%）
大　学　生	84.39	15.28
普通高中生	57.23	10.36
中　职　生	24.81	4.49
技工学校学生	25.28	4.57
合　　　计	191.71	34.70
因此，总共需要调查学生样本1463人		

具体来看，依照学生群体中不同层次学生的占比情况，可以得出最终每种学生类型的样本量。

表5 不同类型学生样本量

	人数（万人）	比例（%）	调查样本量（人）
大　学　生	84.39	44.02	644
普通高中生	57.23	29.85	437
中　职　生	24.81	12.94	189
技工学校学生	25.28	13.19	193
合　　　计			1463

（5）职业群体样本量

通过参考广州市不同区在职青年的行业分布，结合各个区的产业结构、就业特征、经济发展形态等因素，选取其中的典型职业群体作为被访对象。因此，各区实际调查的职业人士样本量=现有样本~133。在同一个区内部，不同职业群体的样本量按照职业群体的占比进行配额分配。

为此，可以得到表6。

表6　各区不同群体调查样本数分布情况

	群体一	样本量	群体二	样本量	群体三	样本量	合计
荔湾	卫生体育社会福利业	82	社会服务业	55	批发零售贸易餐饮业	40	177
越秀	党政机关与社会团体	126	批发零售贸易与餐饮	39	交通运输仓储通信业	36	201
海珠	党政机关与社会团体	177	批发零售贸易与餐饮	50	社会服务业	48	275
天河	科学研究与综合技术服务业	161	金融保险业	31	社会服务业	145	337
白云	制造业	297	房地产业	101	交通运输仓储通信业	57	455
黄埔（萝岗）	制造业	141	电力煤气及水的生产供应业	30	房地产业	50	221
番禺	农林牧渔业	150	党政机关与社会团体	100	社会服务业	110	360
花都	农林牧渔业	100	交通运输仓储通信业	45	社会服务业和批发零售贸易餐饮业	80	225
南沙	电力煤气及水的生产和供应业	30	农林牧渔业	50	旅游业与社会服务业	30	110
增城	制造业	121	农林牧渔业	60	批发零售贸易餐饮业	45	226
从化	制造业	70	建筑业	44	批发零售贸易餐饮业	43	157
合　计							2744

注：由于番禺区的数据不全，故采用主观配额。

三 调查过程

2014年广州青年发展调查由广州市团校负责,在广州团市委的帮助和协调下,通过依托广州团系统的组织体系和工作网络完成了本次问卷调查工作。最后,将各区调查问卷进行整理和汇总,得到2014年青年发展状况的总样本。

总报告
General Report

B.1
中国经济发展新常态下的广州青年发展

沈 杰 董艳春[*]

摘 要： 广州青年正处于机遇和挑战并存的经济发展新常态的宏观背景之下。他们在机遇与压力中不断成长，呈现出独特的时代发展特征：拥有积极向上的价值观；具有较高的学历期望，教育与学习的内驱力较强；在就业方面能充分发挥主观能动性，创业热情不断高涨；在婚恋关系中自我保护意识增强；消费观念合理，闲暇娱乐方式健康化、多样化；政治参与意识明确、行为增多；上网呈现低龄化、移动化、娱乐化的趋势；面临较大的社会生存压力，身心健康发展受到一定程度的影响；未成年人偏差行为整体偏轻，但发生率呈现上升趋势。从整体上看，广州促进青年发展的政策体系日渐完善，但青年发展环境有待进一步优化，建议全面制定青年政策，从制度上保证青年发展的

---

[*] 沈杰，中国社会科学院青年人文社会科学研究中心研究员、中国青年政治学院教授。董艳春，北京航空航天大学公共管理学院博士研究生。

有关问题得到政府的关注和解决,从而更好地推动青年工作。

关键词： 新常态　广州　青年发展

改革开放30多年来,整个中国社会正在发生根本性转变。社会发展指导思想以及经济社会体制的根本性转变,不仅推动了我国在经济发展总量方面的快速增长,更推动了中国社会发展的全面转型,进而从多个层面上促使人们的社会生活发生极大的变化,其中青年群体的发展变化尤其显著,他们成为进一步改革和发展的重要影响力量。

21世纪,世界各国都更加关注青年一代在社会发展中重要的作用。从中国的具体情况来看,由于人口基数大,我国青年人口的拥有量在世界上名列前茅。而这些出生和成长在知识信息时代的青年人,能够做到快速接受和迅速掌握各种新鲜事物,这种情况的出现,有助于推动当代青年走在时代的前沿地带。因此,青年的发展在一定程度上预示着社会的未来。青年发展有待社会政策来促进和保障。当下,通过制定青年发展规划、制定青年政策、优化青年环境,为青年成长成才提供服务,已经提上了议事日程。

一　广州青年发展的宏观背景

1. 机遇和挑战并存的中国经济发展新常态

在2015年3月召开的第十二届全国人民代表大会第三次会议上,国务院总理李克强在政府工作报告中指出,过去的2014年,中国发展的国际环境和国内环境,都十分复杂、异常严峻。从全球范围来看,要很好地实现经济复苏,则是一项特别艰巨的时代任务。从中国国内的情况来看,我国经济发展的整体走势呈现出多样化的特征,面临着不断加大的经济下行压力。这些情况使得我国经济社会发展中,充满着各种交织在一起的困难和挑战。[1]

---

[1] 李克强：《2015年国务院政府工作报告》,2013年3月5日,国务院总理李克强在第十二届全国人民代表大会第三次会议上所做的报告。

针对过去一年的社会经济发展状况,我们还需要进一步认清社会现实,并勇敢地正视前进中的困难和挑战。从世界范围来看,中国依旧是发展中国家,而且是最大的、居于首位的发展中国家,这意味着在将来很长一段时间里,发展仍然是我国的首要任务,只有通过推动经济和社会的全面发展,才能够有效地解决我国在社会主义初级阶段面临的各种问题,化解形式多样的风险与矛盾,跨越居民收入滞涨的发展阶段。因此,从长远看,我国要实现现代化,最根本还是要靠发展,特别是合理增长速度下的可持续性发展。现阶段,我国经济发展已经进入新常态,正处在爬坡过坎的关口,还面临着各种体制机制方面的阻碍因素,如果不能够做到进一步深化改革以及调整经济发展结构,就难以实现可持续性发展。由此可见,我国还必须继续坚持以经济建设为中心的理念,努力抓好发展这个执政兴国的最主要任务,并借助改革背景下的科学发展,加快转变当前的经济发展方式,从而真正地实现质量和效益并存的可持续性发展。

2015年正是我国全面深化改革的关键之年,也是我国整体推进依法治国的开局之年,更是我国稳定增长、调整结构的紧要之年。当前中国经济发展进入新常态的社会认识,是以习近平同志为总书记的党中央审时度势做出的重大战略判断。新常态背景下的中国经济,呈现增长速度变化、经济结构优化、发展动力转换三大特点。① 认识、适应并引领经济发展新常态,将会是当前和今后一段时期内中国经济发展的首要任务。新常态下中国经济的发展,应该把稳中求进作为一切工作的总基调,确保经济在合理区间内运行,并注重提高经济发展全面质量和整体效益,把转变经济发展方式、调整经济发展结构放到更加重要的位置,并通过借助改革和创新的驱动作用,在强化社会风险防控的同时,加强民生保障,正确地处理好改革和发展的稳定关系,全面推进社会主义经济、政治、文化、社会、生态文明等各个方面的建设,从而更好地促进经济平稳健康发展、社会和谐稳定进步。

2. 中国经济发展新常态下乘势而上的广东省改革发展

2014年,在复杂多变的经济形势以及任务繁重的社会改革背景下,广东

---

① 张高丽:《引领新常态开创新局面》,2015年3月23日,国务院副总理张高丽在第十六届中国发展高层论坛上的讲话。

省紧紧围绕"三个定位、两个率先"的整体目标,在稳中求进工作基调的指导下,积极主动地适应经济发展的新常态、应对经济发展过程中的各种困难和挑战,通过切实推进稳定增长、促进改革、调整结构、惠及民生、防控风险等方面的各项工作,使得本省在经济社会方面全面发展,取得良好成效。具体而言,一年来,主要工作及其成效如下:以质量效益为中心,全力以赴稳增长;全面深化改革扎实起步,对内对外开放进一步扩大;深入实施创新驱动发展战略,产业转型升级步伐加快;加大统筹发展力度,城乡区域发展协调性不断增强;促进绿色低碳发展,生态文明建设取得新成效;切实保障和改善民生,社会事业全面进步。

新形势下,广东省在经济社会发展方面,还面临着一些问题:长期积累的经济结构不合理、体制机制不健全、自主创新能力不强、城乡区域发展不协调、资源环境约束趋紧等,这些深层次问题都是长期积累的结果,而且其所包含的风险和矛盾更加凸显,因此,全面深化改革、整体转变方式、全面调整结构,将会是广东省长期的发展任务。

改革开放的发展政策率先在广东省积极开展,使得该省较早地进入经济发展新常态阶段,从总体上看广东省经济发展呈现出向好的状态,同时处于可以大有作为的重要战略发展机遇期。李克强总理指出,广东是改革开放的前沿地区,经济发展在全国的地位举足轻重,深化改革开放取得很大成功。希望广东继续发挥生力军、主力军作用,始终坚持发展是硬道理,坚定不移推进改革开放,在国家发展中起支撑作用,在科学发展中起示范作用,在全面深化改革开放中起带头作用,在经济提质增效升级方面走在全国前列。[1] 因此,广东省既要牢牢地把握住发展的机遇,增强战略发展的自信,又要具备极强的忧患意识,保持发展的战略定力,在认识、适应和引领新常态的背景下,坚持全面发展、积极主动作为,振奋精神、乘势而上,在新的历史起点上,努力地开创出广东经济改革、社会发展、政局稳定的新局面。[2]

3. 经济下行压力下主动作为的广州市经济社会发展

过去一年,面对经济下行压力加大的突出矛盾,广州市在发展过程中,全

---

[1] 羊城晚报:《李克强总理考察广东纪实:查看危旧房改造关心外来工》2015年1月8日。
[2] 朱小丹:《2015年广东省政府工作报告》,2015年2月9日,广东省省长在广东省第十二届人民代表大会第三次会议所做的报告。

力以赴稳定增长、促进改革、调整结构、惠及民生、增强后劲,使得本市经济社会发展取得良好成效。主要成就如下:一是经济运行总体平稳。广州第四次被评为福布斯中国内地最佳商业城市第一名。二是质量效益持续提高。三是结构调整取得实效。四是社会事业蓬勃发展。科技、教育、文化、卫生、体育、治安等领域取得新进步,十件民生实事全面兑现,民生发展指数在省会城市和计划单列市中排名第一。①

2015年是全面深化改革和促进发展的关键之年,广州市围绕适应经济新常态、实施"一带一路"战略、推进自贸试验区建设、深化泛珠三角合作的新变化、新情况、新问题,明确了经济社会发展的目标任务,做出全面推进依法治市的决定,承载着全市人民的深切期望。要在全球城市体系中找标杆,从国家大战略中找动力,从区域发展中找动力,从全球发展要素配置和国际产业分工中找动力,主动作为,勇闯难关,努力实现全市经济社会发展提质增效。

广州市作为中国的一线大城市,吸引并保留了大批青年人员,无论是本地的青年才俊,还是来自外地的务工青年,在推动广州市经济社会发展方面,都发挥了十分重要的作用。同时,为了更好地为广大有志青年提供舞台,广州市从本市的实际情况出发,通过出台一系列的政策措施,努力为青年发展创造有利的经济和社会环境。青年是社会创新的主体,青年企业家则是推动经济创新发展、激发市场创新活力的中坚力量。为此,广州市发改委、经贸委、团市委等单位开展了"广州青年企业家发展领航计划",为处于领先地位和具有良好发展潜力的成长型青年企业家,提供企业家培训班、政府政策推送、融资服务、上市培育、企业发展指导等帮助。这些政策措施的出台,不仅有助于青年自身的发展,同时也能够最大限度地发挥广大青年在推动广州经济发展、社会进步方面的作用。

二 广州青年发展的主要特征

为了更好地了解和跟踪广州青年发展状况,在广州团市委的帮助和协调

---

① 陈建华:《2015年广州市政府工作报告》,2015年2月2日,广州市市长陈建华在第十四届人民代表大会第五次会议上所做的报告。

下，广州市团校通过广州团系统的组织体系和工作网络，组织和实施了2014年广州青年发展状况的调查工作。本次调查覆盖了全市的11个行政区，即越秀区、海珠区、荔湾区、天河区、白云区、黄埔区、花都区、番禺区、南沙区、从化区和增城区。在抽样方法上，考虑到各区青年人口的同质性、产业结构、青年群体类型等因素，调查采用了区层面的配额抽样和区内整群抽样相结合的方式。从内容上看，调查重点关注了广州青年的价值观、教育与学习状况、就业发展状况、婚恋观念、消费和闲暇娱乐状况、社会参与状况、互联网运用、身心健康等方面的基本情况。

1. 广州青年拥有积极向上的价值观，但现实因素对其价值判断的影响不断加深

价值观是衡量青年发展的重要指标之一，主要包括社会价值观和人生价值观这两个方面。调查结果显示，在社会价值观方面，广州青年对国内社会经济发展状况给予积极评价的比例，有了较大幅度的提升，表明他们对国内社会经济状况的发展前景越来越乐观。广州青年对经济发展的重视程度，以及对社会建设的期望均有所提升，包括维持国内社会秩序、保障公民权利自由等社会建设方面的选择比例均高于2012年。与以往的调查结果一样，广州青年均旗帜鲜明地反对各种违法犯罪行为。但是，也可以发现，青年人不接受有争议行为的比例均有所下降。2014年的调查结果显示，与往年相比广州青年除了对"安乐死"不接受程度的比例略有上升外，对大部分有争议行为的不接受程度均有所下降，这反映出广州青年对一些社会行为采取越来越包容的态度。在人生价值观方面，广州青年对人性的看法整体上是积极的，对正面的人性观依然保持着较强烈的认同感，但是，这种积极认同的取向，却出现了整体下降趋势，而且这种下降是显著的，这种积极性的消退值得我们关注。个人身体健康、家庭生活美满，依然是青年人最认同的幸福标准。广州青年对自致因素在个人成就中的作用的认同程度在整体上高于非自致因素，但从近年的变化趋势来看，对非自致因素的认同有所上升，对自致因素的认同则有所下降。这说明越来越多的广州青年认为个人的努力等自致行为并不能最终带来成功，而需要借助一些天赋或外在的因素，这暗示了青年们对目前社会流动特别是向上流动渠道不畅通的悲观情绪，同时也是目前社会不公正现状在青年人价值观当中加剧的一种反映。大部分青年承认受到模范榜样人物的影响，但是，有部分青年

对于自身是否能够做出类似的行为，表示缺乏信心。

2. 广州青年自我期望值较高，教育与学习条件优越，但仍有进一步提升的空间

对于教育与学习的恰当期望，能够提供内驱力，促进青年的发展。学历作为一种受教育程度的证明，对青年在社会上的立足、生存和发展具有重要作用。广州青年对于自己的学历期望较高，他们的教育与学习的内驱力较强。从对学习内容的期望来看，不同发展阶段的青年的期望差异不大。从青年选择的学习途径来看，除了"全日制学校"以外，伴随着广州市民办教育的快速发展，形式多样、覆盖面广的校外社会教育机构，为青年的教育与学习提供了多样的选择。同时，广州市教育的改革和发展，为青年的发展提供了坚实的保障，青年的教育与学习呈现出较好的态势。调查结果显示，八成以上的广州青年生活在教育条件和机会较好的城区（含乡镇），享受着广州经济社会发展带来的各种便利，拥有较好的教育与学习条件。广州青年有较好的家庭居住条件，能够为青年教育与学习提供一定的物质保障。但是，另外，也应该看到，随着经济体制的转型升级，城乡二元经济结构严重制约广州市各项教育事业的发展，造成青年教育与学习的不平衡问题：一是广州农村地区青年和城市中心区青年能够获得的教育资源不平衡；二是户籍制度影响着非户籍青年享受教育的机会。居住环境为青年享受家庭教育提供了物质基础，但是，对家庭教育起决定性影响的，则是父母家庭教育的观念和能力。因此，改进父母的教育观念、提升父母的家庭教育能力等，有助于进一步提升广州青年所享受的家庭教育质量。

3. 广州青年就业观念日趋合理、创业热情不断高涨，但存在创业意愿与实践相脱节的现象

就业观念在青年求职和择业方面，发挥着极其重要的作用。合理、健康的就业观念，能够很好地指导青年人的就业行为。在如何改善目前工作状态方面，广州青年的选择趋向于多样化，"学习深造，不断提升自己"、"自主创业"等成为青年人首要的考虑因素，这表明职业传统观念中的求稳定、求保障和"铁饭碗"意识正逐渐淡化。广州青年认为个人人力资本储量，对其职业生涯发展影响最大，传统家庭背景等因素的影响正在逐步消退。青年创业是时代和现实的客观要求，是关乎国家未来、民族兴衰的民生工程，是解决青年就业难的重要而有效的途径。强烈的创业意愿是青年人成功创业的第一步。在调查广州青年的创业意愿时，一半以上的青年明确表示愿意自主创业，非独生子女的创业意愿高于独生子女，在广州居住时间较长者，其创业意愿更强。但是，较高的创业意愿并不一定代表较高的创业率。调查数据表明，相较于有创业意愿的青年，真正将创业落到实处者的人数明显地较少。这一情况表明，在一定程度上，大部分青年虽然有较高的创业热情，但真正行动起来、参与创业实践的人并不多，而能够创业成功的人则更少。这在一定程度上也表明青年人的创业理想与现实之间存在着较大的差距。

4. 广州青年婚恋观念日趋成熟，在婚恋关系中他们的自我保护意识增强

恋爱、婚姻、家庭是青年人生必经的重要阶段。伴随着时代的发展，广州青年人在恋爱观、婚姻观、家庭观、性观念等方面，呈现出了一些新的特点。在恋爱观方面，广州青年在择偶时仍重视"道德品质"、"性格"等精神层面的因素，但重视"相貌"、"年龄"等外在条件的比重有大幅提升。各类网络相亲交友的平台越来越多，这在一方面扩大了青年的交际圈和社交面，另一方面也使得爱情的安全性和稳定性受到了挑战。在婚姻观方面，广州青年认为当前青年婚恋面临的主要问题排序依次是"离婚率高"、"婚外恋"、"闪婚闪离"，而后两者也都是造成离婚率居高不下的重要原因，这凸显了青年人对婚姻稳定性的高需求。值得注意的是，广州青年认为婚前同居、同性恋不再算是社会问题，他们基本上能够加以接受和认同。伴随着社会劳动分工的细化以及男女平等思想的传播，职业女性越来越多，超过六成的广州青年对"婚后家务均担"持赞同态度，这体现出男尊女卑思想的消失，而男女平等的观念越来越普遍。超过一半的广州青年对婚前财产公证持赞同态度，这说明了当代青年的法律意识和自我保护意识都有所增强。在家庭观方面，"性别偏好"消失，生男生女都一样和男女平等的观念得到巩固。在性观念方面，广州青年的性态度更加开放，对同性恋的认同度有所提高，但受传统思想教育约束以及青年人自身性责任意识增强的影响，青年人的性心理逐步趋向理智和成熟。

5. 广州青年社会生存压力大，并在一定程度上影响着其身心健康的发展

广州作为一个经济发展较快的国际化大都市，以其独特的魅力吸引了大批国内外的优秀青年人才。在激烈的竞争环境中，广州青年压力感尤为明显。有近五成青年感到压力比较大，四成多青年感觉压力一般，感觉压力较小的青年仅占5.8%。学习紧张、工作压力大、收入不够用高居广州青年压力源的前三位。在如此高的生存压力下，青年人渴望成功、渴望事业有成的期望也较高，压力和期望并存的情况，无形中对广州青年的身心健康造成了较大的影响。从整体上看，广州青年的健身意识不强，健身时间呈下降趋势。广州青年目前存在的健康隐患依次是视力不良、焦虑、缺乏安全感、肥胖、抑郁等，他们的亚健康的生理状况与前两次的调查结果相比，情况变化不大。广州青年存在一定程度的心理健康问题，现代青年具有很高的自主性，他们渴望独立，但实际上他们依赖心理强，抗挫折能力差，这种假性成熟现象，需要引起我们的高度重视。2010年至今广州青年的社会支持情况波动较大。遇到困难或挫折时求助对象的变化也发生明显变化，父母上升至第一位，朋友下降到第二位，专业机构升到第三位，配偶情侣下降为第四位，自己应对下降为第五位。特别是专业机构这种专门针对青年人的救助部门，越来越受到青年人的欢迎，而且青年人在遇到困难时，更趋向于接受个人心理辅导的帮助形式。

6. 广州青年具有理性的消费观念，而且其闲暇娱乐方式呈现出健康化、多样化的特征

经济实力是消费质量的基础，收入是经济实力的重要来源。调查数据显示，2014年广州在职青年的平均年收入为5.2072万元，较往年青年收入有了较大提高。从消费结构来看，青年的消费中心落在食品餐饮等基本生活需求上，青年贷款购买住房和车辆的意愿比较高，但是能量入为出。青年普遍认同中国传统的节俭价值观，他们在消费时通常十分理性，把性价比作为自己考虑的首要因素。对青年人来说，紧跟信息化时代膨胀的互联网消费即网购，已经成为一种极为普遍的现象，这一点体现了青年对现代技术的敏感和接受程度，青年踊跃参与互联网经济，并逐渐成为互联网经济时代的网络消费主力军。闲暇娱乐是人们放松身心的有效途径之一，分析广州青年的闲暇娱乐状况，不仅能够帮助人们了解青年人的休闲方式，还有助于进一步分析青年生活习惯情况。调查数据显示，广州青年平均每日闲暇时间是4.675小时，这说明青年人能够很好地协调学习、工作、休闲之间的关系；广州青年选择最多的休息娱乐场所是"电影院、音乐厅、博物馆"，这说明广州青年闲暇娱乐最注重艺术熏陶。广州青年的闲暇娱乐方式也较为分散多样，首选的是那些便于在家里展开的活动，其次是注重体育锻炼，同时也会兼顾到其他外出性闲暇娱乐方式。

7. 广州青年上网呈现低龄化、移动化、娱乐化的趋势，同时网络文化对青年人的影响正不断加深

伴随着信息时代的到来，互联网在人们日常生活中扮演的角色越来越重要。尤其是广大青年人，他们对网络的依赖程度越来越高。针对广州青年的调查数据显示，青年人首次触网年龄的低龄化趋势愈发明显；家庭已经成为青少年最主要的上网地点，而且青年上网的设备趋向移动化；从青年上网所使用的功能来看，互联网的娱乐化功能在进一步强化，学习功能紧随其后。近年来，网络文化对广州青年的语言、行为、社交等产生了较大影响。青少年接受和使用网络语言的现象较为普遍；团购等较为新鲜的网络消费方式颇受青年人欢迎；互联网作为一种新型的社交媒体，倍受广大青少年的青睐，微信、QQ、微博等网络交往模式，为青年人群带来了互动的快乐，促进了社会关系的拓展。此外，从青年对网络功能的评价来看，正面的评价居多。

8. 广州青年政治参与意识明确、行为增多，社会参与人数渐增、比率上升

青年政治参与，从概念上讲，主要是指广大青年作为参与主体，主动地了解和认识国家的政治、社会生活现状，并在此基础上借助多样化的途径，积极地投入大量的有序行为，它可以划分为政治参与意识和政治参与行为。调查发现，当下广州青年的政治参与意识十分明确。绝大部分的被调查青年认为"人是离不开政治的，因此应该时常关注政治"；超过六成的青年赞同选举投票是有用的；有一半的被调查青年表示赞同"市民的意见对政府政策有影响力"的观点。近年来广州青年政治参与行为明显增加。被调查的年满18周岁以上的青年中，主动参加最近举行的地方人大代表投票选举活动、积极履行自己的督政行为的人数，与2010年、2012年的调查数据相比，有一定程度上的增加。青年社会参与，主要是指青年通过承担自己的社会角色，为制定和实施各种有效的社会政策，并阻止损害国家利益的政策措施出台，而从事的一系列活动。青年社会参与作为一种青年参与社会事务的广泛性途径，为青年深入社会，了解国情、民情，参与社会管理，并为实现青年的社会价值提供平台与渠道。调查统计结果显示，近八成（78.4%）的被调查青年，参加过各种类型的社会组织，而且不少青年同时参加多个社会组织，与2012年的73.4%的比率相比，有了一定增长。此外，越来越多地青年加入志愿者行列。参加过志愿服务的青年比率呈现出逐年上升的趋势；广州青年参与志愿服务的最凸显的、最首要的动机,仍然是基于关怀社会、回报社会的公民意识,超过一半的被调查青年选择参加志愿服务是因为"帮助了有需要的人,回应社会需要"。

9. 广州未成年人社会偏差行为整体上较不严重,但发生率却呈现出上升趋势

未成年人处于身心发展的关键时期,这些青春期的孩子,自控能力差、容易受到外在因素影响,在父母、老师等监管不力的情况下,很有可能做出各种偏差行为。通过对1380名广州市11~18岁在校未成年人的数据分析可见,广州市未成年人偏差行为集中在逃学、不做课程作业等违反学校规定和纪律的违纪行为上,偏差行为整体严重性较低、社会危害较小。与2013年调查数据相比较,未成年人吸烟、吸毒比例有大幅上升,未成年人控烟和禁毒工作形势日益严峻。未成年人出现绝对偏差行为的比例为51%,明显高于2013年34.2%的绝对偏差行为比例。未成年人的人口学特征、家庭系统、学校系统、社会交往、过往经历、自身价值倾向及对司法系统的信心,皆会对其是否出现偏差行为产生影响。在控制所有其他因素的情形下,不良朋辈交往是影响未成年人偏差行为产生的最重要因素。男性未成年人、中职技校生、学业表现自我评价较低的未成年人是偏差行为防控的重点群体。父母离异、分居所造成的家庭结构不完整对未成年偏差行为的产生有明显的消极影响;而与老师保持良好的师生关系、积极正向的休闲安排以及自身所秉持的亲社会态度,都将有效地阻碍偏差行为的出现。

10. 广州促进青年发展的政策体系日渐完善,但青年发展环境有待进一步优化

从整体上看,青年发展的环境主要包括社会、社区、家庭、学校、朋辈和家庭。与少年儿童时期相比,广大青年受家庭影响的情况开始相对减少,而受到朋辈和学校影响的概率开始逐渐提高;此外,由于互联网以及通信技术的大力发展,青年与外界社区和社会的接触机会也不断增加。判断青年发展环境的优劣可以从客观和主观两个维度来考虑。通过梳理2013年以来广州市出台的青年相关政策文件,并结合广州市各相关职能部门的青年工作实践,总体上看,青年发展环境的政策体系构建正在逐渐完善。这主要体现在教育政策体系渐趋完备、就业创业政策体系不断健全、青少年权益工作科学有序发展、特殊群体保障体系基本建立起来等方面。为了更好地了解青年发展环境的现状,还需要了解青年对自身发展环境的主观评价数据。调查结果显示,主观维度下青年对自身发展环境的评价普遍不高。四成以上青年对各项发展环境满意度评价"一般",家庭环境不满意程度最高;半数青年对自身权益维护持中性评价,中学生对权益维护评价最好;七成以上青年没有出国(境)经历,有出国(境)经历者多为旅游,留学和交流情况较少;住房、人才发展环境及权益保障是青年最希望解决的三大发展环境问题。此外,青年生存和发展环境更加复杂多样,消极的负面影响普遍存在;青年发展环境资源配置不均衡,优质资源过度集中问题突出;青年发展环境全局意识不足,政策体系还有很大进步空间。这些问题的存在,严重制约了广大青年的全面发展。

三 促进广州青年发展的政策定位

1995 年联合国以青年发展的角度为出发点,为"青年政策"做出如下定义:青年政策是详细说明青年人在整个国家发展战略中所扮演的角色、所承担的责任以及所享有的权益等方面内容的整体计划,其中包括如何为青年提供服务、如何配合青年需要等具体规划,同时还需要进一步明确达成青年发展目标的时限,以及实现青年有效参与的途径等。一言以蔽之,青年政策是一种在社会发展前提下促进青年全面性发展的政策。青年政策最初主要关注人权领域,特别是青年人的社会地位和政治权利,后来青年政策开始关注青年群体发展在整个经济社会发展中的作用,再后来面对青年发展中面临的各种问题,青年政策开始要求制定系统的青年发展政策体系,并使之成为国家整体发展规划的有效组成部分。可以说,青年政策的发展与完善,在推动青年发展方面,发挥了应有的重要作用。因此,任何国家及其所属层面,在解决青年生存与发展问题时,应该更全面地制定青年政策,从制度上保证青年发展的有关问题得到政府的关注和解决,从而更好地推动青年发展的相关工作。

1. 树立青年优先发展的政策理念

青年是国家的未来、民族的希望,一个注重长远利益的民族,总会重点关注青年的发展。青年是社会变革、经济发展和技术创新的关键动力,是促进国家发展的主要人力资源。进入 21 世纪以来,在当前的社会政治经济环境中,伴随着全球信息化进程的日益加深,青年在生存发展方面,面临着一些新情况、新问题。全球化范围内生产要素的重新配置，使得青年就业形势越来越严峻。全球化背景下多元化的文化环境，需要青年具备宽容的心态和较强的适应能力，这极有可能使其与父辈形成价值观念上的冲突。而互联网时代的到来，青年接受的信息量大而全面，并且掌握了话语权，青年追求自身权益的行为，更易引起社会关注。因此，政府和相关部门，必须从更高层面上给予青年事务的发展更多关注。

青年优先发展政策理念，要求政府在政策规划中，将青年发展摆在优先位置，并将其纳入整个经济社会发展的整体战略中，然后制定相关的法律法规、政策措施等实施机制，将其落到实处。青年优先发展政策理念，包括两个方面的"优先"，其一是资源分配上的优先，其二是次序安排上的优先。具体体现为：在经济社会发展方面，优先考虑青年的教育问题，首先是青少年的教育问题，并注重拓宽青年自我表达和社会参与的各个领域，使得社会福利向青年倾斜；在文化艺术发展方面，应大力提倡利于青年身心健康发展的先进文化和艺术；在公共政策制定过程中，应将促进青年发展作为重要议题，并确保青年参与决策[1]。需要说明的是，这里提出的"青年优先发展理念"，并非人为地忽视其他社会群体。在人的发展过程中，青年阶段是起着过渡性、决定性的作用，应当处于优先考虑的地位。青年的优先发展的理念，从根本上说是为了促进人的全面发展。

2. 构建与社会生活接轨的青年价值教育机制

任何一个社会在发展过程中，总是寄希望于借助文化传递机制，向青年一代灌输特定的价值观念，从而确保其在将来成为该社会的合格成员。但是纵观历史长河，价值观念的教育必须以特定的物质为载体，才能够更好地确保其有效性。从我国的经验来看，长期以思想教育替代价值教育，其结果是导致教育丧失了其自身的价值取向，并异化成了狭隘的、功利的政治性工具。在当前的市场经济发展环境下，青年教育应该做到利益实现机制和价值导向机制的结合。

利益实现机制的根本要求就是应该符合社会生活的实际。在推行价值观教育的过程中，只有努力做到与社会生活接轨，并充分考虑到社会生活的影响，

---

[1] 田杰：《全球化背景下青年工作的发展战略》，《当代青年研究》2002年第5期。

才能够将价值观教育的基本内容落到实处。在如今这个多变的时代，不仅是经济体制、社会结构、生活方式在发生变化，而且人们的价值取向也趋向于多元化、多层次性。在这样的社会现实面前，价值观教育仍然只注重精神的、理想的价值，而完全忽视物质的、利益的价值，那么，价值观教育就不会收到良好的教育效果。我国实施改革开放政策以后出生的人们，他们的思维方式、眼界视野和信息量，与改革开放之前出生的人们，相互之间有了极大的差异。因此，对更年轻一代的引导与评价，要运用全新理念和方法。最重要的是，不能再把青年仅仅视作被教育的对象，而应该充分肯定青年的现实作用。此外，还要努力完善社会本身的发展，克服成人价值系统本身存在的缺陷，只有这样价值观教育才有可能取得实际效用。

3. 改进独生子女成长中的家庭教育机制

一直以来家庭教育都在青年人教育中扮演着重要的角色，这种教育具有早期性、连续性以及不可取代性。然而，结合实际情况来看，当前家长教育理念的落后、教育心态的不完善等，导致家庭教育的问题频出。独生子女政策，使得每个家庭都只有一个孩子，这种情况下家长对孩子的家庭教育，往往带有"下赌注"的感觉，他们希望孩子，帮助实现自己未实现的人生理想，希望孩子将来不要承受自己受过的苦难，这种补偿心理和惧怕心理，使得他们对孩子期望值过高、呵护度过多，使很多孩子生活在溺爱的环境中，普遍出现无感情、无能力、无责任感的状况。

在如何改进家庭教育机制方面，首先，要将家庭教育纳入宏观的社会管理系统。家庭教育是提高国民整体素质的基础工程，要想促使家庭教育取得良好的实效，政府应该高度重视家庭教育工作的组织和开展，通过将其纳入宏观社会管理系统，来予以家庭教育必要的政策指导和财力支持。积极开展家庭教育问题研究，定期发布家庭教育的相关文件，出版普及家庭教育知识的报刊杂志等，这些措施都能够实现对家庭教育方式的科学指导。其次，开展形式多样的、指导家庭教育的社会实践活动。现如今家长越来越重视子女的教育问题，然而，多数家长并没有完全了解青少年身心发展的规律与特点，更缺乏科学的家庭教育方法，因此出现了方法不当、效果不佳等不良现象。解决当前家庭教育中的这些问题，可以通过创办家长学校的实践方式，使得教育者先通过接受教育，掌握必要的方式和方法，从而确保他们更好地发挥家庭教育的作用。

4. 改革过度重视成绩的应试教育机制

从概念上看,"应试教育"是中国特有的名词,在某种意义上是中国科举制的一种延续。应试教育具有教育目的的功利性、教学内容的单一性、教学方式的填鸭式和投机性等特点①。应试教育的最大危害是泯灭了一个民族的创造性。目前我国的教育体系仍然十分注重应试教育、精英教育,只有通过改革当前的教育机制,才能逐步使其向素质教育、大众教育转变。从时间上看,我国早在1978年就提出了素质教育的理念,到80年代这一理念已经成长为一种教育思想,而从90年代开始,素质教育作为一种教育的创新型指导思想,获得了广泛的认可和接受。教育指导思想从应试教育向素质教育的转变,是我国社会发展观念转变的具体体现,这种新型的教育指导思想强调,将单一追求成绩的教育目标向自然科学教育、人与自然关系教育、人与人关系教育等三个方面的目标转化②。从行动上来看,要想实现应试教育向素质教育的转变,不但要研究素质教育的目标和理论问题,还要开展有关教育思想讨论、教育理念普及的活动,以及追求教育管理措施的配套与实施。

当前学校教育体系中,要想真正实现精英教育向大众教育的转变,就要建立和完善全新的教育评价评价标准。在基础教育层面,通过改革,彻底颠覆分数第一、升学率最重要的"片面性教育"理念。教育还应该处理好知识传承与人格教育的关系。德育应该逐步实现普遍化、长期化,而"运动战式"应急教育的方式,不能再出现在青年人受教育的阶段。此外,从价值取向上来看,学校德育改革应该注重生活化的特点,把德育运用到青年人的日常生活中,进而促使他们逐步培养良好的日常行为习惯以及行为模式。

5. 完善和创新青年就业创业政策体系

面对不断加剧的青年就业压力,要想在根本上解决问题,不但依赖于在宏观上推动经济稳定增长,进而逐步扩大市场对青年劳动者的需求,而且还要在微观上保证青年就业机会、社会竞争机制等方面的公平正义。首先,继续完善大学毕业生的就业政策。在整个社会的就业整体规划中,将高校毕业生的就业

---

① 卢现祥、唐静芳、罗小芳:《中国应试教育的制度分析》,《湖北经济学院学报》2007年第6期。
② 戚业国:《从发展观的转变看"应试教育"向素质教育的转变》,《中国教育学刊》1998年第1期。

工作纳入进来，而对于那些毕业半年仍然没有找到工作的高校毕业生，应该采取失业登记的措施；提供积极的就业服务和组织参加公益性劳动①。其次，尽快建立进城务工青年的培训体系。广州作为一个国际化的大都市，虽然吸引了大批进城务工人员，但是这些人员的劳动素质和能力普遍较差，缺乏劳动力市场所需的必备技术或先进技能，结构性失业的问题较严重，而解决这一不对称现象的根本措施，在于提高其劳动技能素质，在全市范围内强化进城务工者的教育培训工程，将会极大地改进这部分人口在城市的就业状况。最后，不断健全下岗失业青年的社会保障体系。在社会上还有一些青年由于文化程度、技能水平偏低，他们在劳动力市场上处于不利的地位，就业难度大，失业情况时有发生，因此，应将这部分人的基本生计问题，纳入社会保障体系。

政策制定者应该充分意识到解决青年失业问题的关键，在于促进青年创业和自主就业，并认识到创业在拉动经济增长、创造工作机会方面的作用，而且还要积极地采取相应行动，来推动青年创业的发展，以创业促就业②。第一，在思想意识层面，我们要通过采取多样化的宣传和倡导措施，改变整个社会对创业的认识，使得青年人把创业看成是解决就业的一个重要途径，通过提供政策引导、信息服务等方面的鼓励措施，使得青年人把创业当作一种职业选择。第二，在教育发展层面，我们应该在目前的教育体系中，增加对商业实践的分析，以及对创业技能的培训，这些措施不仅可以帮助那些具有创业热情的青年人在日后实现成功创业，还可以帮助青年提升自己在不同层面上的就业能力，帮助他们找到满意、体面、喜欢的就业岗位。第三，在企业发展层面，我们应该切实为青年创立企业和经营企业提供便利的服务。例如，出台鼓励青年创办中小企业的支持性政策，建立为青年创业服务的网站，在资金支持、税收优惠、技术咨询服务等方面，为青年创业营造一个良好的社会环境。

6. 构建协助青年发展的社会支持体系

完善的社会支持体系，不仅可以在一定程度上协助青年实现自身的良好发展，而且有助于帮助青年很好地解决他们在生存和发展过程中遇到的各种问题，这些问题的解决，有赖于社会各个层面、多方主体做出大量的共同努力。

---

① 沈杰：《2004年中国青年发展的主要态势》，《中国青年研究》2005年第2期。
② 修晶、李志刚：《国外促进青年创业的措施及对中国的启示》，《青年探索》2006年第3期。

因此，建立一个强大、有力、完善的社会支持系统的必要性，越来越突出。这种完善的社会支持系统，需要政府、社区、学校、家庭、就业机构、社会团体、媒体等多方面机构和主体的通力合作①。体系内的各方支持力量，应该各有所侧重、各有所依、共同承担着协助青年发展的职责。

社会发展过程中，多主体呈现出广泛性、复杂性的特点，它们对青年发展具有深远的影响。在青年发展的社会支持体系中，政府主要从宏观层面制定政策措施，借助完善的战略政策体系，为青年的长期发展创造良好的社会环境。在青年发展的整个过程中，家庭和学校扮演极其重要的角色，它们在促进青年形成正确的人生观、价值观，以及培养青年社会责任感等方面，发挥着十分重要的外在作用。家庭作为青年成长和生活最长久的环境，其对青年产生的影响是不言而喻的，而学校作为受教育者接受教育的地方，对青年发展具有指导性的作用和意义。就业机构、社区、社会团体等单位和组织，能够在各自的领域和范围内，为青年发展提供有针对性的帮助。伴随着信息时代的到来，媒体的重要性越来越突出。借助报纸、电视、互联网等媒体传播路径，传播有利于青年发展的政策理念、工作指导和运行措施等，这些能够为青年发展营造良好的社会环境。同时，青年发展除了受一定客观因素的影响和制约外，还要受到个人思想和心理的支配。青年本身是其发展的内在力量和主体，青年发展最终形成的标志，是青年进行自觉的实践行为。因此，只有把政府、家庭、学校、就业机构、社区、社会团体、媒体与青年自我追求结合起来，构建多位一体、多方联动的社会支持体系，并注重使各个要素做到沟通交流和协同配合，确保青年培养合力的统一，这样才能够长期有效地帮助青年实现更好地发展。

7. 进一步优化青年发展的社会环境

做好青年工作，需要在优化青年成长的环境方面，加强政策引导和实践修正。这就需要我们自觉、主动地充分利用信息时代和知识经济时代提供的良好环境，并有意识地控制消极环境，在条件允许的情况下，逐步化消极环境因素为积极环境因素。在网络传播方面，积极地占领互联网阵地，在网络上发布有助于青年成长的思想观念、文化形态、科学意识等方面的信息，从而有目的、有规划、有战略地促进青年的成长与发展。在人际交往方面，我们应该引导青

---

① 沈杰：《2004年中国青年发展的主要态势》，《中国青年研究》2005年第2期。

年逐步培养出一种互相理解、彼此爱护、互帮互助的人际关系，确保其能够实现良好的人际交往。在青年维权方面，我们要注重开展依法维护青年合法权益的相关工作，积极发挥共青团在民主参与、民主监督等方面的作用，更应该注重在立法和执法领域，推进有关青年权益法律法规的逐步完善。在社会氛围方面，我们应当营造一种浓厚的科学文化知识氛围，从而激发青年的求知欲，进而提高青年人学习的自觉性和主动性。

文化塑造青年，青年创造文化。在现代社会，多元社会文化、多样社会思潮都获得了较大发展，而青年自身的全面发展，离不开社会主流文化的引导，因此，构建现代青年文化新体系是一项迫在眉睫的时代任务①。要想为青年文化发展提供良好的社会土壤，我们必须不断优化社会文化环境。新闻出版机构、广播电视部门、文化教育组织等广大文化产业主体，要在正确舆论的导向作用下，不断弘扬优秀传统文化，宣传那些高尚、先进的思想观念和社会意识，而对那些落后、庸俗、错误的文化及思潮，要做到严厉打击，例如定期检查文化市场、整治校园周边环境等。只有这样，才能够为广大青年的健康发展，创造一个文明的、先进的社会文化环境。

8. 加强对未来时期青年政策的研究

青年政策，从根本上说，它是社会政策的一个重要组成部分，它是以青年这一个特定的社会群体或者说年龄群体作为实施的对象，以直接地解决青年问题或者是在更大范围内以优化青年发展环境为目的的社会政策。在现代社会的实践中，青年政策既为青年事务的发展提供了政策指导，也为青年发展起到了推动作用。从世界范围来看，越来越多的国家或政府从本国青年政策出发，制定出详细的青年事务的发展战略，从而为青年事务的健康、顺利、平稳发展保驾护航，在这个过程中青年政策的引导和保障作用日益凸显。因此，开展有关青年政策的研究，不仅有助于促进国家青年政策规划和管理服务工作的民主化、科学化，还有助于充分发挥政府在促进青年事务发展过程中的主导作用，从而合理地调动和配置各种资源为青年成长成才服务，有效地提高社会公众对国家青年政策的认识、理解及支持，从而最终保障青年事务健康、顺利发展。

---

① 郑大俊、高立伟：《当代社会思潮与青年发展问题的思考》，《思想理论教育导刊》2009年第12期。

我们对于青年政策的研究应该随着社会发展而不断推进，从计划经济到现在的市场经济，中国特色社会主义的发展要求青年政策研究者不断与时俱进，从而更好地为现实服务。当前在青年政策的制定和实施过程中，应考虑如下基本原则：应将青年政策纳入社会政策的范畴，明确与其他社会政策的配合与协调，并根据形势和需要，不断进行检验并做出调整；应加强对发展性、预防性和补救性措施的研究，使其能以适当的比例协调发展；应鼓励青年作为政策主体积极参与政策的制定；在政策的实施过程中应继续充分运用青年组织及其他社会团体的资源，取得它们的支持和协作。

参考文献

陈建华：《2015年广州市政府工作报告》2015年2月2日，广州市市长陈建华在第十四届人民代表大会第五次会议上所做的报告。

李克强：《2015年国务院政府工作报告》2013年3月5日，国务院总理李克强在第十二届全国人民代表大会第三次会议上所做的报告。

卢现祥、唐静芳、罗小芳：《中国应试教育的制度分析》，《湖北经济学院学报》2007年第6期。

戚业国：《从发展观的转变看"应试教育"向素质教育的转变》，《中国教育学刊》1998年第1期。

沈杰：《2004年中国青年发展的主要态势》，《中国青年研究》2005年第2期。

田杰：《全球化背景下青年工作的发展战略》，《当代青年研究》2002年第5期。

修晶、李志刚：《国外促进青年创业的措施及对中国的启示》，《青年探索》2006年第3期。

羊城晚报：《李克强总理考察广东纪实：查看危旧房改造关心外来工》2015年1月8日。

张高丽：《引领新常态开创新局面》2015年3月23日，国务院副总理张高丽在第十六届中国发展高层论坛上的讲话。

郑大俊、高立伟：《当代社会思潮与青年发展问题的思考》，《思想理论教育导刊》2009年第12期。

周丽芳、王胜利：《对我国二十年来青年政策研究状况的分析》，《天津职业院校联合学报》2010年第1期。

朱小丹：《2015年广东省政府工作报告》2015年2月9日，广东省省长在广东省第十二届人民代表大会第三次会议所做的报告。

分 报 告

Sub – Reports

B.2 分报告一

广州青年教育与学习发展状况研究

蒋亚辉[*]

摘　要： 本专题的统计数据表明，广州市青年有较好的社会氛围和家庭物质条件去接受教育与学习，他们对学历的期望较高，较看重个人能力的提升，积极参加校外培训发展兴趣爱好，获得国家职业资格证书的人数不断增加，对接受过的教育总体满意度有所上升。然而，青年的教育与学习仍然存在发展不平衡、高学历希望难以得到满足、青年个性化发展和家庭教育质量提升难等问题。为此，广州市要坚持教育优先发展、均衡发展，保障青年教育与学习，缩小青年群体间的教育差距，满足青年个性发展需要，逐步提高青年学历水平，提升青年业余培训质量，

---

[*] 蒋亚辉，广州市教育研究院副编审。研究方向：学校德育、家校合作、期刊理论。

分报告一 广州青年教育与学习发展状况研究

完善青年终身教育体系。

关键词: 广州青年 青年教育 青年学习

教育是个人获得全面发展、可持续发展的根本途径。青年是家庭和社会的未来,是推动历史发展和社会进步的重要力量。青年今天接受什么样的教育与学习,决定了我们将拥有怎样的明天。近年来,广州市深入贯彻落实科学发展观,大力弘扬社会主义核心价值观,扎实有序推进青年教育事业健康发展,青年的教育与学习体系不断完善,工作专业化开展取得了显著的成效。然而,青年的教育与学习仍然存在许多需要急迫化解的问题。为及时掌握当前广州青年的教育与学习的实际情况,了解其中存在的问题,为促进青年教育事业发展提供有益的参考,为广州推进新型城市化发展提供支撑,本专题依据2014年广州市穗港青年研究所对广州青年发展状况抽样调查获得的数据,并采用相关职能部门的统计数据,对广州青年的教育与学习现状进行了分析,并提出相关政策建议。

一 广州青年的教育与学习总体情况

广州市以推进新型城市化发展为引领,以增进民生福祉为己任,稳妥推进教育改革,着力提升教育质量,努力促进教育公平。广州教育的改革和发展为青年的发展提供了坚实的保障,青年的教育与学习呈现出较好的态势。

(一)教育与学习的社会条件

广州市是华南地区的经济文化中心、国家级中心城市之一。和农村地区相比,广州市教育现代化程度较高,各项教育事业发达;同时,随着经济社会的快速发展和市场配置资源的作用日益突出,都市化的生活为青年提供的信息和资源的渠道增多,为工作青年的教育与学习提供较好的社会条件。调查显示(见表1),广州青年大部分居住、生活在教育条件较好的城市或乡镇地区。有42.3%的广州青年为广州市城镇户籍,他们大都生活在教育条件较好城区或乡镇。作为流动人口流入广州,外地城镇户籍(15.4%)和外地农村户籍(25.1%)的青年,也大都生活在教育条件较好城区或乡镇。即使不算广州农村户籍,生活在广州城区的青年,82.8%以上的广州青年生活在教育条件和机会较好的城区(含乡镇),享受着广州经济和社会发展带来的各种便利,拥有较好的教育与学习条件。

表1 广州青年户籍情况

单位:%

户籍类型	比例	户籍类型	比例
广州城镇户籍	42.3	外地城镇户籍	15.4
广州农村户籍	16.5	外地农村户籍	25.1

根据广州市教育事业统计简报,2012/2013学年,在广州市市属学校就读的青年学生总数为130.83万人;2013/2014学年,在广州市市属学校就读的青年学生总数为130.83万人(以上数据,不含在广州地区的广东省属高校和省属职业技术学校青年学生)。数据显示(见表2),广州教育的发展为广州青年的教育和发展提供了多种可能。2014年,全市普通高中省一级学校80所、市一级学校27所,在校生17.70万人,其中示范性普通高中41所,在校生占比53.18%。在就读高中、准备升大学这条传统的独木桥外,更多的学生选择了中等职业教育、技工学校教育和职业技术培训教育(注册生)。这三类青年学生的总数,远远超过普通高中教育,达60.97万人,是普通高中教育学生数的3.4倍。另外,选择函授、业余学习和在职脱产学习接受大学教育的青年学生超过5万人。这些数据充分显示出,在正规全日制教育之外,广州青年在不断努力通过不断学习,丰富和发展自己。

表2 广州市2012/2013学年在校学生数

单位:人

教育类别	在校学生数	教育类别	在校学生数
普通初中教育	373481	大学教育(函、业、脱)	50335
普通高中教育	177188	民办专修学院	8270
中等职业教育	131119	大学教育(普通生)	85637
技工学校教育	133163	研究生教育	3692
职业技术培训教育(注册生)	345446		

表2大学教育（普通生）和研究生教育的数据，主要是广州市市属高校的在校大学生和研究生人数。数据显示，广州市大学教育（普通生）和研究生较少，主要原因是广州市市属高校不多。高中阶段学业结束后，广州青年主要去省属或部属高校以及外地高校接受高等教育。广州市是华南地区的经济文化中心、国家级中心城市，如果将广州地区所有高校学生都纳入广州青年学生的范畴，接受大学教育和研究生教育的青年学生人数将数倍增加。

（二）教育与学习的家庭条件

良好的家庭物质环境和家庭教育不仅促进青年身心健康发展，还能够为青年教育与学习提供保障。当今中国，房产是家庭的主要物质财富，拥有房产或良好的居住条件，可以从一个侧面体现青年教育与学习的物质条件。

调查显示（见表3），中学生中81%的家庭有自有产权房；在35岁以下的在职青年与大学生中，43.9%拥有自有产权房，仅有24.2%租房居住，也有27.9%住父母宿舍。来广州就业的外地青年或刚走入社会工作的大学毕业生一般是租房居住，而住父母宿舍的以广州户籍的青年为主。这些数据表明，广州青年有较好的家庭居住条件，能够为青年教育与学习提供一定的物质保障。

表3　广州中学生住房情况

单位：%

住房类型	比例	
	中学生	在职青年与大学生
租　　房	13.4	24.2
自有产权房	81	43.9
父母宿舍	2.1	27.9
住亲戚家	1.8	
其　　他	1.3	3.1

家庭教育是教育大厦的基础。在家庭内部，青年教育与学习主要受父母的教育和影响，年龄越小的孩子，家庭生活中父母的言传身教越重要。家庭成员的居住情况的数据显示（见表4），15.5%的中学生三代同堂，72.6%的中学生与父母居住。中学阶段，是青年教育与学习的关键阶段，在这一阶段88.1%的广州青年与长辈共同生活，得到他们的教育和指导。由于大学生主要

住集体宿舍,因而在职青年和大学生"与其他人合住"的比例最高(33.1%)。剔除这一因素,在职青年和大学生与父母居住的比例是最高的(27.4%),其次是与"与配偶及小孩同住"(11.5%),"三代同堂"(10.4%),"单身独居"(8.5%),"与配偶两人同住"(7.2%)。数据表明,剔除大学集体生活的因素,在职青年和大学生与祖辈、父辈共同生活的比例也是最高的,他们的教育与学习仍然能受到长辈的教育和指导。

表4 广州青年居住情况

单位:%

住房类型	比例	
	在职青年和大学生	中学生
三代同堂	10.4	15.5
与父母住	27.4	72.6
与祖父母住		2.9
与其他亲戚住		2.4
与配偶及小孩同住	11.5	
与配偶两人同住	7.2	
单身独居	8.5	
未婚同居	1.3	
与其他人合住	33.1	
其他	.4	5.9

(三)教育与学习的期望

对教育与学习的恰当期望,能够提供较强的内驱力,促进青年的发展。提升自己的能力,是青年教育与学习的重要目的,而学历是能够量化能力的工具之一,对青年在社会立足、生存和发展有一定的影响。对学历的期望,能够为广州青年接受教育与学习提供动力。调查显示(见表5),广州青年对自己得到学历期望较高,接受教育与学习的内驱力较强。广州市86%的中学生希望获得大专及以上学历,其中19.0%希望获得硕士以上学历。90%的大学生希望获得本科及以上学历,其中50.7%的大学生期望获得硕士及以上学历。在职青年中,也有73.5%的人希望获得本科及以上学历,其中41.6%希望获得硕士及以上学历。

表5　广州青年希望达到的学历

单位：%

学历	比例			
	中学生	大学生	在职青年	总体
小学以下			.0	.0
初中			.2	.1
高中(含中专、中技)	4.3		1.6	2.0
大专	27.0	2.2	6.8	10.7
大学本科	40.0	39.3	31.9	35.0
硕士及以上	19.0	50.7	41.6	37.9
其他	1.2	.3	1.2	1.1

对学习内容的期望的调查，也反映了广州青年的教育与学习比较看重个人能力的提升，而非仅仅对学历的追求。调查显示（见表6），所有青年都希望从教育与学习中获得"处理和解决问题的能力"。除这一共同期望外，不同发展阶段的青年的期望比较接近。中学生与中等学历学生更看重"思考和解决问题的方法"（17.2%）和"更好地适应社会的能力"（16.9%），大学生更倾向于"基本的知识素养"（17.0%）和"更好地认识世界与人生"（16.9%），社会在职青年第二希望是"思考和解决问题的方法"（17.1%），和中学生与中等学历学生希望相同，他们的第三希望是"更好地认识世界与人生"（16.3%），和大学生一样。

表6　广州青年希望从教育与学习中获得的内容

单位：%

学习方式	中学生与中等学历学生	大学生	社会在职青年	总体
更好地认识世界与人生	15.7	16.9	16.3	16.3
处理和解决问题的能力	18.3	18.3	21.7	20.1
电大、夜校类	15.8	15.5	13.2	14.4
基本的知识素养	15.7	17.0	16.2	16.2
思考和解决问题的方法	17.2	16.3	17.3	17.1
更好地适应社会的能力	16.9	15.5	14.6	15.4
人际交往能力	.5	.4	.7	.6

学习方式是在完成学习任务时学生基本的行为和认知的取向，是学生在自主性、探究性和合作性方面的基本特征。广州市作为国家中心城市，教育现代

化程度较高,为青年提供的教育和学习方式也比较多。广州青年充分利用这些方式提升自己的能力,希望以此获得相关学历。调查显示(见表7),在希望达到学历的教育和学习方式方面,学生阶段的青年更希望通过"全日制学校"学习的方式,在这方面,大学生的愿望更强烈,大学生首选这一方式的比例为74.8%,显著高于中学生与中等学历学生(59.7%)。

表7 广州青年希望达到学历方式

单位:%

学习方式	中学生与中等学历学生	大学生	社会在职青年	总体
全日制学校	59.7	74.8	34.3	46.5
远程教育	9.0	3.6	7.0	6.9
电大、夜校类	4.2	.5	9.7	6.9
在职进修	22.3	16.7	42.2	33.6
其他	2.7	.5	2.3	2.0

此外,远程教育、电大和夜校、在职进修等教育与学习方式也获得广州青年们不同程度的认可。他们都将"在职进修"作为仅次于"全日制学校"的学习方式。"电大、夜校类"学习方式,在大学生中认同度最低,仅为0.5%。三个发展阶段的青年中,社会在职青年对"在职进修"这种学习方式认同度最高(42.2%)。

(四)校外教育与学习

广州市民办教育比较发达,校外社会教育机构形式多样,覆盖面广,为青年的教育与学习提供了多样的选择。这些校外教育培训,是学校教育的有益补充、延伸、扩大和发展,对青年的发展发挥着重要的作用。调查表明(见表8),中学生与中等学历学生,参与校外"学业辅导班"的比例最高(26.9%),这与这一发展阶段的中学生面临的学业压力相关。其他校外培训的选择比例比较接近,它们依次是"音乐培训"(11.0%)、"外语培训"(10.0%)、"奥数培训"(9.3%)和"拓展培训"(7.8%)等。数据表明,除参与校外"学业辅导班"提升学校教育的学科成绩之外,更多的中学生主动选择了提高个人综合素质、发展兴趣爱好的校外培训。

分报告一 广州青年教育与学习发展状况研究

表8 广州中学生与中等学历学生参加校外培训类型

单位：%

学习内容	中学生与中等学历学生	学习内容	中学生与中等学历学生
学业辅导班	26.9	奥数培训	9.3
音乐培训	11.0	外语培训	10.0
美术培训	9.2	其他	1.4
拓展培训	7.8	没参加过	16.6
体育培训	7.7		

成长阶段不同，广州青年对于校外培训的选择也不一样。调查发现（见表9），23.5%的广州大学生选择参加校外"英语培训"，位居大学生校外培训第一，其次是"教育技能培训"（14.6%），再次是"计算机等级培训"（13.6%）。有24.9%的大学生没有参加过校外培训。社会在职青年最多选择与实际工作技能提升相关的"岗位培训"（22.5%）和"职业技能培训"（22.1%），两者相加达44.6%。数据表明，社会在职青年结合本职工作积极主动参加校外教育与学习，追求"学得会、用得上"，提升自己工作能力，满足本职工作的需要。此外，社会在职青年也重视自己未来发展的可能需要，积极参加"英语培训"（14.5%）、"计算机等级培训"（12.8%）、"教育技能培训"（11.8%）和"学位提升"（8.8%）。

表9 广州大学生和社会青年参加校外培训类型

单位：%

学习内容	大学生	社会在职青年
教育技能培训	14.6	11.8
英语培训	23.5	14.5
岗位培训	8.2	22.5
职业技能培训	8.9	22.1
学位提升	5.3	8.8
计算机等级培训	13.6	12.8
其他	.9	.8
没参加过	24.9	6.6

广州青年参加校外教育主要由本人自主决定是否参加，具有很强的自愿性、自主性、灵活性和多样性。在中学生与中等学历学生中，校外培训因为

"家长要求参加"（11.1%）和"跟着同学参加"（3.3%）比例不高，更多学生是为了"提高自己能力"（25.8%）、"提升学习成绩"（25.5%）和"培养兴趣爱好"（23.4%）。另有9.3%的学生是因为"学校的知识不够"而主动参加校外培训。

表10 广州中学生与中等学历学接受校外培训的原因

单位：%

学习方式	中学生与中等学历学生	学习方式	中学生与中等学历学生
培养兴趣爱好	23.4	跟着同学参加	3.3
家长要求参加	11.1	提高自己能力	25.8
学校的知识不够	9.3	其他	1.6
提升学习成绩	25.5		

广州大学生和社会青年接受校外培训也有自愿、自主、灵活和多样的特点（见表11）。对于参加校外社会机构培训的原因，他们的选择排序都相同，依次是："丰富自己"、"提高工作能力"、"兴趣爱好"、"找工作"、"已受过的教育过时"和"为跳槽"。可能是还没有工作，选择为"找工作"而参加校外培训的大学生总体比例（15.5%）高于社会在职青年（10.8%）。

表11 广州大学生和社会青年接受校外培训的原因

单位：%

学习方式	大学生	社会在职青年
已受过的教育过时	5.2	6.1
丰富自己	35.9	33.0
兴趣爱好	20.1	15.2
提高工作能力	21.0	30.6
找工作	15.5	10.8
为跳槽	2.1	3.8
其他	.3	.4

（五）教育与学习的效果

2013~2014年度，广州市以示范性高中创建为抓手，整体提升普通高中办学水平,广州青年的教育与学习取得了较好的效果。高考成绩,是衡量中学生校内教育与学习水平的重要指标之一。多年来,广州市高考成绩保持全省领先地位。广州市教育局相关统计数据表明,2014年广州市普通高考成绩稳中有升,第一批本科上线率取得了重大突破,较2013年提高4个百分点;第二批本科A线上线率较2013年提高3.3个百分点。这些数据说明,2013~2014年度,通过学校的教育与学习,广州市有更多的青年实现了自己的愿望,进入大学学习。

现代社会分工细密,对人的专业化程度要求比较高,任何一种行业都有相应的专业技术要求。青年求职、任职也必须具备相应的资格。国家职业资格证书就是具有从事某一职业所必备的学识和技能的证明。开展职业技能鉴定,帮助学生在获得毕业证的同时,也获得相关的国家资格证书,是我国人力资源开发的一项战略措施。除基础教育、普通高中教育之外,中职教育、高职教育都采取学历文凭和职业资格两种证书并重的制度。广州青年的教育和学习受惠于这一教育制度安排。在努力参加取得学历文凭学习的同时,他们也积极参加各种证书培训班,努力获得国家承认的资格证书,有68.8%的广州青年成功获得了各类资格证书。初中和普通高中的青年学生还没必要考取国家承认的资格证书,而这部分青年人数众多,没有获得证书的31.2%的青年主要是这部分群体。考虑到这一因素,68.8%是一个相当高的比例。

在获得资格证书的青年中,18.1%获得1个证书,0.3%的人获得了10个证书(见表12)。全市青年平均获得资格证书1.56个(见表13),社会在职青年平均获得1.94个,是最多的;大学生其次,平均1.11个;中学生与中等学历学生获得资格证书平均数量最少,平均0.86个。根据广州市教育事业2012/2013学年统计简报,广州市普通初中、普通高中学生人数为550669人,接受职业技术教育的学生人数为609728人,总人数为1160397人。平均0.86个,是总人数的平均数。若分类单独计算,接受职业技术教育的学生人均获得1.63个国家职业资格证书数,数量高于大学生,低于社会在职青年。

表12 广州青年获得国家承认的资格证书的数量分布

单位:%

数量(个)	0	1	2	3	4	5	6	7	8	9	10
比例(%)	31.2	18.1	17.1	11.5	4.4	3.1	1.0	.3	.3	0	.3

表13　广州青年获得国家承认的资格证书的平均数量

单位：个

中学生与中等学历学生	大学生	社会在职青年	总体
.86	1.11	1.94	1.56

调查发现，广州青年对自己所接受过的教育总体满意度不理想（见表14）。只有6.3%的青年对自己所接受过的教育"非常满意"，"比较满意"的为38.8%，这两项累加为45.1%。44.0%的青年觉得自己所接受过的教育"一般"，5.3%"比较不满意"，2.4%"非常不满意"，这三类选项累计达54.9%。这说明，广州教育还需要大力推动教育改革创新，提升教育教学质量，在教育内容、形式和方法等方面满足青年人对优质教育的期待，满足广州青年教育与学习的需要。

表14　广州青年对自己所接受过的教育的总体满意度

单位：%

内容	中学生与中等学历学生	大学生	社会在职青年	总体
非常满意	5.5	5.0	7.0	6.3
比较满意	38.6	43.1	37.7	38.8
一般	42.7	44.5	44.3	44.0
比较不满意	7.2	4.1	4.9	5.3
非常不满意	3.3	2.6	2.0	2.4

（六）教育与学习现状分析小结

通过对2014年广州青年发展状况抽样调查数据的统计和分析，我们对目前广州青年教育与学习的现状总结如下。

（1）学历逐渐提高，结构趋于合理。广州市教育现代化程度较高，普通高中教育有特色地发展，职业教育加快发展，高等教育优质发展，民办教育规范发展，为青年的教育与学习提供较好的保障。当前，广州青年受教育面进一步扩大，学历逐渐提高，学历结构趋于合理，为广州经济社会发展和转型提供了强力支撑。在高等教育大众化的今天，大部分青年希望获得本科及硕士以上的学历，他们接受教育和获得学历的层次，明显高于他们的父辈。广州青年能够因应广州经济社会发展和社会转型的需要，调整自己接受教育的方式。虽然大部分青年人有高学历的期盼，但他们仍然能够务实地接受中等职业教育和技工学校教育。近年来，广州中等职业教育学校数、年招生数量和在校生规模均居全省地级以上市的首位，目前有26.43万人青年在中等职业学校、技工学校就读。

（2）家庭环境较好，保障教育学习。广州是改革开放的前沿，五大国家级中心城市之一。经过30多年的改革开放和经济社会发展积累，广州市民都有较好的财富积累，生活率先达到了小康标准。调查显示，大部分青年家庭都有自有住房，具备较好的物质生活条件，能够为青年教育与学习提供保障。由于有较好的物质条件，88.1%的中学生与祖辈或父辈共同居住，在职青年和大学生与祖辈、父辈共同生活的比例也是最高的。这种与长辈共同生活的模式，保障青年的教育与学习能受到长辈的教育和指导，中华民族良好的传统能够得到较好传承。

（3）教育期望值高，重视能力提升。调查显示，广州青年对通过教育与学习提升自己的能力，获得更高学历的期望值较高，大部分大学生和在职青年希望获得硕士及以上学历；在高中阶段教育中，大多数青年选择普通高中教育，为日后进入大学学习做充分准备。在各种学历中，广州青年对获得硕士及以上学历的期望最高。大部分青年希望通过在全日制学校学习获得理想的学历，社会在职青年更倾向于通过在职进修的方式获得理想的学历。这反映出，广州青年积极进取，教育与学习的内驱力较强。他们的教育与学习不仅仅是为提升个人学历，所有青年都希望从教育与学习中获得"处理和解决问题的能力"。在各种能力选项中，"人际交往能力"比较被忽视，只有的是0.6%的青年希望从教育与学习中获得此能力。

（4）参加校外培训，发展兴趣爱好。随着广州社会经济的发展，广州青年对教育与学习有了更高的追求。他们不满足于学校正规的教育与学习，在接受正常的学校教育后的课余时间，积极参加正规学校以外非学历教育形式的教育培训。他们参加的校外教育培训，较少是被命令或跟风，大部分是根据自己的爱好和发展的需要，自己决定和选择培训的内容和形式，具有自愿、自主、灵活和多样的特点。通过参加这些校外教育培训机构的学习，广州青年学生努力提升学业成绩,提高个人综合素质、发展兴趣爱好。社会在职青年结合本职工作积极主动参加校外教育与学习,追求"学得会、用得上",满足本职工作的需要。

(5)学习效果较好,满意度有提升。广州青年教育与学习效果较好体现在三个方面:一是普通高考成绩稳中有升,考入大学的人逐年增加,更多的青年学子圆了大学梦;二是获得国家承认的资格证书的人不断增加,全市青年人均持证1.56个,高职院校和普通高等教育阶段持"双证书"的青年比例很高;三是对自己所接受过教育的总体满意度有所上升,与2012年的数据比较(见表15),2014年广州青年对自己所接受过的教育感到"非常满意"的由5.1%上升至6.3%,而"比较不满意"和"非常不满意"由10.5%下降至7.7%。与此同时,"非常满意"和"比较满意"总体比例也由46.7%下降至45.1%,降幅虽然不大,但应引起高度重视。

表15 广州青年对自己所接受过的教育的总体满意度比较

单位:%

内容	2012年数据	2014年数据
非常满意	5.1	6.3
比较满意	41.6	38.8
一般	40.2	44.0
比较不满意	7.4	5.3
非常不满意	3.1	2.4

二 广州青年的教育与学习存在问题及其原因

在广州市委、市政府的领导下,广州青年教育事业蓬勃发展,青年的教育与学习取得了较好的成绩,实现了新的进步,但是,受多种因素的制约,青年教育与学习中的一些问题也不容忽视,需要予以重视并采取切实措施加以解决。

(一)青年高学历期望与教育现实存在矛盾

当前,社会发展对人的文化素质提出了更高的要求。在这一背景下,广州青年对接受高等教育、提升自身学历的期望很高，72.9%以上的青年希望达到本科及以上学历，37.9%的青年希望达到硕士及以上的学历，这些高学历期望与教育现实的距离较大。带着这种高学历期望，在高中教育阶段，大多数青年选择普通高中教育，而对职业教育是弃之或避而远之。目前，广州高等教育已经和其他国家级中心城市一样，由传统的精英教育转向平民教育，虽然本科生、研究生教育招生人数逐年提升，但仍然难以满足广州青年高学历的教育需要。从广州城市发展现实水平以及未来相当长时期可预期的发展水平看，广州市人力结构呈宝塔形，宝塔底座是普通劳动者，往上依次是初级技能型人才、中高级技能型人才与知识型人才、综合型人才、创新型人才和高层次人才。对人才的需求、人才结构要求以及教育发展规律，都决定了广州市要大力发展中等职业教育，硕士及以上的学历教育难以满足教育与学习需要。为此，广州青年要调整教育与学习的期望值，不必一味追求高学历，要让自己的教育与学习与广州经济社会发展互相协调。

（二）学校教育难以满足个性化发展需要

调查显示，广州青年热衷于参加校外教育和培训，除了为提升学业成绩外，通过校外培训机构还为了提高个人综合素质、发展兴趣爱好，满足个性化发展需要。这种情况，一方面说明，社会教育机构蓬勃发展，较好地弥补了学校正规教育的不足，满足了青年教育与学习的需要；另一方面也说明，当前学校正规教育还难以满足青年个性化发展、提升综合能力等方面的需要。当前，初中和普通高中学校正规教育的重要任务是学习系统的科学文化知识，较少关注学生个性化的需要，为此，中学生主要借助校外培训机构，通过课外补习或其他培训班满足自己个性化发展需要。中等职业教育、普通高等教育的青年遇到的问题与初中和普通高中的青年不一样。当前，中等职业教育学生和大学生毕业后自主择业，已经实现了就业市场化，但学校教育还没有实现市场化的转型。一些中等职业教育学校的专业设置、培养模式脱离经济社会发展的需求，学校盲目招生、盲目设置专业，导致学生的知识、技能结构与就业岗位技能结构错位，许多用人单位感觉到这些学生知识面较窄、能力较差、适应性较弱。这些问题，可能是广州青年大量选择校外培训机构学习以不断提升自己素质的重要原因。为此，广州的学校教育要进一步改革和调整，以进一步满足学生发展的需要。

（三）青年的家庭教育质量需要进一步提升

家庭教育、学校教育和社会教育共同支撑和促进着青年的健康发展，其中，家庭教育是教育大厦的基础，为青年的学校教育和社会教育奠定基础。因此，良好的家庭教育能够保障和促进青年的学校教育、社会教育。广州经济文化的快速发展，提升了广州城市居民的物质文化生活水平，为青年的教育与学习提供了较好的物质条件。但是，物质条件仅仅是享受青年家庭教育的物质基础，对家庭教育起决定性影响的是青年的父母们的家庭教育观念、家庭教育能力。

调查发现（见表16），随着社会的发展和进步，广州青年的学历普遍比他们的父辈高。61.5%的青年有大专以上的学历，而有53.2%的父母学历水平未到高中，仅有14.8%到达大专以上。数据反映出，与父母相比，广州青年接受了更好的文化知识教育；数据也表明，广州家庭内部代际文化差异在进一步扩大。由于这种差异，父母较难赶上孩子成长的步伐，从而实质地影响到他们对孩子的教育和指导。因此，有必要采取相关措施，转变父母的教育观念、提升父母的家庭教育能力，以进一步提升广州青年所享受的家庭教育质量。

表16 广州青年及父母学历比较

单位：%

学历	青年本人	父亲	母亲
小学以下	.8	13.0	21.3
初中	5.0	30.8	31.9
高中（含中专、中技）	31.8	31.8	25.9
大专	22.9	9.0	7.9
大学本科	34.1	8.0	5.5
硕士及以上	4.3	1.7	1.4
其他	.2	5.3	.4

初中教育阶段的青年学生，大部分处于青春叛逆期，是青年学习和发展的分化期。如果能够得到良好的家庭教育指导，青年们将能够平稳顺利渡过这一时期，有利于其以后的教育和发展。社会观察和教育经验告诉我们，处于青春叛逆期青年的家庭内部，青年父母或多或少都为与其孩子间的沟通问

题而烦恼。大部分家长对青春期孩子的教育指导束手无策。为此，需要采取切实措施提升青春期父母的亲子沟通能力和家庭教育素养，以提升青年所得到的家庭教育质量。

（四）青年教育与学习发展不平衡

在教育现代化的进程中，广州市各项教育事业蓬勃发展，为青年的教育与学习提供较好的保障。但是，受计划经济体制下形成的城乡二元经济结构的影响，广州教育还存在发展不平衡的问题。随着改革开放的不断深入和经济体制的转型升级，城乡二元经济结构已经严重制约了广州市各项教育事业的发展，带来青年教育与学习的不平衡问题。这种不平衡主要表现在两个方面。

一是广州农村地区青年和城市中心区青年能够获得的教育资源不平衡。受城乡二元经济结构影响，广州农村地区的经济发展水平、社会服务水平落后于城市中心区，教育经费、教学设备、教师队伍建设等方面长期投入不足，与城市中心区教育差距日趋扩大，城市中心区青年能够比农村地区青年获得更丰富多样的教育与学习资源。二元经济结构导致了城乡居民收入的差异，影响到城乡教育的投入。城市居民总体收入较高，对教育水平和教育质量的要求也较高；农村居民总体收入偏低，教育支付能力有限，对教育的有效需求有限。这些因素给农村青年的教育与学习带来实质性的影响，加大了与城市青年的差距。

二是户籍制度影响着非户籍青年平等享受义务教育的机会。数据显示，户籍壁垒是进城务工人员子女平等享受义务教育的最大瓶颈。广州市按照"以流入地为主、以公办学校为主"的政策，在公办学校尽量接收进城务工人员子女的同时，采取多种政策，大力扶持民办教育规范发展，基本解决了进城务工人员子女接受义务教育的问题。但在非义务教育的普通高中教育阶段，非户籍青年的教育明显受到很大的制约。在高考政策没有实质性的改革前，非广东户籍的青年必须回到户籍所在地参加高考，因而广州市没有为非广东户籍的青年在广州接受普通高中教育做准备。非广东户籍的青年，难以有机会在广州市接受普通高中教育。义务教育阶段的学习结束后，他们就要放弃升读广州市普通高中的机会，要么回到故乡接受普通高中教育，要么选择就读广州市中等职业学校。

（五）青年的教育满意度需进一步提升

调查发现，广州青年对自己的教育和学习的评价不高，具体表现为对教育的满意度不高。虽然"比较不满意"和"非常不满意"的比例下降至7.7%，但"非常满意"和"比较满意"总体比例也只有45.1%，不到抽样总数的一半。数据表明，广州青年对自己的教育与学习期望较高，但现实存在的一系列问题，难以满足广州青年教育与学习的需要，具体表现为：虽然广州市普通高考成绩稳中有升，但高等教育发展规律与广州市高等教育规模，决定了广州青年普遍的高学历期望难以满足；受高考指挥棒等社会大环境影响，广州学校教育还难以摆脱应试教育的影响，难以满足广州青年个性化、多元发展的教育需要；受父母家庭教育素养、家庭文化环境等多方面因素的影响，广州青年应享受的家庭教育质量提升空间很大；受计划经济体制下形成的城乡二元经济结构的影响，广州青年教育和学习的机会还不够平等……在新的形势下，广州青年的教育与学习依然面临着以创新驱动为核心的经济发展转型对教育的知识创新和服务、创新型人才培养的挑战，面临人民群众日益增长的教育需求对各级的公平、优质化教育供给的挑战。面对这些问题和挑战，广州市要进一步提升教育现代化的水平，有序推进优质教育资源均衡发展，深化教育教学改革，更全面地满足青年教育和学习需要。

三 广州青年的教育与学习发展建议

广州市将学习贯彻党的十八届三中全会精神和广州新型城市化发展战略相结合，青年教育事业在新型城市化发展中有较好的发展定位、目标策略，青年的教育与学习有了较好的保障并取得了一定成效。然而，与国内其他中心城市和国外先进城市相比，广州青年的教育与学习还存在许多需要迫切化解的问题，还有许多提升的空间。为此，需要广州市委、市政府要采取切实的保障措施，更需要广州青年采取切实的行动，推动青年的教育与学习向更高水平发展，为广州市经济社会发展做出更大的贡献。

（一）教育优先发展，保障青年教育与学习

教育是一切民生问题的基础。在区域经济发展和社会进步过程中，教育具

有基础性、全局性、先导性的作用。因此,广州市必须优先发展教育,确保教育发展走在广州社会经济发展的前面,满足青年教育与发展的需要。2010年,广州市开始实施《广州市中长期教育改革和发展规划纲要(2010—2020年)》,明确提出了城市发展的战略举措:优先发展教育,到2020年率先实现教育现代化,率先形成学习型城市,建成区域文化教育中心。广州市要切实贯彻实施这一战略,实现科教兴市和人才强市。

目前,优先发展教育已成为广州市基本共识和具体行动,表现为:教育规划优先考虑,教育发展优先谋划,教育经费优先安排,教育问题优先解决。随着这一发展战略的具体实施,广州教育发展取得了较好的成就,为青年教育与学习提供了较好的保障。为了确保青年教育与学习的高水平、高层次发展,广州市要全面实施国家中长期教育改革和发展规划纲要,适应广州经济转型和社会进步需求,确保教育优先、优质和均衡发展,实现办人民满意的教育,为广州市市现代化建设提供强大的智力支持、人才保障和人力资源支撑。

优先发展教育,要坚持教育的公益性和普惠性原则,形成政府主导、社会参与、办学主体多元、办学形式多样、公办教育和民办教育共同发展的青年教育与学习格局。广州市各级政府要进一步优化财政支出结构,切实解决青年教育用地、教育投入、学校基础设施建设等问题,把青年的教育与学习作为财政支出重点领域予以优先保障。在加大财政投入的同时,还要进一步调动社会办教育的积极性,扩大社会资源进入青年教育的途径,拓宽青年教育经费来源渠道。

(二)教育均衡发展,缩小青年群体教育差距

受计划经济体制下形成的城乡二元经济结构的影响,广州教育还存在发展不均衡等问题。这种不均衡的问题,拉大了城乡之间、不同户籍之间青年发展的差距。以后,广州市要坚持教育均衡发展,保障青年教育与学习机会均等,缩小不同群体青年的发展差距,进一步实现教育公平。

第一,要深入推进教育均衡发展,保障各类青年平等接受义教育。要建立城乡教育一体化均衡发展机制,配套构建相应的教育评价体系。为了推进教育资源配置标准化、均等化,可以建立并实施城乡统一的学校建设标准、教职员编制标准、教职员工资标准和公用经费标准,进而缩小城乡间、区域间、学校

与学校间教育发展的差距,为青年教育与学习提供均衡、公平的教育。继续加大力度实施"百校扶百校"行动计划,通过互派人员、开放听课、跨校学术交流、跨校师徒结对等形式,实现优质资源学校和薄弱资源学校管理思想、人力资源和教学资源的共享,有效提升薄弱学校教育教学水平。

第二,要健全教育公共财政体制,通过完善财政管理体制,加强市级财政的教育统筹能力,加大对经济相对困难区、县级市的转移支付力度,重点加大对北部山区教育的扶贫开发力度。各级政府在这方面要认真进行规划,确保经费的投入、师资的安排、生源的补给都向均衡的方向发展。加强市级教育财政的宏观引领,缩小区域间教育财政经费差距,推进城乡之间、区域之间、学校之间教育的均衡发展。加大教育费附加和地方教育附加的转移支付力度,向经济困难地区、相对薄弱学校倾斜,进一步缩小区域间生均经费差距。

第三,完善进城务工人员子女接受义务教育和高中阶段的政策。广州市进城务工人员人口众多,进城务工人员随迁子女的教育问题突出。广州市要落实"以流入地为主、以公办学校为主"的政策,逐步提高公办中小学接受进城务工人员随迁子女教育的比例。通过扩大公办学校学位,探索向符合条件的民办学校购买学位等方式,逐步解决进城务工人员随迁子女的入学问题。当前,民办学校是接纳进城务工人员随迁子女就读的主体,广州市要加大对民办学校的扶持和管理力度。对以招收来穗从业人员随迁子女为主的民办小学,要加大补贴力度。

(三)改革学校课程,满足青年个性发展需要

按照国家课程标准,系统传授科学文化知识,提升青年的素质,培养合格公民,是学校教育的重要任务。由于种种原因,当前的学校课程设置还难以满足青年个性化发展、综合能力的需要,针对这一问题,广州市要深化学校课程改革,提升教育、教学质量,进一步满足青年个性化发展需要。

要继续推进普通高中课程改革,全面落实新课程方案,保证青年学生全面完成国家规定的课程学习。加强课程教学资源的开发与建设,开设丰富多彩的选修课、综合实践活动课程,为青年学生的学习提供更多选择,促进青年全面而有个性地发展。以改变教师教学方式和学生学习方式为重点,推进高中学校教学方法和教学模式改革。支持普通高中学校立足学校传统、发挥办学优势,

构建校本特色课程体系，形成一批科技、艺术、体育、外语等特色高中，形成具有广州风格的高中多样化办学特色。

推进中等职业教育内涵发展。进一步深化校企合作，推进工学结合，加强中高职的纵向衔接和普职渗透，推进完全学分制，引进职业资格证书制度，建立具有职业教育特色的人才培养、选拔与评价制度，促进学历教育与技能培训的横向贯通，为广州经济社会发展提供知识型、应用型和发展型技能人才。深化职业学校布局调整，完善工学交替、任务驱动、项目导向、顶岗实习等学生职业能力培养模式。集中力量，优先发展现已拥有优质资源的重点职业学校，优先发展与区域经济发展相对应的紧缺型人才专业，优先发展资源利用效率高的公共实训中心。

（四）扩大高等教育规模，逐步提高青年学历水平

当前，广州青年对教育与发展的学历期望很高，与生活现实的差距很大。广州青年对接受高等教育、提升自身学历的期望很高，但广州市高等教育的规模和质量难以全面满足这种期望。为此，广州市在大力发展职业教育维持人才需求的合理结构的同时，还要逐步扩大高等教育规模和层次，进一步提高青年学历水平，更好地满足广州青年对教育与发展的学历期望。

广州市应该适度扩大高等教育规模，调整高等教育布局结构和专业结构。与京、沪两市相比，广州地区高校人才培养的规模小，研究生层次较低，应着力扩大研究生层次的人才培养规模，以适应产业层次和创新能力提升的要求。要支持有条件的教育机构整合发展，促进研究生教育、普通本科教育和高等职业教育的结构更加合理，学科专业结构更加优化，提升高等教育的适切性，满足广州青年对高等教育的需求。完善知识创新和知识服务体系，增强高等教育服务广州青年教育与学习的能力。

加强与在穗部属和省属高校的合作，积极探索与国内、国外（境外）高水平大学联合培养学生的新途径，探索与科研院所、行业企业联合培养人才的新机制。以提高质量为核心，以创新型人才培养为重点，深化课程体系、教学内容和教学方式改革，切实提高人才培养质量。积极推动市属同类型或同层次高校之间实施名师共享、课程互选、学分互认、学生交换培养等人才培养合作方式。建立和完善市属高校人才培养模式，造就大批创新型、复合型、实用

型、技能型等多类型专门人才，为广州社会进步与经济发展提供更强力的支撑。

（五）规范发展民办教育，提升青年业余培训质量

民办教育是广州市青年教育事业的重要组成部分。当前，广州市社会教育培训机构蓬勃发展，涌现出许多以文化知识培训或各种职业技能培训为主要课程的民办教育培训机构，它们成为学校正规教育的有效补充，较好满足了青年教育与学习的需要。然而，这一片繁荣的背后也隐藏着教育管理不规范、教育质量难以保证等问题。为此，广州市在鼓励扶持大力发展的同时，也要完善青年社会教育体系，有效规范社会教育培训机构，进一步提升青年业余培训质量。

第一，建立覆盖全市的民办教育质量监督体系。按照《广州市人民政府关于促进民办教育发展的意见》，对民办教育培训行业的类型、层次、结构及比例等进行合理定位。完善民办教育综合执法和评估制度，加强对民办学校办学行为的督导、检查，促进民办学校规范办学。开展民办学校规范办学专项检查，完善民办学校招生简章、广告备案和年检工作。探索建立民办学校风险保证金等风险防范制度，逐步形成民办学校危机预警和干预机制。

第二，引导民办教育培训机构健康发展。教育培训市场的健康发展，需要健全和规范的法制做保障。目前，我国关于民办教育尤其是民间教育培训机构的相关法律法规还不完善。广州市要针对教育培训市场出现的一些新事物，新问题，现有法律所没有涉及的领域，不断完善已有相关法律法规，努力探索出新的适合相应情境的地方法律法规，构建民办教育健康发展的良好环境。

第三，大力扶持民办教育发展。认真落实促进民办教育发展的各项政策措施，逐步将针对民办教育的支持经费纳入市和区（县）教育财政预算，进而进一步完善相应的公共财政对民办教育的资助制度。鼓励社会力量积极兴办与建设非学历教育培训机构，要加大力度扶持有实力、质量好、符合社会经济发展方向的教育培训机构，帮助它们实现特色发展、品牌发展。扶持民办高级中等教育机构多元化和特色化发展。鼓励社会力量积极参与非学历教育机构的兴办与建设，推进其规范发展，加强品牌建设。

（六）完善终身教育体系，全民参与青年教育

青年的教育与学习是社会可持续发展的重要条件，青年的教育和学习也需要社会广泛的参与和支持。为此，加快发展终身教育体系，打造人人皆学、处处能学、时时可学的教育服务平台，将广州建设成为全民学习、终身学习的学习型城市。

广州市要继续加强家长学校建设，为青年学生家长提供更多更好的家庭教育指导和服务，进一步提升青年的家庭教育质量。要理顺家长学校管理体制，制定全市青年家庭教育近期、中长期发展规划，对各级各类家长学校的发展规划、条件保障、政策措施、法制建设等问题提出指导意见。培训家庭教育指导工作队伍，通过专业培训和教育心理科学的引领，提高教师指导家长、指导家庭教育工作的业务水平，增强家庭教育指导活动的科学性、针对性和实效性。要针对家庭教育中存在的突出问题，如心理脆弱、以自我为中心、网络成瘾、低龄婚恋和性行为、赌博，离异家庭、留守与流动家庭儿童心理变异问题和品德行为问题等，积极开展个案跟踪研究和家庭治疗，保障青年的健康成长。

充分发挥学校和民办教育培训机构的服务功能，能够有效促进青年教育与学习。为此，各类学校和社会教育机构要相互融通和配合，形成多种教育相互协调的体制，促进学历教育与非学历教育协调、学校教育与社会教育相沟通、职前教育与职后教育相衔接、产学研相结合。整合各类教育、科技、文化和体育资源，向全体青年开放。要持续推动学习型社区、学习型企业、学习型家庭等学习型组织的创建活动，营造良好的社会氛围，促进青年的教育与学习。

在信息时代，网络学习是青年教育与学习的重要方式，对青年的健康发展具有独特作用。广州市要充分开发和利用现代教育技术，开展基于网络技术的远程教育，建立网上图书馆、科技馆、文化馆及网上学习中心，形成面向全体社会成员尤其是青少年的网络化的学习支持体系。此外，还要发挥现有社区教育网络体系的潜力，充分利用社区文化馆、图书馆、博物馆、纪念馆、爱国主义教育基地、农家书屋、社区书屋等，开展丰富多彩的教育培训服务，进一步满足广州青年的教育与学习需要。

参考文献

魏国华、张强:《广州青年发展报告(2012~2013)》,社会科学文献出版社,2013。
广东省教育研究院:《广东教育改革发展研究报告》,广东高等教育出版社,2014。
蒋亚辉:《培育世界文化名城:教育的思考与行动》,《经济研究导刊》2014年第1期。
广州市教育科学研究所:《广州市教育发展蓝皮书(2011~2012)》,广东科技出版社,2013。
广州市教育局:《广州市教育事业统计简报(2012~2013)》,2014。
广州市教育局:《广州市教育发展规划(2011~2020)》,广东科技出版社,2012。

分报告二
广州青年价值观发展状况研究

涂敏霞 刘艺非 *

摘 要： 本报告以广州青年群体作为研究对象，从社会价值观和人生价值观两个方面对广州青年的价值观现状进行分析，并将本次调查的结果与2012年及2010年的调查结果进行了纵向的对比。调查结果显示，广州青年在社会价值观方面，对国家社会经济发展的信心回升，对经济稳定发展的诉求更强，对社会建设领域越来越重视；法治意识整体维持较高水平，但呈现一定的下降趋势。在人生价值观方面，个人本位、务实的价值取向依然是广州青年个人价值观的主要特征；信仰宗教未成为主流，但中学生信仰宗教的现象值得关注；大部分青年都受到模范榜样和先进典型的影响。基于这些发现，本报告提出了相应的对策建议。

关键词： 广州青年 价值观 法治意识 宗教信仰

一 研究背景与意义

价值观是指人区分好坏、美丑、益损、正确与错误，以及符合或违背自己意愿等的观念系统，通常是充满情感的，能为人的正当行为提供充分的理由。[1] 要

---

* 涂敏霞，广州市穗港澳青少年研究所教授；刘艺非，中山大学中国公益慈善研究院助理研究员。

[1] 黄希庭、郑涌等：《当代中国青年价值观研究》，人民教育出版社，2005，第5页。

把握青年发展的情况，离不开对青年价值观现状及变化趋势的研究。习近平同志于2014年"五四"青年节在北京大学师生座谈会上的讲话中指出，青年是时代的最灵敏的晴雨表，时代的责任赋予青年，时代的光荣属于青年；青年的价值取向决定了未来整个社会的价值取向，而青年又处在价值观形成和确立的时期，抓好这一时期的价值观养成十分重要。① 尽管价值观属于个人主观层面的现象，但作为一种重要的社会意识，价值观既深刻地反映着社会存在，也对社会存在起着不可忽视的反作用。青年群体在不久的将来会成为国家社会的支柱，其价值观也将演变为社会主流的价值观，并转化为对国家社会发展实质性的影响。因此随时关注青年群体价值观的变化趋势，对青年工作而言不论在理论还是实务工作上均具有重要的意义。

课题组从2010年起开始每隔两年对广州青年群体的价值观状况进行跟踪调查。在这几年间，随着国家社会经济发展，广州青年的价值观现状如何？与前两次的调查相比发生了什么值得关注的变化？另外，不同类型青年群体的价值观是否存在差异？本报告将主要围绕这些主要问题，从社会价值观和人生价值观两个角度，利用2014年广州青年发展状况调查中关于青年价值观的数据资料，对目前广州青年的价值观状况进行详细的分析，并根据分析结果提出相关建议。

二 分析结果

（一）社会价值观

社会价值观是指个体对社会事物和现象好坏、美丑等价值的态度与评价，社会价值观受个体所处社会环境的潜移默化的影响，但同时，作为一种社会意识，它又会反过来极大地影响着社会现实，转化为实实在在的效果。青年群体逐渐甚至已经成为社会的中流砥柱，随着代际更替，社会权力的转移，青年人在社会中的话语权将逐渐扩大，而青年人的价值观也日渐成为社会的主流价值观，深刻地影响着国家社会的发展形态和方向。因此持续地了解广州青年的社会价值观，能及时掌握其变化趋向，并往良性的方向对其做出引导。在本部

---

① 习近平：《青年要自觉践行社会主义核心价值观》，《人民日报》2014年5月5日第2版。

分,我们重点调查了广州青年对我国社会经济发展的信心、对国家未来发展方向的态度、对违法犯罪行为以及社会中一些存在争议的行为的评价。

1. 对国内社会经济发展的评价:信心有所提升

在本次调查中我们询问了广州青年们对我国社会经济发展的信心程度。

结果显示(见图1),整体而言,广州青年对我国社会经济发展具备一定的信心,"比较有信心"的比例最大,为47.62%,"比较有信心"和"非常有信心"的比例合共达到64.31%。

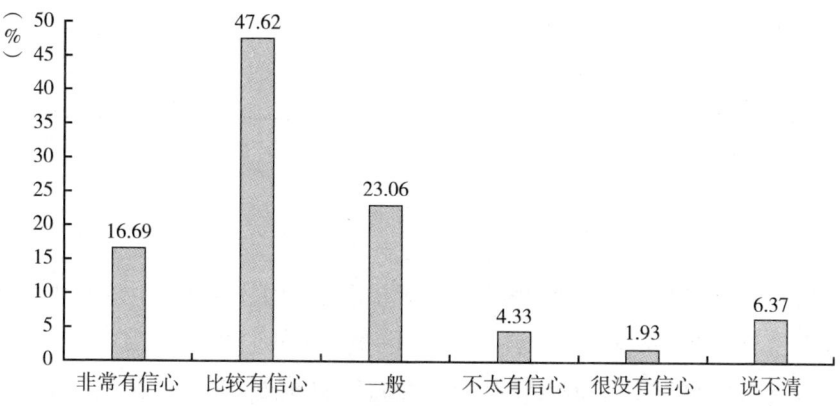

图1 广州青年对国家社会经济发展的信心程度

与2010年和2012年的调查相比(见表1),2014年广州青年对国内社会经济发展情况给予积极评价的比例有了较大幅度的提升,比2012年高出25.10个百分点。可见广州青年对国内社会经济状况的发展前景越来越乐观,这也反映了近年国家在社会经济发展方面取得的总体成就得到了大部分广州青年的认可。

表1 广州青年对国家社会经济发展的评价变化趋势[a]

单位:%,个

调查年份	积极	一般	消极	说不清	样本量	卡方检定 χ^2
2014	64.31	23.06	6.26	6.37	3578	
2012	39.21	38.97	13.21	8.61	1673	366.7169 *** [b]
2010	47.30	34.04	13.85	4.81	1372	

注:a. 2014年与前两期调查在该问题上的问法有一定区别,前两期的问题为"您对我国社会经济发展的评价如何?",选项为:非常好、比较好、一般、不太好、很不好、说不清。

b. 显著度:*** 表示 $p<0.001$。

比较不同青年群体对该问题的态度，可以看到不同青年群体对此的态度结构存在显著的差异（见表2），大学生群体对社会经济发展现状的信心明显高于就业人员和中学生，"比较有信心"和"非常有信心"的比例合计达到78.07%，而就业人员对国内社会经济发展的信心最低。

表2　不同青年群体对国家社会经济发展的评价比较

单位：%，个

青年群体	有信心[a]	一般	没信心	说不清	样本量	卡方检定 χ²
就业人员	60.96	26.04	6.27	6.73	2185	73.7914 *** [b]
大学生	78.07	15.54	2.76	3.63	579	
中学生	63.51	20.39	8.72	7.37	814	

注：a."有信心"为"非常有信心"及"比较有信心"比例之和；"没信心"为"很没有信心"及"不太有信心"比例之和。

b. 显著度：*** 表示 $p<0.001$。

2. 国家发展方向：对稳定经济发展期望增强，对社会建设也越来越重视

除了对社会经济发展整体信心程度的考察外，我们亦调查了广州青年对国家社会发展方向的态度，调查要求受访青年们选择最重要的三种发展方向，并按照重要性排序。在此我们重点考察广州青年们认为"第一重要"的发展方向。

结果显示（见图2），广州青年认为"稳定的经济发展"是国家首要发展方向的比例最大，为32.90%，明显高于其他方向。我们发现，与2012年的结果相比，广州青年的态度出现了一些变化，具体表现在对经济发展的重视程度，以及对社会建设的期望均有所提升上，包括维持国内社会秩序、保障公民政治权利自由等社会建设方面的选择比例均高于2012年；而维护国家领土完整的期望则有较明显的下降，降幅为7.29个百分点，表明目前在广州青年心目中领土问题并非国内社会面临的主要问题，也在一定程度上说明了广州青年对国家最终保持领土完整的能力具备一定的信心。

比较不同青年群体的态度可以发现（见图3），就业人员与学生群体相比对稳定的经济发展有更热切的需求，一个可能性是国家经济发展的状况与他们的工作条件，如收入、福利等有较直接的关系，而学生群体则尚未有这种切身的感受。大学生群体认为国家首要发展方向是"维护国家领土完整"的比例最高，为25.91%，甚至高于对经济发展的期望。另外，大学生群体希望国家

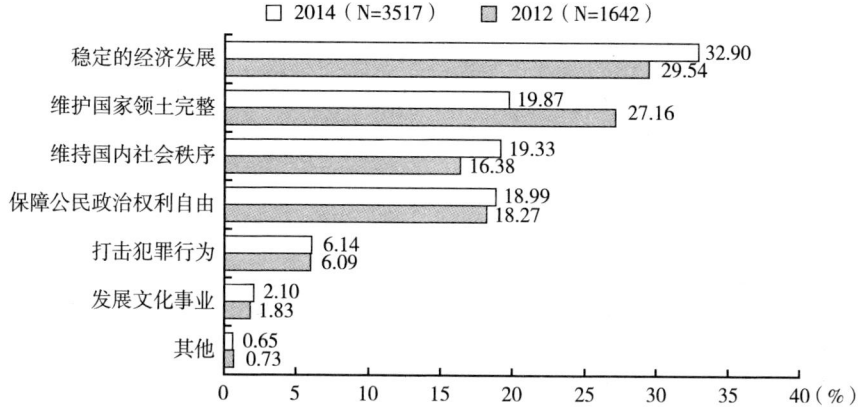

图2 广州青年对国家最重要发展方向的态度变化趋势

注：卡方检定 $\chi^2 = 36.8974$，$P < 0.001$。

能"保障公民政治权利自由"的比例也达到23.83%，高于其他两类青年群体。可见，相比于经济发展，广州的大学生群体对社会建设领域投以更多的关注。

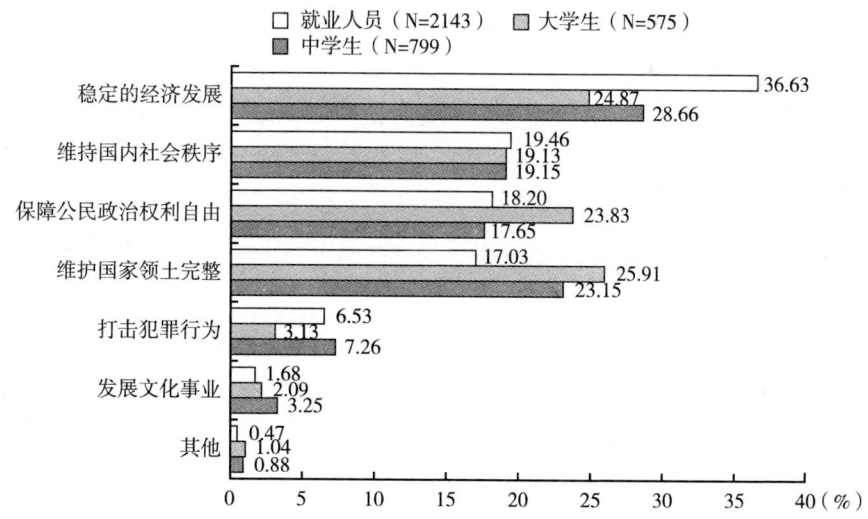

图3 不同青年群体对国家最重要发展方向的态度比较

注：卡方检定 $\chi^2 = 77.4665$，$P < 0.001$。

在调查中两个关于社会开放和社会公平的观点方面（见表3），我们同样看到，广州青年对此的整体态度都是认同的，同意比例基本在70%左右，但不同青年群体对此的态度存在显著差异，其中大学生群体与其他两个群体相比认同的程度更高，可见大学生群体对社会开放和社会公平有着更强烈诉求，对国内社会领域的发展现状更敏感。

表3 不同青年群体对社会发展的态度比较

单位：%，个

观点	青年群体	不同意[a]	一般	同意	不清楚	样本量	卡方检定 χ^2
社会应该更宽容，在不影响他人的情况下每个人都有权按自己的方式生活	就业人员	7.87	20.81	69.14	2.17	2210	40.9204 *** [b]
	大学生	5.87	13.47	77.37	3.28	579	
	中学生	10.43	13.74	73.13	2.70	815	
社会应该重视对弱者的救济和福利	就业人员	7.66	18.80	69.87	3.67	2207	19.7838 **
	大学生	4.68	15.42	75.56	4.33	577	
	中学生	7.96	13.83	73.93	4.28	817	

注：a. "不同意"为"完全不同意"及"较不同意"比例之和；"同意"为"比较同意"及"完全同意"比例之和。

b. 显著度：*** 表示 $p < 0.001$，** 表示 $p < 0.01$。

3. 对部分违法犯罪行为的态度：法治意识依然较强，但整体有所下滑

与往期调查一样，本次调查关注广州青年们对一些违法犯罪行为的接受程度，我们认为，这与青年的道德观念以及法治意识水平直接相关，尤其是在国家全面推进依法治国的今天，青年群体的道德观念和法治意识将深刻地影响国家未来的社会和法治建设进程。

本年的调查结果显示（见表4），对所列举的违法犯罪行为，持不接受态度的青年依然占绝对的主流，这是值得肯定之处。与往期调查一样，广州青年们均旗帜鲜明地反对这些违法犯罪行为。不过可以看到，和2012年相比，出现这样一个趋势即不接受这些行为的比例均有所下降，其中"卖淫"一项下降比例最大，降幅为8.52个百分点。认为"一般"的比例在调查所列举的违法犯罪行为中均有所上升。这意味着广州青年的社会道德及法治意识在近年出现了一定程度的下降，造成这种趋势的原因需要做出更深入的探讨。

表4 广州青年对部分违法犯罪行为态度变化趋势

单位：%

违法犯罪行为	调查年份	不接受[a]	一般	接受	无所谓	样本量	卡方检定 χ^2
逃票	2014	81.20	14.07	2.90	1.84	3590	30.7459 *** [b]
	2012	85.96	10.50	2.10	1.44	1667	
	2010	84.69	9.84	3.13	2.33	1372	
有机会就逃税	2014	81.03	12.82	4.71	1.45	3589	18.6248 **
	2012	82.18	11.82	4.56	1.44	1667	
	2010	79.96	11.08	7.36	1.60	1372	
接受贿赂	2014	84.98	9.90	3.62	1.50	3596	6.0332
	2012	87.18	8.24	3.25	1.32	1662	
	2010	86.08	8.53	3.86	1.53	1372	
卖淫	2014	80.61	10.85	5.79	2.75	3594	73.8691 ***
	2012	89.13	6.67	2.64	1.56	1665	
	2010	86.85	7.74	3.65	1.75	1369	

注：a. "不接受"为"完全不接受"及"较不接受"比例之和；"接受"为"比较接受"及"完全接受"比例之和。

b. 显著度：*** 表示 $p<0.001$，** 表示 $p<0.01$。

比较不同青年群体对以上违法犯罪行为的接受程度（见表5），整体的结构是学生群体不接受的程度高于就业人员群体，在"有机会就逃税"方面，就业人员的不接受比例与两类学生群体相比均低大约10个百分点。这说明了青年走出校园、踏入社会之后，复杂的社会环境对青年的一些观念确实会存在强烈的影响，因此对青年价值观的教育工作在青年进入社会后依然渗透到其生活的各个方面。

表5 不同青年群体对部分违法犯罪行为的态度比较

单位：%

违法犯罪行为	青年群体	不接受[a]	一般	接受	无所谓	样本量	卡方检定 χ^2
逃票	就业人员	79.14	15.86	3.23	1.77	2200	29.8830 *** [b]
	大学生	82.90	14.16	1.90	1.04	579	
	中学生	85.57	9.12	2.71	2.59	811	

续表

违法犯罪行为	青年群体	不接受[a]	一般	接受	无所谓	样本量	卡方检定 χ^2
有机会就逃税	就业人员	77.07	15.61	5.64	1.68	2198	67.6381***
	大学生	87.54	9.69	2.77	0.00	578	
	中学生	87.08	7.50	3.57	1.85	813	
接受贿赂	就业人员	83.49	11.11	3.72	1.68	2205	23.0242***
	大学生	89.27	8.30	2.25	0.17	578	
	中学生	85.98	7.75	4.31	1.97	813	
卖淫	就业人员	80.63	11.34	5.22	2.81	2205	20.0289**
	大学生	80.14	12.78	5.87	1.21	579	
	中学生	80.86	8.15	7.28	3.70	810	

注：a. "不接受"为"完全不接受"及"较不接受"比例之和；"接受"为"比较接受"及"完全接受"比例之和。

b. 显著度：*** 表示 $p<0.001$，** 表示 $p<0.01$。

4. 对部分争议行为的态度：接受程度有所上升

在了解广州青年们对违法犯罪行为接受程度的同时，本次调研亦继续考察广州青年对一些法律并无明文禁止，但可能会遭受道德或社会舆论压力的争议性行为的接受程度。对这些处于道德灰色地带行为的态度，也可从一个侧面了解广州青年们在一些关乎个人权利问题方面的价值取向。

我们发现，与往期调查一样（见表6），整体而言，广州青年对调查所列举的行为基本持比较反对的态度，对大部分行为不接受的比例超过50%，对"自杀"的不接受程度达到80.13%，相对而言，唯独对"安乐死"的不接受程度较低，仅为46.07%，这可能与安乐死涉及比较复杂的伦理关系有关，在人们心目中并未形成共识。

与2010年和2012年两次调查相比，2014年的结果存在显著的差异，除了对"安乐死"不接受的比例略有上升，广州青年们对大部分争议性行为的不接受程度均有所下降。这一方面反映了广州青年对一些社会行为采取越来越包容的态度，特别是法律法规没有明令禁止的行为，例如"离婚"、"同性恋"、"堕胎"等，也表明青年们越来越尊重个人选择的自由，观念与此前相比逐渐放开。但另一方面，对"向政府要求自己无权享受的福利"、"自杀"等行为的不接受程度下降，是需要特别引起警惕的。

表6　广州青年对部分争议性行为态度变化趋势

单位：%，个

争议性行为	调查年份	不接受[a]	一般	接受	无所谓	样本量	卡方检定 χ^2
向政府要求自己无权享受的福利	2014	62.32	24.90	8.16	4.62	3591	28.5669***[b]
	2012	67.25	20.36	6.41	5.99	1670	
	2010	62.87	22.22	9.36	5.56	1368	
同性恋	2014	62.88	18.94	13.40	4.78	3596	46.9317***
	2012	69.68	14.38	10.55	5.39	1669	
	2010	70.70	14.94	10.71	3.64	1372	
堕胎	2014	76.02	15.78	5.74	2.45	3587	14.7051*
	2012	80.54	13.11	4.73	1.62	1670	
	2010	77.54	15.00	5.05	2.41	1367	
离婚	2014	59.44	26.03	11.10	3.43	3585	7.7261
	2012	61.80	22.94	11.35	3.90	1665	
	2010	59.81	24.51	12.33	3.36	1371	
安乐死	2014	46.07	24.23	25.82	3.88	3586	55.7385***
	2012	45.76	22.52	27.87	3.85	1661	
	2010	36.01	25.27	34.84	3.87	1369	
自杀	2014	80.13	12.32	4.60	2.95	3589	30.4043***
	2012	85.70	8.86	3.59	1.86	1671	
	2010	84.41	9.25	4.08	2.26	1373	

注：a. "不接受"为"完全不接受"及"较不接受"比例之和；"接受"为"比较接受"及"完全接受"比例之和。

b. 显著度：*** 表示 $p<0.001$，* 表示 $p<0.05$。

比较不同青年群体的态度差异可以发现（见表7），对这些行为，学生群体的不接受程度普遍低于就业人员群体，一个可能的原因是，其中一些行为就业人员群体中接触过或者发生的概率会高于学生群体，从而前者对这些行为所带来的影响存在更强烈的感知。唯一不同的是在"向政府要求自己无权享受的福利"方面，学生群体比就业人员群体不接受的程度更高，一个可能性是学生群体对"福利"的接触与就业人员相比更少，对在实际生活中如何维护和争取福利的问题的理解更多停留在理论上，因此有更强烈的反对态度。

表7 不同青年群体对部分争议性行为的态度比较

单位：%，个

争议性行为	青年群体	不接受a	一般	接受	无所谓	样本量	卡方检定 χ^2
向政府要求自己无权享受的福利	就业人员	59.12	26.68	9.03	5.17	2204	29.7297***
	大学生	68.39	21.42	7.60	2.59	579	
	中学生	66.71	22.52	6.19	4.58	808	
同性恋	就业人员	68.12	18.1	9.71	4.08	2205	98.7569***
	大学生	50.87	23.36	20.07	5.71	578	
	中学生	57.20	18.08	18.70	6.03	813	
堕胎	就业人员	77.33	15.49	5.13	2.04	2201	23.0187***
	大学生	73.96	18.06	6.60	1.39	576	
	中学生	73.95	14.94	6.79	4.32	810	
离婚	就业人员	63.22	23.76	9.83	3.19	2197	36.8114***
	大学生	51.90	31.83	12.80	3.46	578	
	中学生	54.57	28.02	13.33	4.07	810	
安乐死	就业人员	50.71	22.67	22.85	3.78	2197	66.7920***
	大学生	37.09	28.94	32.06	1.91	577	
	中学生	39.90	25.12	29.43	5.54	812	
自杀	就业人员	81.67	12.10	3.87	2.37	2198	46.8475***
	大学生	80.80	12.80	5.54	0.87	578	
	中学生	75.52	12.55	5.90	6.03	813	

注：a."不接受"为"完全不接受"及"较不接受"比例之和；"接受"为"比较接受"及"完全接受"比例之和。

b. 显著度：*** 表示 $p<0.001$。

（二）人生价值观

与社会价值观的内涵不同，人生价值观是人们对自身人生目的、意义、价值的评价和态度，可以分为人生价值目标和人生价值标准与手段，其中也包含着多个方面，如人性观、幸福观、成就观等等，这些观念涉及为什么而活、如何活、怎样活等人生中的基本问题，对这些问题的回答对个体的自我成长和完善起着极其重要的作用，它们直接影响并指导着人们在生活中的目标选择与行为取向。广州青年的人生价值观呈现什么样的特点呢？在两年间是否有发生值得关注的变化？在本部分，我们将通过人生价值目标、人生价值标准和手段两大方面探讨广州青年的人生价值观现状。

1. 人生价值目标：对正面的人性观保持较高认同感，但积极趋向整体下降

人生价值目标是解决人们"为了什么而活"的问题，指明了人生发展的基本方向和性质，是人生观当中的基本问题。

在本次调查中，我们询问了受访广州青年对人性的基本看法。调查结果显示（见表8），与前两期的结果类似，广州青年对人性的看法整体上是积极的，对正面的人性观依然保持着较强烈的认同感。77.10%的人同意"诚信是做人的基础"；68.13%的人同意"人生应对社会做些贡献"；60.28%的人同意"每个人都可以掌握自己的命运"；40.62%的人不同意"当今社会，人的最大追求就是赚钱"。这再一次从价值观上体现了广州青年保持了基本的人性底线，并希望兼顾个人价值和社会价值的实现。

但与此同时，与往期调查相比，这种积极的取向整体出现下降趋势，而且这种下降是显著的。与2012年调查相比，同意"诚信是做人的基础"和"人生应对社会做些贡献"等说法的青年比例分别降低了7.52个百分点及5.45个百分点；不同意"如果你不照顾好自己，别人便会占你的便宜"、"人应该及时行乐"和"当今社会，人的最大追求就是赚钱"等说法的比例也分别降低了6.56个百分点、0.61个百分点和5.62个百分点。在对人性整体抱持积极态度的同时，这种积极性的消退值得我们关注。不过，也存在一些态度是向积极方面转化的，例如与2012年相比，同意"每个人都可以掌握自己的命运"的青年比例就上升了5.71个百分点，反映了广州青年的自我效能感和对生活的自信心有所提升。

表8 广州青年对人性看法态度变化趋势

单位：%，个

对人性的看法	调查年份	不同意[a]	一般	同意	不清楚	样本量	卡方检定 χ^2
诚信是做人的基础	2014	7.50	11.76	77.10	3.64	3598	136.7844*** [b]
	2012	6.08	8.05	84.62	1.25	1677	
	2010	3.28	6.77	89.51	0.44	1373	

续表

对人性的看法	调查年份	不同意[a]	一般	同意	不清楚	样本量	卡方检定 χ^2
人生应对社会做些贡献	2014	7.63	21.72	68.13	2.52	3605	115.4648***
	2012	6.56	18.43	73.58	1.43	1677	
	2010	3.50	12.45	82.96	1.09	1373	
每个人都可以掌握自己的命运	2014	14.48	22.79	60.28	2.45	3598	30.3545***
	2012	18.99	24.30	54.57	2.15	1675	
	2010	18.69	23.35	56.29	1.67	1375	
如果你不照顾好自己,别人便会占你的便宜	2014	28.23	31.23	37.51	3.03	3599	52.2303***
	2012	34.79	31.56	29.36	4.30	1676	
	2010	27.19	30.69	37.68	4.45	1372	
人应该及时行乐	2014	15.96	28.71	53.15	2.18	3577	16.4930*
	2012	16.57	28.59	52.99	1.85	1672	
	2010	14.23	25.55	58.83	1.39	1370	
当今社会,人的最大追求就是赚钱	2014	40.62	32.01	25.36	2.01	3589	43.1834***
	2012	46.24	27.45	24.88	1.43	1676	
	2010	37.41	30.42	31.08	1.09	1374	

注:a."不同意"为"完全不同意"及"较不同意"比例之和;"同意"为"比较同意"及"完全同意"比例之和。

b. 显著度: *** 表示 $p<0.001$,* 表示 $p<0.05$。

比较不同青年群体的态度(见表9),可以发现,在整体态度结构接近的前提下,大学生总体上有更积极的人性观,在"诚信是做人的基础"、"人生应对社会做些贡献"、"每个人都可以掌握自己的命运"等说法上,大学生群体的同意比例均是最高的,而在"如果你不照顾好自己,别人便会占你的便宜"、"人应该及时行乐"、"当今社会,人的最大追求就是赚钱"等说法上,大学生群体不同意的比例也同样高于其余两个群体的。而在前三个正面说法上,中学生群体的反对程度最高,在一定程度上表明中学生群体还未形较正面的人性观念;而在后三个反面说法上,就业人员的反对程度最低,可见与学生群体相比,就业青年对人性的态度显得更功利和现实,对享乐、金钱等的追求相对更明显。

表9　不同青年群体对人性看法态度比较

单位：%，个

对人性的看法	青年群体	不同意[a]	一般	同意	不清楚	样本量	卡方检定 χ^2
诚信是做人的基础	就业人员	7.35	13.70	75.69	3.27	2205	23.3664*** [b]
	大学生	6.93	9.36	79.55	4.16	577	
	中学生	8.33	8.21	79.17	4.29	816	
人生应对社会做些贡献	就业人员	7.46	23.06	67.27	2.22	2212	26.6995***
	大学生	4.68	17.85	73.83	3.64	577	
	中学生	10.17	20.83	66.42	2.57	816	
每个人都可以掌握自己的命运	就业人员	13.62	25.89	58.49	2.00	2202	47.3844***
	大学生	12.28	18.69	66.61	2.42	578	
	中学生	18.34	17.36	60.64	3.67	818	
如果你不照顾好自己，别人便会占你的便宜	就业人员	26.67	32.24	38.32	2.77	2205	12.3397
	大学生	32.06	30.68	34.49	2.77	577	
	中学生	29.74	28.89	37.45	3.92	817	
人应该及时行乐	就业人员	14.98	30.93	51.99	2.10	2189	20.8087**
	大学生	19.48	26.26	52.70	1.57	575	
	中学生	16.11	24.48	56.58	2.83	813	
当今社会，人的最大追求就是赚钱	就业人员	36.06	34.01	28.11	1.82	2202	85.8062***
	大学生	55.48	26.43	17.22	0.87	575	
	中学生	42.49	30.54	23.65	3.33	812	

注：a."不同意"为"完全不同意"及"较不同意"比例之和；"同意"为"比较同意"及"完全同意"比例之和。

b. 显著度：*** 表示 $p<0.001$，** 表示 $p<0.01$。

2. 人生价值标准与手段

人生价值标准回答的是"什么样的生活是有意义的、幸福的"，人生价值手段是解决"人应该怎样活着"的问题，不同的价值标准会影响人们选择不同的价值目标，不同的价值手段则会导致人们选择不同的发展道路，实现同样的人生价值目标也会有多种不同的手段。在本次调查中，我们依然保留了往期调查中关于人生价值标准和手段的问题，了解广州青年近年在这些问题上的价值取向是否有变化。

（1）幸福生活的标准：身体健康依然最重要，对美满家庭生活越来越重视。

幸福生活的评价标准是衡量人生价值标准的一个有代表性的问题。为了解广州青年对此的态度变化，本次调查保留了相应题目，让受访青年在选项中挑选三个衡量幸福生活的主要标准，并按重要性排序。在此我们重点分析"第一重要标准"的情况。

本年调查的结果显示（见图4），和往期调查结果类似，将"身体健康"作为幸福生活首要标准的广州青年比例依然排在第一位，达到48.14%，但与2012年的结果相比下降了5.69个百分点；认为"家庭生活美满"是幸福生活首要标准的比例为23.19%，与2012年相比同样位列第二，但比例较之过往两期调查均有所提高。这表明现时越来越多广州青年重视家庭生活，包括婚姻的质量和与子女关系等因素，反映了青年人家庭环境的建设对青年人成长以及幸福观的建立有比较明显的影响。位列第三的是"事业有成"，比例为12.04%。

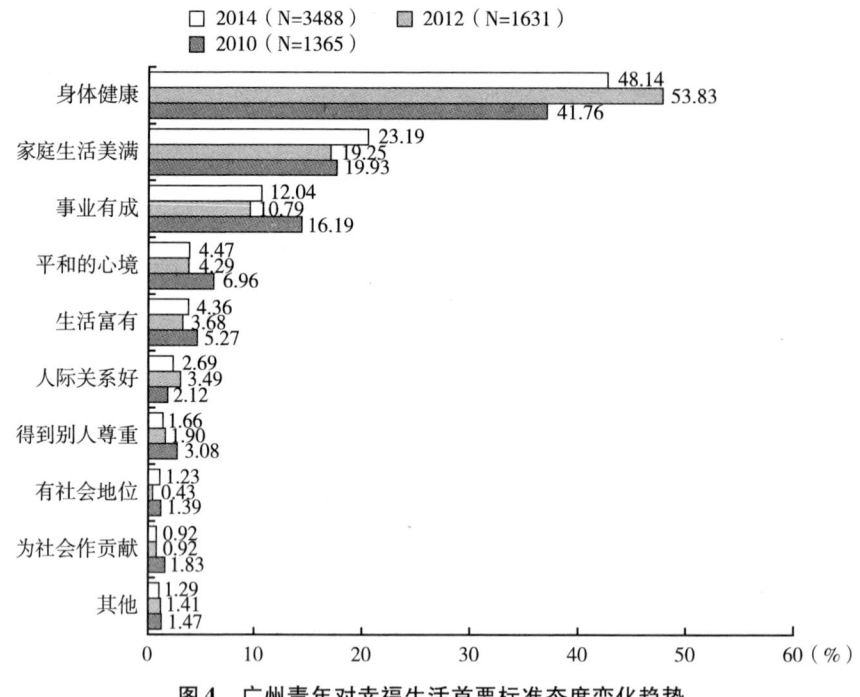

图4　广州青年对幸福生活首要标准态度变化趋势

注：a. 卡方检定 $\chi^2 = 102.0141$，$P < 0.001$。
b. "家庭生活美满"包括选项中的"婚姻美满"及"子女孝顺"比例之和。
c. "事业有成"包括"事业成功"及"有一份自己喜欢的工作"比例之和。
d. "人际关系好"包括"有知心朋友"及"良好人际关系"比例之和。

通过进一步的比较可以看到（见图5），就业人员对家庭生活的重视程度明显高于两类学生群体，就业人员往往已组建家庭并在家庭生活中起主导作用，家庭生活已成为其生活的主要部分，因此也不难理解他们更倾向于认同家庭的美满与幸福生活的关系。大学生相比其他两类群体更重视"平和的心境"和"事业有成"对生活幸福感所产生的影响，而中学生对"人际关系"方面的因素更为看重。

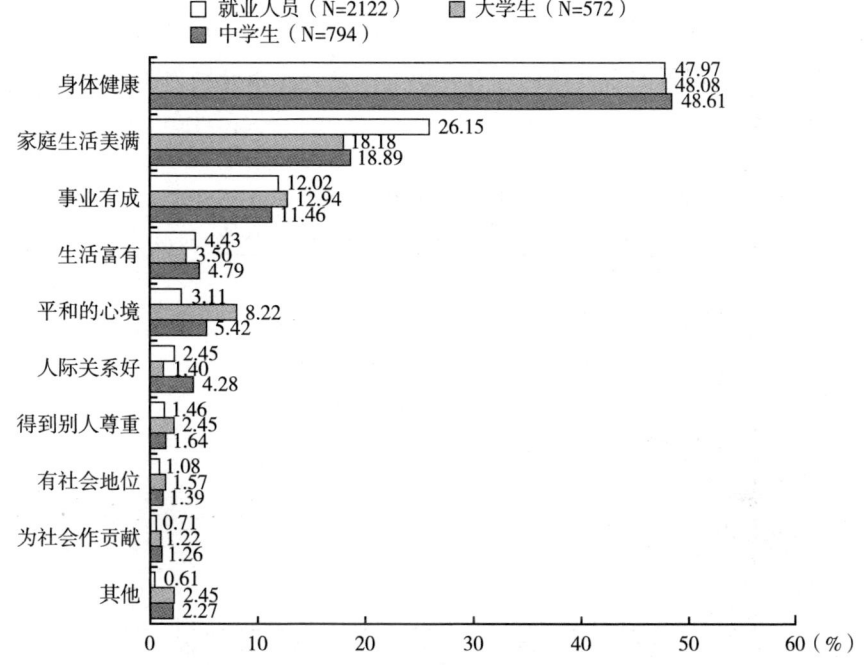

图5 不同青年群体对幸福生活首要标准态度比较

注：a. 卡方检定 $\chi^2 = 88.0077$，$P < 0.001$。
b. "家庭生活美满"包括选项中的"婚姻美满"及"子女孝顺"比例之和。
c. "事业有成"包括"事业成功"及"有一份自己喜欢的工作"比例之和。
d. "人际关系好"包括"有知心朋友"及"良好人际关系"比例之和。

（2）人生成就观：依然肯定自致因素，对非自致因素的认同有所增强。

人生成就观是指人们对人生要取得成功主要取决于何种因素的理解，造就成功的因素有很多，整体而言可分为先赋因素和自致因素两大类，前者包括家庭环境、自身样貌身材、年龄、性别等先天决定的条件；后者包括自身的勤奋努力、教育、专业技能等可以通过后天努力而获得的条件。广州青年们近年在这个问题上的态度如何？是否有出现一些变化？本次调查也设置了关于人生成就观的问题。

调查结果显示（见图6），和往期调查结果类似，"个人努力"依然是广州青年们心目中造就个人成功最重要的因素，比例为42.66%，明显高于其他因素；位列第二的因素为"个人才能"，比例为27.72%；第三则是"人际关系"，比例为12.78%。但通过比较可以看到，"个人努力"的选择比例与过往两期调查相比有所下降，与2012年相比降幅为5.96个百分点；而"运气"和"家庭背景"等因素的选择比例却有一定的上升，升幅分别为2.43个百分点和1.16个百分点。

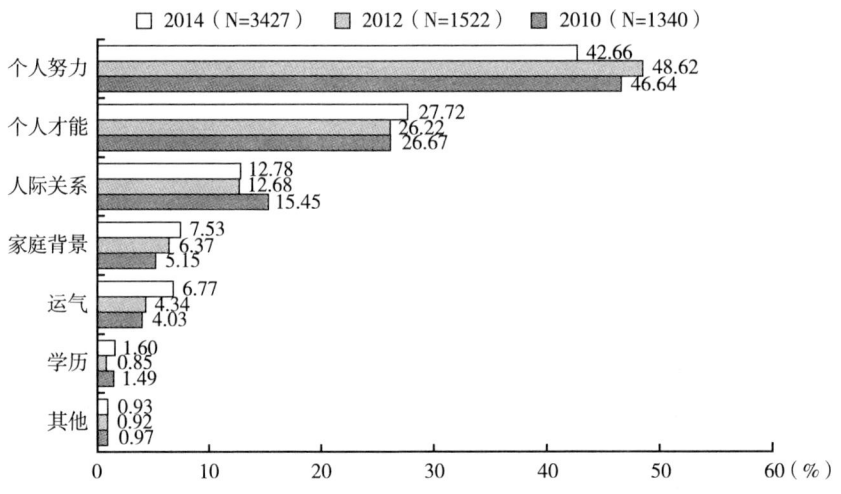

图6　广州青年对造就个人成功因素态度变化趋势

注：卡方检定 $\chi^2 = 47.9275$，$P < 0.001$。

我们进一步将"个人努力"、"个人才能"和"学历"归入"自致因素"，"运气"、"人际关系"、"家庭背景"归入"非自致因素"，比较两类因素在广州青年人生成就观中的位置。结果显示（见图7），广州青年对自致因素在个人成就中作用的认同整体上高于非自致因素，但从近年的变化趋势来看，对非自致因素的认同有所上升，对自致因素的认同则有所下降。这说明越来越多广州青年认为个人的努力等自致因素并不能最终带来成功，而需要借助一些先赋或外在的因素，这暗示了青年们对目前社会流动特别是向上流动渠道不畅通的悲观情绪，同时也是目前社会不平等现状的加剧在青年人价值观当中的一种反映。

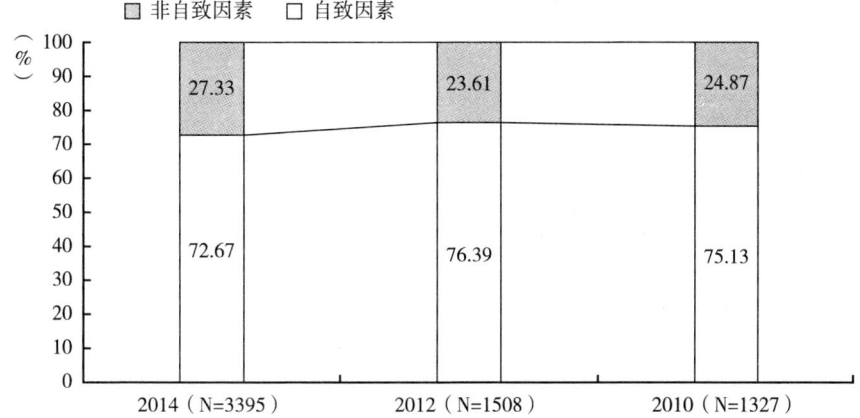

图7 广州青年对造就个人成功自致及非自致因素态度变化趋势

注：a. 卡方检定 $\chi^2 = 8.5036$，$P < 0.05$。
b. "自致因素"包括"个人努力"、"个人才能"及"学历"比例之和；"非自致因素"包括"运气"、"人际关系"、"家庭背景"比例之和；"其他"作为缺失值处理。

比较不同青年群体在这个问题上的态度差异（见图8及图9），我们可以看到一个基本趋势是，学生群体对个人努力、才能等自致因素的认同度明显高于就业人员，其中又以大学生群体最重视这些因素；而就业人员则更看重"运气"、"人际关系"、"家庭背景"等非自致因素。

（3）对宗教作用的评价。

近年来，青年群体中兴起了宗教热潮，包括宗教信仰热和宗教文化热，有研究指出，据不完全统计，13亿中国人中有1亿宗教信徒，其中青年信徒占到1/3。① 除了青年信徒之外，还存在一个庞大的青年宗教文化爱好者群体，与青年信徒共同构成了青年宗教热的主体。② 在这样的形势下，了解宗教信仰对青年价值观的影响，及时规避其对青年所带来的负面作用极其重要。为此，

---

① 熊英、周行、赵磊：《青年大学生宗教信仰现状及应对策略》，《青年探索》2011年第3期。
② 徐连明：《青年宗教时尚：我国青年宗教热的时尚化解读》，《中国青年研究》2013年第5期。

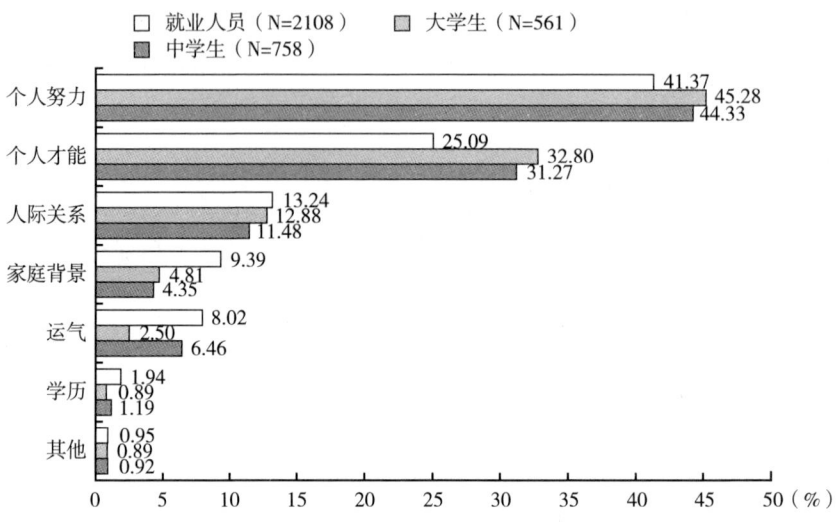

图 8 不同青年群体对造就个人成功因素态度变化趋势

注：卡方检定 $\chi^2 = 67.0736$，$P < 0.001$。

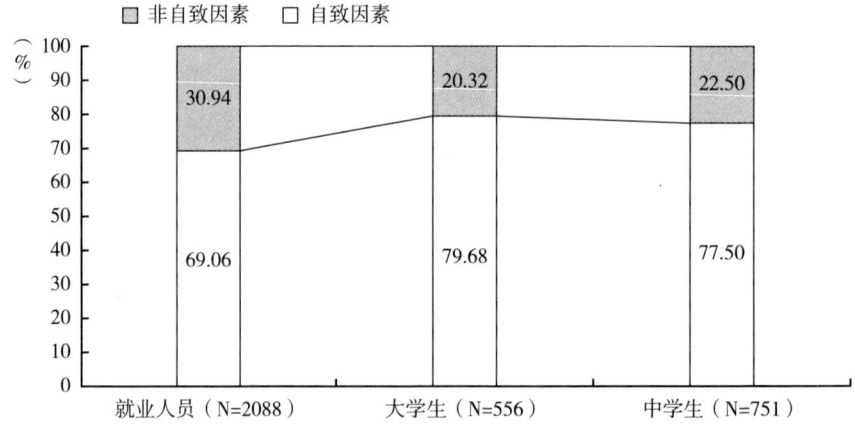

图 9 不同青年群体对造就个人成功自致及非自致因素态度变化趋势

注：a. 卡方检定 $\chi^2 = 36.2388$，$P < 0.001$。
b. "自致因素"包括"个人努力"、"个人才能"及"学历"比例之和；"非自致因素"包括"运气"、"人际关系"、"家庭背景"比例之和；"其他"作为缺失值处理。

本次调查专门考察广州市青年们对宗教所发挥作用的态度。

在本次受访的广州青年中，绝大部分的青年无宗教信仰（见图10），有

15.69%的人表示自身有宗教信仰，其中信仰佛教的青年人较多，约占全体青年的9.81%。可见已有一部分广州青年信仰宗教，但这并未成为广州青年的一种主流行为。而我们同时发现，在不同青年群体中，中学生信教的比例最高（见图11），达到19.63%。中学生群体如何接触宗教，为何认同宗教的问题值得深入思考，受家庭、民族的影响信仰宗教是其中一个原因，也存在一个可能性是部分中学生实际上是"宗教文化爱好者"而非"宗教信徒"，但误认为自身是"宗教信徒"；或为了标新立异，给自己贴上了信仰宗教的标签。

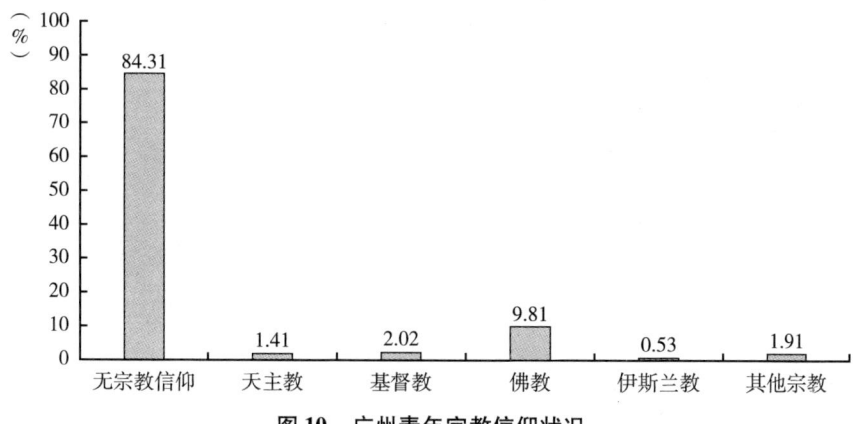

图10 广州青年宗教信仰状况

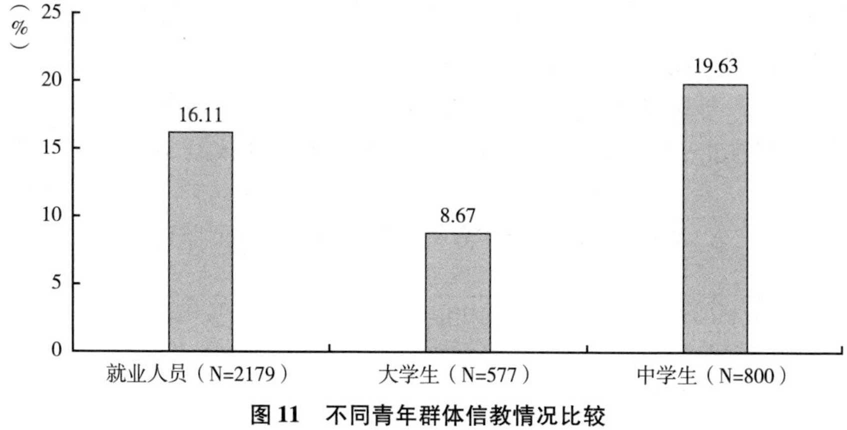

图11 不同青年群体信教情况比较

对于宗教的作用，结果显示（见图12），有48.25%的广州青年认为信教就"有了一种重要的精神支柱"，远高于其他选项的比例，说明在很多青年心目中，宗教的作用主要在于个人内在精神支持，有研究表明，寻找人生意义、精神寄托与压力解脱也是青年们信教的主要动机。有14.00%的青年认为参加宗教活动"可以增加与人交流的机会"，即他们更关注宗教信仰的外在功能。整体而言对宗教作用给予负面评价的青年较少，选择信奉宗教会"使个人精神麻痹、思想虚无"的比例仅为4.23%。另外也可以看到，有22.43%的广州青年表示并不清楚宗教的作用，说明目前很多青年人对宗教的认知还是比较模糊的。

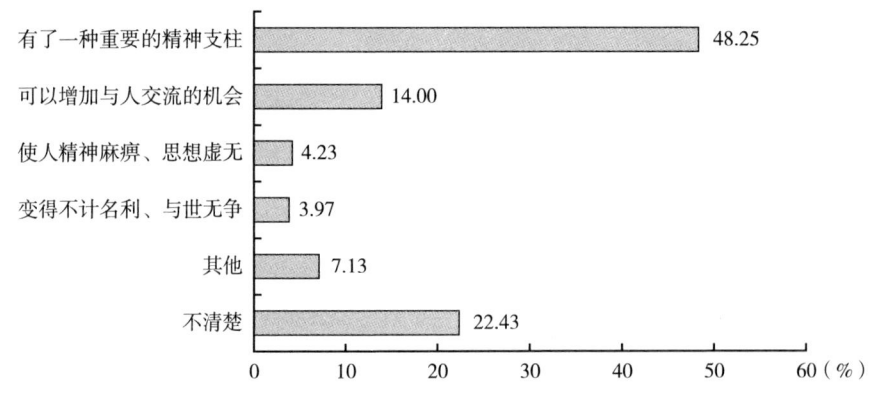

图12 广州青年对宗教所发挥作用的评价

比较信教青年和不信教青年的情况（见表10），可以看到两者的态度结构存在较显著的区别，信教青年中认为参加宗教活动"可以增加与人交流的机会"以及个人信教后会"变得不计名利、与世无争"的比例比不信教青年更大，认为"不清楚"的比例更低，一个可能的原因是信教青年基于自身参与宗教活动的经验，对宗教改善个人内在精神境界以及扩大外在社会网络的作用有更深的体会。

表10 信教及不信教青年对宗教发挥作用态度比较

单位：%，个

宗教信仰	有了一种重要的精神支柱	可以增加与人交流的机会	变得不计名利、与世无争	使人精神麻痹、思想虚无	其他	不清楚	样本量	卡方检定 χ^2
无	48.61	13.44	3.29	4.12	7.00	23.53	2886	40.4413*** a
有	47.18	17.09	7.96	4.66	7.38	15.73	515	

注：a. 显著度：*** 表示 $p<0.001$。

此外，结果也显示（见表11），大学生认为信教就"有了一种重要的精神支柱"的比例显著高于其余两类青年群体，而在其余选项中均低于其余两类青年群体。受访广州青年当中，大学生群体信教比例是最低的。这也反映了一种情况，认为宗教能为人们提供一种精神支柱是大部分人对宗教的认知，对宗教参与较低的人更容易形成这样的观念；相反，有一定宗教参与的人，可能会认识到宗教发挥的其他功能，如社会网络的扩展，同时也认识到宗教更多负面的作用。

表11 不同青年群体对宗教作用态度比较

单位：%，个

青年群体	有了一种重要的精神支柱	可以增加与人交流的机会	变得不计名利、与世无争	使人精神麻痹、思想虚无	其他	不清楚	样本量	卡方检定 χ^2
就业人员	43.16	15.22	4.75	4.03	1.30	31.54	2083	
大学生	67.71	6.98	1.05	2.97	0.87	20.42	573	926.4287 *** a
中学生	47.55	15.85	4.03	5.66	26.92	0.00	795	

注：a. 显著度：*** $p<0.001$。

（4）崇拜对象：依然最崇拜父母亲人。

"偶像"在青年人的社会化过程中起着非常独特的作用，也是塑造青年人价值观的一个重要来源。青年人通过选择不同类型的崇拜对象作为表达自身个性的标签，也以其作为态度和行为的重要参照来源。青年人期望自身能够具备这些对象身上所具有的一些特质，这些特质实质上是他们在追求自身人生目标过程中所希望得到的一些手段。本次研究同样设计了相关题目以了解广州青年们崇拜对象的情况。

2014年的调查结果显示（见图13），与往期调查一样，"父母、亲人"依然是目前广州青年们最崇拜的对象，选择的比例为26.96%，而且该比例跟过往两期的调查结果相比均有所提升；与2012年的结果一样，排行第二位的崇拜对象是"娱乐、体育明星"，比例为14.94%，与往期调查相比该比例同样有一定提升；第三位为"企业家"，比例为14.20%；选择"军政要人"、"老师"作为崇拜对象的比例亦均有一定的提高。此外，可以看到与前两期调查相比，没有崇拜对象的青年比例有较明显的下降。

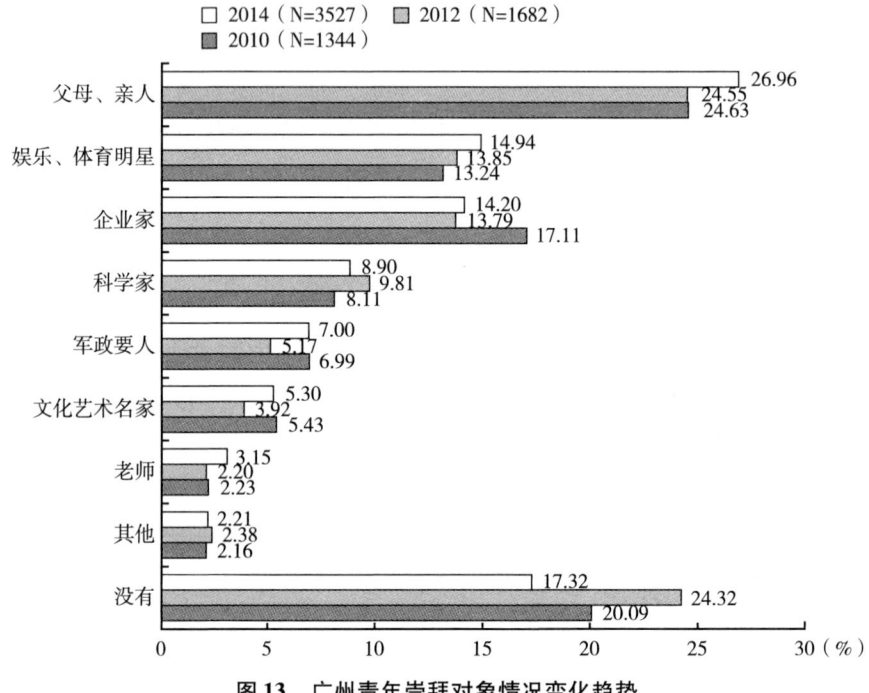

图 13 广州青年崇拜对象情况变化趋势

注：a. 卡方检定 $\chi^2 = 60.4594$，$P < 0.001$。
b. "父母、亲人"包括"父母"及"身边的亲友"比例之和。
c. "娱乐、体育明星"包括中的"娱乐明星"及"体育明星"的比例之和。

比较不同青年群体在崇拜对象上的情况（见图14），可以看到，与学生群体相比，就业人员没有崇拜对象的比例更大，崇拜"企业家"、"老师"的比例也更大；大学生群体与其他两个青年群体相比有更多的人崇拜"文化艺术名家"以及"父母、亲人"；而中学生则有更多的人崇拜"娱乐、体育明星"。

（5）对模范榜样的态度：大部分青年受模范榜样的影响，但部分青年对自身是否能做到缺乏信心。

对青年崇拜对象的考察主要从对象本身的性质了解青年的人生价值标准，与此同时，我们也从青年与这些对象之间所形成的关系的角度去了解青年的价值观，希望了解青年如何评价这些对象，如何通过这些对象影响自身的价值取

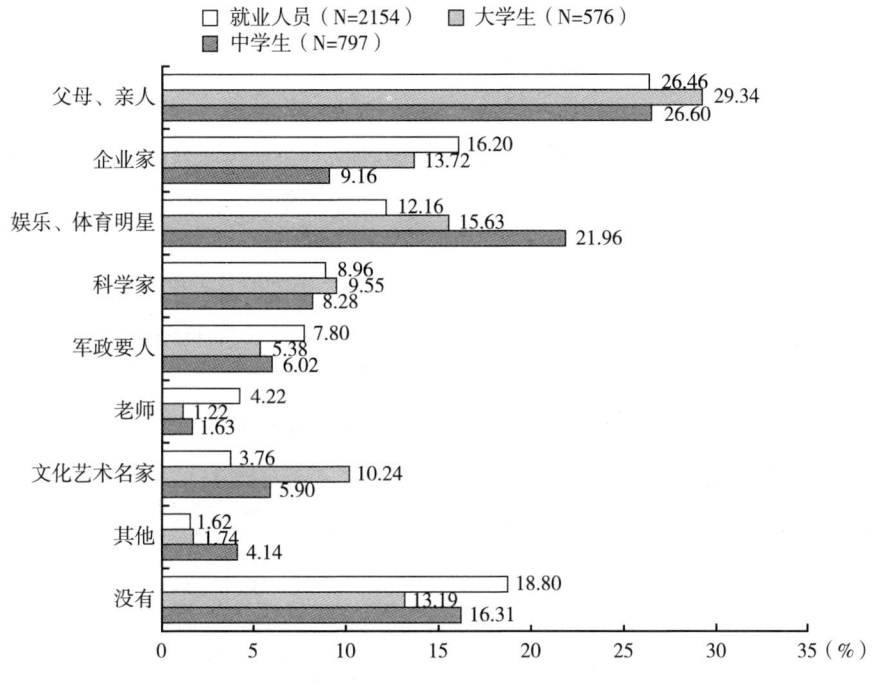

图 14 不同青年群体崇拜对象情况比较

注：a. 卡方检定 $\chi^2 = 148.7871$，$P < 0.001$。
b. "父母、亲人"包括"父母"及"身边的亲友"比例之和。
c. "娱乐、体育明星"包括中的"娱乐明星"及"体育明星"的比例之和。

向。基于这样的考虑。本次调研专门设计了关于青年对模范榜样态度的问题，以了解在广州青年的观念当中，模范榜样是否起着重要的参照作用？这种作用的程度如何？青年们如何"利用"这些模范榜样塑造自身的行为？

结果显示（见表12），有53.31%的广州青年同意"愿意以社会上的模范榜样和先进典型来指导我的行为"，其中又以大学生同意的比例最高，达到60.00%，可见大部分广州青年都有向先进榜样学习的倾向，而大学生群体的这种倾向最为强烈。进一步而言，有43.96%的广州青年同意"会以社会上的模范榜样和先进典型作为教育别人的依据"，说明在很多广州青年的心目中模范榜样并不仅仅是一个用以规范自身行为的对象，更是可以作为分享、影响他人的对象。广州青年们对模范榜样的趋向性，结交良师益友的倾向也比较明显，49.40%的青年同意"想跟社会上的模范榜样和先进典型成为朋友"的说法，其中也以大学生群体的同意比例最高。也可以看到,有48.63%的青年同意"今后也想成为被社会认可的模范榜样和先进典型"的说法,表明很多人并不只是将模范榜样停留在一种外在的参照物,而是更希望自身能成为这种参照物。可以看到学生群体,特别是大学生群体对这样的做法有更强的认同,自信程度更高。但对于"我佩服社会上的模范榜样和先进典型,但我做不到"的说法,受访青年持"一般"态度的比例较高,为36.90%,表明相当一部分青年对模范榜样有一定的认同,但自身是否能达到模范榜样的水平尚缺乏清晰的概念。相比之下,学生群体比就业人员更鲜明地反对这种说法,说明模范榜样对学生群体的影响更大。

表12 不同青年群体对模范榜样态度比较

单位:%

关于模范榜样的说法	青年群体	不同意[a]	一般	同意	不清楚	样本量	卡方检定 χ^2
我愿意以社会上的模范榜样和先进典型来指导我的行为	就业人员	13.92	32.01	52.76	1.31	2212	27.3069 *** [b]
	大学生	10.34	28.28	60.00	1.38	580	
	中学生	16.77	30.35	50.06	2.82	817	
	全体样本	13.99	31.03	53.31	1.66	3609	
我会以社会上的模范榜样和先进典型作为教育别人的依据	就业人员	17.26	35.34	45.23	2.17	2213	22.8837 ***
	大学生	20.17	33.97	44.48	1.38	580	
	中学生	19.95	35.50	40.15	4.41	817	
	全体青年	18.34	35.15	43.96	2.55	3610	
我想跟社会上的模范榜样和先进典型成为朋友	就业人员	10.85	38.25	49.10	1.81	2212	15.0752 *
	大学生	8.62	37.07	52.59	1.72	580	
	中学生	11.53	36.81	47.98	3.68	815	
	全体青年	10.65	37.73	49.40	2.22	3607	
我今后也想成为被社会认可的模范榜样和先进典型	就业人员	11.86	39.77	45.43	2.94	2210	41.4346 ***
	大学生	8.30	33.39	57.27	1.04	578	
	中学生	11.26	33.29	51.16	4.28	817	
	全体青年	11.15	37.28	48.63	2.94	3605	
我佩服社会上的模范榜样和先进典型,但我做不到	就业人员	29.96	38.50	29.37	2.17	2213	27.7774 ***
	大学生	36.03	32.76	29.48	1.72	580	
	中学生	36.14	35.53	24.54	3.79	819	
	全体样本	32.34	36.90	28.29	2.46	3612	

注:a. "不同意"为"完全不同意"及"较不同意"比例之和;"同意"为"比较同意"及"完全同意"比例之和。

b. 显著度: *** $p<0.001$, * $p<0.05$。

三 广州青年价值观现状、存在的问题及原因分析

(一) 社会价值观

1. 对国家社会经济发展信心整体回升，对经济稳定发展的期望更强烈，对社会建设领域越来越重视，但相对而言就业青年对社会发展的信心较低

2012年的调查结果显示，广州青年对我国社会经济发展多持一般态度，整体评价略显低迷。而2014年的调查却发现，广州青年对社会经济发展的积极评价已出现大幅度的提升，超过六成的青年对我国的社会经济发展是具有信心的。2013年我国新一届领导班子执政后，在经济、司法等领域释放出一系列改革信号，显示了党和政府继续深化改革的决心，两年间也取得了有目共睹的成绩，这促使包括青年群体在内的广大民众对国家未来的社会经济发展充满信心。

从广州青年对国家今后发展方向的问题来看，与往年相比广州青年们对稳定经济发展的期望有增无减，除此之外，对维护社会秩序、保障公民政治权利自由等社会建设领域的期望也同样较往年有所上升，"后物质主义"的表现越来越明显。近年，国家对经济发展增长速度的追求已经出现明显的淡化，从高速增长转向中高速增长已成为一种新的常态，与此同时，更强调改善民生和改革创新。2015年包括广东在内的绝大部分省份已明确下调本年的GDP增速，甚至有的取消了GDP增长目标；同时各地也把保障和改善民生作为工作的重中之重，广东省则早在几年前就开始实行经济发展稳中求进的目标，并更重视经济发展的质量效益，保障居民的生活质量。[①] 这样的社会现实已经在青年人的观念当中有所反映，表明他们对这样的发展趋势是具有认同感的。

但同时需要注意的是，并非所有青年对此都表现出一致的态度，在整体积极的前提下，2014年的调查结果也表明，相对而言就业青年对国家社会经济

---

① 《26省份调低GDP目标淡化GDP成地方两会新常态》，2015年1月29日，中国新闻网，http://www.chinanews.com/gn/2015/01-29/7014199.shtml；《广东今年GDP增速目标调低至7.5%》，2015年2月10日，中国新闻网，http://finance.chinanews.com/cj/2015/02-10/7050688.shtml。

发展的信心较低，认为"一般"及"没信心"的比例之和高于学生群体，而他们对国家能保证稳定的经济发展也具有最强烈的期望。就业青年对自身经济利益得失以及国家经济发展状况的感知比学生群体更强烈，从这个方面来看，继续保持稳定的经济发展还是必需的，若就业青年对国家发展的信心疲软甚至下降，这种消极的社会意识必将对作为劳动力的就业青年现实工作状态形成负面的影响。

2. 广州青年法治意识整体维持较高水平，但呈现一定的下降趋势

2014年的调查再次表明，广州青年整体具有较高的法治意识，对违法犯罪行为的反对态度仍然占绝对主流。尽管调查并没有就所有的违法犯罪行为询问青年的态度，但由此仍反映出广州青年确实具备这种正面价值取向，有利于在社会上形成遵纪守法的良好风气，有效遏制违法犯罪行为。2014年中国共产党第十八届中央委员会第四次全体会议首次专题讨论依法治国的问题，发布《中共中央关于全面推进依法治国若干重大问题的决定》，提出增强全民法治观念，推动全社会树立法治意识。另外，在十八大以后，党和国家的反腐力度也前所未有地强大，大大小小"老虎"的落马使全社会看到了党和国家惩治腐败的决心。在本年的调查中我们可以看到广州青年对"接受贿赂"的反对程度是最高的。在国家强调依法治国的今天，青年人对违法犯罪行为的抵制是一个积极的信号，对国家在这方面的工作也能起到巨大的推动作用。

但在与往期调查结果的比较中我们也发现，这种抵制的态度整体上呈现出下降趋势，意味着广州青年的法治意识在近年出现松懈，一个可能的原因是近年学校及社会对法制知识的教育和宣传力度有所减弱，这需要引起重视，尽管广州青年法治意识下降的幅度并不大，但若这种态势在今后持续下去的话，对社会的稳定和法治建设的推进将极为不利。其实，青年群体已成为社会建设的主要力量，另外，很多青年也将扮演起父母的角色，对其下一代形成正确的社会价值观也必然有所影响。

（二）个人价值观

1. 个人本位、务实的价值取向依然是广州青年个人价值观的主要特征，但需要关注青年过于强调个人从而忽视群体社会、国家利益的趋势

本年的调查显示，个人本位意识、务实的价值选择倾向依然是广州青年价值观的主要特征。这种特征体现在青年们对自我效能感的肯定，对追求人生成功过程中自致因素的认可等方面。"身体健康"这种以个人感受为主的因素依然被大部分广州青年选为幸福生活的首要标准，"父母、亲人"这种与自身关系最密切的角色也是被广州青年选为崇拜对象最多的。应当承认一定程度的个人取向有利于青年自身价值的实现，增强个人自信，有助于其克服各种困难。

但与此同时，这种价值取向对青年的发展也存在着负面的冲击，个人主义取向容易使青年忽视了群体、社会的需求，沉浸于个人利益的得失之间，缺乏对国家、民族命运的关注，务实的价值取向则容易使青年们过于重视眼前的利益，被现实环境所困，缺乏更长远的眼光，造成理想主义的没落。实际上这也是目前青年群体价值观的普遍现状。[①] 从调查结果可以看到，选择"为社会做贡献"作为幸福生活的标准的青年依然仅占极小的比例，"如果你不照顾好自己，别人便会占你的便宜"、"人应该及时行乐"、"当今社会，人的最大追求就是赚钱"等反映功利主义、享乐主义、拜金主义的观点在广州青年心目中依然占有一定比例，与往年相比，青年们对此的反对程度甚至有所下降。随着社会开放程度的日益提高以及大众媒体特别是网络媒体的普及，各种文化及意识形态的广泛传播对处于价值观尚未定型的青年群体形成深刻影响，个人主义取向价值观就是其中之一。个人本位意识和过于务实的价值取向已经成为广州青年价值观的显著变化趋势，如何有效地趋利避害是青年工作者需要重点关注的问题。

2. 认同自致因素在个人成功中的作用，但对非自致因素的认同感也越来越强

2014年的调查显示，广州青年依然十分强调自致因素在造就人生成功当中的作用，也有越来越多的青年认同"每个人都可以掌握自己的命运"的观点。可见绝大部分广州青年对当前中国社会越来越开放的社会流动机制表示认可，承认个人后天付出的努力、具备的才能在促使自身在社会阶层结构中向上流动过程中发挥的作用大于家庭背景等先赋因素以及人际关系、运气等非自致因素。

---

① 林凡：《中国梦引领青年价值观建构研究》，《福建农林大学学报》（哲学社会科学版）2013年第4期。

不过在比较中也可以看到,承认非自致因素的青年比例较往年调查有所上升,具体表现为认同"个人努力"的比例有所下降,认同"家庭背景"、"运气"等作用的比例则出现上升,但整体而言这种价值取向并未形成主流。整体而言,近年国内的贫富差距问题依然严峻,近十年来我国的基尼系数均在0.4的水平之上,2013年、2014年分别达到0.473和0.469。① 而以财富不平等为代表所折射的社会不平等现状,令很多初踏入社会的青年因家庭背景、社会关系等因素而缺少平等竞争的机会,在短时间内个人的努力在缩短这种差距上的作用可能并不明显。近年"拼爹"一词的流行也包含着青年群体对当下这种家庭背景在个人成功当中充当着"无形的手"的普遍现象的一种讽刺。

同时我们发现,就业青年群体在这种价值取向上明显强于学生群体。一个可能的原因是,尽管目前社会整体经济发展水平不断上升,但各种消费品价格也同样不断攀升,在很多青年尤其是就业青年的心目中,工资总是"跑"不过物价,而逐渐进入婚姻年龄的青年群体却不得不面对巨大的住房压力,特别是在广州这种一线城市,这种压力并非踏入社会不久的青年靠个人的努力就可以很快解决的,很大程度上需要依靠家庭以及其他因素的支持。因此,这也令一些青年对个人努力和才能的作用逐渐产生怀疑。

3. 信仰宗教未成为主流,但中学生信仰宗教的现象值得关注

由于宗教信仰深刻影响着人们的价值观,而当下青年信仰宗教的现象也开始受到越来越多的关注,因此2014年特别调查了广州青年对宗教的评价,结果显示,有15.69%的广州青年表示自身有宗教信仰,根据2010年中国综合社会调查的结果,国内居民信仰宗教的比例约为12.91%,② 以此作为参考,可知广州青年信教的比例接近或略高于全国居民的信教比例。整体而言信仰宗教未成为广州青年的主流行为,但我们发现,中学生群体信仰宗教的比例高于其他青年群体。实际上包括中学生在内的青年群体信仰宗教,一般出于以下几个主要因素:其一,由于家庭原因或自身所属民族传统的影响,被动接受宗教信

---

① 《国家统计局:中国2014年基尼系数0.469》,2015年1月29日,央广网,http://finance.cnr.cn/gundong/20150120/t20150120_517474480.shtml。

② 该数据为开放数据,见中国综合社会调查数据库http://www.chinagss.org/index.php。

仰；其二，相当一部分的青年信仰宗教是受到同辈群体影响，或出于好奇、追赶时髦的从众心理，在这种情况下，青年实际上并非真正信仰宗教，而是一种对宗教文化时尚的追逐行为，或一种自我标榜的标签行为，对宗教的理论体系、教义、戒律等并不具备深刻的认识；其三，因在现实生活中面对较大的压力，以宗教信仰作为一种心灵慰藉、缓解压力的工具。对于心智尚未成熟，价值观依然处于形成阶段的中学生群体，容易在当下社会多元价值观的碰撞过程中陷入迷茫，再加上高考所带来的巨大压力，更容易在未经理性思考的情况下接受了宗教的影响，这种情况尤其值得青年工作者关注。

另外，从调查的结果来看，广州青年普遍认为宗教信仰的最主要作用是充当信教者的精神支柱，应该说这种对宗教作用的评价是比较中性的，认为信仰宗教会使人"不计名利、与世无争"和"精神麻痹、思想虚无"这样带有积极或消极倾向的评价所占比例都比较少。还有相当一部分青年，包括有宗教信仰的青年，并不清楚如何评价宗教的功能。这说明当下部分青年对宗教的认识还比较模糊，一些信教青年的宗教信仰实质上还停留在较浅的层次。

4. 大部分青年受模范榜样和先进典型的影响，但部分青年在认同之余对自身是否能做到缺乏足够信心

2014年的调查特别考察了广州青年对其心目中的模范榜样和先进典型所持的态度。整体而言结果反映了大部分广州青年心目中具有模范榜样，而这些模范榜样对青年的价值观和行为起着真正的形塑作用，而非仅仅一个外在的"偶像"，大部分青年愿意以模范榜样来指导自身的行为，或以这些模范榜样作为教育别人的依据。进一步而言，除了从主观意识层面去"利用"这些榜样，广州青年们亦倾向于从现实层面与这些榜样产生互动，接近五成的青年想跟社会上的模范榜样和先进典型成为朋友，甚至想成为被社会认可的模范榜样。对价值取向依然处于模糊阶段的大部分青年而言，一个具有鲜明特征的参照物对其价值取向的形塑起着强烈的导向作用，这也是为什么崇拜偶像明星的现象主要集中在青年群体当中。因此，在引导青年建立良好价值观的过程中，树立模范榜样和先进典型有着独特的作用，青年人会对这些榜样存在强烈的模仿和趋向，不论是从意识上还是从现实上。然而，模范榜样与青年群体之间的"距离"也是需要关注的，如果这些模范榜样与青年们的

现实生活或者心理意识都存在一定距离,则会令青年们可望而不可即,对其可能仅仅停留在崇拜、羡慕的层面,很容易觉得自身难以真正向他们学习,取得他们那样的成就,这样模范榜样对青年价值观的导向作用也会大打折扣。

四 对策建议

(一)在引导方向上,倡导社会主义核心价值观,以中国梦引领青年价值观,在为青年群体解决实际需求的过程中弘扬社会主流价值观

在社会的急剧转型期,正处于价值观形成阶段的青年群体容易出现价值冲突与混乱等问题。面对国内外各种思潮、文化的碰撞,在社会多元化的背景之下,社会必须树立一套能为全社会普遍认同的价值体系。习近平同志指出,人类社会发展的历史表明,对一个民族、一个国家来说,最持久、最深层的力量是全社会共同认可的核心价值观;核心价值观,承载着一个民族、一个国家的精神追求,体现着一个社会评判是非曲直的价值标准。[①] 为此,要有效引导青年价值观,需要继续在全社会范围内弘扬社会主义核心价值观,以实现中华民族伟大复兴的"中国梦"整合、引领和激励青年跳出对个人价值的过度追求,放眼于更崇高的价值目标。

需要继续深入研究如何将国家社会的主流价值观转化为具体可感,令青年群体能够接受并乐于接受的观念。除了在主流媒体进行宣传之外,应加强对青年群体的帮助和关爱,增加相关政策的倾斜和扶持,在解决与青年人切身利益相关的困难,如学习、工作、家庭等问题的过程中,渗入对社会主流价值观的倡导,通过切实满足青年人的实际需要,令青年人理解"中国梦"并非遥不可及,"中国梦"同时也是青年的"个人梦",而且这个梦的实现并非个人的单打独斗,而是能得到国家、政府的大力帮助,从而提升青年们对主流价值观的认同。

---

① 习近平:《青年要自觉践行社会主义核心价值观》,《人民日报》2014 年 5 月 5 日第 2 版。

（二）在引导主体上，重视家庭和社会力量在引导青年价值观过程中的作用

家庭是人们实现初级社会化的重要场所，家庭成员之间以频繁、面对面、投入完整人格的互动，极大地塑造着青年群体的价值观。我国素来有家本位的文化观念，重视家庭环境的建设。近年，国内的主流媒体也掀起了关于"家风"的讨论。[①] 本次调查发现对青年群体而言，其崇拜对象、幸福生活的标准，均与家庭密切相关，因此需要重视对青年群体良好家庭环境的构建工作。团组织在面向青年群体的活动和服务中，在条件允许的情况下，也可将其家庭成员纳入服务范围中，在青年家庭中开展关于构建良好家风的宣传活动。此外，广州市政府于近年已全面铺开各个街道家庭综合服务中心建设的工作，至2014年基本实现了家庭综合服务"全覆盖"，"家庭服务"是家庭综合服务中的指定项目。相对于团组织而言，家庭综合服务扎根于社区，具备专业社工知识和方法，能更有效地把握社区中青年及其家庭的动向和需求，因此需要加强与各街道家庭综合服务点以及承接家庭综合服务的社会组织的联系，共同开展青年家庭活动与服务，在活动与服务中不断引导青年树立良好的价值观。

调查显示，绝大部分青年人都有崇拜对象，而且对自身心目中的模范榜样，青年人均持有模仿学习、认识交往甚至成为这些榜样的欲望，可见榜样对青年人观念和行为的形塑作用是非常强大的。实现对青年价值观的引导是一项庞大的工程，影响价值观形成的因素是多方面的，除了利用团组织自身的资源外，也需要广泛地动员起全社会的力量实现之。一种有效的方法是，联合在青年群体广受欢迎的娱乐体育明星、文化艺术名家、企业家等对象，利用他们的"粉丝效应"来实现对青年价值观的引导。目前大部分的社会知名人士都开通了专门的社交页面，关注的"粉丝"往往数以万计，部分人士的粉丝数甚至高达千万，可见这些人士所蕴藏的社会力量是难以估量的，而在这些粉丝中往往又以青年群体为主。所以，若这些为青年所欢迎和认可的社会知名人士能发表有利于引导青年形成积极健康价值观的言论，经过粉丝的大量转发，产生的舆论影响将是不可估量的，而且通过他们发出的信息，更容易被青年贴上

---

① 参见CCTV科教频道相关专题报道，http://kejiao.cntv.cn/special/jiafeng/。

"潮"、"酷"的标签,更有可能为青年群体所模仿和学习,内化为青年自身的价值观念。团组织在举办活动时,也可以邀请这些知名人士作为一些公益活动或服务的嘉宾或者形象大使,以赢得更广泛的青年受众,并真正拉近这些模范榜样和青年的现实与心理距离,让青年觉得这些人并非遥不可及,而是就在他们的生活中,从而强化他们对青年价值观的导向作用。另外,团组织需要有意识地主动打造一批能融入青年人的生活,符合青年人审美喜好且能为青年人所接受的"青年偶像",以作为青年人的模范榜样和先进典型。

此外,在社会力量的动员上,要重视青年社会组织的作用,加强培育和联系青年社会组织,扩大对青年群体的接触面。随着体制空间的逐步开放,当下社会组织的发展日益迅猛,相对于国内其他地区,广州市社会组织相关政策的改革和创新走在全国的前列。社会组织形成路径多样,数量众多,且往往形成了更有活力的团队文化,日益成为吸纳青年群体的一个主要空间,越来越多的社会组织以青年作为构成主体。青年组织通过核心领袖人物、群体效应、积极的社会参与等机制对青年的价值观产生影响。[1] 要有效引导青年群体的价值观,必须开辟社会组织阵地。团组织要充分发挥枢纽型组织的作用,联系和团结各类青年社会组织,保持和青年社会组织的合作,在条件成熟的情况下可考虑在青年社会组织中建立团组织。主动扶持一批青年社会组织,以这些"网络结点"对青年实现更广泛的覆盖,扩大对青年群体的接触面。

(三)在引导手段上,以自媒体作为重要工具,潜移默化地影响青年价值观

在自媒体时代,利用自媒体作为价值传播的工具已成为大势所趋,自媒体以其即时性、广泛性、渗透力强、成本低的特征,在价值观念的传播上起着其他传统媒体难以替代的作用。自媒体也是目前青年群体接收外界信息的主要来源。青年群体是使用网络的主体,也是自媒体的主要使用者。

在引导青年价值观的工作中,团组织应该充分意识到自媒体的价值,着力打造自媒体宣传高地,利用在青年群体中广为流行的微博、微信等自媒体平

---

[1] 李净、谢霄男:《青年自组织视角下的青年价值观教育》,《天水行政学院学报》2014年第4期。

台，实现用信息化促进共青团工作的社区化、专业化、精细化和社会化，实现管理和服务的全面覆盖。① 为了避免传统价值观教育话语体系在青年人心目中容易产生"号召式""说教式""高大上"的刻板印象，自媒体的信息传播话语应当紧跟青年群体的潮流动向，多利用生动活泼的网络用语、结合网络热点事件设计宣传文案，增强亲和力。各级团委应保证有属于自己组织的官方微博、微信平台等，保证消息的可信性及即时性，贴合当下青年群体"随时随地低头接收信息"的习惯，令青年人在潜移默化中接受价值观教育的影响。团组织需要安排专门、专业的人员对信息平台进行日常管理，并利用同样的平台去对青年群体进行舆情监测，及时主动与青年群体进行对话，将青年们对当下社会现象的态度向积极健康的方向引导，尽力传播"正能量"。对网络中传播的谣言，应当及时做好辟谣工作，将谣言对青年的负面影响减到最低。

（四）在引导内容上，除了现实的需求外，需重视青年的信仰问题，为青年提供更多解决精神心理困境的途径

当下青年群体不论在学校还是社会中均面临着越来越大的竞争，也需要面对很多在过往历史时期未出现过的问题，诸如高考竞争、就业压力、婚恋问题、养老负担、住房压力等，理想和现实之间的差距容易令青年群体产生焦虑和迷茫，对于精神层面的困境，通过将一些榜样、信仰作为精神支柱是青年群体的一种常见的应对方式，调查亦表明榜样对青年的价值观和行为确实存在重要的影响。对此，团组织除了了解青年的现实的、物质方面的需求以外，也应当重视青年精神层面的需求，特别是青年的信仰问题。团组织需要关注青年群体的信仰动向，如近来什么人物在他们当中最受欢迎、最受模仿和崇拜；什么团体、活动青年人参与特别积极。在此基础上，团组织需要对这些对象进行科学甄别，在学校教育及社会宣传工作中有意识地引导青年们崇拜、拥戴一些与社会主流价值观相吻合、具有正能量的人物或团体，甚至可以制造更多让青年与他们崇拜的对象面对面交流的机会，提升价值观引导的效果。

对于宗教信仰问题，尽管目前并未成为青年群体的突出问题，但也需要引

---

① 《广州共青团海报：智慧团建》，2015年2月1日，广东共青团，http://www.gdcyl.org/Article/ShowArticle.asp?ArticleID=155018。

起足够的重视。宗教信仰是人类社会的一种正常现象，在承认我国关于宗教信仰自由政策，尊重青年宗教信仰自由的前提下，对信教青年需要采用有针对性的引导策略。对因家庭、民族原因信仰宗教的青年，在其不对自身或其他人的学习、工作、生活造成影响的前提下，应予以充分尊重，不可随意干涉。对因其他原因形成宗教信仰的青年，尤其是学生群体，则需要采取正确引导、科学教育的策略，学校需要重视宗教知识的普及，在课程中加入关于宗教历史、宗教文化、宗教功能以及我国的宗教政策等内容，促进青年学生及早形成科学的宗教观；对由于各方面压力过大、缺乏精神支柱等原因信教的青年，团组织需要及时关注，与这些青年建立信任和亲密关系，通过有针对性的服务切实解决他们的现实和精神需求，也可参照宗教活动的形式，每周、每月组织有共同需求的对象进行小群体聊天这样的活动，为这些青年解决精神层面的困境提供信仰宗教以外的其他途径。

（五）在引导方法上，针对不同类型的青年采取有针对性的引导措施

随着经济体制和社会结构的不断变动，社会环境日益复杂，在不同环境下成长、生活的青年群体也发生了新的变化，青年群体已不再是铁板一块，其内部的异质性日益明显，就业青年、青年学生等不同青年群体在价值取向上往往存在显著的差异，并朝着不同的方向在变化。面对这样的状况，青年工作者需要充分认识不同类型青年群体的特点，并基于这些特点采取有针对性的措施引导其价值观走向符合国家社会发展利益的主流方向，在这样的前提下，尊重不同类型青年群体价值观的多元化。

在围绕青年群体价值观的相关研究当中，亦需要在对青年整体研究的基础上，继续加强分类研究的力度，按照年龄、职业、家庭背景、成长环境等维度，探究不同类型青年价值观的现状、影响因素及变化趋势，为实务工作者提供有针对性的研究支持。

分报告三
广州青年身心健康发展研究

杨秋苑*

摘　要： 调查显示，广州青年目前存在一定的健康隐患，与2010年、2012年调查结果比较，广州青年的锻炼时间呈下降趋势，极端消极应对方式却呈逐年上升趋势；学习紧张、工作压力大、收入不够用一直高居广州青年压力源的前三位；压力感呈逐年下降趋势，但是心理健康状况却没有一直向好的方向发展；广州青年的社会支持情况波动较大，遇到困难或挫折时求助对象的变化发生明显变化，父母上升至第一位，朋友下降到第二位，专业机构跃升到第三位，而且更趋于接受个人心理辅导的形式。"80后"与"90后"相比较，压力感没有明显的差别，但是"80后"青年较不重视身体锻炼，生理健康和心理健康均较差，社会支持也较少，向朋友、父母求助和自己面对困难的较少，更多采用极端消极应对行为。广州青年的这些变化需要引起我们的高度重视。

关键词： 广州青年　生理健康　心理健康　社会支持

面对现代社会科技飞速发展，全球激烈竞争，中国现代化进程的加速，社会、政治、经济环境等的转变，青年面临机遇和挑战。广州作为一个经济发展较

---

* 杨秋苑，副主任医师，心理治疗师，广州市康复中心心理科主任。目前担任广东省心理咨询师专业委员会委员、广东省中医心理学专业委员会委员、广州市穗港澳青少年研究所特约研究员。

快的"北上广"之一的国际化大都市,以其独特的魅力吸引了国内外的优秀人才,机遇与压力并存,广州青年竞争的压力尤为明显。同时,作为青年渴望事业有成、渴望成功的期望较高,压力和诉求并存,对广州青年的身心健康产生无形影响。

从2010年开始,我们对广州青年身心健康状况进行了持续的纵向调研,2012年的调查显示广州青年压力较大,存在一定的身心健康问题,学习紧张、工作压力大、收入不够用成为他们最主要的压力源,遭遇压力、困难和身心健康问题时,他们表示可接受个人心理辅导,但是朋友、父母、自己和配偶情侣仍然是他们最主要的求助对象,对专业机构的利用率仍然很低。虽然广州青年有高度的健康意识并将其作为幸福生活的首要标准,但是并没有付诸行动,处于知与行之间的脱节状态。

第二次调研已过去两年了,目前广州青年的压力和心理健康状况如何?压力持续加大还是有所缓解?心理健康状态存在怎样的发展变化,值得我们探讨,带着这样的疑问,我们进行了第三次调研。

一 广州青年身心健康发展现状分析

(一)广州青年的锻炼情况和生理健康状况

1. 广州青年每周锻炼时间:广州青年锻炼时间较少,每周运动不足3.5小时的几乎高达七成,运动不足7小时的高达九成

俗话说:"身体锻炼好,八十不算老;身体锻炼差,四十长白发。"大量的研究表明,有规律的体育锻炼全面增进人的健康。为了了解广州青年用于锻炼的时间,我们设计了"在过去的三个月,你每周的锻炼时间是____小时"的问题。

表1 广州青年每周锻炼时间

单位:%

锻炼时间	2012年频率(百分比)	2014年频率(百分比)
≤3.5小时	611(51.09)	2410(69.3)
3.5~7小时(含7小时)	335(28.01)	682(19.6)
7~15小时(含15小时)	182(15.22)	301(8.7)
15~20小时(含20小时)	34(2.84)	31(0.9)

续表

锻炼时间	2012年频率(百分比)	2014年频率(百分比)
>20小时	34(2.84)	54(1.6)
合计	1196(100)	3478(100)
没有选择的频率	486(28.9)	56(1.58)
均值	5.38±0.18	3.43±5.13

从表1可见，这次接受调查的3534位广州青年中，只有56位（1.58%）青年没有选择。选择的3478位青年中，平均锻炼时间是3.43±5.13小时。每周运动不足3.5小时的占69.3%，近七成；运动3.5~7小时的青年占19.6%，两者合计每周运动不足7小时者占88.9%。运动7~15小时的青年占8.7%，运动15~20小时的青年占0.9%，运动大于20小时的青年占1.6%。

2. 广州青年锻炼时间的发展趋势：广州青年的锻炼意识不强，锻炼时间呈下降趋势，但有待进一步充分调研

2014年与2012年的调查结果比较显示广州青年的锻炼时间较少，存在下降趋势，由每周锻炼5.38±0.18小时下降至3.43±5.13小时。每周运动不足3.5小时2012年超过五成，2014年近七成；每周运动不足7小时者2012年近八成，2014年近九成。但是由于2012年调查人群较少，而且选择锻炼时间的比例偏低，所以可能不是全面地反映当时的状况，判断锻炼时间的发展趋势有待进一步的充分调研。

3. 不同群体每周锻炼时间存在群体差异：男青年、"90后"青年、在婚青年、未就业青年锻炼时间较长

表2 不同群体每周锻炼时间

	性别		年龄		婚姻		独生状况		学历		就业	
	男	女	"80后"	"90后"	单身	在婚	是	否	<大专	≥大专	已就业	未就业
人数	1761	1677	1666	1740	2531	903	1096	2225	1294	2152	2127	1351
每周锻炼时间（小时）	4.080±5.98	2.74±3.97	3.22±4.92	3.66±5.37	3.31±4.49	3.53±5.64	3.37±4.76	3.40±5.21	3.61±6.09	3.31±4.42	3.17±4.94	3.79±5.11
t	2.84**		4.02***		3.43**		1.12		1.71		2.14*	

注：①我们这次的调查对象是14~35岁，≤24岁刚刚好是"90后"青年，24~35岁刚刚好是"80后"青年，所以用"80后""90后"来代替；在婚姻状况中，单身包括未婚和离婚未再婚，以及丧偶未再婚人数，在婚包括已婚和离婚后再婚以及丧偶后再婚人数。下同。

②*** 表示 $p<0.001$，** 表示 $p<0.01$，* 表示 $p<0.05$。

从表2可见，通过对性别、年龄、婚姻状况、独生状况、学历和就业状况等不同群体的锻炼时间的进一步比较，发现不同性别、年龄、婚姻、就业状况的青年的锻炼时间长短有差异，男青年、"90后"、在婚青年、未就业青年锻炼时间较长。这可能和男青年比较喜欢体育运动，"90后"青年和未就业青年时间比较充裕，在婚青年有人督促和陪伴有关。

这次的群体差异与2012年是男青年、24岁以上青年、未就业青年、大专以下青年锻炼时间较长不同。

4. "80后"青年较"90后"青年忽视身体锻炼

表3 "80后"、"90后"广州青年每周锻炼时间比较

单位：%

锻炼时间	"80后" 频率（百分比）	"90后" 频率（百分比）
≤3.5小时	1053（70.8）	1301（67.8）
3.5~7小时（含7小时）	291（19.6）	379（19.8）
7~15小时（含15小时）	114（7.6）	184（9.6）
15~20小时（含20小时）	12（0.8）	19（1）
>20小时	18（1.2）	35（1.8）
合　计	1488（100）	1918（100）
均　值	3.22±4.92	3.66±5.37

从表3可以看出，"80后"和"90后"各个时间段的差别不大，但是从总体均值可见"90后"比"80后"的锻炼时间较长，"80后"青年每周锻炼的时间是3.22±4.92小时，"90后"是3.66±5.37小时，存在统计学差异。说明"80后"青年较"90后"青年忽视身体锻炼。这可能和"90后"青年大多数仍然是在校学生，有相对较充裕的锻炼时间有关。

（二）广州青年的生理健康状况

为了考察青年的生理健康状况，我们设计了青年生理健康状况问卷，包括11个项目，按照5等记分（1＝完全不符合，2＝较不符合，3＝一般，4＝比较符合，5＝完全符合），主要内容涉及最近三个月亚健康状态的常见生理表现和压力下极端的消极应对行为，该问卷的总分可以作为初步判断青年生理健康状况的指标。

1. 广州青年的生理健康状况

从亚健康状态常见生理表现的项目均分来看,"经常感到疲劳、精神不佳"均数最高,达到 3.04 分,比较符合和完全符合的比例达到 31.2%,完全不符合和较不符合的比例是 26.5%;其次是"经常腰、颈痛,关节酸痛",平均分达到 2.52 分,比较符合和完全符合的比例达到 21.6%,其他的项目均分都低于 2.5 分。

表4 广州青年生理健康状况(2014年)

	人数	X ± SD	近三个月内与您实际情况的符合程度(%)				
			完全不符合	较不符合	一般	比较符合	完全符合
经常感到疲劳、精神不佳	3591	3.04 ± 1.02	8.3	18.2	42.3	24.0	7.2
便秘	3586	2.11 ± 1.03	35.9	28.5	26.7	7.0	1.9
消化不良、经常肠胃不适	3587	2.47 ± 1.10	23.9	26.8	30.9	15.3	3.1
容易感冒	3580	2.42 ± 1.13	26.5	25.9	29.9	14.1	3.7
经常头痛	3577	2.35 ± 1.10	28.1	26.9	30.0	11.9	3.0
经常腰、颈痛,关节酸痛	3581	2.52 ± 1.18	26.1	23.0	29.2	16.6	5.1
过度饮酒	3584	1.67 ± 0.94	58.8	20.8	16.1	2.9	1.5
暴饮暴食	3579	1.77 ± 0.98	53.9	21.7	19.1	3.7	1.6
故意伤害小动物	3583	1.42 ± 0.81	74.0	13.3	10.4	1.3	1.1
自残、自虐	3587	1.42 ± 0.83	75.1	12.2	9.9	1.6	1.2
滥用药物	3582	1.38 ± 0.79	77.1	11.6	9.0	1.1	1.2
企图自杀	3577	1.38 ± 0.81	77.9	10.4	9.2	1.0	1.5
总均分(分)	3486	1.99 ± 0.63					

14.9%的青年存在"经常头痛"问题,8.9%的青年存在"便秘",18.4%的青年有"消化不良、经常肠胃不适",17.8%的青年经常感冒。

从压力的极端消极应对方式的项目均分来看,除了"暴饮暴食达到 1.77 分"、"过度饮酒达到 1.67 分"外,其他的均值都在 1.5 以下,"企图自杀"项目中比较符合和完全符合的比例为 2.5%。

2. 不同群体的生理健康状况

"90 后"比"80 后"好,单身比已婚好,未就业比就业好。

表 5 不同群体的生理健康状况

	性别		年龄		婚姻		独生状况		学历		就业	
	男	女	"80后"	"90后"	单身	已婚	是	否	<大专	≥大专	已就业	未就业
人数	1760	1688	1648	1765	2533	897	1098	2230	1309	2143	2114	1372
生理健康评分	23.80±8.13	23.97±6.78	24.90±7.81	22.90±7.13	24.14±7.51	23.62±7.42	24.17±7.74	23.76±7.35	23.78±7.66	23.97±7.39	24.66±7.82	22.62±6.82
t	-0.67		7.79***		4.34***		1.49		1.06		7.65***	

注：*** 表示 p<0.001，** 表示 p<0.01，* 表示 p<0.05

通过对性别、年龄、婚姻状况、独生状况、学历和就业状况等不同群体的生理健康状况的进一步比较，发现年龄、婚姻、就业状况存在统计学差异。

"90后"青年比"80后"青年好，这可能和"90后"青年大多数仍然是在校学生，面临的社会压力较小，加上有相对较充裕的锻炼时间有关。已婚青年比未婚青年好，则可能是和青年结婚后，家庭生活相对稳定，生活饮食比较有规律有关。未就业青年要比已就业青年好，这与未就业青年尚无工作压力有关。

这次的群体差异与2012年是24岁以上、非独生子女、大专以下、未就业生理健康状况较好的情况存在差异。

3. 广州青年生理健康状况发展趋势

广州青年的亚健康的生理状况变化不大，但是极端消极应对方式呈逐年上升趋势。

表 6 2010年、2012年和2014年广州青年生理健康状况比较

项目	均值±标准差			ANOVA
	2010年	2012年	2014年	
经常感到疲劳、精神不佳	3.24±0.98	3.15±0.97	3.04±1.02	22.71***
便秘	2.05±1.01	1.97±1.00	2.11±1.03	10.19***
消化不良、经常肠胃不适	2.44±1.10	2.44±1.12	2.47±1.10	0.564
容易感冒	2.36±1.11	2.38±1.12	2.42±1.13	2.194
经常头痛	2.36±1.10	2.32±1.11	2.35±1.10	0.649
经常腰、颈痛,关节酸痛	2.61±1.21	2.50±1.19	2.52±1.18	3.58*
过度饮酒	1.49±0.82	1.59±0.90	1.67±0.94	20.28***
暴饮暴食	1.60±0.87	1.69±1.16	1.77±0.98	18.92***

续表

项目	均值±标准差			ANOVA
	2010年	2012年	2014年	
故意伤害小动物	1.22±0.59	1.28±0.65	1.42±0.81	48.46***
自残、自虐	1.21±0.59	1.26±0.67	1.42±0.83	49.43***
滥用药物	1.18±0.53	1.25±0.65	1.38±0.79	46.34***
企图自杀	1.18±0.57	1.25±0.67	1.38±0.81	41.59***

单因素偏差分析显示，与2010年、2012年的调查结果比较发现，广州青年除了"经常感到疲劳、精神不佳"的比例呈逐年下降趋势外，其他生理状况如"便秘"、"消化不良、经常肠胃不适"、"容易感冒"、"经常头痛"、"经常腰、颈痛，关节酸痛"的情况变化均不明显。但是极端消极应对方式"过度饮酒"、"暴饮暴食"、"故意伤害小动物"、"自残、自虐"、"滥用药物"、"企图自杀"的青年的比例均呈逐年上升趋势。

4. "80后"青年比"90后"青年存在更多的生理健康问题。极端消极应对中"80后"出现的问题明显较"90后"严重

从表7可以看出，"80后"青年比"90后"青年存在更多的生理健康问题，这可能和"90后"青年比较年轻，而且大多数仍然是在校学生，有相对较充裕的锻炼时间有关。极端消极应对中"80后"出现的问题明显较"90后"为严重。

表7 广州青年"80后"、"90后"生理健康状况比较

项目	均值±标准差		t
	"80后"	"90后"	
经常感到疲劳、精神不佳	3.04±0.998	3.03±1.041	0.181
便秘	2.20±1.042	2.02±1.025	5.167***
消化不良、经常肠胃不适	2.53±1.068	2.42±1.134	2.970**
容易感冒	2.46±1.093	2.39±1.157	1.982*
经常头痛	2.43±1.074	2.28±1.117	3.916***
经常腰、颈痛，关节酸痛	2.67±1.161	2.39±1.199	6.847***
过度饮酒	1.85±1.005	1.54±0.872	9.500***
暴饮暴食	1.89±0.995	1.68±0.969	6.250***
故意伤害小动物	1.56±0.896	1.31±0.718	8.784***

续表

项目	均值±标准差		t
	"80后"	"90后"	
自残、自虐	1.53±0.894	1.32±0.750	7.390***
滥用药物	1.51±0.887	1.27±0.684	8.997***
企图自杀	1.51±0.904	1.27±0.711	8.596***

注：*** 表示 $p<0.001$，** 表示 $p<0.01$，* 表示 $p<0.05$。

5. 广州青年存在的健康隐患

为了理解广州青年存在的健康隐患，我们设计了：目前您存在哪些健康隐患或问题（可多选）？（1）视力不良；（2）肥胖；（3）抑郁；（4）焦虑；（5）网络成瘾；（6）缺乏安全感；（7）躯体疾病（请注明：____）；（8）其他（请注明：____）

表8 广州青年目前存在的健康隐患

项目	频率	百分比(%)
视力不良	1834	54.10
焦虑	1147	33.80
缺乏安全感	1026	30.30
肥胖	986	29.10
抑郁	663	19.60
网络成瘾	292	8.60
躯体疾病	247	7.30
其他	138	4.10

结果显示，广州青年目前自觉存在的健康隐患依次是视力不良、焦虑、缺乏安全感、肥胖、抑郁。视力不良问题超过五成、超过1/3的青年存在焦虑，超过三成的青年缺乏安全感，近三成的青年存在肥胖问题，近二成青年存在抑郁问题。这些情况均不容忽视。

（三）广州青年的压力感

研究发现，身心健康状态与压力有密切的关系。为了了解广州青年的压力状况，本研究设计压力感和压力源两个项目，即"您觉得最近一个月的压力如何？（1＝非常小，2＝比较小，3＝一般，4＝比较大，5＝非常大）"，其可作为压力程度的指标，分值越高表示压力越大，以及"您的压力最主要来自下面哪个方面？"。

表9　广州青年的压力感（2014年）

	频率（3615）	百分比（%）
非常大	458	12.7
比较大	1320	36.5
一般	1592	44
比较小	159	4.4
非常小	51	1.4
无效	35	1

（1）压力感：近五成青年感到比较大的压力，四成多青年感觉压力一般，感觉压力较小的青年仅仅5.8%。

从表9中可以看出，2014年广州青年感觉压力非常大的人数占总人数的12.7%，比较大的为36.5%，两者共计达到49.2%，即不到一半的青年感受到比较大的压力。感觉压力一般的青年占44%，而只有5.8%的青年感受到比较小的压力。

（2）不同群体的压力感比较：男青年和单身青年的压力感较大。

表10　不同群体的压力感比较

	性别		年龄		婚姻		独生状况		学历		就业	
	男	女	"80后"	"90后"	单身	已婚	是	否	＜大专	≥大专	已就业	未就业
人数	1809	1730	1714	1786	2566	944	1123	2288	1343	2201	2193	1360
压力感	3.60 ± 0.85	3.50 ± 0.78	3.57 ± 0.80	3.54 ± 0.84	3.96 ± 0.65	3.58 ± 0.79	3.57 ± 0.85	3.54 ± 0.80	3.55 ± 0.86	3.54 ± 0.79	3.52 ± 0.80	3.99 ± 0.64
t	3.39**		1.06		2.32*		1.43		0.68		1.54	

注：*** 表示 $p<0.001$，** 表示 $p<0.01$，* 表示 $p<0.05$。

通过对性别、年龄、婚姻状况、独生状况、学历和就业状况等不同群体的压力感的进一步比较，发现单身和已婚青年的压力感有差异，单身青年的压力感要比已婚青年大；男青年比女青年大。"80后"和"90后"的压力感没有明显的差别。

（3）广州青年"80后"、"90后"的压力感没有明显的差异，如表11所示。

表11 "80后"、"90后"广州青年的压力感

	"80后"		"90后"	
	频率	百分比(%)	频率	百分比(%)
非常大	212	13.8	240	12.2
比较大	542	35.4	753	38.3
一般	720	47.0	826	42.0
比较小	39	2.5	118	6.0
非常小	20	1.3	30	1.5

（4）广州青年的压力感发展趋势：感觉压力较大的比例呈逐年下降的趋势，感觉压力一般的比例在逐年上升，但是下降和上升的幅度都不大。

表12 广州青年的压力感发展趋势

单位：%

	2010年	2012年	2014年
非常大	15.7	17.9	12.7
比较大	42.2	37.4	36.5
小计	57.9	55.3	49.2
一般	36.3	38.6	44
比较小	3.9	2.6	4.4
非常小	1.2	2.2	1.4
小计	5.1	4.8	5.8

从表12可以看出，2010~2014年，广州青年中感觉压力较大的比例呈逐年下降的趋势（57.9%~55.3%~49.2%），感觉压力一般的比例在逐年上升（36.3%~38.6%~44%），但是下降和上升的幅度都不大。

（四）压力源

（1）广州青年的压力源和发展趋势：虽然排序有一些变化，但是学习紧张、工作压力大、收入不够用一直高居广州青年压力源的前三位。

表13 广州青年的压力源和发展趋势

单位：%

	2010年(n=1695)		2012年(n=1682)		2014年(n=3615)	
	频率(百分比)	排序	频率(百分比)	排序	频率(百分比)	排序
工作压力大	567(42.5)	1	448(26.6)	2	896(24.8)	2
收入不够用	430(32.2)	2	421(25)	3	877(24.3)	3
学习紧张	358(26.8)	3	459(27.3)	1	1007(27.9)	1
健康欠佳	110(8.2)	4	79(4.7)	4	161(4.5)	5
人际关系紧张	80(6.0)	5	47(2.8)	5	193(5.3)	4
家庭矛盾	58(4.3)	6	24(1.4)	8	114(3.2)	6
其他	48(3.6)	7	42(2.5)	6	77(2.1)	8
婚恋危机	44(3.3)	8	26(1.5)	7	79(2.2)	7
无效			136(8.1)		211(5.8)	
合计	1695(100)		1682(100)		3615(100)	

表13的调查结果显示，2014年广州青年压力主要来源排前四位的是学习紧张、工作压力大、收入不够用、人际关系紧张，选择的人数比例分别为27.9%、24.8%、24.3%、5.3%。

2010年压力源的前四位是工作压力大、收入不够用、学习紧张、健康欠佳。2012年压力源的前四位是学习紧张、工作压力大、收入不够用、健康欠佳。2014年压力源的前四位是学习紧张、工作压力大、收入不够用、人际关系紧张。从中可以看出，学习紧张、工作压力大、收入不够用一直是广州青年的重要压力源，其他情况虽然有变化，但是总体变化不大。

（2）不同群体的压力源比较。

表14 不同群体的压力源比较

单位：%

	性别		年龄		婚姻		独生状况		学历		就业	
	男	女	"80后"	"90后"	单身	在婚	是	否	<大专	≥大专	已就业	未就业
工作压力大	26.4	26.7	38.0	15.4	29.8	37.7	23.5	27.0	14.7	33.4	36.9	16.9
学习紧张	28.4	30.7	7.8	50.1	27.9	4.8	36.8	26.7	41.8	22.1	8.4	63.0
人际关系紧张	5.9	5.3	4.5	6.9	4.8	5.7	5.2	5.7	6.7	5.0	5.1	5.3
收入不够用	26.8	24.5	35.8	16.4	24.9	37.9	22.1	27.8	24.7	26.4	35.7	6.0

续表

	性别		年龄		婚姻		独生状况		学历		就业	
	男	女	"80后"	"90后"	单身	在婚	是	否	<大专	≥大专	已就业	未就业
健康欠佳	3.8	5.8	4.8	4.4	4.1	5.4	4.8	4.8	5.1	4.4	5.1	2.4
家庭矛盾	3.1	3.6	3.9	2.9	2.8	4.9	3.2	3.2	3.2	3.5	3.6	2.9
婚恋危机	2.6	2.1	3.2	1.4	3.1	1.9	2.5	2.2	1.7	2.7	2.9	1.5
其他	3.0	1.3	2.0	2.3	2.5	1.6	1.9	2.6	1.9	2.5	2.3	2.0
卡方值	22.45***		808.35***				38.86***		220.41***		849.23***	

通过表14中对性别、年龄、婚姻状况、独生状况、学历和就业状况等不同群体的压力源的进一步比较,发现除了婚姻状况外,其他因素均有差异。

"80后"与"90后"比较,"80后"青年面临工作压力大、收入不够用问题,"90后"青年面临学习压力大,这是和他们的年龄相关的,因为"80后"都大于24岁,绝大部分都就业了,而"90后"绝大部分仍然是学生。其他情况是"90后"的人际关系问题较"80后"明显。

(五)广州青年的心理健康状况

为了考察青年的心理健康状况,我们选用了一般心理健康问卷(GHQ-12)来评价青年最近1~2周内的一般心理状况。该问卷共12道题目,按照5等级记分(1=完全没有,2=比以往少,3=与平时一样,4=比以往多,5=很多),总均分越高说明心理健康水平越低。

1. 广州青年的心理健康水平

表15 广州青年心理健康状况(2014年)

	人数	X±SD	发生的频率(%)					
			完全没有	比以往少	与平时差不多	比以往多	很多	合计
因担忧而失眠	3592	2.30±1.09	31.9	21.4	34.1	10.4	2.3	100.0
总是感到有压力	3586	2.85±1.02	12.5	18.2	44.5	20.7	4.1	100.0
★做事时能集中注意力	3561	3.00±0.85	6.3	12.4	60.9	15.6	4.9	100.0

续表

	人数	X ± SD	发生的频率(%)					
			完全没有	比以往少	与平时差不多	比以往多	很多	合计
★觉得在生活中是个有用的人	3571	2.95 ± 0.86	6.8	13.4	62.8	11.8	5.2	100.0
★需要决策时能做出决定	3563	2.91 ± 0.84	6.7	15.4	61.7	12.0	4.2	100.0
觉得不能克服困难	3561	2.60 ± 0.92	15.2	22.8	51.2	8.8	2.0	100.0
★总的来说心情还是愉快的	3574	2.87 ± 0.88	8.8	15.3	60.2	11.3	4.3	100.0
★能够享受日常的生活	3565	2.88 ± 0.88	8.7	15.3	59.7	12.0	4.4	100.0
觉得心情不愉快和情绪低落	3575	2.71 ± 0.93	12.4	22.4	49.3	13.6	2.2	100.0
对自己失去信心	3574	2.46 ± 0.99	23.2	19.9	46.4	8.6	1.8	100.0
想到自己是没有价值的人	3578	2.29 ± 1.04	31.9	17.0	42.7	6.5	1.8	100.0
★能够面对自己的问题	3580	2.82 ± 0.88	9.7	16.0	61.3	8.7	4.2	100.0
总均分(分)	3362	2.72 ± 0.54						

注：前注"★"号者为反序记分。

从表15中项目均分来看，12个项目中有9个的均分超过2.5，最高的是"做事时能集中注意力"，达到了3.00±0.85，其次是"觉得在生活中是个有用的人"，达到2.95±0.86；总均分为2.72±0.54，广州青年总体心理健康状况并不理想。

2. 广州青年不同群体的心理健康状况

"80后"比"90后"、在婚比未婚、已经就业比未就业青年的心理健康状况差。

表16 不同群体的心理健康状况统计

	性别		年龄		婚姻		独生状况		学历		就业	
	男	女	"80后"	"90后"	单身	在婚	是	否	<大专	≥大专	已就业	未就业
人数	1723	1657	1635	1709	2485	890	1086	2173	1278	2105	2082	1333
心理健康状况	32.52±6.77	32.80±6.23	33.34±6.25	31.97±6.71	32.44±6.67	33.25±6.30	32.65±6.73	32.61±6.44	32.64±6.57	32.66±6.43	33.04±6.22	32.01±6.84
t	0.439		2.09 ***		0.79 **		0.549		0.57		0.90 ***	

注：*** 表示 p<0.001，** 表示 p<0.01，* 表示 p<0.05。

从表16可以看出，通过对性别、年龄、婚姻状况、独生状况、学历和就业状况等不同群体的心理健康状况的进一步比较，发现"80后"比"90后"、在婚比未婚、已经就业比未就业青年的心理健康状况差。

3. "80后"比"90后"明显存在更多的心理健康问题

表17 广州青年"80后"、"90后"心理健康状况比较

项目	均值±标准差		t
	"80后"	"90后"	
因担忧而失眠	2.46±1.071	2.17±1.092	7.978 ***
总是感到有压力	2.88±0.963	2.83±1.058	1.562
*做事时能集中注意力	3.00±0.824	3.00±0.876	0.070
*觉得在生活中是个有用的人	2.96±0.818	2.95±0.884	0.457
*需要决策时能做出决定	2.92±0.788	2.90±0.876	0.676
觉得不能克服困难	2.66±0.873	2.55±0.951	3.430 ***
*总的来说心情还是愉快的	2.93±0.787	2.81±0.946	4.163 ***
*能够享受日常的生活	2.94±0.803	2.83±0.944	3.740 ***
觉得心情不愉快和情绪低落	2.74±0.860	2.68±0.978	2.144 *
对自己失去信心	2.55±0.946	2.38±1.032	5.044 ***
想到自己是没有价值的人	2.44±0.976	2.18±1.078	7.697 ***
*能够面对自己的问题	2.90±0.800	2.75±0.931	4.910 ***

注：*** 表示 p<0.001，** 表示 p<0.01，* 表示 p<0.05。

从表17可以看出,"80后"比"90后"明显存在更多的心理健康问题。

4. 广州青年心理健康发展趋势

表18 广州青年心理健康发展趋势

项目	均值±标准差			ANOVA
	2010年	2012年	2014年	
因担忧而失眠	2.27±1.14	2.26±1.11	2.30±1.09	0.65
总是感到有压力	3.03±1.02	2.95±1.02	2.85±1.02	16.84***
*做事时能集中注意力	2.86±0.84	2.92±0.89	3.00±0.85	15.28***
*觉得在生活中是个有用的人	2.81±0.85	2.88±0.87	2.95±0.86	15.10***
*需要决策时能做出决定	2.75±0.81	2.85±0.87	2.91±0.84	19.57***
觉得不能克服困难	2.59±0.90	2.54±0.94	2.60±0.92	1.86
*总的来说心情还是愉快的	2.79±0.88	2.83±0.94	2.87±0.88	3.86*
*能够享受日常的生活	2.79±0.86	2.81±0.90	2.88±0.88	7.11**
觉得心情不愉快和情绪低落	2.78±0.94	2.72±0.98	2.71±0.93	3.04*
对自己失去信心	2.38±1.06	2.41±1.07	2.46±0.99	3.23*
想到自己是没有价值的人	2.06±1.05	2.14±1.07	2.29±1.04	28.64***
*能够面对自己的问题	2.65±0.54	2.75±0.92	2.82±0.88	19.34***
总均分	2.65±0.54	2.68±0.57	2.72±0.54	9.79***

注:*** 表示 $p<0.001$,** 表示 $p<0.01$,* 表示 $p<0.05$。

从表18可以看出,与2010年、2012年调查结果比较,"做事时能集中注意力、觉得在生活中是个有用的人,需要决策时能做出决定,总的来说心情还是愉快的,能够享受日常的生活,对自己失去信心,想到自己是没有价值的人,能够面对自己的问题"均分逐年上升,显示广州青年心理健康状况没有向好的方向发展,需要引起我们的高度重视。

(六)广州青年的社会支持状况

为了考察青年的社会支持系统的数量和求助对象,我们设计了"当您遇到困难或挫折时,您有可提供精神或物质帮助的资源吗?(1 = 没有,2 = 非常少,3 = 比较少,4 = 一般,5 = 比较少,6 = 非常多)",其作为社会支持系统的指标,分值越大社会支持系统越好,以及"当您遇到困难或挫折时,通常您会向谁寻求帮助?"两个项目。

1. 社会支持系统的状况及发展趋势

2014年25.2%的广州青年的社会支持较多,有26.9%的青年缺乏社会支持。纵观这几年的发展情况,广州青年的社会支持情况波动较大。

表19 遇到困难或挫折时获得的社会支持

单位:%

支持	2010年 频率(百分比)	2012年 频率(百分比)	2014年 频率(百分比)
非常多	60(4.4)	95(5.6)	159(4.4)
比较多	69(5.1)	467(27.8)	751(20.8)
一般	158(11.6)	924(54.9)	1693(46.8)
比较少	638(46.7)	35(2.1)	574(15.9)
非常少	365(26.7)	29(1.7)	167(4.6)
没有	73(5.4)	58(3.4)	231(6.4)
无效	2(0.1)	74(4.4)	40(1.1)
合计	1365(100)	1682(100)	3615(100)

从表19中可以看出,2014年,广州青年感觉社会支持非常多的比例仅4.4%,社会支持较多的比例是20.8%,两者合计为25.2%;社会支持一般的是46.8%;比较少的比例是15.9%,非常少的比例是4.6%,两者合计社会支持较少的比例是20.5%;高达6.4%的广州青年认为自己没有任何社会支持。

此外,从表19中也可以看出,这几年广州青年的社会支持的情况发展波动较大:社会支持多的比例由2010年的9.5%上升到2012年的33.4%,2014年又下降为25.2%;社会支持少的比例由2010年高达78.8%,骤降为2012年的7.2%,2014年又上升为26.9%。没有社会支持的比例也在发生变化,2010年为5.4%,2012年为3.4%,2014年为6.4%。

2. 不同群体的社会支持系统状况

女青年、24岁以下、独生子女、大专以上学历获得的社会支持较多。

表20 不同群体的社会支持系统状况

	性别		年龄		婚姻		独生状况		学历		就业	
	男	女	"80后"	"90后"	单身	在婚	是	否	<大专	≥大专	已就业	未就业
人数	1806	1729	1710	1785	2590	942	1122	2283	1335	2203	2195	1380
社会支持状况	3.76±1.18	3.94±1.07	3.79±1.10	3.90±1.16	3.86±1.07	3.82±1.11	3.92±1.14	3.84±1.11	3.69±1.27	3.94±1.03	3.76±1.12	4.01±1.10
t	4.84***		2.95*		-0.73		-2.04*		3.18***		4.73	

通过表20中对性别、年龄、婚姻状况、独生状况、学历和就业状况等不同群体社会支持的进一步比较,发现性别、年龄、独生子女、学历等因素存在差异,女青年、"90后"青年、独生子女、大专以上学历者获得较多的社会支持。

3. "90后"青年较"80后"青年获得更多的社会支持

表21 "80后"、"90后"遇到困难或挫折时获得的社会支持比较

	"80后"		"90后"	
	频率	百分比(%)	频率	百分比(%)
非常多	48	3.1	105	5.3
比较多	292	19.1	445	22.6
一般	761	49.8	899	45.7
比较少	265	17.3	290	14.8
非常少	52	3.4	111	5.6
没有	111	7.3	116	5.9
卡方	32.937***			

从表21可以看出,"90后"青年较"80后"青年获得更多的社会支持。

(七)广州青年求助对象的现状及发展趋势

表22 遇到困难或挫折时的求助对象比较

单位:%

	2010年(1330)		2012年(1682)		2014年(3615)	
	频率(百分比)	排序	频率(百分比)	排序	频率(百分比)	排序
朋友	520(39.1)	1	613(36.4)	1	679(18.8)	2
父母	258(19.4)	2	366(21.8)	2	1320(36.5)	1
自己	190(14.3)	3	215(12.8)	3	267(7.4)	5

续表

	2010年(1330)		2012年(1682)		2014年(3615)	
	频率(百分比)	排序	频率(百分比)	排序	频率(百分比)	排序
配偶/情侣	184(13.8)	4	188(11.2)	4	467(12.9)	4
兄弟姐妹	70(5.3)	5	90(5.4)	5	18(0.5)	8
同事、同学	60(4.5)	6	75(4.5)	6	21(0.6)	7
网友	20(1.5)	7	11(0.7)	7	179(5)	6
其他亲属	10(0.8)	8	12(0.7)	7	9(0.2)	11
上司	6(0.5)	9	7(0.4)	9	13(0.4)	10
老师	4(0.3)	10	6(0.4)	9	8(0.2)	11
专业机构	3(0.2)	11	1(0.1)	10	474(13.1)	3
其他	5(0.4)	12	12(0.7)	8	19(0.5)	9
无效			86(5.1)		141(3.9)	

依据表22的数据，分析如下：

1. 广州青年遇到困难或挫折时求助对象现状：排在前五位的是：父母、朋友、专业机构、配偶/情侣和自己面对。网友排第六位

2014年的调查结果显示，广州青年遇到困难或挫折时求助对象排在前三位的分别是：父母、朋友、专业结构，向父母求助的比例高达36.5%，其次是向朋友求助18.8%；向专业结构求助的比例上升到第三位，达13.1%；向配偶/情侣求助的比例为12.9%，居第四位；自己面对居第五位为7.4%。网友为5%，排第六位。

2. 广州青年遇到困难或挫折时求助对象的发展趋势：2014年与2010年和2012年相比较，父母上升至第一位，朋友下降到第二位，专业机构跃升到第三位，配偶/情侣下降为第四位，自己面对下降为第五位，网友上升到第六位

父母：由2010年、2012年的第二位上升到第一位，比例上升幅度较大，由2010年的19.4%上升到2012年的21.8%，2014年的36.5%。

朋友下降：由第一位下降到第二位，下降幅度较大，由2010年的39.1%下降到2012年的36.4%，2014年的18.8%。

专业机构：跃升为第三位，由2010年的第十一位0.2%，2012年的第十位0.1%，跃升为2014年的第三位13.1%。

自己面对：比例逐年下降，由之前的第三位下降为第五位，比例由2010

年的14.3%下降为2012年的12.8%，再下降为2014年的7.4%。

兄弟姐妹：由之前一直的第五位下降到第八位，2010年5.3%，2012年5.4%，2014年下降为0.5%。

同事、同学下降：由之前一直的第六位下降到第七位，2010年4.5%，2012年4.5%，2014年下降为0.6%。自己自顾不暇，没有能力和资源帮助他人。

3. 不同群体的求助对象状况：不同群体的求助对象存在差别

通过对性别、年龄、婚姻状况、独生状况、学历和就业状况等不同群体社会支持的进一步比较，发现不同群体的求助对象存在一定的差别（见表23）。

表23 不同群体在遇到困难或挫折时的求助对象

单位：%

	性别		年龄		婚姻		独生状况		学历		就业	
	男	女	"80后"	"90后"	单身	在婚	是	否	<大专	≥大专	已就业	未就业
父母	17.2	22.1	16.7	22.3	20.6	14.6	23.5	17.7	21.5	18.3	18.4	19.3
朋友	37.3	38.8	35.7	39.8	42.5	31.6	39.9	37.0	36.3	39.2	36.8	46.0
兄弟姐妹	8.3	7.0	9.1	6.4	7.6	8.6	3.7	9.2	8.9	6.9	9.2	3.9
配偶/情侣	11.3	15.9	20.3	7.0	9.9	29.1	11.1	14.5	7.9	16.7	18.4	8.9
其他亲属	0.3	0.7	0.4	0.7	0.5	0.2	0.6	0.5	0.6	0.5	0.4	0.5
网友	0.7	0.4	0.5	0.7	0.5	0.2	0.4	0.7	1.0	0.4	0.4	0.2
同事/同学	6.3	3.9	4.7	5.6	4.7	4.5	5.3	5.2	5.9	4.7	4.4	5.4
老师	0.3	0.2	0.2	0.3	0.2	0.3	0.3	0.2	0.3	0.2	0.2	0.2
上司	0.5	.02	0.5	0.3	0.2	0.8	0.2	0.5	0.4	0.3	0.5	0
专业机构	0.3	0.1	0.3	0.2	0.2	0.2	0.5	0.1	0.3	0.3	0.2	0.4
自己	16.7	10.4	11.2	16.0	12.6	9.5	14.2	13.8	16.5	12.0	10.5	14.9
其他	0.6	0.4	0.4	0.6	0.6	0.4	0.4	0.7	0.5	0.5	0.5	0.4
卡方值	70.31***		150.05***		179.75***		56.67***		80.05***		62.79***	

例如：女青年较男青年更依赖父母和配偶/情侣，男青年较女青年更多的自己面对和求助同事/同学。未婚青年更多的依赖父母、朋友及自己面对。独生子女更多的依赖父母。未就业青年较多求助朋友和自己面对。

"80后"青年求助对象前四位的分别是朋友（35.7%）、配偶/情侣

(20.3%)、父母（16.7%）、自己面对（11.2%）。"90后"青年是朋友（39.8%）、父母（22.3%）、自己面对（16.0%）、配偶/情侣（7.0%）。

"80后"青年较"90后"青年更多向配偶/情侣求助，这与"80后"青年均处于适婚期有关。"80后"青年较"90后"青年较少向父母求助，是因为自己已经长大工作，能力上升，还是"80后"的父母没有能力给到子女更多的支持；而"90后"大部分尚未就业，自己缺乏资源，以及"90后"的父母可能给到他们更多的支持，这些情况都有待进一步研究。

"90后"青年比"80后"青年更多地朋友求助，"90后"青年比"80后"青年更多地自己面对。

（八）广州青年可以接受的心理辅导形式及发展趋势：更趋于接受个人辅导的形式

为了了解广州青年可以接受哪些心理辅导形式，我们设计了"如果有心理辅导，您希望是哪一种形式？"的项目。

表24中2014年的调查结果显示，广州青年中可以接受个人辅导的比例为64.5%，讲座14.2%，集体辅导8.1%。与2012年比较，广州青年可以接受的心理辅导形式前三位的依然是个人辅导、讲座和集体辅导，可以接受个人辅导的比例有所上升，接受讲座的比例有所下降，但是变化的幅度均不大。

表24 可接受的心理辅导形式

单位：%

辅导形式	2012年		2014年	
	频率(百分比)	排序	频率(百分比)	排序
个人辅导	1025(60.9)	1	2332(64.5)	1
讲座	295(17.5)	2	512(14.2)	2
集体辅导	117(7)	3	292(8.1)	3
电话	100(5.9)	4	231(6.4)	4
宣传资料	64(3.8)	5	135(3.7)	5
其他	42(2.5)	6	58(1.6)	6
无效	39(2.3)		55(1.5)	
合计	1682(100)		3615(100)	

二 广州青年身心健康状况存在的问题与原因分析

（一）广州青年的锻炼情况和健康状况

1. 广州青年的锻炼意识不强，锻炼时间呈下降趋势，存在一定的群体差异，但与2012年的调研存在差异，有待进一步调研

这次调研显示，广州青年锻炼时间较少，每周运动不足3.5小时几乎高达七成，运动不足7小时的高达九成。与2012年的调查结果比较显示，广州青年的锻炼时间呈下降趋势，每周的锻炼时间由 5.38 ± 0.18 小时下降至 3.43 ± 5.13 小时。每周运动不足3.5小时的青年由2012年超过五成到2014年近七成；每周运动不足7小时者由2012年的近八成到2014年的近九成。但是由于2012年调查人数较少，而且选择锻炼时间的比例偏低，可能不能很好代表当时的状况，所以判断锻炼时间的发展趋势还有待进一步的调研。

2012年调研显示，广州青年具有高度的健康意识并将其作为幸福生活的首要目标，但是没有付诸实际的行动，存在知与行之间的脱节状态，看来目前这种状况并没有得到改善。

本次调研显示，男青年、"90后"、在婚青年、未就业青年锻炼时间较长，这可能和男青年比较喜欢体育运动，"90后"青年和未就业青年时间比较充裕，在婚青年有人督促和陪伴有关。但是这次的调研结果与2012年是男青年、24岁以上青年、未就业青年、大专以下学历青年锻炼时间较长有差别，有待进一步的调研。

14~35岁，正是人生精力最旺盛时期，青年一般身体健康状况良好，新陈代谢快，身体疲劳容易恢复。这个阶段缺乏锻炼，虽然有不良影响，但造成的影响可能不大，这样也影响青年自身的觉察和对锻炼身体的重视，导致不少青年为了学习和事业成功而一定程度地忽略了锻炼身体的重要性。青年时期缺乏锻炼如不能得到及时的引导和缓解，远期的影响不容忽视，问题的积累可能影响中年的身体健康问题，"工作狂"现象导致中青年付出身体代价的例子并不鲜见。而锻炼身体，既可以强身健体，同时又具有缓解压力的作用,青年缺乏锻炼,除了影响健康外,还少了一个宣泄情绪压力的出口。

2. 广州青年目前存在的健康隐患依次是视力不良、焦虑、缺乏安全感、肥胖、抑郁等,亚健康的生理状况与2010年、2012年的调研比较变化不大

压力也是现代社会人们最普遍的心理和情绪体验,压力与健康密切相关,在强大的心理压力影响下,我们会感到焦虑紧张,容易疲劳,抑郁,长期的精神紧张还会引发心脏病、胃肠疾病等多种疾病。这次调研显示焦虑、缺乏安全感、抑郁分别成为广州青年健康隐患的第二、三、五位,这可能与广州青年面临的压力较大,还没有形成适合自己的解决冲突和宣泄不良情绪的方法有很大关系。所以如何引导青年养成适合的应对方式,在遭遇困难时学会及时求助,避免冲突,用健康的方式来宣泄不良情绪,用合理的方式来解决问题,这是一个重要的课题。视力不良、肥胖等成为人们的健康隐患已经有很多相关研究,在此不再讨论。

本次调查显示,广州青年存在一定的亚健康问题,与2010年、2012年的调查结果比较发现,广州青年除了"经常感到疲劳、精神不佳"的比例呈逐年下降趋势外,其他生理状况变化均不明显。亚健康问题已经不是某一类群体的问题,已经成为普遍现象,如2002年对16省市百万人口以上城市调查发现,北京人处于"亚健康"状态的比例是75.3%,上海是73.49%,广东是73.41%,且呈逐年上升和年轻化等发展特征。而2010年一项关于5万城市劳动力人口亚健康状况调查表明,年龄与亚健康状态呈"U"形曲线关系,18~25岁青年处于亚健康状态的比例最高,超过52%。健康问题会造成各种不良影响,需要引起人们的高度重视。

3. 广州青年采用极端消极应对方式的比例呈逐年上升趋势,需要高度重视

社会飞速发展给青年造成不同层面的压力,宏观层面:中国现代化进程中,从传统社会向现代化社会转变的过程中,社会政治、经济、文化等方面发生巨大的变化,经济发展不平衡造成城乡差距的同时,也形成明显的贫富差距。中观层面:随着社会的不断发展和变迁,原来由国家承担的社会保障逐渐转移到青年自身,例如教育、住房、医疗等问题,一方面青年表现出要实现这些需要的强烈诉求,另一方面又不得不顾虑这些需要的延续问题。在双重压力下,青年可能会对社会不断进步与自身需求满足之间的不同步性或不协调性产生偏差意识,如果得不到及时引导,可能会导致偏差行为。微观层面:经济发展与社会变迁引起青年价值观、行为模式等的改变,青年由原来在社会中各个方面被社会所完全包管的状态逐渐朝着在各方面更多地自主解决问题的趋势发展。青年不再是一个阶段连着一个阶段,每一个阶段伴随的问题逐一呈现,而是诸如教育、就业、家庭、婚姻、住房等问题同时出现在青年的同一时期的生活中。所有这些情况均给青年造成巨大心理冲击,压力无形地加大。本次的调研与2010年、2012年的纵向比较显示,广州青年的极端消极应对方式"过度饮酒"、"暴饮暴食"、"故意伤害小动物"、"自残、自虐"、"滥用药物"、"企图自杀"的比例均呈逐年上升趋势。

在人们面临压力,不能很好表达和进行有效沟通解决,而且还没有形成良好的应对方式的情况下,只能自我解决,这可能会导致选取伤害自己、自残自虐的极端消极应对方式的比例上升。同时这也可能会和"90后"青年的特征之一的极情体验情况有关。有调查显示,"90后"青年的特征之一是极情体验,他们在极端化的体验中寻找自我的界线,他们见多识广已经不为一般前代人所认为的新鲜事物所打动,他们喜欢自我定义生活的各种元素,他们欣赏提供给他们体验机会与尊重他们的意见的做法,他们愿意奉探险者与先驱者为领袖,对任何强加给他们的概念与说法不感兴趣,他们愿意在比较极端的、新鲜的、风险的体验中自己来确定适当的行为点,他们把这样的体验看作是"我的"。

(二)广州青年感觉压力较大的比例呈逐年下降的趋势,但是学习紧张、工作压力大、收入不够用一直高居广州青年压力源的前三位

目前我国经济进入了高速发展期,社会进入转型的重要阶段,随着产业结构的升级和转型,利益格局的重新划分与急剧变革,文化模式的激烈震荡与深刻演进,现代青年比父辈们面临更大的生存与竞争压力,面临就业难、购房难等窘境,在呈现出多元并存的价值观念和社会心态的同时,他们确实面临比较大的压力。随着广州青年自己的逐步适应和调整,加上社会和家庭的理解和包容度的不断上升,虽然压力仍然存在,但是青年的压力感有所下降。本次调研显示近五成青年感到比较大的压力,四成多青年感觉压力一

般,感觉压力较小的青年仅仅5.8%。与2010年、2012年比较可见,广州青年中感觉压力较大的比例呈逐年下降的趋势(57.9%~55.3%~49.2%),感觉压力一般的比例在逐年上升(36.3%~38.6%~44%),但是下降和上升的幅度都不大。

2010年压力源的前四位是工作压力大、收入不够用、学习紧张、健康欠佳。2012年压力源的前四位是学习紧张、工作压力大、收入不够用、健康欠佳。2014年压力源的前四位是学习紧张、工作压力大、收入不够用、人际关系紧张。从中可以看出,学习紧张、工作压力大、收入不够用一直是广州青年的重要压力源,其他情况虽然有变化,但是总体变化不大。

14~35岁的青年,一部分正处于学习阶段,一部分正处于工作的初期阶段,所以学习压力,工作压力是他们这个阶段最重要的压力源。在我国,一般情况下,青年就业就算独立了,不单要照顾自己,很多青年也开始要照顾家庭了,而大部分就业的青年正处于事业的积累阶段,工作压力大,工资水平较低,这无形地给他们带来较大的工作压力和经济压力。在现实生活中,随着市场化进程的日益深入,经济收入成为社会地位的重要标志之一,更重要的是生命周期存在一种"需要与拥有之间的倒错规律"(在由不同阶段所构成的人生发展过程中,在最急需各种资源的青年阶段,个人拥有的东西还非常有限,而到了对各种资源极少有需求感的"成功阶段",个人又拥有了很多东西),青年阶段正处于一个百需待补的特殊时期,因此,金钱"焦虑"又表现为一种很现实的心态。

(三)广州青年存在一定的心理健康问题,虽然压力感呈逐年下降趋势,但是心理健康状况却没有向好的方向发展,需要引起我们的高度重视

本次调查显示,广州青年存在一定的心理健康问题,12个项目中有9个的均分超过2.5,总均分为2.72±0.54,广州青年总体心理健康状况并不理想。注意力难集中和生活中的无用感上升的情况尤为突出。

与2010年、2012年调查结果比较,广州青年压力感逐年下降趋势,但是心理健康状况却没有向好的方向发展,"做事时能集中注意力、觉得在生活中是个有用的人,需要决策时能做出决定,总的来说心情还是愉快的,能够享受日常的生活,对自己失去信心,想到自己是没有价值的人,能够面对自己的问题"均分逐年上升,需要引起我们的高度重视。

现代青年有很高的自主性,他们渴望独立,但实际是他们依赖心理强,抗挫能力差,假性成熟。现在14~35岁的"80后"、"90后"青年,好大一部分是独生子女,都是在备受呵护和禁锢的环境中成长起来的一代,在"6+1"家庭结构(父母、祖父母、外祖父母)中,私密空间太小,只能通过网络来向同龄人倾诉。而当QQ聊天内容也被家长监视时,他们只能用"火星文"来保护自己的隐私了。因此,他们渴望独立,具有较强叛逆意识,缺乏独立生存的能力,无法摆脱对家庭和他人的依赖。在信息时代成长起来的青年,互联网、手机、博客、播客、QQ、微信等新的传播方式的流行,接收海量信息,他们思想早熟,对事物有自己独特的见解。在信息和知识丰富的同时,可能导致对网络过分依赖,造成个人心灵明显封闭,削弱了他们的价值判断和控制能力。他们关注来自各个方面的信息的刺激,也习惯了对于各类刺激与要求给予回应,他们在听你讲话的时候还听音乐,在做作业的时候上着网,在和你说话的时候发着短信,在写报告的时候做着鬼脸,他们能在很多事物之间快速转移注意力,就像有多动症的孩子,所以他们的注意力难集中。他们每天都面临各种挑战和扑面而来的大量的信息,面对瞬息万变的社会和竞争,个人的能力显得越来越渺小,无力感、无用感明显上升,自我的效能感却下降了。我们这次的调研也显示广州青年注意力难集中和生活中的无用感上升的情况尤为突出。

在社会转型日益加剧的情况下,青年的价值观念和社会心态中出现了某些困惑现象,其原因主要有两个:一是,社会转型期的规范缺失。由于旧的标准或规范已经失效,新的规范或标准一时还没有完全建立起来,从而使得青年心无所依。二是,标准多元化导致的多重困境。由于社会的日益开放所带来的多样化,往往造成一种相对化情境,于是,便会产生某种不确定性,从而导致青年出现困惑感,进而导致心理问题的发生。

他们乐于接受新鲜事物,行为表现成熟,心理脆弱,因为他们表现出的心理成熟与社会实际的要求相差甚远,大多数抗压能力明显不足。调查显示:"有72.3%的人表示在遭遇挫折后,自己心里会留下阴影。甚至有5.1%的同学表示自己会因此一蹶不振。"

(四)广州青年的社会支持系统

2010年至今广州青年的社会支持情况波动较大。遇到困难或挫折时求助对象的变化也发生明显变化,父母上升至第一位,朋友下降到第二位,专业机构跃升到第三位,配偶/情侣下降为第四位,自己面对下降为第五位,网友上升到第六位。

2014年25.2%的广州青年的社会支持较多,有26.9%的青年缺乏社会支持。纵观这几年的发展情况,广州青年的社会支持情况波动较大。社会支持多的比例由2010年的9.5%上升到2012年的33.4%,2014年又下降为25.2%;社会支持少的比例由2010年高达78.8%,骤降为2012年的7.2%,2014年又上升为26.9%。没有社会支持的比例也在发生变化,2010年为5.4%,2012年为3.4%,2014年为6.4%。

社会支持度为什么出现大幅度波动,到底是什么原因?是社会支持确实的不断波动,抑或是青年们的感觉变化,对支持的理解发生了变化;抑或是和我们的样本有关;抑或是有其他原因的存在,这个问题值得我们进一步观察和研究。

(五)广州青年遇到困难或挫折时求助对象有变化,专业机构跃升到第三位,更趋于接受个人心理辅导的形式

广州青年可以接受的心理辅导形式主要是个人辅导(64.5%),对专业机构的利用率明显上升,由2010年的第十一位(0.2%),2012年第十位(0.1%),跃升为2014年的第三位(13.1%),知与行之间的脱节状态有了较大的改观。这可能和心理咨询与治疗等心理健康教育工作的逐步开展,人们对心理健康越来越重视,加上微信、QQ等网络平台对心理健康知识的宣传和普及有密切关系。

(六)"80后"和"90后"青年的差别

"80后"与"90后"相比较,压力感没有明显的差别,但是"80后"青年较不重视身体锻炼,生理健康和心理健康均较差,社会支持也较少,向朋友、父母求助和自己面对困难的较少,更多采用极端消极应对行为。

"80后"、"90后"青年是指在改革开放后30多年中出生成长的一代人,

2014年的调查对象是14~35岁的青年，正好是完全的"80后"（25~35岁）、"90后"（14~24）。这次的调查结果显示，"80后"和"90后"存在较大的差别。"80后"与"90后"相比较，压力感没有明显的差别，但是"80后"青年较不重视身体锻炼，生理健康和心理健康均较差，社会支持也较少，向朋友、父母求助和自己面对困难的较少，更多采用极端消极应对行为。

"80后"、"90后"青年是改革开放现实亲历者、改革开放成果的直接受益者和改革开放压力的具体承受者，不一样的成长环境，造就了"80后"、"90后"不一样的个性特点，他们身上具有鲜明的时代烙印。

80年代，正是我们国家全面进行改革开放的起步阶段，人们的思想逐步开放，处于计划经济向市场经济过渡的阶段，面临很多机遇、挑战和冲突。"80后"孩子对应着"50后"的父母，"50后"父母们是经历最坎坷、吃苦最多的一代人，也许他们得到的太少了，于是把太多的爱倾注在了下一代身上，他们把自己没有实现的梦想寄托在孩子身上。他们缺乏人际界限，他们习惯了被安排，也理所当然地认为下一代应该被安排，他们全无自我，倾尽心力为子女扛起一切，却丝毫感受不到带给子女的压力。娇惯孩子，过分看重成绩，逼着孩子学钢琴，是社会对这代父母的批评。有网络调查显示，"50后"一代父母最大的问题是：控制欲太强，不尊重孩子隐私。父母和"80后"这独生子女第一代交往时也有自卑，因为上一代的管教经验和沟通模式统统无效，让"80后"的父母不知道怎么应对。尽管"50后"的父母们有着丰富的社会阅历和经验，但是对于电脑、MP3这些新生事物，接受起来力不从心，不得不请教他们的孩子当老师。"50后"与"80后"，这两代人分别出生、成长、思想定型于1949年以来中国社会所经历的、前后两个完全断裂的30年，裂缝之间，激荡着左与右的博弈，退与进的拉锯，集体与个人的冲突，物质与精神的失衡，经济基础与上层社会的位移……他们成了不以个人意志为转移、既亲近又最疏远的父与子、母与女。成立于2008年、至今拥有万名会员的"父母皆祸害"网络小组的讨论，虽然只是年轻一代争取话语权的一种方式之一，但是从中也可能看出"80后"孩子和他们"50后"父母之间的纠缠和冲突的激烈程度。

由于"80后"所经历的特殊历史背景，他们在人们眼中一直没有很好的印象，"小学时被说成'小皇帝'，中学时又成了'追星族'，上了大学、参加工作后，又被贴上自私、啃老、缺乏责任心的标签"。对于"80后"来说，这些负面评价给他们造成很大的影响。承受的父母乃至整个家族所给予的过分关爱,将"80后"、"穷人的孩子早当家"的可能都剥夺了,而他们出了校门后社会生存压力又带给他们前所未有的艰难,给他们的适应造成很大的困扰。加上24~35岁正是工作、婚恋的重要阶段,所以"80后"面临的压力和冲突尤为明显。而"50后"的父母相对于"90后"孩子的"60后"的父母,能够给予孩子的经济、情感等支持可能要少,这些都可能是导致"80后"青年生理健康和心理健康均较差,社会支持也较少,向朋友、父母求助和自己面对困难的较少,更多采用极端消极应对行为的原因,具体有待进一步的详细调研。

"90后"是独生子女的第二代,他们的父母是"60后",而"60后"是改革开放受益最多的一代,是知识信息都比较开放的一代。他们看了"80后"的成长过程,对独生子女有很多见识和经验,和孩子的沟通能力大大提高。这样,对"90后"来说,虽然同样缺少小伙伴,但和父母沟通多,所以遇到困难时,父母可能会给到他们更多的经济和情感支持。"90后"一个很重要的特点是社会关系上的"松圈主义"。他们不是集体主义者,也不是个人主义者,知道有圈子跟大家保持关系很重要,也很会组建圈子,因为这样才能获得更多的资源,所以他们比"80后",有较多的圈子,遇到困难时向朋友求助的机会可能也较多。虽然"90后"也遇到各种困难,但是相对于充满矛盾和冲突的"80后","90后"的环境会相对轻松些,这也可能是"90后"相对状况较好的原因之一。"80后"和"90后",是需要我们更多理解和了解的人群,希望今后可以开展更详细的调研。

三 对策建议

1. 根据不同时代青年的特点,建立合适有力的社会支持系统

青年时期是人生历程的关键时期,希望我们的社会和政府越来越重视青年的心理健康教育和服务,加强研究"80后"、"90后"青年的身心健康的日常性研究和追踪性研究,掌握问题发展的趋势,有清晰的政策和明确的发展目标,建立青年发展所需要的强有力的社会支持系统。根据时代的变迁,根据不同时代青年的特点,在给青年提供强有力支持的同时,引导和激发他们的积极性。

2. 社会层面，扩宽沟通渠道和机制，改变和青年沟通的策略

我们要对"80后"、"90后"有正确的认识，不要老是抱着批评的状态。其实"80后"、"90后"有巨大潜力，他们以最开放的心态吸收了非常多的东西，只是还没有转化成为能量。要发挥他们的潜力，什么是最需要的？自古以来都是多生子女的时代，现在进入独生子女时代，这个形势已经发生了变化。当整代人都变成这样的时候，光批评他们是不对的。这是一个互相适应的过程，而且更多需要前代人适应后代人，调整和改变与青年沟通交流的策略，不是单纯的教育。

社会各个层面，都应该为青年提供一种健全的话语表达、心声倾诉与意见反馈的渠道。一方面让社会了解青年的思想观念和状况，另一方面让青年的困惑和压力有一个合理的宣泄渠道。引导青年以合法、合理、理性的方式来表达自己的心声与诉求。尽快减少和消除青年的这种困惑感，增加确定性，是我们社会的精神心理健康建设所面临的主要任务。

3. 健全心理危机干预机制，减少极端行为的发生

提高社会资源的宣传和利用力度，健全心理危机干预机制，减少极端行为的发生。政府应该在政策上鼓励支持心理咨询机构迈上良性的运营轨道，进一步宣传和普及心理健康知识以及心理咨询与治疗适应症。通过开展讲座、团体辅导及个人辅导相结合的方式，促使青年就共同关心的问题进行探讨，相互交流，彼此启发，互相支持鼓励，使更多青年更好地了解自身的心理行为反应和他人的心理行为反应，在改善人际关系的同时，增强社会适应力，促进人格成长。同时引导青年在遭遇到自身无法解决的问题时积极寻求帮助，特别是专业帮助，以减少采取极端行为的情况。

4. 学校和家庭开展情商教育，增强青年的情绪管理能力，提高自我效能感

在学校和家庭引入情商教育，提高青年的情绪管理能力，这有利于从根本上解决青年的情绪管理问题，有利于和谐社会的构建。

青年要了解自己，合理定位人生目标追求。面对现实和压力，最有效的应对策略是增强自我概念，提升自信心，增强自我效能感。希望青年一方面致力于完善自己，比如重视自己，接纳自我，维持自我边界，更自如地体验和表达情感，更接受和信任他人等；另一方面客观看待目前的社会状况，善

于利用各种资源，主动寻求帮助，合理调整自己，懂得用积极的方式宣泄不良情绪。

参考文献

戴健林、姜渝萍：《广州市社区青少年心理健康状况的调查研究》，《广州大学学报》（社会科学版）2003年第10期。

陈文等：《大学生对心理咨询的认知态度调查》，《医学与社会》2010年第23（2）期。

麦锦城、丁元庆：《广州市中学生自杀行为现状及其相关因素分析》，《中国学校卫生》2008年第2期。

沈杰：《中国社会转型时期青年社会心理》，《北京青年政治学院学报》2005年第6期。

沈杰：《青年的社会心理变迁：一种研究框架的探索》，《中国青年政治学院学报》2012年第3期。

涂敏霞：《广州青少年心理健康状况调查》，《当代青年研究》2006年第10期。

陶映荃：《5万样本揭示中国城市劳动人口亚健康状况》，中工网，《工人日报》2010年1月6日。Http：//job.Worker.cn。

网易财经频道，《白领人士网络调查》，Http：//money.163.com。

王育学：《亚健康问题纵横谈》《解放军健康》2005年第1期。

魏雁滨等：《家庭压力与青少年心理健康——港、穗在校青少年比较研究》，《青年研究》1995年第2期。

应湘：《广州地区大学新生心理素质的调查研究》，《教育导刊》2000年第7期。

肖汉仕：《"90后"青年的心理特点与心理教育》，《中国全民健心网》2014-06-04。

2011年零点集团"90后"研究报告，《我们，"90后"》。

《"80后""90后"谁将更多影响中国未来——访零点研究咨询集团董事长兼总裁袁岳》，《中青在线-中国青年报》2008年12月18日。

涂敏霞、钟向阳、杨秋苑等：《广州青年发展状况研究报告》，《广州青年心理健康状况》，广东人民出版社，2010。

涂敏霞、杨秋苑等：《青少年压力现状与心理调适——穗、港、澳三地比较研究》，汕头：汕头大学出版社，2008。

涂敏霞、杨秋苑等：《广州青年发展报告》，《广州青年身心健康发展研究》，社会科学文献出版社，2013。

B.5
分报告四
广州青年就业发展研究报告

孙 慧[*]

摘　要：	本报告综合运用2010年、2012年、2014年"广州青年发展状况"调查数据以及广州市人力资源和社会保障局的统计数据,从纵向与横向的角度剖析广州青年就业创业的现状及存在问题。研究发现：广州青年整体就业率逐渐上升,"自主创业"成为广州青年成功就业的重要选择；工资待遇反超工作稳定性,成为广州青年求职中考虑的最主要因素；广州青年越来越认可人力资本因素对工作的影响,就业观念日趋合理；广州青年就业质量一般,工作满意度有待提高；大学生"就业难"现象依然严峻。基于这些发现,本报告提出了相应的对策建议。
关键词：	青年　就业创业　就业质量　工作满意度

一　研究背景及意义

青年就业问题,是不断发展、急剧变化的现代社会的一个基本的社会问题,也是世界各国高度关注的共同话题。就业是青年获取社会身份的主要载体,就业不足和失业将使其遭受生命历程转换挫折,进而影响其家庭生活建构,乃至社会参与,引发各类青年问题,甚至社会问题。可以说,青年就业关系到一个国家能否在"知识经济"时代获得可持续发展的竞争优势。近年来,国家出台了不少

---

[*] 孙慧,广州市穗港澳青少年研究所见习研究员。研究方向：青少年服务、青少年工作。

解决青年"就业难"问题的相关政策，比如鼓励青年创业、完善法律法规保障青年就业相关权益等，这些举措都取得了较大的成效，但与此同时，大学生求职难、年轻人就业不足、青年工作压力大、劳资冲突等问题依然存在。

了解问题是解决问题的前提和基础。从2010年开始，我们每隔两年对广州青年开展一次调查，试图通过纵向比较研究的方式厘清广州青年就业现状，探索广州青年就业的变化发展趋势，并进一步回答在当前经济、文化、教育及社会结构背景下，如何促进青年更好地就业与创业。探究这些问题也是做好广州青年就业工作，实现广州经济发展与社会和谐的前提。

二 广州青年就业现状分析

（一）广州青年整体就业率不断上升，技工院校毕业生就业率略高于普通高等院校毕业生

根据广州市人社局就业培训信息系统数据，2013年，就业登记状态为有效的18～35岁青年人数为414.81万人，就业率为76.28%，高于2012年的71.71%。在应届毕业生就业率方面，根据登记数据，2013届广州生源高校毕业生约50847人，已就业47400人，就业率为93.22%，登记失业高校毕业生再就业率为78.69%；同年技工院校毕业生就业率为96.34%。2015年广州市政府工作报告数据显示，2014年应届广州生源高校毕业生就业率达93.3%①。在整体就业率上升的同时，广州登记失业的青年人数及登记失业青年人数占全市登记失业人员的比重呈现升中有降的趋势。2012年登记失业青年人数为8.65万人，2013年这一数据达到9.62万人，比2012年增加了近1万人，2014年这一数据降低为6.99万人；2012年登记失业青年人数占全市登记失业人员的比重为30.57%，2013年上升至31.53%，2014年这一比例降至28.67%。

（二）广州青年就业观念日趋合理，人力资本因素对工作影响最大

就业观是指人们对选择职业的根本态度和看法，是求职者的世界观、人

---

① 陈建华在广州市第十届人民代表大会第五次会议上的讲话，2015年广州政府工作报告。

生观、价值观在就业上的反映。只有树立正确的就业观,才能促进青年更快地实现就业,才能更好地实现自身的价值。在本部分,我们将通过以下三方面来测量广州青年的就业观:一是青年择业时考虑的主要因素;二是青年认为影响职业发展的最主要因素;三是在青年看来改善目前工作状态的首选手段。

1. 工资待遇反超工作稳定性,成为广州青年求职中考虑的最主要因素

2010年、2012年"广州青年发展状况"数据均显示,工作稳定性是广州青年找工作时考虑的最主要因素,其次为工资待遇,符合自己兴趣志向与适合自己能力紧跟其后。2014年的数据则显示,工资待遇已经超过工作稳定性,成为青年求职中考虑的首要因素(具体数据见表1)。通过这些数据,我们发现广州青年对于工资的重视程度已超过了传统观念中的求稳定、求保障,"铁饭碗"意识正逐渐淡化。

对比三年的数据,可以看到"收入"始终是广州青年比较关注的因素,这可能与广州生活的高成本以及现代青年较高的经济压力有关。这一数据比较客观地体现出广州青年的真实心态和现实需求。

表1 找工作时考虑的因素

因素类型	频数			有效百分比(%)		
	2014年	2012年	2010年	2014年	2012年	2010年
收入高	1780	365	338	18.6	23.2	25.2
压力不大	614	73	35	6.4	4.6	2.6
工作稳定	1630	367	382	17.0	23.3	28.5
上下班的时间合适	452	36	38	4.7	2.3	2.8
有较多的休假	718	10	4	7.5	0.6	0.3
能发挥主动性	681	82	84	7.1	5.2	6.3
有成就感	317	49	40	3.3	3.1	3.0
受人尊重	541	26	22	5.7	1.7	1.6
符合自己兴趣、志向	339	279	184	3.5	17.7	13.7
专业对口	1272	49	54	13.3	3.1	4.0
适合自己的能力	1140	204	133	11.9	13.0	9.9
不知道	63	19	15	0.7	1.2	1.1
其他	15	16	13	0.2	1.0	1.0

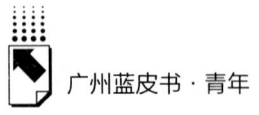

2. 女性、独生子女、年龄较大者择业时考虑的首要因素为工作稳定,男性、非独生子女、年龄较小者则主要考虑工资待遇

从性别来看,历年男性择业考虑的最主要因素都是较高的收入,其次为工作稳定;女性则与之相反,择业时最看重的因素为工作稳定性,其次才是收入问题。这些数据表明相比男性,女性更加看重工作稳定等福利性因素,而男性更加看重薪酬待遇。这与2010年、2012年的研究结论保持一致。

表2 不同性别广州青年选择工作时考虑最多的因素

单位:%

因素类型	男性			女性		
	2014年	2012年	2010年	2014年	2012年	2010年
收入高	51.7	26.9	31.8	47.3	19.4	19.2
压力不大	17.4	5.6	3.0	16.7	3.8	2.2
工作稳定	41.6	20.4	22.6	49.50	25.8	33.7
上下班的时间合适	16.4	1.4	2.2	23.7	3.1	3.4
有较多的休假	8.6	0.4	0.2	9.1	0.8	0.4
能发挥主动性	20.0	5.5	8.3	17.9	5.0	4.5
有成就感	16.8	4.1	4.0	13.5	2.3	2.1
受人尊重	14.9	1.9	2.2	10	1.3	1.1
符合自己兴趣、志向	33.4	17.6	12.9	37.6	17.9	14.5
专业对口	9.6	3.3	3.8	9.2	3.0	4.2
适合自己的能力	29.5	10	7.0	34.4	15.7	12.5
不知道	1.9	1.6	1.3	1.6	0.8	1.0
其他	0.5	1.2	0.8	0.3	0.8	1.1

注:2014年该题为多选题,故数据合计大于100%。

从不同教育程度的广州青年择业时考虑的最主要因素来看,不管是何种教育程度,在择业时考虑最多的因素均是工资待遇,这与2010年、2012年数据呈现的结果存在显著差异。2010年、2012年"广州青年发展"数据显示,不同教育程度的青年选择工作时最为看重的因素均为工作的稳定性,其次才是收入高。

我们将"是否为独生子女"、"年龄"与"择业时考虑的最主要因素"进行交叉分析后发现,独生子女比非独生子女更加看重工作的稳定性(独生子女:47.2%,非独生子女:44.5%)、工作压力(独生子女:19.2%,非独生子女:15.5%)等;非独生子女比独生子女更加看重工资待遇(独生子女:48%,非独生子女:50.5%)。2010年、2012年的数据则显示,相比非独生子女，独生子女择业时更加看重工资待遇。

在年龄方面，我们将广州青年划分为 20 岁以下、21~25 岁、26~30 岁、31~35 岁四个年龄组。从数据分析结果来看，30 岁及以下青年择业时最看重的因素均为收入高，其次为工作稳定，排名第三和第四的分别为符合自己兴趣、志向，适合自己能力；31~35 岁年龄组的青年考虑的最主要因素为工作稳定性，收入高排名第二，适合自己能力，符合自己兴趣、志向分列第三和第四。这与 2010 年、2012 年的数据统计结果基本保持一致。这些数据表明，年龄较大者比较看重工作的稳定性，年龄较小者则更多地追求高收入。

3. 工作方法和态度是影响职业发展的最重要因素，其次为知识技能

就业是一个人职业生涯的开端，职业发展则是人工作历程中孜孜不倦的追求，影响个人职业发展的因素是多元的。图 1 数据显示，广州青年认为对一个人后续职业发展影响最大的因素为工作方法和态度，其次为知识技能，人脉所占的比例也较大，家庭背景等因素影响较小。这些数据表明，个人人力资本储量对其职业生涯发展影响最大，传统家庭背景等因素的影响正在逐步消退。这也进一步表明，广大青年职业发展的前提是端正工作态度，不断增强自己各方面的能力，提升个人综合素质，扩展自身人力资本。唯有如此，才能从容应对日趋严峻的就业形势和竞争日益激烈的就业市场。

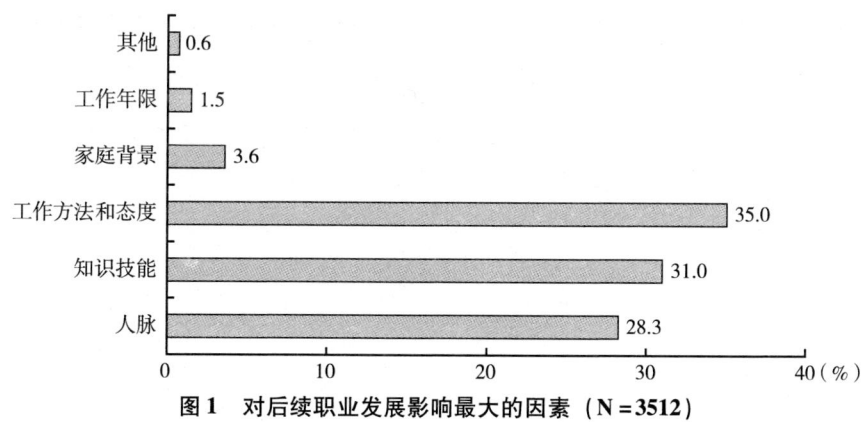

图 1　对后续职业发展影响最大的因素（N = 3512）

4. 相比女性、非独生子女，男性、独生子女更加看重人际关系对其后续职业的发展的影响

对不同性别的广州青年进行分析，发现在广州青年认为影响其职业发展最

主要因素方面,男性排名前三的分别是工作方法和态度、人脉、知识技能,女性排名前三的则分别是工作方法和态度、知识技能、人脉(具体见图2)。相比女性,男性对人脉的重视高出女性青年6.5个百分点。

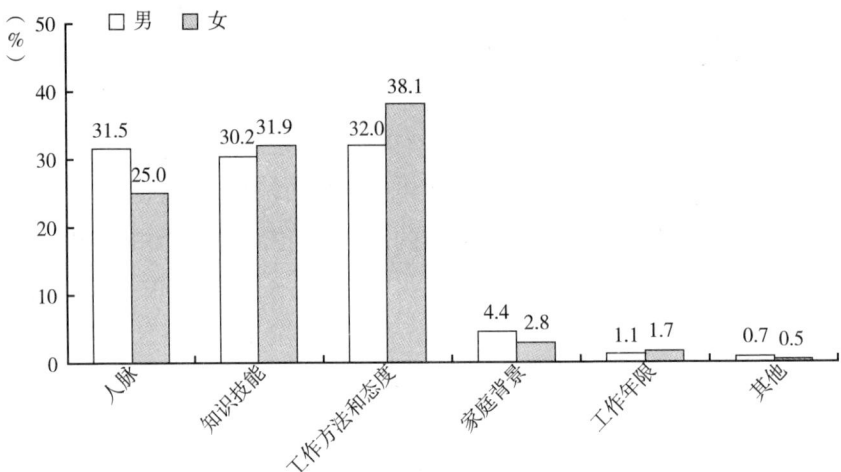

图2　不同性别青年认为对其后续职业发展影响最大的因素(N=3471)

从是否为独生子女来看,独生子女与非独生子女均认为工作方法和态度是对其后续职业发展影响最大的因素,在对人脉重要性的认识上,独生子女认为人脉的作用大于知识技能,非独生子女则更加看重知识技能对职业发展的重要性。

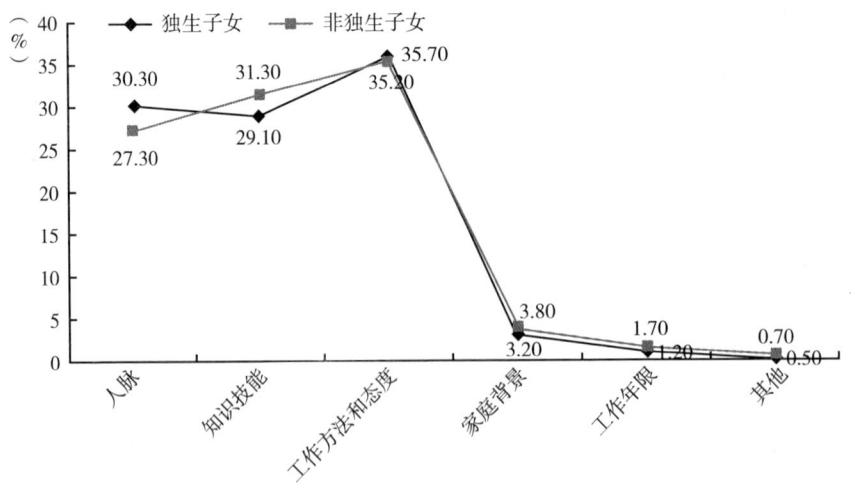

图3　独生/非独生子女认为对其后续职业发展影响最大的因素(N=3345)

从表 3 我们可以看出，只有 20 岁及以下年龄组的青年认为工作方法和态度是影响职业发展的最主要因素，其他年龄组的青年均最认可知识技能对其职业发展的重要性。

表 3　不同年龄组青年认为对其后续职业发展影响最大的因素（N＝3441）

单位：%

影响因素	年龄组			
	20 岁及以下	21～25 岁	26～30 岁	31～35 岁
人脉	27.8	27.7	28.9	27.9
知识技能	24.2	37.3	33.7	33.7
工作方法和态度	43.7	30.8	28.5	31.4
家庭背景	3.0	2.3	5.4	5.2
工作年限	0.8	1.0	3.1	0.9
其他	0.5	0.9	0.4	0.9

从不同教育程度来看，初中及以下文化程度的广州青年更认可知识技能是影响其职业发展的最主要因素，其次是人脉，对于工作方法和态度对其职业发展的影响认可度相对较低；除大专生外，学历较高者对工作方法和态度的认可程度则明显高于对人脉的认可程度（见表 4）。

表 4　不同学历青年认为对其后续职业发展影响最大的因素（N＝3482）

单位：%

影响因素	您的学历						
	小学及以下	初中	高中（含中专、中技）	大专	大学本科	硕士及以上	其他
人脉	37.9	27.5	28.1	31.1	27.1	26.8	0
知识技能	51.7	40.4	23.3	32.1	34.2	38.6	16.7
工作方法和态度	0	24.2	43.1	29.9	33.4	32.7	66.7
家庭背景	6.9	5.1	3.3	4.8	3.1	2.0	16.7
工作年限	3.4	2.2	1.4	1.5	1.5	0	0
其他	0	0.6	0.7	0.6	0.7	0	0

在群体类别上，就业人员、大学生群体更加认可知识技能对后续职业发展的影响，中学生群体则认为工作方法和态度是对后续职业发展影响最大的因素。

表5　不同职业群体认为对其后续职业发展影响最大的因素

单位：%

		就业人员	大学生	中学生	合计
人脉	人数	616	157	221	994
	百分比	28.7	27.6	27.7	28.3
知识技能	人数	737	202	150	1089
	百分比	34.4	35.6	18.8	31.0
工作方法和态度	人数	642	194	392	1228
	百分比	29.9	34.2	49.1	35.0
家庭背景	人数	90	14	24	128
	百分比	4.2	2.5	3.0	3.6
工作年限	人数	45	0	6	51
	百分比	2.1	0.0	0.8	1.5
其他	人数	15	1	6	22
	百分比	0.7	0.2	0.8	0.6
合计	人数	2145	568	799	3512
	百分比	100.0	100.0	100.0	100.0
卡方		135.728***			

5."学习深造，不断提升自己"是广州青年改善目前工作状态的首选手段，其次为自己创业

在改善目前工作状态的方式方面，39.5%的受访青年认为应该通过"学习深造，不断提升自己"；20.7%的青年选择通过"自己创业"改善目前工作状态；选择通过"考公务员或事业编制单位"改善工作状态的占18.2%；只有5.6%的受访者表示"目前的工作不需要改善"。这些数据表明，在改善目前工作状态方面，广州青年可以有多种选择。既可以选择继续读书深造，提升自己的人力资本；又可以利用自身资源、专业优势等，结合国家、政府的政策优惠和支持，进行自主创业，闯出自己的一片天地等。

表6　改善目前工作状态最好的方式

	频数	有效百分比(%)
自己创业	571	20.7
考公务员或事业编制单位	500	18.2
学习深造,不断提升自己	1087	39.5

续表

	频数	有效百分比(%)
跳槽	49	1.8
成为自由职业者	171	6.2
目前的工作不需要改善	155	5.6
其他	12	.4
说不清	207	7.5
合计	2752	100.0

我们进一步将性别、是否为独生子女、年龄、收入状况、受教育程度等变量与青年认为改善目前工作状态最好的方式进行交互分析。分析结果显示如下。

男女最认可的改善方式均为学习深造，不断提升自己；但相比男性，女性更多地选择通过考公务员或事业编制单位来改善目前工作状态（男：16.8%，女：19.5%）；女性选择通过创业来改变目前工作状态的则少于男性（男：25.1%，女：16.3%）。

非独生子女选择通过自主创业来改善目前工作状态的比例高于独生子女（独生子女：16.7%，非独生子女：22.3%）。

在年龄方面，年龄较大者选择通过学习深造，不断提升自己来改善目前工作状态的青年所占比例较小；选择通过自主创业方式来改善目前工作状态的所占比例较大。

在收入状况方面，除了学习深造，不断提升自己，高收入者更倾向于通过考公务员或事业编制单位来改善目前工作状态；中低收入者则倾向于通过自主创业来改善目前工作状态。

在受教育程度方面，初中及以下文化程度的青年最认可的方式为自主创业，高中及以上文化程度的受访青年最认可的改善目前工作状态的方式是学习深造，不断提升自己。从整体上来看，学历越高，选择学习深造，不断提升自己来改善目前工作状态的青年占比越高；选择通过创业来改善的青年占比则越低（具体见表7）。

表7 不同受教育程度青年认为改善目前工作状态最好的方式

单位：%

学历	自主创业	考公务员或事业编制单位	学习深造，不断提升自己	跳槽	成为自由职业者	目前的工作不需要改善	其他	说不清
小学及以下	51.7	17.2	6.9	6.9	13.8	0.0	0.0	3.4
初中	36.7	3.9	30.0	4.4	5.0	4.4	0.6	15.0
高中(含中专、技校)	31.2	12.6	33.4	1.6	6.0	4.7	0.3	10.1
大专	22.1	17.5	40.4	2.2	6.7	5.0	0.2	5.8
大学本科	15.1	21.7	42.1	1.1	6.3	5.9	0.4	7.4
硕士及以上	13.0	21.4	44.2	1.3	3.9	10.4	1.3	4.5

（三）广州从业青年职业状况与工作满意度

1. 广州青年工作时间愈加合理，但权益保障状况有待改善

对每周工作天数和每天工作时间的分析结果显示，广州青年工作时间安排比较合理，劳动强度事宜。66.7%的受访者平均每周工作天数在5天以内，只有4.6%的受访青年每周工作6天以上。80.7%的广州青年每天的工作时间都在法定劳动时间8小时以内；16.3%的受访者表示每天会工作8小时以上；只有3%的广州青年每天要工作12个小时以上。

与2012年的数据相比，广州青年的工作时间越来越合理、合法。2012年广州青年每天工作8小时以上的占比20.6%，工作12小时及以上的比2014的数据高出2.2个百分点。

在权益保障方面，相比2012年，2014年广州从业青年权益保障状况有所下降。只有劳动合同签订率与医疗保险购买率达到70%以上，其他各项保险与福利的享有率为60%左右，有的甚至低于50%（见表8）。

表8 广州从业青年权益保障状况

单位：%

权益保障	2014	2012
劳动合同	77.7	89.0
病假工资	48.8	69.7
带薪休假	62.8	81.2

续表

权益保障	2014	2012
产假工资	51.1	77.4
医疗保险	71.9	87.6
养老保险	65.2	85.9
失业保险	56.1	83.6
工伤保险	62.5	77.7
生育保险	54.7	74.4
住房公积金	62.4	73.9
职业培训	36.0	—

从不同性别的广州从业青年权益保障情况来看，女性青年权益保障状况基本优于男性青年。不管是男性，还是女性，职业培训与病假工资的享有率都较低，用工企业应重点扩大这方面的福利覆盖范围。与女性权益息息相关的产假工资与生育保险的普及率也应该进一步提高。

表9 不同性别广州从业青年权益保障状况

单位：%

权益保障	男性	女性
劳动合同	75.1	80.1
病假工资	46.9	50.3
带薪休假	60	65.7
产假工资	40.9	61.7
医疗保险	67.5	76.6
养老保险	60.7	69.8
失业保险	51.7	60.3
工伤保险	60.2	64.6
生育保险	45.3	63
住房公积金	58.6	66.1
职业培训	36.0	35.9

2. 从整体上看，2014年广州青年的工作满意度仍为一般，但相比2010年、2012年略有提高

在本报告中，我们继续沿用工作岗位、工作环境、福利保障、经济收入、升迁机会、人际关系、工作压力以及职业的社会地位等8个维度来测量广州青年的工作满意度。从表10可以看出，大部分受访青年对各维度满意度的选择都是"一般"或"比较满意",在"非常满意"这一选项方面,没有一项比例达到了10%;而在"福利保障"、"经济收入"、"升迁机会"、"工作压力"、"职业的社会地位"等选项上均有超过10%的受访者较不满意,更有部分青年对工作极不满意。这与2012年、2010年的数据分析结果基本保持一致。

表10 广州青年的工作满意度

单位:%

	年份	N	说不清	极不满意	较不满意	一般	比较满意	非常满意	ANOVA
工作岗位	2010年	887	1.2	2.7	8.0	45.1	38.0	5.0	29.415***
	2012年	1054	1.0	2.3	7.1	46.5	37.2	5.9	
	2014年	2105	—	2.9	7.8	48.1	36.6	4.6	
工作环境	2010年	889	1.1	2.9	9.1	38.6	40.8	7.5	31.975***
	2012年	1050	0.9	2.7	6.3	42.5	39.6	8.1	
	2014年	2109	—	2.5	7.4	43.2	40.1	6.9	
福利保障	2010年	887	1.6	2.8	11.6	39.2	39.1	5.6	68.521***
	2012年	1053	1.2	4.7	11.8	44.3	32.7	5.3	
	2014年	2103	—	5.8	13.6	46.1	30.1	4.4	
经济收入	2010年	889	1.1	7.3	21.5	45.3	22.3	2.5	34.002***
	2012年	1052	1.0	7.2	20.0	49.8	19.3	2.8	
	2014年	2107	—	9.0	19.9	49.3	18.7	3.1	
升迁机会	2010年	888	3.6	7.8	19.6	47.7	19.5	1.8	103.639***
	2012年	1050	4.3	7.3	14.3	50.9	19.7	3.5	
	2014年	2104	—	8.2	17.9	52.7	18.1	3.1	
工作压力	2010年	889	2.1	4.6	16.1	55.2	19.5	2.5	62.829***
	2012年	1052	2.3	4.8	13.4	54.8	21.3	3.4	
	2014年	2101	—	4.4	12.3	56.5	22.4	4.4	
职业的社会地位	2010年	889	2.1	5.6	12.9	50.6	25.4	3.3	85.556***
	2012年	1040	3.8	5.3	13.3	51.6	22.1	3.8	
	2014年	2083	—	4.3	12.2	56.8	22.9	3.6	

从工作满意度各维度得分情况来看(说不清=0,极不满意=1,较不满意=2,一般=3,比较满意=4,非常满意=5),广州青年对人际关系、工作环境、工作岗位、福利保障、职业的社会地位以及工作压力的满意度得分均值均高于3分,表示青年对这些维度的满意度为"一般偏上",其中对人际关系

的满意度最高,为3.46分;对经济收入的满意度最低,为2.87分。

相比2010、2012年,对工作压力与职业社会地位的满意度有了显著提高,满意度从"一般偏下"转为了"一般偏上"。其他各满意度得分情况基本保持一致(见表11)。

表11 工作满意度的均值和标准差

维度	样本量			均值			离散度		
	2014年	2012年	2010年	2014年	2012年	2010年	2014年	2012年	2010年
工作岗位	2108	1054	887	3.32	3.34	3.31	0.825	0.865	0.886
工作环境	2113	1050	889	3.43	3.42	3.37	1.229	0.891	0.937
福利保障	2106	1053	887	3.13	3.19	3.28	0.916	0.960	0.953
经济收入	2111	1052	889	2.87	2.88	2.88	0.932	0.929	0.957
升迁机会	2108	1050	888	2.91	2.85	2.77	1.002	1.067	1.023
人际关系	2108	1051	888	3.46	3.57	3.59	0.819	0.893	0.858
工作压力	2106	1052	889	3.09	2.98	2.93	0.843	0.940	0.909
职业的社会地位	2089	1040	889	3.11	2.94	3.01	1.220	1.031	0.966

我们进一步将工作满意度与性别、年龄、是否为独生子女、户籍、婚姻状况、工作年限、工作时间与换工次数等变量进行回归分析后发现,换工次数与青年工作满意度显著负相关,相关系数为-0.186。这表明,换工次数越多,工作满意度越低。

表12 影响青年工作满意度的因素分析

变量	B	Std. Error	Sig.
性别(1男,0女)	0.098	0.373	0.794
年龄(连续变量)	-0.536	0.551	0.331
年龄平方(联系变量)	0.010	0.010	0.347
婚姻状况(1未婚,0在婚)	-0.737	0.453	0.104
在业情况(1在业,0非在业)	-1.905	3.925	0.628
是否创业(1是,0不是)	0.170	0.522	0.744
是否独生子女(1是,0不是)	0.501	0.435	0.249
本地城镇户籍	0.995	0.545	0.068
本地农村户籍	-0.105	0.576	0.856
外地城镇户籍	0.400	0.671	0.551
工作年限(联系变量)	0.008	0.066	0.909

续表

	B	Std. Error	Sig.
创业经历(1 有,0 没有)	-0.128	0.390	0.742
换工次数(连续变量)	-0.186**	0.048	0.000
每天工作时间(连续变量)	0.001	0.056	0.981
常数	34.538	8.123	00.000
Adjusted R Square		0.021	

注：** 表示在双侧检验上，P≤0.01，具有统计学意义；* 表示在双侧检验上，P≤0.05，具有统计学意义。

3. 广州从业青年的工作稳定性相对较高，但相比以往，青年工作更换频率有所提高

图 4 数据显示，2014 年广州青年工作稳定性较高，1/4 的受访青年参加工作以来没有换过职业；只换过 1~2 次的占 43.2%；换工频率较快（换工 5 次及以上）的只占 7%。这与 2010 年、2012 年的研究结果保持一致。

对比三年的数据，我们发现广州青年工作变动频率有提高的趋势，工作无变动的青年所占比例降低了 30 个百分点左右，变动三次及以上的青年所占比例则上升了近 20 个百分点。这些数据表明，广州青年不再坚守同一份职业，而是根据自己的职业发展情况、自身兴趣等不断调整自己的职业选择，寻求最适合自己的岗位。

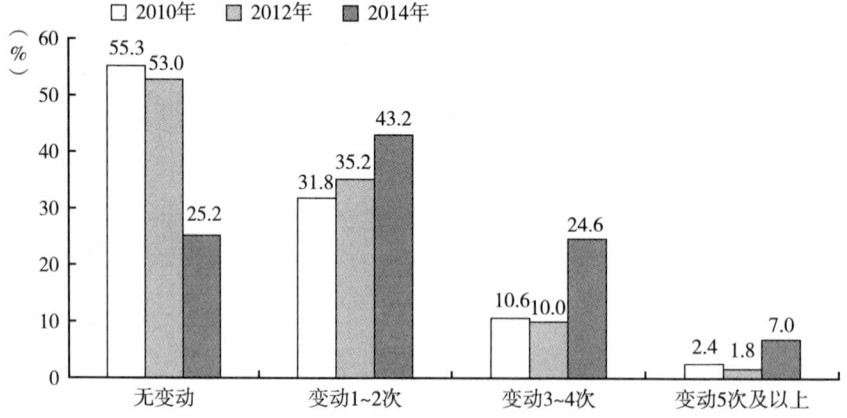

图 4　广州从业青年工作变动次数（N=1898）

通过将受教育程度与广州从业青年工作变动次数进行交互分析，我们发现，学历越高，工作变动频率越低。分析结果显示，44.1%的硕士及以上学历的青年工作无变动，变动5次及以上的只有2.5%；大学本科青年中32%的人没有换过工作，4.1%的人换工5次及以上；而小学及以下学历的青年中只有4.8%的受访者没有变换过工作，工作变动5次及以上的青年则占到23.8%（具体见表13）。这可能是因为高学历者更容易找到符合自己期待的工作，因此工作的稳定性也相对较高。

表13　不同受教育程度的广州青年工作变动情况

单位：%

受教育程度	工作变动频率				合计
	无变动	1~2次	3~4次	5次及以上	
小学及以下	4.8	52.4	19.0	23.8	100.0
初中	6.2	37.7	40.0	16.2	100.0
高中（含中专、技校）	15.6	38.0	29.3	17.1	100.0
大专	20.6	45.4	29.4	4.6	100.0
大学本科	32.0	44.6	19.3	4.1	100.0
硕士及以上	44.1	40.7	12.7	2.5	100.0

同样，我们将性别、年龄、是否为独生子女等变量与青年工作变动次数进行交互分析。结果显示，性别、是否为独生子女与青年工作变动次数之间不存在相关性。而在年龄方面，随着年龄的增长，工作无变动青年的比例逐渐降低，工作变动5次及以上的比例逐渐上升。这是因为年龄较大者，从业时间也会相应较长，工作变动的概率也会相应较大，这是与现实感官经验相符的。

表14　不同年龄的广州青年工作变动情况

单位：%

年龄	工作变动频率				合计
	无变动	1~2次	3~4次	5次及以上	
20岁及以下	34.9	41.9	19.8	3.5	100.0
21~25岁	28.4	47.0	19.4	5.3	100.0
26~30岁	24.7	41.4	26.8	7.1	100.0
31~35岁	17.4	38.8	31.9	11.8	100.0

4."薪酬待遇偏低"为广州青年职业发展最希望解决的问题,其次为职业发展前途渺茫

青年阶段是一个人职业生涯中的关键时期,是一个人自我实现、自我发展的黄金时期。在这个阶段,青年需要面临职业发展中形形色色的问题。数据显示,目前广州青年最希望解决的问题是"薪酬待遇低",65%的受访青年选择了此项。这与广州青年对"经济收入"的满意度最低相对应,也与广州青年较低的工资现状相关。根据广州经济发展水平,我们将年收入5万元及以下者定义为低收入人群,将年收入5万~10万元者定义为中等收入人群,将年收入10万元以上者定义为高收入人群。分析发现,72.6%的受访者为低收入者,23.2%为中等收入者,高收入者只占4.3%。这说明,目前广州青年的收入水平较低,对提高薪酬待遇的需求最强烈。此外,职业发展前途渺茫、找工作困难等也是广州青年迫切希望解决的问题。

表15 在职业发展方面,广州青年目前最希望解决的问题

单位:%

	频数	有效百分比
找工作困难	768	27.6
薪酬待遇偏低	1805	65.0
就业培训缺乏	503	18.1
创业难	646	23.3
劳动保障不完善	629	22.6
劳动权益常受侵害	409	14.7
职业发展前途渺茫	790	28.4
青年人才培育机制不健全	409	14.7
才能在就业岗位得不到发挥	369	13.3
求职就业指导服务不够	151	5.4
残疾青年就业创业难	66	2.4
其他	15	0.5

我们将大学生群体与就业青年群体最希望解决的问题分别进行分析后发现,就业青年群体最希望解决的问题排名前四的是薪酬待遇偏低(67.3%)、职业发展前途渺茫(27.5%)、创业难(24%)以及劳动保障不完善(23.5%);大学生群体最希望解决的问题则为薪酬待遇偏低(56.2%)、找工作困难(53.6%)、职业发展前途渺茫(31.8%)以及创业难(20.2%)。

表16　目前职业发展中，大学生与就业青年群体最希望解决的问题交互表

单位：%

		频数	有效百分比
找工作困难	大学生	310	53.6
	就业青年	458	20.8
薪酬待遇偏低	大学生	325	56.2
	就业青年	1480	67.3
就业培训缺乏	大学生	100	17.3
	就业青年	403	18.3
创业难	大学生	117	20.2
	就业青年	529	24
劳动保障不完善	大学生	112	19.4
	就业青年	517	23.5
劳动权益常受侵害	大学生	114	19.7
	就业青年	295	13.4
职业发展前途渺茫	大学生	184	31.8
	就业青年	606	27.5
青年人才培育机制不健全	大学生	79	13.7
	就业青年	330	15
才能在就业岗位得不到发挥	大学生	100	17.3
	就业青年	269	12.2
求职就业指导服务不够	大学生	53	9.2
	就业青年	98	4.5
残疾青年就业创业难	大学生	12	2.1
	就业青年	54	2.5
其他	大学生	0	0
	就业青年	15	0.7

（四）广州青年创业意愿及需求

以创业带动就业是当前我国青年群体就业难形势下，各级政府出台的积极就业政策之一。十八届三中全会明确提出要完善扶持创业的优惠政策，形成政府激励创业、社会支持创业、劳动者勇于创业新机制。在全国"两会"上，就业创业也是热点问题之一。大众"创业潮"与科技"创新潮"双潮涌动。李克强总理在谈到大众创业时表示，"国家的繁荣在于人民创造力的发挥，经

济的活力也来自就业、创业和消费的多样性。我们推动'双创',就是要让更多的人富起来,让更多的人实现人生价值。这有助于调整收入分配结构,促进社会公平,也会让更多的年轻人,尤其是贫困家庭的孩子有更多的上升通道"。在此背景下,我们有必要了解广州青年的创业意愿,聆听广州青年的创业需求。

1. 广州青年创业意愿持续高涨,是否为独生子女、在广州居住时间与创业意愿显著相关

青年创业是时代和现实的客观要求,是关乎国家未来、民族兴衰的民生工程,是解决青年就业难问题的重要而有效的途径。强烈的创业意愿是青年人成功创业的第一步。在调查广州青年的创业意愿时,一半以上(50.1%)的青年明确表示愿意自主创业,这与2010年、2012年的调查结果一致。这也表明,近几年,国家和地方政府在创业政策方面的支持鼓励以及资金方面的大力投入对青年的创业意愿起到了较大的激励作用,青年创业意愿持续高涨。此外,有10.1%的受访青年表示不愿意创业,还有39.8%的青年表示"说不好,看情况"。这些数据表明,仍有部分青年对创业兴趣不足,在创业问题上犹豫不决,对创业产生畏难情绪。

我们再来分析哪些因素影响广州青年的创业意愿。我们将广州青年的创业意愿重新进行编码,使其成为虚拟二分变量,以满足双变量相关分析的条件(将愿意创业编码为1,将不愿意创业编码为0,其他选择则设为系统缺失值)。我们将性别、年龄、是否为独生子女、在广州居住时间等基本变量与青年的创业意愿进行回归分析后发现,是否为独生子女、在广州居住时间与青年创业意愿显著相关。具体来说,非独生子女的创业意愿高于独生子女;在广州居住时间较长者,其创业意愿更强。

表17 影响青年创业意愿的因素分析

变量	B	S.E.	Sig.	Exp(B)
性别(女=0)	0.017	0.189	0.928	1.017
年龄	-0.331	0.302	0.274	0.718
年龄平方	0.005	0.006	0.356	1.005
是否独生子女(非独生=0)	-0.416*	0.211	0.049	0.660

续表

	B	S. E.	Sig.	Exp(B)
婚姻情况(非在婚 = 0)	-0.111	0.227	0.626	0.895
在广州居住时间	0.031**	0.011	0.004	1.032
在业情况(非在业 = 0)	-0.908	0.406	0.799	0.013
户籍情况(外地农村 = 0)				
本地城镇	-0.360	0.300	0.231	0.698
本地农村	-0.329	0.346	0.341	0.719
外地城镇	-0.044	0.340	0.896	0.957
工作年限	-0.007	0.034	0.826	0.993
是否创业(没有 = 0)	0.033	0.196	0.866	1.034
常数	8.787	2.406	.699	1.58
-2 Log likelihood	776.871			
Nagelkerke R Square	0.032			

注：** 表示在双侧检验上，$P \leq 0.01$，具有统计学意义；* 表示在双侧检验上，$P \leq 0.05$，具有统计学意义。

2. "正确的投资方向"是青年认为影响创业成功的最主要因素，其次为充足的创业资金

从表 18 可以看出，广州青年认为正确的投资方向是影响创业成功的最重要因素，有近 60% 的青年选择了此项；其次为充足的创业资金（50.9%）；排名第三、第四的分别为足够的社会经验和管理经验（49.3%）以及足够的人脉关系（42.4%）。值得注意的是，只有 8.6% 的广州青年认为社会经济发展状况是影响创业成功的主要因素。这表明，在广州青年看来，自身较好的人力资本与社会资本是影响创业成功的主要因素，社会发展大环境则影响不大。

表 18　影响创业成功的主要因素

单位：%

影响因素	频数	百分比
充足的创业资金	1825	50.9
正确的投资方向	2085	58.1
足够的社会经验和管理经验	1768	49.3
政府和社会的扶持	539	15.0
足够的人脉关系	1521	42.4

续表

影响因素	频数	百分比
亲友的支持	207	5.8
创业者有良好的身体和心理素质	810	22.6
创业者具备创业能力	822	22.9
社会经济发展状况良好	308	8.6
其他	19	0.5

进一步交互分析发现，非独生子女、年龄较大者更加在意是否有充足的创业资金；独生子女、年龄较小的青年则认为足够的社会经验和管理经验对创业成功更有影响。

在有无创业经历方面，有创业经历者认为影响创业成功的最主要因素是充足的创业资金，其次为正确的投资方向，再次为足够的人脉关系；而没有创业经历的青年则认为正确的投资方向为影响创业成功的最主要因素，排名第二、第三的分别为充足的创业资金、足够的社会经验和管理经验（见表19）。

表19 有无创业经历与影响创业成功的主要因素交互表

单位：%

	是否有创业经历	
	有	没有
充足的创业资金	53.4	57.3
正确的投资方向	49.7	60.8
足够的社会经验和管理经验	37.3	50.8
政府和社会的扶持	19.2	16.8
足够的人脉关系	40.1	39.7
亲友的支持	8.9	4.0
创业者有良好的身体和心理素质	19.2	17.2
创业者具备创业能力	17.4	23.7
社会经济发展状况良好	9.6	8.8
其他	1.0	0.1

三 广州青年就业创业特点及问题分析

（一）广州青年创业热情虽然较高，但存在意愿与实践相脱节的现象

青年期是一个人一生当中体力、精力最旺盛的时期，青年的学习能力、创造能力最强，思维最活跃，对新知识、新技术的掌握速度最快，青年理应成为创业大军的主力。然而青年由于缺乏足够的经验和资金积累，这又使得他们在激烈的市场竞争中处于弱势地位，因此在创业问题方面"意愿高，实践少"的现象屡见不鲜。

历年调查结果均显示，广州青年的创业意愿较高，每年都有一半以上的受访者表示愿意自主创业。但较高的创业意愿并不一定代表较高的创业率。数据显示，73.4%的受访青年没有创业经历，曾经创业或正在创业的青年只占26.6%。这些数据表明，相较于有创业意愿的青年，真正将创业落到实处者的人数显著较少。这虽然与本次调查样本的构成有关，但仍可在一定程度上显示出大部分青年虽然有较高的创业热情，但真正行动起来、参与创业实践的人并不多。

（二）广州青年就业质量一般，工作满意度有待提高

就业质量体现在工资收入与权益保障等方面。从收入水平来看，广州从业青年的收入较低，72.6%的受访者年收入在5万元以下，年收入10万元以上的只占4.3%。收入低也体现在对"工资水平"最不满意以及目前最希望解决的问题为"薪酬待遇偏低"。在权益保障状况方面，数据显示，广州企业用工的规范性有待加强，各项权益保障有待进一步完善。一般来说，权益保障包括社会保险、福利、住房公积金以及劳动合同的签订。社会保险是从业者遭受工伤、疾病、失业等风险时的重要保障，包括医疗保险、养老保险、工伤保险、失业保险以及生育保险。福利则包括病假工资、带薪休假以及产假工资。从数据分析结果来看，不管是"五险一金"的购买率，还是基本福利的享有率，或是最基本的劳动合同的签订率都比较低，甚至低于2012年的调查数据。其

中最严重的是病假工资、职业培训的享有率，二者均低于50%。

对广州青年工作满意度的分析发现，广州青年对目前工作的满意度一般，大部分的受访者对各维度满意度的选择均为"一般"或"比较满意"。从分项指标来看，广州青年对工作岗位、工作环境、福利保障、人际关系、工作压力、职业的社会地位的满意度高于"一般"，其中最满意的是人际关系，其次为工作环境；对经济收入和升迁机会的满意度低于"一般"，其中最不满意的是经济收入。总体上看，广州从业青年对单位情况的满意度高于对个人发展情况的满意度，用工单位应该在创造良好工作环境的同时，对职工的劳动报酬、发展机会情况等做出改善，以提高职工的整体工作满意度。

（三）找工作困难、职业发展前途渺茫是亟须解决的问题，求职就业指导服务的不足加剧了广州大学生"就业难"形势

大学生毕业即失业已经成为一种常态。我国每年都有几百万的大学毕业生，加上往年没有找到工作的大学生，这个数据更大。广州以独特的地理位置及发展优势吸引了大批青年来穗就业，僧多粥少的局面使广州青年面临严峻的就业局势，他们纷纷发出"找工难"的感慨和无奈。在我们的调查中，一半以上的受访大学生在职业发展方面，目前最希望解决的就是找工作困难的问题。找工作的不易，导致大学生对未来职业发展的不确定，觉得前途渺茫。

大学生就业难的局面一方面与当前国家整体就业形势相关，另一方面也与求职就业指导服务的不足有关。目前，虽然各大高校都建有就业指导中心，但大学生就业指导工作主要依靠大学辅导员来完成，并没有专业的就业指导机构来承担此项职责。如此，大学生就业指导工作成效的好坏基本取决于辅导员的个人素质。辅导员自身就业知识的不足、对就业市场判断的失误、对国家政策的不了解等都会影响大学生的就业观和就业实践，无形中增加大学毕业生成功就业的难度。

四　思考及建议

就业是民生之本，青年就业是整个社会就业体系中的一个重要组成部分。

青年的就业问题，不仅关系着青年的生存与发展，更关系到中国改革发展稳定的大局。针对广州青年就业中存在的问题，本文提出以下对策建议。

（一）鼓励、支持青年创新创业，变"创业意愿"为"创业实践"

李克强总理在2015年政府工作报告中针对就业问题提到"大众创业，万众创新"。指出，"这既可以扩大就业、增加居民收入，又有利于促进社会纵向流动和公平正义"[①]。可以说，采取有效措施促进作为创业主体的青年积极创业成为大势所趋。具体来看，应做到以下几点。

1. 鼓励发展"创客"力量，激发年轻人创新创业活力

所谓"创客"，是指出于兴趣与爱好，努力把各种创意转变为现实的人。他们已成为一股不可忽视的民间科技力量。十八届三中全会提出要让科技成果产业化、资本化，李克强总理也在总结过去一年工作时首次提到"创客"一词，指出通过大力调整产业结构，"众多创客脱颖而出"。这些都为创客创新成果的转化指明了新思路。在此背景下，政府应尽快出台一些具体的政策措施及资金扶持政策，支持创客创新发展；同时通过创客大赛等活动，吸引更多有创新想创业的人参与到创客创新过程中，推动工业与互联网之间的结合，促进传统工业转型升级。

2. 健全青年创业政策，推动政策贯彻执行

促进创业，政策是前提，制度是保证。因此促进青年创业需要进一步完善各类创业扶持政策，实现服务资源共享，发挥政策的实效。一是政府在制定与青年创业相关的法律政策时，要广泛听取广大青年群体的意见，根据客观实际，制定出符合青年特点、满足青年需要、真正保障青年创业者权利的创业政策。二是政府要执行好具体的促进青年创业的政策，如推广小额信贷政策，给予青年创业税费减免、社保补贴，提供租金低的场地等，优先采购创业青年的产品或服务等。三是设立专项高校毕业生创业基金，主要用于为高校毕业生提供创业启动资金支持。

---

① 2015年政府工作报告。

3. 广泛开展创业教育培训，提升青年创业能力

帮助青年进行创业，从思想上转变青年人的创业观念、给予资金支持虽然重要，但更要从实际入手，帮助他们掌握创业的知识和技能，为青年提供创业的有效帮助，使得政府对青年创业的扶持模式由"输血"转化为"造血"，努力提高青年的人力资本。一是针对青年特点，进行多样化的专项培训，从而增强培训的有效性和实用性。比如，针对青年群体思维活跃、个性迥然的特点，我们就要丰富培训教学方式，借助互动教学、案例分析、角色扮演、现身说法等方式提高培训的趣味性和吸引力；丰富培训内容和手段，开展网络远程教育，发挥现代培训技术的优势；等等。二是积极为青年提供相关的产业发展趋势与市场动态，帮助青年了解政府有关青年创业方面的扶持政策，并对青年创业者进行必要的经营管理知识的培训等。

（二）充分发挥学校就业指导机构的作用，为学生提供充实有效的就业指导服务

1. 加强大学生就业指导，尽早做好职业生涯规划

在大学生就业指导过程中，学校应全面加强对大学生在校期间的职业指导。大学生一入学，就业指导部门就要帮助学生做好职业生涯规划，大一期间，学生主要是认清自己的优劣势，了解自己的个性特点，确定自己的奋斗目标；大二期间，学生要重点了解不同职业不同岗位的相关要求，不断完善自己，提高自己的能力素质；大三期间，学校要充分创造学生社会实践的机会，争取让所有学生都拥有到企事业单位实习或兼职的宝贵经验；大四期间，学生需要初步完成由学生到职业者的身份角色转换。

2. 构筑良好交流平台，促进学生和企业相互了解

就业指导中心应联合各院系相关部门搭建用人单位与毕业生双向选择的良好平台，比如通过就业推介招聘咨询会的方式，让用人单位了解本学院各专业及人才培养特点，也让本学院学生了解用人单位的需求，从而更好地评估自己的优势和不足。

（三）提升青年就业质量，提高青年职业满意度

1. 完善法规政策，加大执法力度

建议有关职能部门按照《劳动法》、《就业促进法》等法律法规，规范企

业用工行为。各用工企业要严格执行相关政策和制度,为员工提供劳动合同、"五险一金"、产假工资等相关权益保障。通过政策和制度的保障,切实加大对青年就业权益的保护,提升青年就业质量。

2. 畅通员工晋升渠道,提高其职业满意度

员工职业满意度与其收入水平、升迁机会显著相关。一方面,用工单位需不断完善工资分配制度,实行与员工工作业绩挂钩的绩效工资制度,使员工的付出与回报成正比;另一方面,用工单位应实行公正公开的内部晋升制度,一切以实力说话,让肯干能干的人在合适的位置上发挥最大的效能,最大地实现其个人价值。

(四)集聚多种手段,充分发挥共青团引领服务青年的职能

1. 整合各种资源,形成青年就业帮扶合力

共青团需充分发挥组织优势,联系、动员其他组织资源参与到促进青年就业工作中,努力形成全社会促进青年就业的合力,与政府部门、企事业单位、社会中介或培训机构、大中专院校等通力合作,实现政府资源、共青团组织资源、社会资源的整合。通过与政府部门的合作帮助青年更多地了解就业政策制度、劳动保障等方面的事务;通过与企事业单位的合作了解职位信息,并开展合作培训等方面的事宜;与社会中介或培训机构的合作可以在就业培训、就业指导和职业证书等方面争取资源;与大中专院校之间的合作则可以解决就业教育、就业信息等方面的问题。

2. 尽快出台扶持青年创业的小额信贷政策

根据客观实际,制定出符合青年特点、满足青年需要、真正保障青年创业者权利的青年创业小额贷款政策,同时在简化审批手续、增加贷款数额、降低贷款利息等方面为青年创业提供支持,给予青年创业税费减免、社保补贴等优惠政策。建议打破青年创业小额贴息贷款目前仅面对本市户籍青年的局限,只要是在本市区域内进行创业的青年,均有资格申请小额贴息贷款。同时压缩审批流程,增加贴息额度,更好地帮助青年解决创业资金瓶颈。

3. 全市统筹建立青年创业融资一体化机制

建议继续开展全市层面的青年创业项目大赛,建立城乡青年创业扶持的筹

融资平台，扶持青年创业项目；在政府预算中设立青年就业创业工作基金，吸引社会资金和企业资金参与，为青年创业和二次创业提供启动资金和发展资金。

4. 继续做好青年就业创业基地建设工作，拓宽青年就业渠道

建议加大财政投入，推动共青团与高校、科研机构和企业合作，建立"青年创业孵化基地"，以高新技术的快速转化带动青年就业创业。

5. 促进青年创业组织化，增加青年社会资本

第一，发挥共青团枢纽型社会组织整合、服务、引领的功能，组织青年进行青年创业的组织化交流，帮助青年建立组织网络，共同分享信息、互相激发创意，从而在市场竞争中获得优胜权，并在此过程中积累社会资本。第二，针对青年社会经验缺乏、社会资本不足这一事实，共青团要加快建立信息服务平台，整合分析大量的信息资源，多渠道全方位地提供有效信息，宣传党中央的号召以及政府出台的关于青年创业的相关政策，发挥共青团作为信息传播桥梁的功能。

6. 深入基层，密切关注在职青年思想动态，帮助青年解决人生困惑，提高就业满意度

调查显示，广州青年对职业的满意度不高，特别是对经济收入与升迁机会的满意度较低，共青团一方面要对目前企业存在的压低工资待遇、分配不均、权益保障不足等问题向企业管理层、工会或有关政府部门反映，维护青年职工的利益；另一方面，共青团需对青年进行有效的心理疏导，帮助他们解决人生困惑，调整工作状态，提高就业满意度。

参考文献

邓蕾、黄洪基主编《选择与期待——青年就业创业研究》，上海交通大学出版社，2011。

孙慧：《广州青年就业发展研究》，魏国华、张强主编《广州青年发展报告（2012～2013）》，社会科学文献出版社，2013。

唐俊、文帜：《广州青年就业与创业状况》，涂敏霞、邱服兵主编《广州青年发展状况研究报告（2009～2010）》，2010。

李晓丹：《株洲市青年就业问题与对策研究》，湖南大学硕士学位论文，2010。

林岳新、杨小松：《青年就业创业现状及影响因素调查分析》，《山东省团校学报》2014年第4期。

郭巧丽、杨贝乐、任波、黄亚冰：《共青团促进青年就业创业路径研究》，《人力资源管理》2014年11月。

B.6
分报告五
广州青年参与发展研究

吴冬华*

摘　要： 青年参与随着时代的变化发展呈现出不同的特征与规律，同时，青年参与社会变革、社会发展的途径又是多种多样的。当前，广州青年政治意识和参与行为增强，但政治参与途径有限；青年社会参与热情高涨、行为踊跃，表现在参加社会组织的青年人数渐增等方面，提供志愿服务的青年人数逐年递增等方面，但社会组织发展欠规范、志愿发展机制欠完善阻碍着青年社会参与，因此，要进一步完善政治参与制度，扩大青年社会参与的空间。

关键词： 青年参与　政治参与　社会参与　社会组织　志愿服务

青年参与是指青年对经济、政治、社会、文化等各方面事务的参与，通过参与表达自己的利益诉求，影响政府的决策。作为社会中最活跃的群体，青年对社会的急剧变化做出反应迅速，他们对时代变革的积极参与显示了他们的无比热情。青年的参与，有效减少了他们与社会的摩擦与冲突，缩短了他们与社会的距离，促进青年更好地适应社会；也正由于他们对社会事务的积极参与，从而使他们把"自身创造出的新文化传递给成年人"，为成年人"提供新的观念和生活样式"[2]，为社会发展发挥作用。因此，关注青年的社会参与，既是对党的十八大报告中提出的"党委领导、政府负责、社会协同、公众参与"

---

* 吴冬华，广州市团校研究中心主任，助理研究员。

社会治理格局的根本回应,又是青年实现自身发展、提高整体素质的基本诉求。

青年参与的特征与方式和时代的发展关系密切。随着全球化程度的加深,新媒体时代的到来,中国社会转型进入新阶段,青年被越来越深地被裹胁进全球化的信息传播和社会变迁的进程之中,而青年参与也面临着各种新挑战、新机遇。首先,全球化背景下的青年特征要求其社会参与实现纵深化的跨界发展;其次,新媒体的广泛运用,推动着青年的发展和参与由社会的边缘向中心聚集,要求其实现全方位的社会参与;最后,当今中国正处于高发展、新变革时期,建设中国特色社会主义法治国家,实现中华民族伟大复兴中国梦,均对青年发展和青年参与提出新要求。

本研究主要运用问卷调查、文献检索等方法,从纵向与横向的角度分析与探究青年参与的显著特点以及存在问题,并与2010年、2012年所开展的调查研究结果进行比较分析,比较不同年代的青年在参与上所呈现的特征与规律,比较不同类型的青年群体在参与上的异同之处,比较青年在不同类型的参与上的异同之处,同时,进一步分析影响青年参与的原因,从中发现相应的解决办法,据此提出建议与对策。

一 现状与特点

青年参与社会改革、社会发展的途径是多样的。联合国大会将青年参与划分为经济参与、政治参与、文化参与、社会参与四个组成部分。本文对青年参与内容的分析主要采用联合国大会的分类标准。此外,由于青年的经济参与主要涉及青年就业与发展、文化参与主要涉及青年教育,这在本书其他专题有着深入阐述,因此,本研究主要从政治参与和社会参与这两大方面分析当前青年参与的现状与特征。

(一)政治参与

青年政治参与是指作为参与主体的广大青年对国家的政治、社会生活现状的基本了解、认识,并在此基础上通过各种途径有序的、实际的行为投入,它包括政治参与意识和政治参与行为两个相互联系的方面。青年人是思想活跃、充满激情,负有强烈的历史责任感和使命感的群体,他们政治参与的程度和强度往往影响着社会民众的思想意识启蒙及社会制度变迁,因此,了解与掌握当前青年政治参与现状非常必要。

1. 青年的政治参与意识

青年的政治参与意识,换言之就是青年的政治参与意愿,也就是说青年想不想参与政治。一般而言,想不想做一件事往往取决于个人对此事感兴趣的程度。因此,围绕青年对政治的关注程度、关注内容等方面测试青年的政治态度与看法。

(1) 大部分广州青年对政治比较关注。

亚里士多德曾经说过"人是天生的政治动物",为此,本研究主要通过调查对象对"人是离不开政治的,因此应该时常关注政治"这句话的赞同程度来考察青年对政治关注的程度。调查发现,当下广州青年对政治是感兴趣的。绝大部分的被调查青年认为"人是离不开政治的,因此应该时常关注政治",其中选择非常赞同的占26.8%,选择比较赞同的占56.3%,两者之和为83.1%。对这种说法表示不太赞同和完全不赞同的比率分别为9.5%和0.9%。调查结果表明,广州青年对政治关注程度比较高,政治参与兴趣不低,这与当前中国政治文化发展特征相吻合。

表1 青年对于政治关注的态度

单位:%

	非常赞同	比较赞同	不太赞同	完全不赞同	说不清	合计
人是离不开政治的,因此应该时常关注政治(N=3584)	26.8	56.3	9.5	0.9	6.6	100.0

那么不同群体的青年在对政治关注方面是否存在差异呢?通过以"人是离不开政治的,因此应该时常关注政治认同度"为因变量(说不清=1,完全不赞同=2,不太赞同=3,比较赞同=4,非常赞同=5),性别、年龄、年龄平方、是否独生子女、教育年限、户籍、政治面貌、居住年限、住房情况、群体类型为自变量作 Logit 回归分析。数据显示,性别、年龄、年龄平方、是否独生子女、户籍、居住年限、住房情况对青年在该方面的态度影响不明显,青年并没有表现出具体的差异性。但教育年限、政治面貌、群体类型等对青年的看法产生了一定

的影响，并在统计上差异显著。数据显示，受教育年限越长的青年越赞同此观点，青年党员比青年群众更赞同此观点，大学生比中学生更赞同此观点。

表2 不同群体青年对政治关注程度的 Logit 回归分析

	B	S. E.	Sig.	Exp(B)
性别(女=0)	-.136	.123	.269	.873
年龄	-.126	.154	.415	.882
年龄平方	.001	.003	.687	1.001
是否独生子女(非独生=0)	.230	.143	.108	1.259
教育年限	.061	.032	.059	1.063
户籍(外地农村=0)				
本地城镇	-.457	.208	.028	.633
本地农村	-.085	.239	.720	.918
外地城镇	-.283	.205	.168	.754
政治面貌(群众=0)				
党员	.315	.191	.099	1.371
团员	.194	.152	.200	1.214
民主党派	-.299	.586	.610	.742
居住年限	.004	.008	.616	1.004
住房情况(租房=0)				
自有产权房	.247	.155	.111	1.280
集体宿舍	-.050	.225	.825	.952
群体类型(中学生=0)				
在业青年	.475	.346	.170	1.608
大学生	.694	.341	.042	2.001
常数	3.071	1.796	.087	21.572
-2 Log likelihood	1983.324			
Nagelkerke R Square	.032			

（2）超六成广州青年认同选举投票的积极效用。

我国宪法规定，年满十八周岁的中国公民具有选举权和被选举权。投票选举作为政治参与的一种直接行为表现，青年如何看待这一政治参与形式的功能与作用？从被调查青年对"选举投票是有用的"这一问题的回应中，我们发现，超过六成（62.2%）的青年赞同选举投票是有用的，选择不赞同的比率仅占27.3%。与2010年选择赞同"选举投票是有用的"的青年比率仅占

33.5%相比,显而易见,持赞同说法的青年比率有了大幅度的提升。这说明当前广州青年对投票选举的正效用持肯定的态度。

通过交叉分析,发现不同群体的青年对选择投票行为效能的认同程度呈现显著差异(P<0.01)。一般而言,在校学生比在业青年更认同选举投票的作用,其中,中学生认同程度又显著高于大学生,显然,这与我国思想政治教育在不同青年群体中的作用是相一致的。

表3 青年对"选举投票是有用的"认同度(N=1359)

	类别	非常赞同	比较赞同	不太赞同	完全不赞同	说不清	Pearson 卡方
选举投票是有用的	总体	14.1	48.1	21.2	6.1	10.5	3.467***
	在业青年	13.4	44.5	23.4	6.7	12.0	
	大学生	11.7	58.0	21.2	3.3	5.7	
	中学生	17.5	50.8	15.3	6.4	9.9	

(3)青年认同民意对政府决策的影响。

青年的政治参与意识与政治参与的实际效能密不可分。积极而有效的市民参政、议政、督政必然会提升青年政治参与热情。调查数据显示,广州青年比较看好市民参政、议政、督政的影响与效应,50.3%的被调查青年赞同"市民的意见对政府政策有影响力",高于不认同这一说法的选择比率(42.6%),如表4所示。同时,当提问到"当政府政策、制度或做法不当时,市民能通过合法渠道表达意见,并被有关部门采纳"这一说法的看法时,赞同的青年比率(63.8%)远远高于不赞同的比率(26.8%)。而2010年的调查数据显示,仅占26.2%的青年赞同"市民的意见对政府政策有影响力"这一说法,29.2%的青年赞同"当政府政策、制度或做法不当时,市民能通过合法渠道表达意见,并被有关部门采纳"这一说法,换言之,青年对市民参政效能持否定看法的比率更高。从2014年与2010年相隔三年的调查数据表明,广州青年对当前市民参政、议程效果的预期产生极大的逆转,对政府、政府职能部门的负面预期扭转为正面预期,这是广州青年政治参与意识的巨大转变。尽管民众通过政治参与影响政府决策的作用是相对有限的,但是青年仍然认为民意对政府决策所产生的影响越来越大,这种积极、乐观的政治参与意识将对青年积极履行政治义务产生促进作用。

表 4　你如何看待以下说法

单位：%

	非常赞同	比较赞同	不太赞同	完全不赞同	说不清
市民的意见对政府政策没有什么影响力（N=3581）	11.5	31.1	35.6	14.7	7.1
当政府政策、制度或做法不当时,市民能通过合法渠道表达意见,并被有关部门采纳（N=3574）	21.5	42.3	21.3	5.5	9.4

"选举投票是有用的"、"市民的意见对政府政策有影响力"、"政府政策、制度或做法不当时,市民能通过合法渠道表达意见,并被有关部门采纳"这三道题主要测量政治效能感。所谓政治效能感,指民众对自己政治参与行为影响力的主观评价。而青年对这三个问题的正面回应,表明广州青年认为自身的政治参与行为能对政府决策过程、政治体系的运作发挥积极作用,对个体政治参与功效水平的预期较高。

2. 青年的政治参与行为

政治参与行为可能采取的形式因社会政治体制的不同而不同。在我国,公民实际的政治参与方式,包括参加投票、选举、结社、集会、上访、通过群众或行政组织向上级反映问题、通过网络发表个人意见等多种形式。以下主要探讨的是青年的选举、督政、议政这三种普遍的政治参与行为。

（1）青年的选举行为。

政治参与最常见或者说最普通的形式就是选举。我国《宪法》规定年满18周岁的公民享有选举的权利。而且,根据我国的政治制度安排,选举包括直接选举与间接选举两种方式,其中在县级以下（含县级）以及设区的市的区人大代表实行直接选举,也就是说各区（市）基层人大代表是由公民投票直接选举产生。调查发现,被调查的年满18周岁以上的青年,仅有13.7%参加过最近的地方人大代表投票选举活动,将近九成的青年没有参加。进一步交叉分析发现,在业青年参加投票选举的比率最高,其次是大学生,再次是中学生。由于问卷中没有调查原因,但根据推测,最直接原因是最近一次广州基层人大代表选举在2011年举行,而参与此次问卷调查的青年,尤其是大学生、中学生还不具备选民资格。而且,不排除部分曾经参加选举的青年因事隔多年,记忆模糊甚至忘却。

(2) 青年的督政行为。

根据我国国情，民众的民主监督行为，也可简称为督政行为，主要是通过给国家机关写信、打电话或向有关政府人员当面指出的方式，反映自己的意见，并提出批评、建议。因此，我们在问卷中设计一个问题：如果您觉得政府的某项政策、制度或做法不妥，您通常会采取怎样的做法？也即调查了解青年的督政行为，这也是青年较易接纳与采取的政治行动。结果发现，排在前四位的选择先后是：21.1%的青年选择了"与身边的人谈论"，15.8%的青年"不会采取任何行动、放在心里"，15.1%的青年选择"在政府相关部门网站留言"，14.7%的青年选择在网上论坛与人交流/通过网络发表意见、主张或与人交流。根据督政行为的表现形式，将表5前三项反映民主监督的做法各自所占的比例相加，得到38.7%，即共有38.7%的青年认为自己会履行自己的督政行为。这一数据比2010年、2012年的比例有增长，并具有统计学的显著意义，说明青年民主监督行为的积极性与主动性逐年增强。

在青年的民主监督行为中，有三个数据的变化值得关注。第一个是"将情况反馈给媒体"，这个数据变化非常明显，2014年的比率是2012年的两倍、是2010年的1.7倍。虽然在每次调查中，这个比率不高，但是比率的上升是否表明媒体尤其是新媒体在青年政治参与行为中所发挥的作用正在逐年增强，这个命题有待考证。第二个明显变化的选项是"与身边的人谈论"，尽管这一比率在每次调查中都是青年的首选项，但比较历年数据发现，每年比率递减，且2014年显著下降。这从另一个侧面反映出青年的政治行动由原来非正式场合下的议政行为更多转向正式合法渠道下的督政行为，这是青年政治参与行为的显著变化。第三个变化较大的选项是"不会采取任何行动、放在心里"，比率在逐年递增，但增加幅度不大。

表5 如果您觉得政府的某项政策、制度不妥，您通常会采取怎样的做法？（限选一项）

选　项		2010年	2012年	2014年
①将情况反馈给人大代表或政协委员	频数	95	163	385
	百分比(%)	7.0	10.0	10.9
②写信或打电话给相关部门	频数	90	100	448
	百分比(%)	6.6	6.2	12.7

续表

选 项		2010年	2012年	2014年
③在政府相关部门网站留言	频数	163	211	530
	百分比(%)	12.0	13.0	15.1
④将情况反馈给媒体	频数	67	66	287
	百分比(%)	4.9	4.1	8.2
⑤与身边的人谈论	频数	611	518	742
	百分比(%)	45.0	31.9	21.1
⑥在网上论坛与人交流/通过网络发表意见、主张或与人交流	频数	160	251	518
	百分比(%)	11.8	15.5	14.7
⑦不会采取任何行动、放在心里	频数	125	224	558
	百分比(%)	9.2	13.8	15.8
⑧其 他	频数	46	89	53
	百分比(%)	3.4	5.5	1.5
合 计	频数	1357	1622	3521
	百分比(%)	100.0	100.0	100.0
Pearson 卡方			428.241***	

(3) 青年的议政行为。

以研究政治文化著名的美国学者阿尔蒙德曾提及"谈论政治是政治参与的一种积极方式"。在各种政治参与行为中，讨论或者议论政治的行动是成本最低的。从上面的调查结果可以发现，广州青年议政行为的比率较高，无论是非正式场合下的"与身边的人谈论"，还是通过互联网交流或发表政治言论（见表5），并且，"在政府相关部门网站留言"这种正式议政行为的比率也在逐年递增。由此可见，新媒体对青年参政议政行为的影响不容小觑。

由于政治议题很广泛，内容涉及方方面面，大到政府的换届选举，小到领导人物的轶闻趣事，既可以谈论国内新闻也可以谈论国外新闻，可以说都是谈论政治。一个喜欢谈论领导人的轶闻趣事的人和一个谈论政治体制改革的人，他们的政治行为有可能不一样。调查发现，当前广州青年最为关注的政治活动是，"党和政府的决策"占首位为18.8%，其次国际局势（如中日关系）为18.0%，其余依次为"反腐倡廉"（16.6%）、"新法制定颁布"（16.2%）等。从青年关注政治活动内容来看，他们的选择与当前国内外政治发展形势相一致，在进入全面深化改革的时期，党和政府的决策至关重要，同时，依法治国是深化改革的关键内容,而反腐倡廉也是当下百姓最关注的话题,并且,这三个选项都涉及民生的方方面面,与个人自身发展密切相关。此外,对"领导人出访"、"政治轶事传闻"、"重要仪式"、"模范人物事迹"等关注程度很低,表明当代青年关注政治的焦点在于与自己利益密切相关的政治活动,对自身利益不密切的活动,关注程度较小。

表6　您最关注以下哪一项政治活动?(限选一项)

	频数	百分比(%)
领导层人事变动	276	8.1
新法制定颁布	554	16.2
党和政府的决策	642	18.8
反腐倡廉	567	16.6
国际局势(如中日关系)	616	18.0
突发灾难的应对	398	11.7
党和国家重要会议	86	2.5
模范人物事迹	87	2.5
重要仪式(如国庆阅兵等)	60	1.8
领导人出访	25	.7
政治轶事传闻	50	1.5
其他	52	1.5
Total	3413	100.0

(二)社会参与

青年社会参与是指社会成员以角色承担者的身份,为制定、实施社会政策或阻止某些损害国家和社会利益的社会措施的推行所从事的活动。社会参与既是社会对青年的客观要求,也是青年发展的主体需要。有别于政治参与领域与内容的局限性与敏感性,社会参与作为一种广泛性的参与途径,为青年深入社会,了解国情、民情,参与社会管理,并为实现青年的社会价值提供平台与渠道。以下主要从社会组织参与、志愿服务行动这两种最常见的形式来探析青年社会参与的基本情况。

1. 社会组织参与活跃，参与动机多元

无论在中国还是在国际上，社会组织的概念一直不具有明确内涵和外延，但总体上强调其共同属性，即区别于政府与企业的"第三部门"，具有非营利性、非政府性、独立性、志愿性、公益性等基本特征。因此，本研究对社会组织的定义宽泛，主要是指具有非政府性（属于非政府体系）、非营利性（不以营利为目的）和组织性（具有正式的组织形式）的社会组织。

在良好的发展环境下，社会组织注册自2008年以来持续攀升，在2012年开始实行直接登记管理后，进入社会组织数量的喷发期。2012年（截至6月底）已注册登记的广州社会组织有4596家。与此同时，一些还没有注册登记的社会组织非常活跃，它们有的是青年兴趣团体，有的是高校学生社团，有的是其他公益型的组织。调查发现，在过去一年里，除了"从未参加"与"不清楚"是否参加社会组织外，近八成（78.4%）的被调查青年参加过各种类型的社会组织，而且不少青年同时参加不同的社会组织。这与2012年的73.4%的比率相比，有了一定增长。在提供不同服务的社会组织当中，青年更愿意参与哪一种类型的社会组织？根据广州市团校、团广州市委社会工作部于2013年联合开展的"广州青年社会组织发展现状"调查研究表明，青年更多选择参加教育科技（23.7%）、文体（16.7%）和卫生保健（10.2%）这三大类型的社会组织，这与当前广州社会组织分布与发展的现实境况是相吻合的。

青少年对群体融入有天然的渴望，需要有对应的组织为其提供信息、激励、社会支持、归属感和相互帮助以及自我表达、彼此了解和密切联系的机会。因此，本次研究调查了青年参加社会组织的最主要原因，结果发现，青年参加社会组织的原因主要集中在社交的需要、自我认同的需要、工作需要三方面，也就是说，首先是出于社交的需要，参加社会组织可以"更多结识一些志趣相投的人"，占61.7%；其次是自我认同的需要，"锻炼自己，展示才能，得到别人的承认"占42.2%；再者是出于工作之需，"对自己的工作有所帮助"占29.7%。值得关注的是，这个结果与2012年的调查结果有所不同，其中最大不同之处是因为工作需要而加入社会组织的比率大幅度上升，上升近13个百分点；而选择"更好地服务社会、推动社会公益"即自我实现的需要的比率有所下降，下降近8个百分点。另外，选择"没有什么明确的目的，只

是觉得没事时参加一下组织活动"的青年比率也明显增多,增加近10个百分点。这可能与当前社会组织的蓬勃发展以及青年个性化发展需求有关。

表7 您参加社会组织最主要的原因是什么?(最多选三项)

单位:%

	响应百分比		个案百分比	
	2012年	2014年	2012年	2014年
更多结识一些志趣相投的人	36.4	29.6	72.0	61.7
纯粹交友	5.0	2.1	9.9	4.5
寻找归属感	4.0	5.6	7.8	11.7
锻炼自己,展示才能,得到别人的承认	20.0	20.3	39.6	42.2
更好地维护自身的权益	1.8	4.0	3.5	8.4
更好地向社会表达自己的意见、主张	6.4	6.8	12.6	14.2
对自己的工作有所帮助	8.6	14.3	16.9	29.7
更好地服务社会、推动社会公益	13.6	9.1	26.8	18.9
没有什么明确的目的,只是觉得没事时参加一下组织活动	3.8	8.2	7.5	17.0
其他	0.5	0	1.1	0

2. 志愿服务参与人数持续上升、参与动机日趋成熟

志愿服务是自愿贡献个人的时间、精力,在不索取物质报酬的情况下,为改善社会服务、促进社会进步而提供的服务。近年,参加志愿服务不仅仅是传统意义上弘扬传统美德,而且成为市民时尚生活方式的重要选择。青年参加志愿服务,不仅学到社会规范,内化价值观念,加深对社会的认识,学会与他人交流、分享和合作,并且感受到自身存在的价值。因此,越来越多的青年加入志愿者行列。

广东是全国志愿服务的发源地之一,广州作为广东的省会城市,其志愿服务也走在全国前列。根据广州市志愿者行动指导中心的统计,截止到2014年12月,全市共有实名注册志愿者117.7万人,累计记录服务时间2214万小时。注册志愿者人数比2012年增加近1倍。此次问卷调查显示,在过去一年里,44.4%的被调查青年曾经参与志愿服务,55.6%没有参与过志愿服务(见表8)。与2010年、2012年同一题目相比较,显而易见,参加过志愿服务的青年比率正趋于上升。

表8 过去一年是否参与过志愿服务？

单位：%，人

	2010年	2012年	2014年
是	42.0	41.7	44.4
否	58.0	58.3	55.6
Total	1365	1641	3577

在过去一年是否参加志愿服务中，不同青年群体呈现出不同特征，因此，本文以"是否参加志愿服务"作为因变量（没有参加＝0，有参加＝1），以性别、年龄、年龄平方、是否独生子女、教育年限、户籍、政治面貌、居住年限、住房类型、群体类型为自变量，进一步作 Logit 回归分析（见表9）。结果显示以下几项。

（1）曾经参与志愿服务的比率与青年的教育年限呈现显著正相关关系（B＝0.042，Sig.＝0.063），即青年的教育程度越高，曾经参与志愿服务的青年人数越多。这表明当前广州志愿者群体不仅年轻（以青年人为主），而且学历高。

（2）曾经参与志愿服务的比率与是否独生子女呈显著相关关系。独生子女曾经参加志愿服务的比率显著高于非独生子女（B＝0.187，Sig.＝0.037）。

（3）曾经参与志愿服务的比率与青年的政治面貌有显著的相关关系。党员青年的志愿服务参与意愿显著高于群众青年（B＝0.852，Sig.＝0.000）；团员青年的志愿服务参与意愿显著高于群众青年（B＝0.532，Sig.＝0.000）；民主党派青年的志愿服务参与意愿显著高于群众青年（B＝1.623，Sig.＝0.001）。

（4）曾经参与志愿服务的比率与青年的住房类型有显著的相关关系。拥有自有产权房的青年的志愿服务参与意愿显著高于租房青年（B＝.200，Sig.＝0.053）。这从某种程度上说明生活有保障、家庭经济状况好的青年，更乐于参与志愿服务。

（5）曾经参与志愿服务的比率与青年的群体类型显著相关。过去一年里，参加志愿服务比率最高群体是大学生，其次是中学生，然后才是在业青年。其中，社会在业青年的志愿服务参与显著低于中学生（B＝－0.201，Sig.＝0.345）；大学生的志愿服务参与显著高于中学生（B＝1.019，Sig.＝0.000）。

表9 过去一年青年参与志愿服务的Logit回归分析

	B	S. E.	Sig.	Exp(B)
性别(女=0)	-.072	.077	.347	.930
年龄	.124	.099	.214	1.132
年龄平方	-.003	.002	.164	.997
是否独生子女(非独生=0)	.187	.089	.037	1.205
教育年限	.042	.023	.063	1.043
户籍(外地农村=0)				
本地城镇	.128	.131	.330	1.137
本地农村	-.052	.149	.727	.949
外地城镇	-.034	.129	.795	.967
政治面貌(群众=0)				
党员	.852	.126	.000	2.345
团员	.532	.102	.000	1.703
民主党派	1.623	.485	.001	5.067
居住年限	.004	.006	.521	1.004
住房情况(租房=0)				
自有产权房	.200	.103	.053	1.222
集体宿舍	.033	.148	.824	1.034
群体类型(中学生=0)				
在业青年	-.201	.213	.345	.818
大学生	1.019	.207	.000	2.770
常数	-2.976	1.146	.009	.051
-2 Log likelihood	4028.179			
Nagelkerke R Square	.109			

在调查志愿服务的动机时，尽管青年参加志愿服务的原因复杂多样，既有帮助他人、回报社会的利他动机，也有充实自我、锻炼才干的利己需求。此次调查显示，广州青年参与志愿服务的最凸显的、最首要的原因仍然是基于关怀社会、回报社会的公民意识，超过一半的被调查青年选择参加志愿服务是因为"帮助了有需要的人，回应社会需要"。通过比较三次调查的数据，结果发现，这个比率逐年递增。可见，广州青年参与志愿服务的动机日趋理性，体现青年以志愿服务作为社会参与平台，大大增加了社会责任感。当下青年参与志愿服务的数量增长、动机成熟的特征值得人们关注。

表 10　青年参与志愿服务的最主要原因

单位：%

	2010 年	2012 年	2014 年
帮助了有需要的人,回应社会需要	42.1	45.5	53.0
参与改善社会问题	4.5	2.4	2.4
尽公民责任,回报社会	11.4	16.3	8.8
希望发挥一己之长	1.4	1.9	2.3
感觉自己的存在价值	6.1	5.5	4.1
学习新的技能	1.0	1.2	2.4
善用业余空闲时间	1.8	3.0	4.7
拓宽社交圈子	2.6	1.3	3.1
丰富经验,自我成长	13.6	15.3	14.4
培养组织及领导才能	1.9	1.6	0.9
寻求新刺激,拓宽生活体验	0.6	1.3	1.9
为未来工作做准备	0.5	0.9	0.5
赶潮流、追时尚	0	0.1	0
出于对志愿服务的好奇心	1.4	1.3	0.7
其他	3.2	2.4	0.9

在条件许可之下，问及青年未来是否愿意参与志愿服务，可以发现，79.1%的被调查青年有参与志愿服务的意愿，这一比例与前两次调查相比有所下降。同时，进一步分析未来不同青年参加志愿服务的意愿，以"未来是否愿意参加志愿服务"为因变量，以性别、年龄、年龄平方、是否独生子女、教育年限、户籍、政治面貌、居住年限、住房情况、群体类型为自变量，作Logit 回归分析，结果显示：女性比男性青年未来参加志愿服务的意愿更高；受教育年限越长的青年，其未来参加志愿服务的意愿更大；非独生子女比独生子女参加志愿服务的意愿更加强烈；党、团员青年未来参加志愿服务的意愿均比群众青年强烈；大学生群体未来参加志愿服务的意愿比中学生大，而年龄越大的青年在未来参加志愿服务的意愿越低。

表 11　在条件允许的情况下，您是否愿意参与志愿服务？

		2010 年	2012 年	2014 年
愿意	计数	977	1370	2809
	百分比(%)	83.9	84.4	79.1

续表

		2010年	2012年	2014年
不愿意	计数	50	59	166
	百分比(%)	4.3	3.6	4.7
不知道/难说	计数	137	195	576
	百分比(%)	11.8	12.0	16.2
合计	计数	1164	1624	3551
	百分比(%)	100.0	100.0	100.0

表12 青年未来参与志愿服务的Logit回归分析

	B	S.E.	Sig.	Exp(B)
性别(女=0)	-.372	.095	.000	.689
年龄	-.252	.118	.032	.777
年龄平方	.005	.002	.018	1.005
是否独生子女(非独生=0)	-.285	.109	.009	.752
教育年限	.079	.025	.001	1.082
户籍(外地农村=0)				
本地城镇	.014	.167	.933	1.014
本地农村	-.123	.181	.498	.884
外地城镇	-.336	.158	.034	.715
政治面貌(群众=0)				
党员	.735	.151	.000	2.086
团员	.718	.110	.000	2.050
民主党派	-1.060	.471	.024	.346
居住年限	-.009	.007	.196	.991
住房情况(租房=0)				
自有产权房	.119	.120	.321	1.126
集体宿舍	.068	.177	.701	1.070
群体类型(中学生=0)				
在业青年	.317	.244	.195	1.373
大学生	1.210	.271	.000	3.353
常数	2.676	1.353	.048	14.525
-2 Log likelihood	2952.893			
Nagelkerke R Square	.109			

二 存在问题与原因分析

随着全球化进程的进一步加快,科技信息技术的迅速发展,互联网的广泛应用,作为社会发展与变革的重要组成部分,青年参与和青年发展受到全世界的普遍重视。尤其是我国进入全面深化改革时期,各种社会问题与社会矛盾层出不穷,特别需要以青年为主体的民众积极参与社会改革进程,为社会管理创新献言献策。本文探讨分析广州青年参与的现状与特点,通过与2010年、2012年青年参与的特点进行纵向比较,发现转型时期广州青年参与的变化,青年参与面临着各种挑战、机遇,具体表现为以下几方面。

(一)政治意识和参与行为增强,但政治参与途径有限

广州青年对政治的关注程度较高,83.1%的青年认为"人是离不开政治的,因此应该时常关注政治"。并且,与前两次"广州青年发展状况"调查研究结果相比,广州青年的政治效能感首次出现正向得分。再者,广州青年的政治参与行为明显增加,青年的民主监督行为比2012年更为积极、主动,这一行为的转变与青年政治观念以及政治效能感具有显著的相关关系(见表13)。显然,青年广泛深入地参与政治生活,已经是大势所趋。究其原因,当前广州青年政治参与的知行合一,在很大程度上与互联网的广泛应用有关,与传媒对政府的监督作用有关。从青年"如果您觉得政府的某项政策、制度不妥,通常会采取怎样的做法"这一问题的回应中,其中选项"将情况反馈给媒体"的比率变化非常明显,2014年的比率是2012年的两倍、是2010年的1.7倍。这个比率的上升在某种程度上表明传媒的应用对青年政治参与行为的变化起着潜移默化的作用。

表13 政治观念、政治效能感与政治行为选择的卡方检验分析

人是离不开政治的,因此应该时常关注政治	市民的意见对政府政策没有什么影响力	选举投票是有用的	政府政策、制度或做法不当时,市民能通过合法渠道表达意见,并被相关部门采纳

续表

如果您觉得政府的某项政策、制度不妥,您通常会采取怎样的做法	262.009***	228.265***	249.352***	317.197***

注：表中数值为Pearson卡方值，*** sig. <0.001

另外，随着广州青年政治意识日益提高、参政需求迫切，不可忽略的是青年政治参与途径仍然有限的事实。首先，当前青年政治参与的一般渠道是党团组织参与和进入党政机关工作，能够参与各级决策过程的青年比例仍然较低。据有关职能部门反映，2014年广州市政协委员中青年比例占2.03%，市政协提案中由35岁以下青年委员提出的提案所占比例为1.38%，显然，这个比例对于占全市常住人口近一半的青年人而言，对于有着强烈参政意识的青年人而言，存在着较大差距。再者，正是由于体制内的参与渠道狭窄，加上新媒体的迅速推广，青年网络政治参与行为空前活跃，网络议政已经成为青年人不可或缺的参政议政方式。调查发现，广州青年当遇到政府的某项政策、制度不妥时，"在政府相关部门网站留言"的人数越来越多，"在网上论坛与人交流/通过网络发表意见、主张或与人交流"的青年比例也日益见涨。由于青年是应用新媒体的主力军，新媒体助推了青年的发展和参与更加自觉、主动，当体制内的参与渠道受阻时，青年可以通过一种制度外的方式来表达其利益需求并施加压力，因此，网络为青年提供了更多参政空间与机会。然而，网络自身存在着诸多弊端，如传播未经证实的政治信息，甚至虚假的网络政治信息，青年自身发展存在不成熟特性，如从众性、盲目性，在难以对海量的网络政治信息进行甄别时，青年有可能表现出不理性的政治行为，更有甚者，会对整个社会稳定造成严重的影响。

（二）参与社会组织人数渐增，但社会组织发展欠规范

在过去一年里，近八成（78.4%）的广州青年参加过各种类型的社会组织，比2012年有所增加，这表明青年参加社会组织的需求日益增长。这固然与近两年广州社会组织的大力创办和注册升温有关，更重要的是因为社会组织的社会动员能力的提升。各种类型的社会组织在广泛的社会动员的情况下，迅

速吸收社会所释放的能量，吸纳各种社会力量和角色群体，满足各种社会利益群体进行广泛社会参与的要求。尤其当前青年显然成为新生社会组织的领袖人才，他们不仅仅是社会组织的参与者，更是主导者。

不容忽视的是，社会组织为青年参与社会提供了广泛的渠道，是青年参与的有益补充，但是目前社会组织在蓬勃发展、百花齐放的同时，存在着专业化、规范化方面发展滞后的问题，表现为组织规模大小不一、内部治理松散、稳定性较差、价值理念模糊等，并且大量未登记注册的社会自组织处于"真空地带"。此外，调查发现，当前青年选择"没有什么明确的目的，只是觉得没事时参加一下组织活动"的比率近两成，比2012年增加近10个百分点，表明参加社会组织成为当下青年的一种常态生活方式。由于社会组织对青年的吸引力与凝聚力日益加大，并且常常是以"抱团"的形式存在与发挥作用，如果在当前社会组织发展迅速、规范化欠缺、专业水平较低、社会管理缺位的前提下，在青年参与社会组织热情高涨的背景下，不对青年参加社会组织活动进行有效指引与价值引导，将会在社会治理过程中引发一些新的不稳定因素。

（三）参与志愿服务人数逐年上升，但未来参与意愿有所下降

联合国大会曾经发出倡议：鼓励青年发挥志愿者精神，并使志愿服务成为青年参与的一个重要形式。根据广州市志愿者指导中心的"志愿时"系统统计，截止到2014年12月，广州市共有实名注册志愿者117.7万人，比2012年增长了1倍，其中14~35岁的志愿者比例为74.28%。这种量上的飞跃说明青年参与志愿服务和参与社会组织一样，已成为一种生活方式，而不是可有可无的闲暇安排。志愿服务已经成为青年参与社会事务的最主要途径，这可从历年调查青年参与志愿服务的人数持续上升得以论证。

作为全国志愿服务起步最早、发展最快、规模最大的城市之一，广州的志愿服务已经融入城市的各个领域，在市民中的号召力和影响力日益增强。然而，本次调查发现广州青年未来参加志愿服务的意愿比往年有所下降。根据笔者的观察与历年调查研究发现，可以初步判断青年未来参加意愿的下降与当前广州志愿服务事业进入常态发展阶段有关。从以大型赛事、活动为主导的发展阶段转向"人人可为、时时可为、处处可为"的发展阶段，广州未来志愿服务事业需要进一步探索与解决可持续发展的动力与机制问题。换而言之，进入

志愿服务新时期后，志愿服务如何更好地实现持续性发展，如何更好地激发现有志愿服务活动的活力，创新志愿服务项目，如何更广泛地吸引青年积极、主动、持续参加志愿服务，将成为一个重要议题。

三　对策建议

2015年是全面深化改革的关键之年。在2015年全国"两会"上，一系列与民众利益息息相关的民生改革时间表得以明确，而这些民生改革均离不开公众的积极参与和推动。从历史实践来看，青年始终发挥着不可替代的、举足轻重的作用。在参与国家管理、参与社会改革、推进国家法治建设等方面，青年扮演着参与者、实践者和主力军的角色。为此，应重视青年参与社会事务的重要性与必要性，为鼓励青年参与创设条件。

（一）完善政治参与制度，形成畅通的"诉求—回应"机制

实践证明，青年始终走在时代的最前列，他们政治参与的程度和强度往往影响着整个社会制度的变迁。随着广州青年政治效能感的明显上升，青年参政热情的高涨，必然会对参政议政有更高的要求，因此针对当前青年政治参与渠道有限、网络参政行为突出的现象，需要进一步发展和完善青年政治参与制度，不断拓宽青年政治参与的渠道，确保青年政治参与的畅通、有效。首先，要保证青年制度性、组织性政治参与的渠道。优先重视建立与青年沟通的渠道。要继续吸引不同领域的有志青年加入党团组织。共青团是党联系青年的桥梁和纽带，代表和维护着青年的利益，为青年发挥社会参与作用提供了平台，因此，要更好地促进青年的政治参与，就要进一步扩大各组团组织的影响力，充分发挥每年开展的"共青团与人大代表、政协委员面对面"活动，确保青年成长发展中的利益诉求和意见建议得以充分表达并得到及时解决。要不断创造青年基层政治参与的条件与机会，增加青年在各级选举中的比例，确保和鼓励青年积极参与社会的所有领域，以及国家的各级决策过程，这将有利于及时获知并回应青年的问题与需求。再者，要完善非制度性政治参与渠道，建立规范有序的网络政治参与机制。网络参政议政已经成为青年政治参与的重要组成部分，必须高度重视青年网络政治参与的规范性、合法性和有效性。要引导青

年提高网络政治参与的素养，对网络各种信息进行理性判断，规范青年网络政治参与的行为。除了要对青年网络政治参与给予及时指导与有效监督以外，政府相关部门还要充分借助网络，加强与青年网民的沟通，及时对青年反馈的意见与诉求给予回应。

（二）高度重视社会组织的作用，扩大青年社会参与的空间

当前青年较以往任何时代更积极地参与社会，这可以从青年结社不断增加的趋势中反映出来。社会组织已经成为青年有效参与社会事务的重要机制，社会组织可以在促进青年更深更广参与社会治理方面有所作为。因此，一方面为社会组织的规范发展创造良好的社会环境。广州社会组织的迅速发展与政府的支持力度和良好的政策环境是密不可分的。要推动社会组织的持续深入发展，充分发挥社会组织在社会治理中的积极作用，需要强化扶助相对而言仍处于起步阶段的社会组织，继续完善"政府主导、市场运作、社会参与"的发展模式，为社会组织的持续发展搭建平台、链接资源，鼓励社会组织专业化发展和多领域跨界发展，加强社会组织自身能力建设。另一方面，在当前社会矛盾的激化和激增的背景下，在青年广泛参与社会组织的基础上，从社会管理的客观需要和社会矛盾的治理需要出发，从社会长治久安的百年大计出发，我们应有理有序地放开对社会组织的限制，学会驾驭社会组织并与之相处，让社会组织在扩大青年社会参与、维护青年利益需求上大有作为。再者，充分发挥共青团对以青年为参与主体的社会组织的引导与凝聚作用。当前青年是新生社会组织的主导者和参与者，这些新生社会组织的发展具有广泛、微小、多样的特征，共青团应广泛发现和联系新生的青年社会组织，摸清各类青年社会组织特别是有一定规模的兴趣类、互助类、公益类等社会组织的基本情况，探索建立完善青年社会组织信息数据库，构建O2O（互联网线上联通、线下互动）的青年社会组织服务体系，同时还可以孵化和培育各种类型的青年社会组织。

（三）完善志愿服务发展机制，实现志愿服务常态化发展

志愿服务作为一种积极有效的社会参与机制，在制度内的青年参与渠道相对受限的情况下，将成为青年制度外的参与方式的重要补充，并对完善社会管理机制、推动民生变革起到重要促进作用。调查发现，青年参与志愿服务的人

数持续上升，而青年未来参加志愿服务的意愿在下降，这将会影响广州志愿服务持续性发展。从表面上看，这与志愿者队伍的构成单一相关，更深层次的原因是当前不完善的志愿服务发展机制，因此，需要进一步创新现有的广州志愿服务事业。首先，要进一步优化广州志愿服务发展的整体环境。继续发挥"政府主导、市场运作、社会参与"这一模式的整合优势，发挥政府、企业、社团、民众、媒体、网络等各界资源的最大合力，构建多元社会支持系统，进而系统、全面地为广州志愿服务事业的发展创设和谐统一的社会环境。其次，要进一步提升广州志愿者组织的能力建设，增强志愿者的专业培训。近年来广州志愿者组织呈几何级数地快速增长，青年参与志愿服务的热情不减，然而志愿者组织发展机制与现代社会组织模式仍存在着较大差距，自身能力建设不足尤显突出，导致不少志愿者组织昙花一现，为此，对志愿者组织的关注与推动应逐渐从"量"向"质"转变，注重激发和提升志愿者组织的内在活力。同时，根据志愿者与志愿服务的社会需求，开展志愿者持续培训、专业培训、志愿服务项目培训，大大提高志愿者的服务意识、服务能力和服务水平，激发志愿者持续参与志愿服务的热情与激情，从而有力地推动志愿者组织的管理运行、组织动员和宣传推广。再者，要加快完善志愿服务激励机制。志愿活动健康发展，需要建立良好的激励机制，维护志愿者权利，增强社会、志愿者自身对志愿服务的认同感。因此要健全完善现有的志愿服务激励机制，在物质激励层面，应探索出台全市范围内的志愿服务激励政策，建立起统一、系统的标准化激励体系，保障志愿者在医疗保障、社会救助、招工招生、公共服务设施使用等方面所享有的优惠待遇，还可以对突出的志愿者个人设立专项的物质奖励。在精神激励方面，要强调青年参加志愿服务的奉献精神，强调对青年社会责任与社会关怀的奖励，注重对典型案例的宣传报道以及示范作用。通过社会给予的精神奖励、荣誉奖励，使志愿者感受到服务的价值，并产生志愿服务的自豪感、荣誉感和成就感。

参考文献

王秋文：《全球化背景下的青年发展与青年参与——"第十届中俄经济社会发展比较论坛"》，《国外理论动态》2012 年第 12 期。

浦伟忠：《社会发展与青年参与》，《青年研究》1994年第1期。

中国青少年研究网：《关注与互动：不同青年对政治参与的观念认知和行为选择》，http：//www. cycs. org/Article. asp？Category =1&ID =290，2004 -3 -28。

中国青少年研究网：《青年自组织发展研究报告（1）：青年自组织理论概述》，http：//www. cycs. org/Article. asp？ID =17497，2012 -04 -02。

吴冬华：《广州志愿者发展研究报告》，魏国华、张强主编《广州志愿服务发展报告（2014）》，社会科学文献出版社，2014。

祝志君：《呼和浩特市志愿服务发展研究》，内蒙古大学硕士毕业论文。

罗君辉：《广州2010年亚运会志愿者队伍建设探讨》，《探求》2009年第1期。

B.7
分报告六
广州青年婚恋发展状况研究

刘梦琴　巫秋君　李青　陆峥　陈蔼沂*

摘　要： 广州青年婚恋观念、行为发展趋势较为明显：择偶时注重精神追求及感官满足，情感因素弱化，物质因素欠考虑；网络化社交意愿增强，现实社交平台缺乏，婚姻责任意识弱化，婚姻的稳定性较差，婚姻趋于理性化的同时情感纽带弱化；性观念较为开放，性责任意识有所降低，女性青年呼吁事实上的性别平等。针对广州青年在婚恋方面的存在问题，本研究指出，应塑造正确的婚恋观和性观念，加强婚恋情感教育，增强情感纽带作用，规范和拓展青年社交平台，开展多元化青年婚恋交友服务，发挥社区服务针对性、便利性优势。

关键词： 广州青年　婚恋观　婚恋服务

一　研究背景

恋爱、婚姻、家庭是青年人生必经的重要阶段。2012年针对广州青年婚姻与家庭观念的调查得出以下结论：择偶观方面，青年非常重视道德品质、性

---

* 刘梦琴，博士，广东省社会科学院社会学与人口学研究所研究员，研究方向：社会工作与社会治理，人口流动和城市化。巫秋君、李青，广东省社会科学院硕士研究生；陆峥，广东省社会科学院社会学与人口学研究所助理研究员；陈蔼沂，香港浸会大学社会工作硕士，广州市心悦社区发展中心项目主管。

格、情感等内在因素，同时亦追求能力素质和感官满足；婚恋观方面，呈现恋爱与婚姻分离的倾向，恋爱时重视对方道德品质，婚姻问题上受到物质因素的牵扯，对待婚外情态度暧昧；家庭观念，受物质生产方式影响，职业、经济收入、居家环境等制约生育意愿，家庭培养责任意识亟待提高；性观念，相对理性，对婚前性行为有较强的性责任意识，对性安全感的认可度不高。两年过后，这些指标有了哪些新变化，带来了什么新问题？2014年采用了与2012年基本相同的调查问卷，采用随机抽样的方式发放有效问卷3615份。被访者的性别分布较为平衡，男性略多。本次被访者大部分为未婚青年，占73.3%，其次是已婚青年，占26.0%（见表1）。

表1 调查对象的婚姻状况

单位：%

婚姻状况	频率	百分比
未婚	2616	73.3
已婚	927	26.0
离异/丧偶	28	0.7
合计	3571	100.0

本研究从青年的婚恋观念、婚恋行为、婚恋服务等方面进行分析，发现目前广州青年婚恋状况的基本规律与存在的问题，并提出相关建议。

二 广州青年婚恋现状分析

婚恋观反映了一个人在恋爱、婚姻、家庭等方面的态度和看法，2014年的问卷从恋爱观、婚姻观、生育观和性观念等多个方面对广州青年的婚恋观进行了研究。

（一）婚恋观现状分析

1. 恋爱观

（1）择偶时精神层面条件与外在条件并重。

本课题组的问卷调查发现，当问及"在您择偶时，你会主要考虑对方的哪些条件?"时,调查对象择偶时最看重的前三个条件是"道德品质"(41.5%)、"性格"(36.0%)、"相貌"(28.3%),表明广州青年在择偶时仍然十分重视精神层面的条件。与2012年相比,他们在择偶时重"相貌"倾向有所上升,"相貌"成为比"感情"更为优先考虑的对象。同时他们比以往更看重"年龄"这一因素,在择偶时把"年龄"排在了第五位(见图1)。可以看到,2014年的调查表明,广州青年在择偶时仍旧重视"道德品质"、"性格"等精神层面的条件,但"相貌"、"年龄"等外在条件的比重有大幅提升。

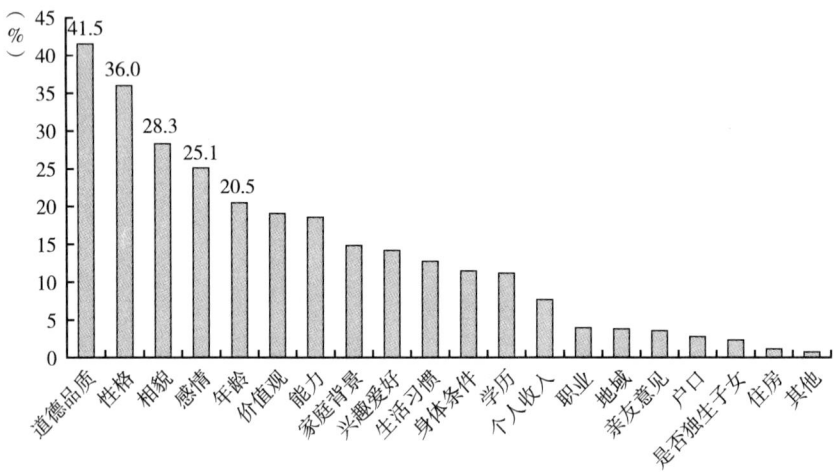

图1 择偶条件

不同性别和不同年龄的群体在择偶条件选择上有显著差异。从性别来看,较之于女性而言,男性更看重"相貌"、"年龄"等外在条件,而"能力"和"家庭背景"是女性更为看重的条件(见图2)。从年龄来看,年龄越小,越看重"能力"、"价值观"、"生活习惯"等条件,即较之于"80后"、"70后","90后"更看重精神层面的追求(见图3)。

(2)恋爱相处模式及消费观念发生变革,更注重双方的地位平等。

调查发现,对"谈恋爱时AA制"持赞同态度的占29.1%,有43.3%选择"一般",持反对态度的有27.6%。进一步分析发现:从性别来看,男性更倾向于对"谈恋爱时AA制"持反对态度(见图4);从年龄来看,不同年龄

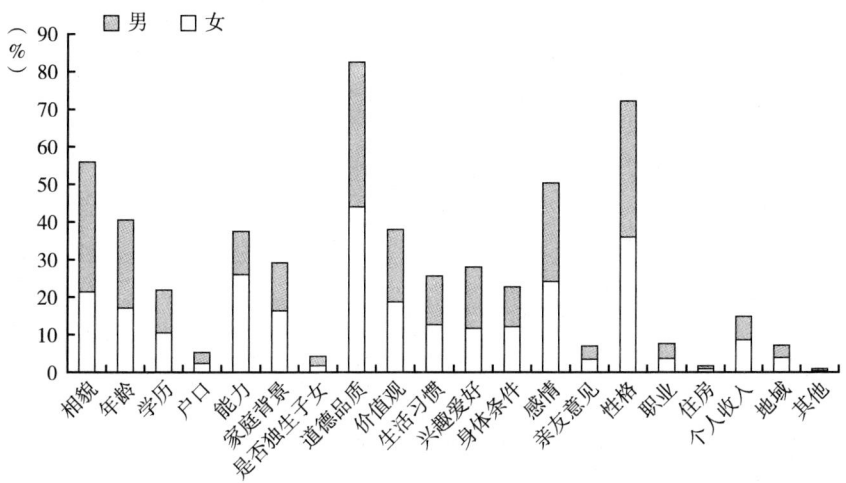

图 2　不同性别的择偶条件差异

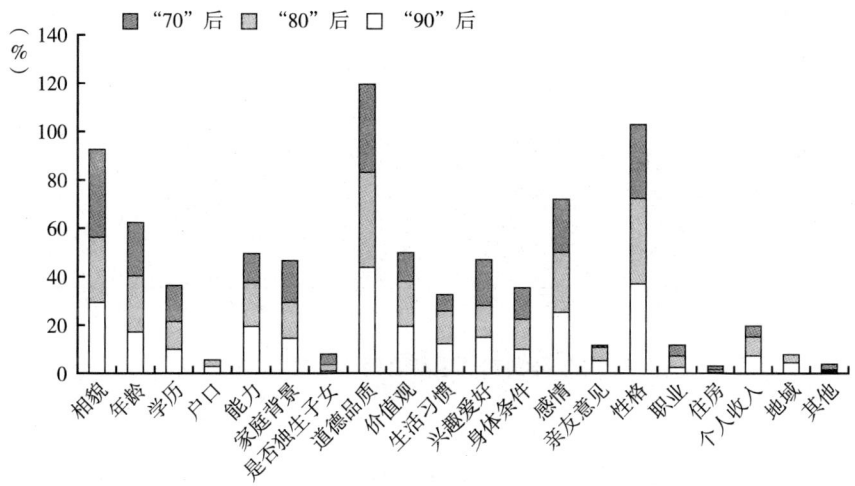

图 3　不同年龄的择偶条件差异

对"谈恋爱时 AA 制"的态度差异是明显的，年龄越小，越容易接受"谈恋爱时 AA 制"（见图 5、表 2）。这反映了当前情侣新的相处模式和消费观念，表明双方具备独立平等的观念。

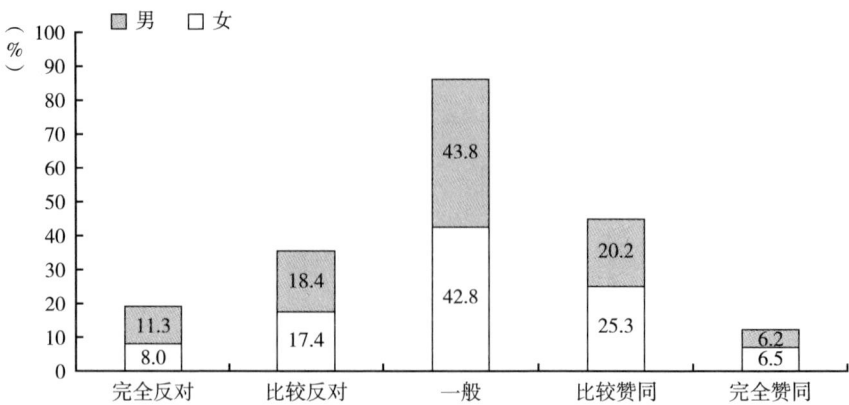

图4 不同性别对"谈恋爱时AA制"的态度

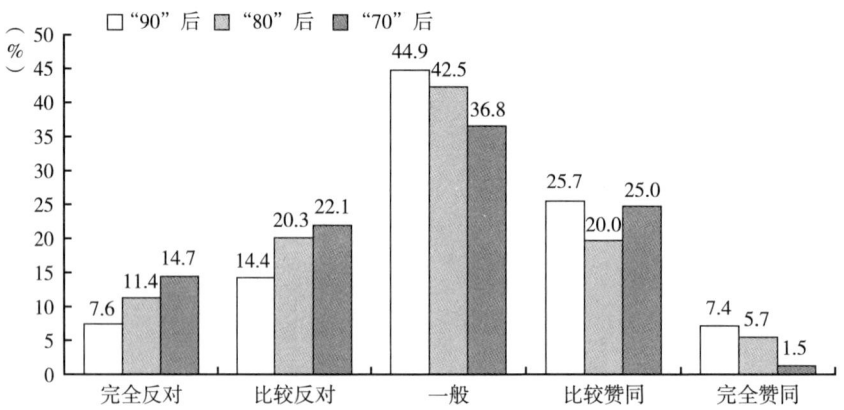

图5 不同年龄对"谈恋爱时AA制"的态度

表2 不同年龄对"谈恋爱时AA制"的态度（卡方检验）

	值	df	渐进.Sig.（双侧）
Pearson 卡方	40.131	8	0.000
似然比	41.544	8	0.000
线性和线性组合	32.961	1	0.000
有效案例中的 N	2614		

(3) 社交媒体成为相亲交友的双刃剑。

互联网时代改变了日常生活的方方面面，社交方式也同样发生了翻天覆地的变化。从QQ到微博，从微信到陌陌，社交媒体如雨后春笋，层出不穷，让人眼花缭乱。各类网络相亲交友的平台越来越多，一方面扩大了人们的交际圈和社交面；另一方面，爱情的安全性和稳定性受到了挑战。从广州青年对网恋的态度来看，"认同网恋"的占14.6%，"不认同网恋"的占60.9%，比例与2012年基本一致。而表示自己会去尝试网恋的比重比2012年增加了近2个百分点（见图6）。

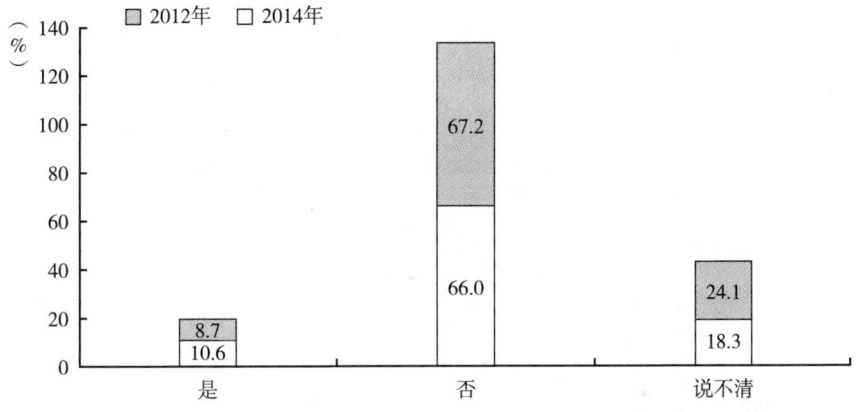

图6 是否会尝试网恋

社交媒体的增多，让人们感受到了交友的便捷性，尤其是社交媒体的定位功能，可以与住在附近的人相识，拉近了邻里之间的关系，但也带来了不安定因素，因为一夜情的现象更容易发生。2014年的调查发现，广州青年对"一夜情"认同的为13.7%，同比2012年（12%）有所增加（见图7）。

2. 婚姻观：认同婚前同居但不认同婚外恋

调查结果发现广州青年认为当前青年婚恋面临的主要问题排在前三位的依次是"离婚率高"（45.2%）、"婚外恋"（36.5%）、"闪婚闪离"（36.2%）（见图8）。值得注意的是，广州青年认为婚前同居、同性恋不算是社会问题，基本能够接受和认同。

161

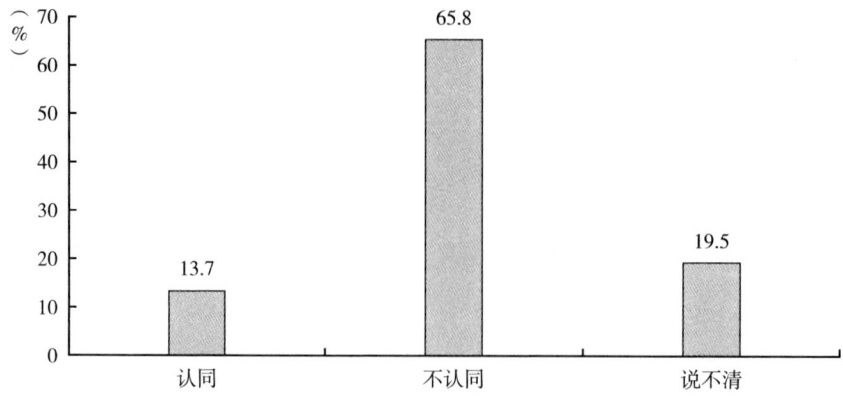

图7 对一夜情的态度

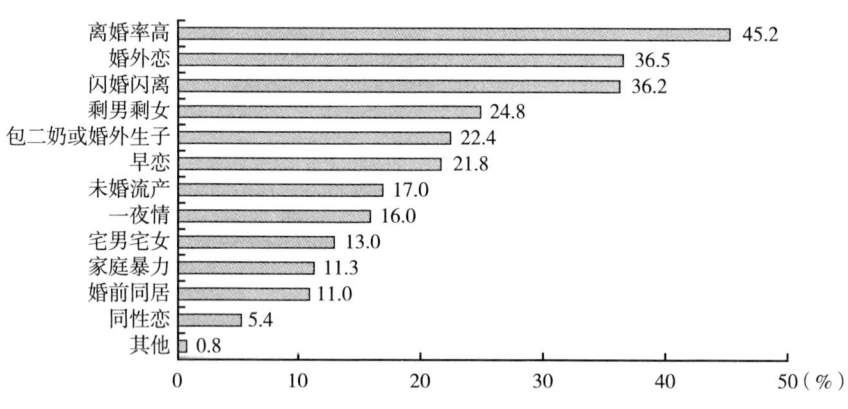

图8 当前青年婚恋面临的主要问题

(1)青年女性平等意识增强。

男女平等是女权运动以来一直追求的信念和理想。新中国成立以来,"妇女能顶半边天"的思想逐渐深入人心,男女平等观念获得了较大程度的增强。本次问卷设计了"婚后家务均担"、"子女随母姓"两项来研究广州青年在婚姻领域的男女平等思想状况。

一直以来,"男主外、女主内"、"贤内助"的传统说法得到很多人的认可,人们认为女性应该在家相夫教子,但随着社会的解放和劳动分工的细化,职业女性越来越多,家庭与工作难以平衡,因此要求男性共同承担家务的呼声越来越高。本次调查发现,超过六成的广州青年对"婚后家务均担"持赞同态度,但从性别来看,男性更不赞同这一观点(见图9)。可以看到,男女平等的进程需要更加重视对男性思想的解放。

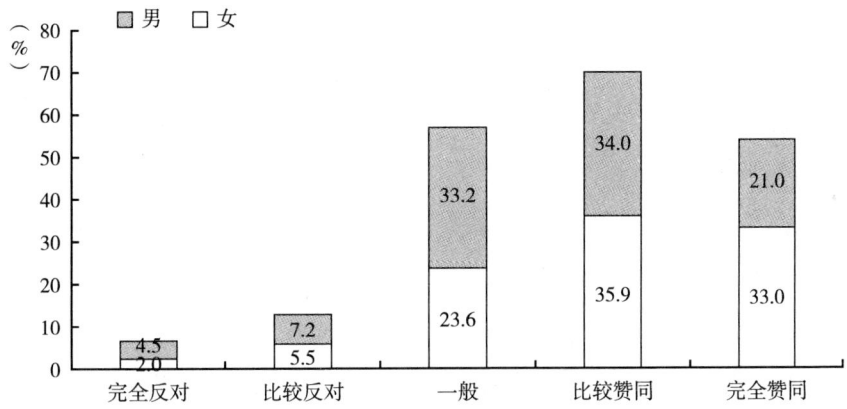

图9　不同性别对"婚后家务均担"的态度

在中国的传统观念中,只有男性才可以传承姓氏,几千年来,新生儿取名基本都随父亲姓氏。但随着独生子女的增多,"子女随母姓"的做法也开始出现。本次调查发现,虽然仍有近四成的广州青年对"子女随母姓"表示反对,但超过六成的人对这一做法持无所谓或赞同的态度,说明传统观念并不是一成不变的,随着社会的开放和男女平等思想的深入,"子女跟谁姓"不再只有一个固定的答案(见图10)。从性别来看,较之于女性,男性比较不接受这一观点,再一次表明,男女平等的进程需要更加重视对男性思想的解放。

(2)婚姻的责任感和理性化趋势增强。

婚姻是爱情的升华,是为一定社会制度所承认的男女两性结合,以此确定夫妻关系,以及由此产生的权利和义务。可以说,责任感是一个人婚姻观成熟的体现。本次问卷调查设计了对婚检和周末夫妻的态度来研究广州青年在婚姻中的责任感。调查结果发现,近八成广州青年对婚检持赞同态度,占77.9%。与2012年相比,完全赞同婚检的比重有所上升(见图11)。这表明进一步加强婚检宣传教育已经刻不容缓,必须保证婚姻质量。

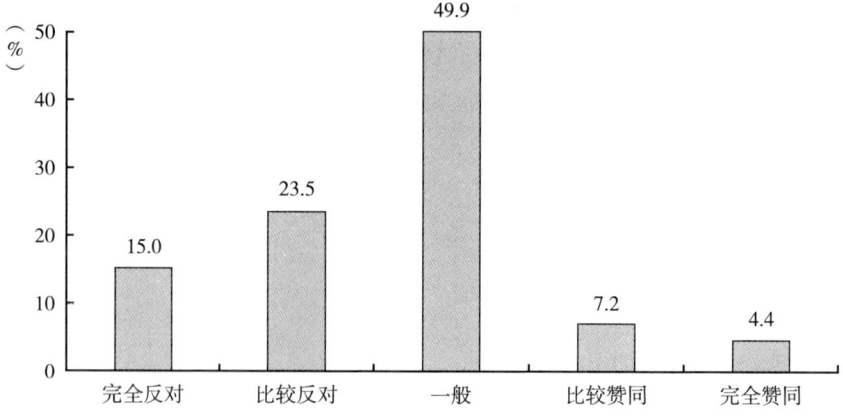

图10 对"子女随母姓"的态度

周末夫妻的出现有其社会原因,有的是因为工作因素被迫选择"周末夫妻"生活,有的是因为崇尚"距离产生美",自愿选择做"周末夫妻"。无论出自何种原因,"周末夫妻"既给婚姻带来新鲜感又带来挑战。本次调查发现,年龄越大,越接受周末夫妻生活,超过两成"70后"广州青年对周末夫妻持赞同态度,而年龄越小越不认同周末夫妻(见图12)。卡方检验结果显示,显著性水平小于0.05,不同年龄对周末夫妻的态度差异是明显的,年龄越小,越不接受周末夫妻(见表3)。这表明年轻的"80后"、"90后"广州青年不希望做周末夫妻,希望过有质量的婚姻生活。

表3 不同年龄对周末夫妻的态度(卡方检验)

	值	df	渐进.Sig.(双侧)
Pearson 卡方	56.882	8	0.000
似然比	55.51	8	0.000
线性和线性组合	44.483	1	0.000
有效案例中的 N	2440		

现代社会居高不下的离婚率和婚姻的不稳定性,让人们在婚姻中的权利保护意识增强,也体现了婚姻理性化趋势。本次问卷设计了对"婚前财产公证"和"夫妻双方收入自理"两道题目来研究广州青年在婚姻中的理性化程度。

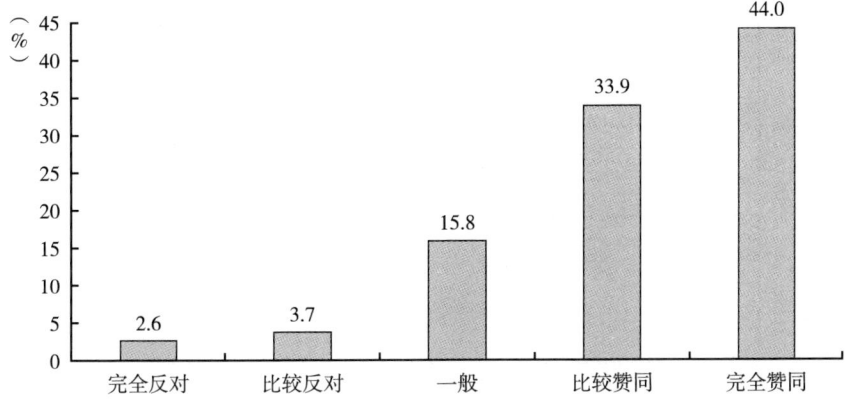

图 11　对婚检的态度

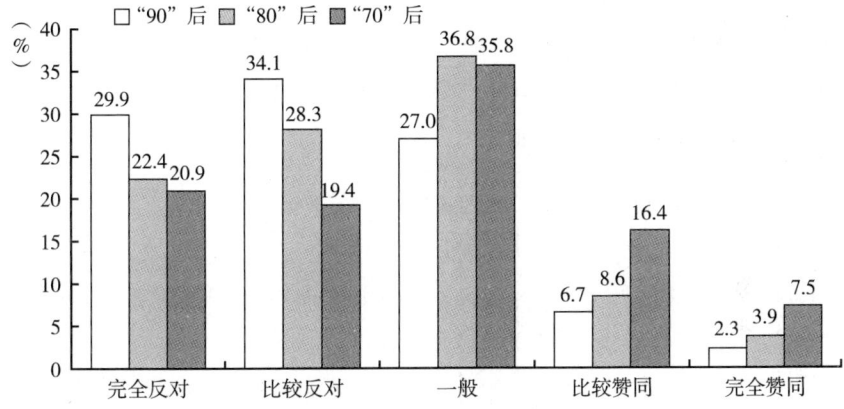

图 12　不同年龄对周末夫妻的态度

调查结果发现，仅有不到两成的广州青年对"婚前财产公证"和"夫妻双方收入自理"持反对意见，表明他们的婚姻理性化程度较高（见图13）。

3. 生育观

2013年，《中共中央关于全面深化改革若干重大问题的决定》提出："坚持计划生育的基本国策，启动实施一方是独生子女的夫妇可生育两个孩子的政策，逐步调整完善生育政策，促进人口长期均衡发展。"在逐渐宽松的计划生育政策大环境下（即"放开单独二胎"），广州青年的生育意愿如何呢？本次

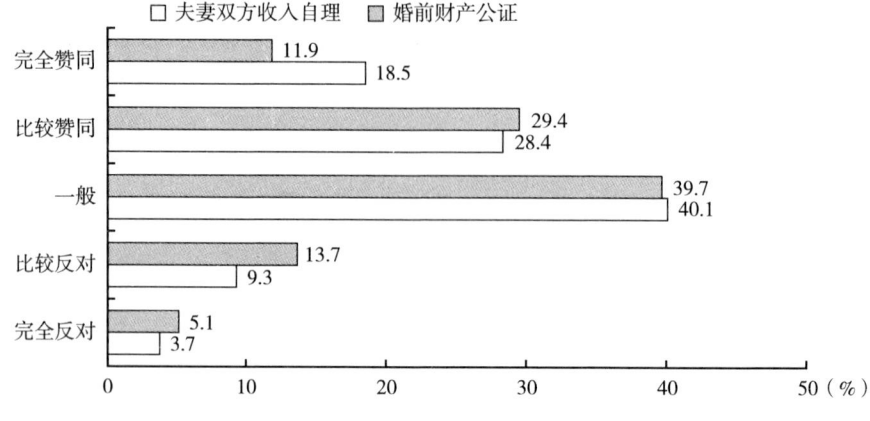

图13 婚姻理性化程度

调查发现，从整体来看，近九成广州青年希望生育一个男孩和一个女孩（见图14）。为了解广州青年的丁克意愿，我们将年龄、是否为独生子女与理想男孩女孩个数进行交叉分析发现，年龄越小，选择丁克的可能性越大，且独生子女比非独生子女选择丁克的可能性更大。

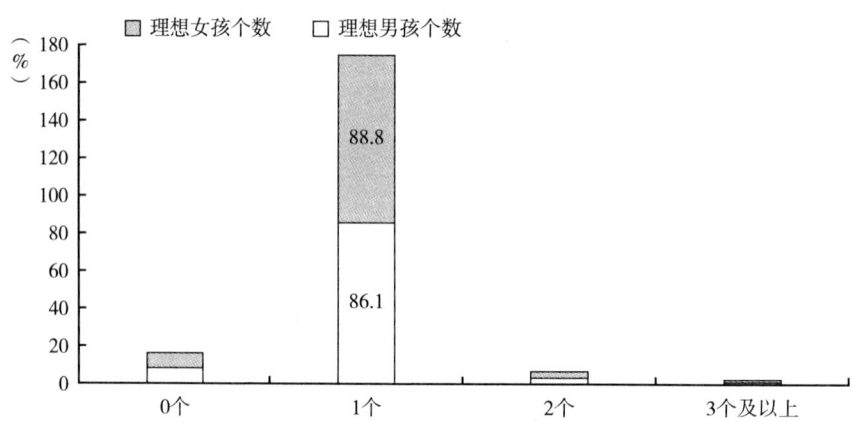

图14 理想男孩和女孩个数

4. 性观念

（1）性观念更为开放，对同性恋的认同度提高。

随着社会的发展以及西方性观念的影响，人们不再谈性色变，人们开始慢慢了解到性观念在生活中的重要地位,对正确的性教育、性知识、性道德的普及和传播,尤为迫切。本次调查发现,与2012年结果相比,试婚、婚前性行为、婚前同居、网恋等认同度基本一致,无显著差异。2012年,试婚、婚前性行为、婚前同居、网恋等认同度分别为23.9%、37.4%、45.6%、14.3%;2014年的调查结果依次为23.3%、36.6%、44.2%、13.8%。然而对于危险度更高或者是更为开放的性关系来说,认同度却有上升趋势:2012年,一夜情、同性恋、未婚生子的认同度为11.8%、10.9%、10.6%;2014年认同度依次为14.4%、13.1%、11.4%(见图15)。这一发展趋势,表明广州青年的性观念更为开放。

广州年轻一代的性观念状况值得我们关注。把年龄因素考虑进来做进一步的分析发现,年龄越小,对同性恋的认同度越高(见图16),这一方面体现的是社会整体开放度和容忍度提高,同时也从另一方面反映出当前广州的同性恋人数有上升趋势。如何做好这一群体的性教育,是一个重要课题。

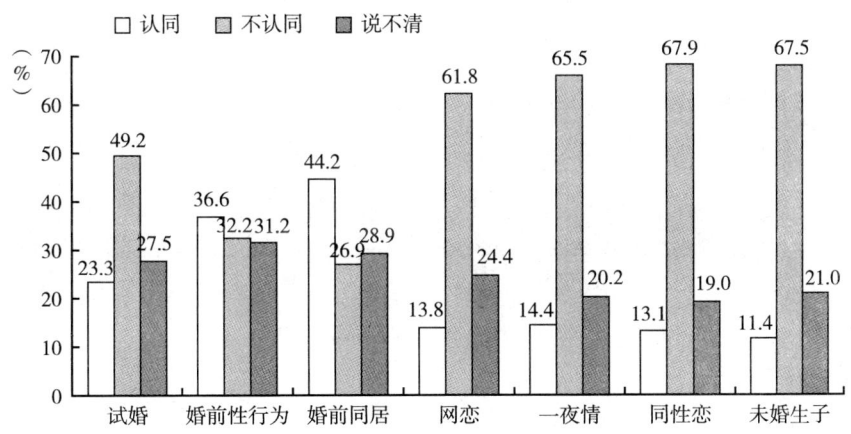

图15 对相关性行为的态度

(2)性责任意识较强,较过去有所降低

从调查结果来看,广州青年仍保持较强的性责任意识,超过六成的广州青年对于试婚、网恋、一夜情、同性恋和未婚生子等行为表示不会去尝试(见图17)。仍需警惕的是,2012年,表示会去尝试一夜情、同性恋、未婚生子的比例分别是8.6%、1.7%、4.0%;而到了2014年,相对应的比重上升到了

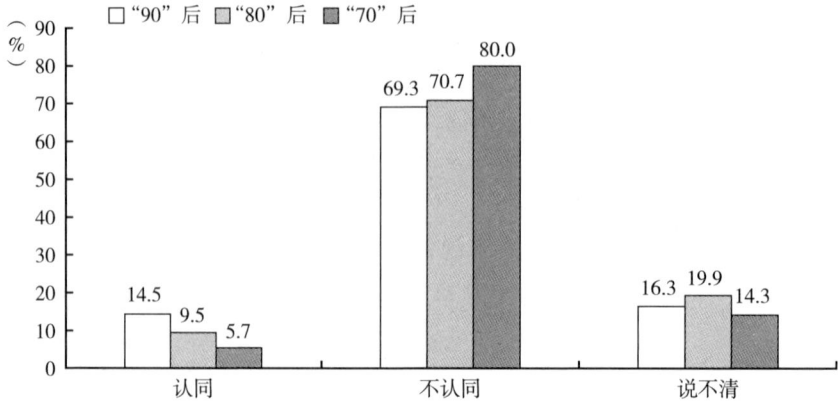

图16 不同年龄对同性恋的态度

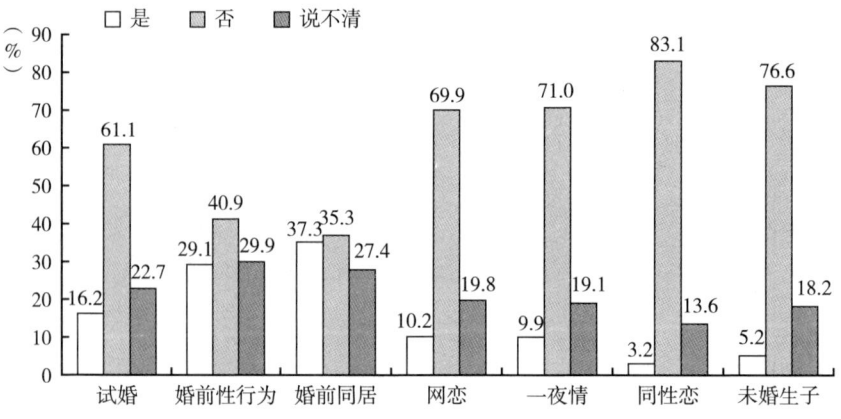

图17 是否会尝试相关性行为

9.9%、3.2%、5.2%。危险的性关系不仅给个人带来生理和心理的痛苦,更会影响到家庭的幸福和社会的稳定。

(二)婚恋行为分析

1. 恋爱行为

恋爱次数基于调查对象对恋爱的定义,本次调查发现,超过七成广州青年的恋爱次数在1~3次,占67.8%,没有谈过恋爱的占16.0%,表明广州青年恋爱次数处在正常的范围(见图18)。

分报告六　广州青年婚恋发展状况研究

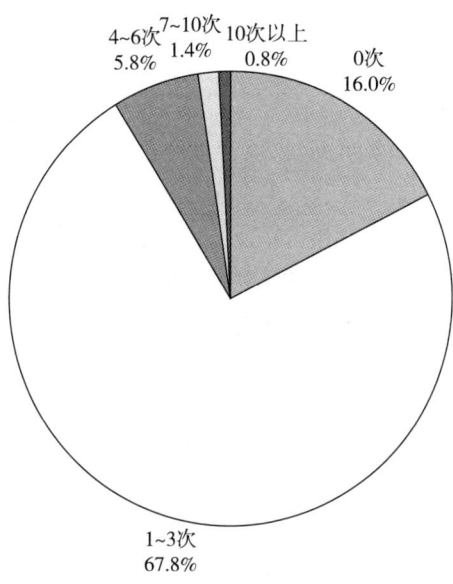

图18　恋爱次数

2. 生育行为

随着生活成本和养育成本的增加，广州青年的生育行为趋于理性，多生育1~2个小孩。调查对象中，尚未生育小孩的占60.6%，生育1个小孩的为21.8%，生育2个小孩的为16.2%，而生育3个及以上小孩的仅为1.4%（见图19）。

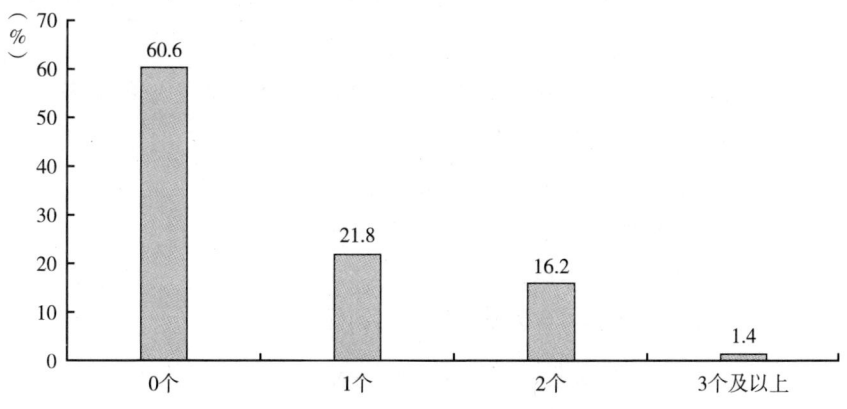

图19　生育孩子总数

（三）婚恋服务现状分析

1. 总体情况

广州市的婚恋服务主要以工、青、妇三个群团组织作为平台，并且各有侧重点。就共青团来说，因为有着首家婚姻介绍所的基础，共青团在婚恋服务方面已经形成了一套自己的理论和工作方法，在服务标准的参与制定、服务实施的组织建设、队伍培育和数据分析研究等方面均有一定成果。以第三届广州市志愿服务交流会为例，政府开始重视青年婚恋交友服务，由政府搭台，培育各类婚恋服务机构，且服务机构越来越多，提供服务的种类越来越多，产生了一定社会效果。第三届广州市志愿服务交流会婚恋领域创意大赛有66个项目参展，占所有参展项目的3.2%，其中有5个项目获奖，分别是青宫婚恋研究中心的"爱在路上"、广州大龄青年婚恋服务爱心学堂的"真爱密码"、广州志愿驿站联合会越秀区小北花圈志愿驿站团支部的"社区相亲阁"婚恋平台交友活动、广州凤凰国际旅行社有限公司的"我的中国梦·全城热恋系列"、共青团广州市番禺区委的"金雁寻缘，缘来有你"青年支持项目，另外还有6个项目获得资助。广州市政府对于婚恋服务的重视程度提高，同时社会公益服务中的婚恋服务也在增加。广州市青少年服务项目创意大赛中婚恋交友已成为主题之一。

2. 具体服务

目前广州市的婚恋服务主要分为价值观服务和实际操作服务两种类型。

（1）价值观服务。

价值观服务是指社会组织及机构围绕以恋爱价值观为主题的服务，如讲座、各类公益活动等。青年人在讲座上了解到正确的价值观和自己的需求，才能找到合适的伴侣，并结合自身的经历在婚恋上与另一半彼此珍惜，共同成长。在2014年广州市第二届青少年服务项目创意大赛中获得了银奖的广州市越秀区红房子社会工作服务中心的"真爱密码"项目，就是提供以价值观为主题的大型讲座、恋爱沙龙等服务。该项目组建了一支由婚姻情感专家及志愿者组成的队伍，覆盖9000名服务对象，通过组织"真爱密码——大型情感知识公益讲座"、"真爱密码情感沙龙"等价值观讲座，让服务对象正确认知恋爱的价值。同时，再结合"真爱密码行动——探访照顾孤寡老人"、"真爱自然环保之旅"等多种活动，服务对象在参与公益活动中提高社会责任，同时也让服务对象从价值观等讲座服务中得到恋爱认知，再结合多种活动为服务对象提供立体化的情感、心理辅导服务，帮助青年男人从盲目的寻觅中解脱出来，将寻觅真爱与付出真爱的行动有机结合。从关心、慰问和爱护孤寡老人及其他需要帮扶的人群的实际行动中共同学习，共同成长。

价值观服务是让青年人在接受价值观服务后，将观念转化成行动。社会上充满着形形色色的诱惑，正确的观念未必能使青年人有正确的行为。以性行为为例，青少年性教育的讲座持续在校园开展，但青少年性行为导致的早孕现象仍然存在。青少年在面对不同的诱惑选择的恋爱价值观也不同。要将正确的价值观转变为正确的恋爱行为，不是举办大型讲座、公益活动即可实现的。

（2）实际操作服务。

很多恋爱中的单身男女都会遇到各种问题：由于家庭教育方式认识异性机会少；由于性格内向，与异性沟通机会也很少；不懂得表达自己的情感；由于工作的关系与异性接触的机会少；等等。恋爱中的男女会有与另一半的争吵问题，理解、体谅另一半是一门学问。

①交友平台。通过提供青年交友平台开展婚恋服务，让青年人通过正确的途径认识更多的朋友。其中"u婚恋"青年交友平台是由广州共青团打造的主要面向广州地区青年群体的一个婚恋社交服务平台，属于"智慧团建"系列的重要板块之一，由广州共青团智慧团建婚恋交友专委会办公室、广州市青年文化宫婚恋研究中心负责具体运营。"u婚恋"青年交友平台主要通过主题网站、手机客户端、地面活动、人工咨询服务等方式，为有需要的青年朋友搭建安全、可靠的沟通交流平台。"u婚恋"青年交友平台面向广州地区的青年提供服务，同时也欢迎其他地区的单身青年前来寻求服务。平台内90%的用户都在广州地区生活和工作，可以说是一个专属于广州本土青年的婚恋服务平台。"u婚恋"青年交友平台收集了近20万个会员信息，周一至周五的下班时间有不同主题的讲座、恋爱沙龙等活动，为处于不同阶段、有不同恋爱需求的青少年提供服务。

广州青年文化宫的婚恋交友中心不仅提供了交友平台让青年人结识，还针对不同的机关单位提供各类型的活动。现有的机关单位已达30间，准备成立大会并对机关单位提供婚恋服务。200人以上的大型活动能够起到宣传的作用,让更多的人认识到婚恋服务。30~50人的中型活动能够让参加者在活动中认识朋友,选择心仪的对象。15~20人的恋爱沙龙能够为在恋爱中遇到问题的男女和对恋爱有疑惑的单身男女提供解答。最后通过一对一的配对给青年人提供发展机会。

交友平台给予年轻人发展的机会,但在当年的宅男宅女时代不少青年男女都依赖电子网络平台。电子网络平台是虚拟世界,不少青年男女在虚拟世界和真实世界中的性格不同。交友平台确实能提供平台给予青年人,但在真实平台中未能真实地展现自己,导致网络上的表现与现实的不同。而当中仍有青年男女对交友平台表示拒绝,不愿意尝试参加交友平台。

②志愿团体。广州青年志愿者协会红娘服务总队是由广州青年志愿者协会倡议并发起成立的,目的是以志愿活动为媒介,为广大单身志愿者构搭建一个健康交友平台,并为他们提供心理辅导、集体婚礼等相关服务。红娘志愿服务队收集不同社区中的单身男女需求,搭建交友平台。广州志愿驿站联合会越秀区小北花圈志愿驿站团支部提供的"社区相亲阁"婚恋平台交友活动,针对不同社区内有需要的单身男女提供婚恋咨询服务,打造交友平台服务。宅男宅女喜欢在自己熟悉的社区活动,社区相亲阁走进贴近他们家园的地方,让婚恋搭桥触手可及,也让他们身边的家人放心说出需求。

志愿团队的服务让社交平台走进社区,更能适合青年人的生活。青年人未必能接受相亲介绍,他们更相信爱情是靠缘分,对介绍服务仍存在一定的抗拒。他们亦对介绍的对象抱有怀疑的态度。有的青年人多次参加介绍对象活动未果,自信心降低导致其对恋爱的期望也降低。

三 婚恋交友领域面临的主要问题

(一)择偶注重精神追求及感官满足,情感因素弱化,物质因素欠考虑

2014年的调查结果显示,广州市青年在择偶时首先考虑的五个条件依次是:"道德品质"、"性格"、"相貌"、"感情"以及"年龄"。"相貌"及"年龄"分别上升到了第三重要及第五重要的位置,"相貌"的比重更是超过了

"感情"的比重。这表明广州青年在择偶过程中，更加注重个人的精神追求及感官满足。注重精神追求有利于保证爱情的纯粹性，但在婚姻中过度追求精神层面的东西，缺乏物质层面的支撑，对婚姻的稳定性是极其不利的，毕竟稳定的婚姻需要有一定的物质基础来支撑。

（二）网络化社交意愿增强与现实社交平台缺乏

广州青年表示会去尝试网恋的比重与两年前比有所增加，这在一定程度上表明青年网络化社交意愿的增强，也在一定程度上反映出现实社交平台的缺乏。一方面，现实社交平台的缺乏，促使了网络社交平台的兴起；另一方面，网络社交平台的兴起，又可能限制甚至取代现实社交平台。如何处理好这两个平台之间的关系至关重要。一般来讲，虚拟化的社交平台，展现得更多的是一个比较理想的虚拟化人格。当理想化的人格和现实人格面对面的时候，容易产生诸多婚恋问题。因此，让网络社会平台与现实社交平台实现对接，对于处于信息化时代的青年来说非常重要。

（三）婚姻的责任意识弱化，婚姻的稳定性较差

广州青年普遍认为当前青年婚恋面临的主要问题为"离婚率高"、"婚外恋"、"闪婚闪离"。这三者都反映当前青年的婚姻稳定性较差，以及婚姻的责任意识弱化。受现代西方文化的冲击，一方面，当前青年普遍追求个人主义以及个人需求满足，认为"合则聚，不合则散"，导致离婚率居高不下；另一方面，由于婚姻情感纽带的弱化、婚姻忠诚度的下降以及青年人热衷于追求新奇的特性，产生了婚外恋问题。此外，还有一些青年处在婚恋压力的情况下，选择"闪婚"，后又因不合，选择"闪离"。另外，青年中完全赞同婚检的比重有所下降。这表明进一步加强婚检宣传教育已经刻不容缓。

（四）性观念更加开放，性责任意识有所降低

广州青年性观念比以往更加开放，他们对同性恋的认同度更高，但性责任意识却有所降低。广州青年对一夜情的认同度从2012年的12%上升到了13.7%。性责任意识的弱化，最终会影响他们对婚姻及家庭的责任感。一夜情、同性恋、未婚生子的比例都有所升高。也就是说，当前广州青年的性观念

及性行为开放度有所提高。性观念和性行为开放,性责任意识却弱化了,这种危险的状态不仅可能会造成青年身心的不健康,更不利于青年婚姻家庭的稳定性。

(五)女性青年呼吁事实上的性别平等

当前广州青年的相处模式和消费观念更趋于追求独立平等,他们对"恋爱AA制"的认同度普遍比较高,尤其被"90后"和"80后"所接受。这表明青年对两性独立平等持普遍认同的态度。然而,随着越来越多的女性走出家庭、走上工作岗位,她们承担着来自家庭和工作两方面的压力,因此强烈呼吁"婚后家务均担"。也就是说,女性青年不仅追求观念上的两性平等,更加注重事实上的两性平等。但在"君子远庖厨"的传统文化影响下,显然男性还没有特别赞同。可见,需要更加重视对男性青年的思想解放。

(六)婚姻趋于理性化的同时情感纽带弱化

广州青年普遍赞成"婚前财产公证"和"夫妻双方收入自理",只有近两成持反对意见,也就是说他们对待婚姻的认知是比较理性化的。恰当地理性对待婚姻,有利于婚姻的稳定性。然而,广州青年在择偶时对感情的看重程度有所下降,其重要性程度列在了"相貌"之后。也就是说,他们在理性化的对待婚姻的同时,情感却在走向淡漠。

四 几点建议

近年来我国相继出台了多项法律来保障婚姻及婚姻当事人的权益,与此同时我国离婚率却只升不降。离婚率的上升,反映了人们对婚姻的认同度、责任感及安全感的降低。仅靠法律来提升人们对婚姻的安全感是远远不够的。众所周知,法律是道德的底线,一般只有在道德失去作用的情况下,人们才会采取法律来保障权益。而道德体现的是一种社会文化,关注青年婚恋与家庭观念的发展,促进青年婚姻、家庭的稳定,首先要营造一个良好的社会文化——即全社会形成对正确的婚恋观、性观念的一种认知,进而引导青年树立正确的婚恋观、性观念。

（一）塑造正确的婚恋观和性观念

一个人对恋爱和婚姻的看法和对性的看法反映了他所处的社会环境、他的教育经历以及他的个性特点。社会环境是可塑的，教育是可习得的，青年尚处在个性养成阶段，可见，青年的婚恋观及性观念具有很强的可塑性。塑造正确的婚恋观和性观念，让青年懂得爱情的真谛，理解婚姻的内涵，有助于他们正确地把握与处理恋爱婚姻中的问题，为维护爱情和婚姻提供智力支撑。具体而言，可以从以下几个方面着手。

1. 加强道德教育，树立正确的婚恋观

婚姻家庭需要法律来保障，更需要道德约束来维稳。道德感对人的约束是随时随地的，它时刻指导人们调整自己的不当行为，及时而有效。加强道德教育有助于促进青年对爱情、对婚姻的忠诚度及责任感，也是正确婚恋观得以树立的前提。当前，由于社会转型发展迅速，西方文化与传统文化碰撞导致社会价值观多元，人们尤其是青年对传统的道德认同度下降，道德感约束力下降，从而产生了道德"真空地带"，引发一系列社会问题。青年对中国传统文化中宣扬的至死不渝的爱情、对婚姻的坚贞已经不那么向往了。在张扬个人主义的今天，他们对问题的容忍度降低了，因而出现了离婚率居高不下、婚外恋、一夜情等一系列问题。弘扬优秀的传统文化，加强社会公德教育，对于加深青年对道德的认同感，提高道德约束力，树立正确的婚恋观具有重要意义。在此过程中，要注意传统教育与网络教育相结合，处在信息化时代的青年，更容易接受与新媒体相关的教育方式。

道德教育有助于青年树立正确的婚恋价值观，而正确的婚恋观是维护爱情、维护婚姻的根本所在。首先，社会要旗帜鲜明地告诉青年什么样的婚恋观才是正确的。在信息化、网络化的今天，各种价值观充斥着人们的视野，其中不乏一些不正确的的价值观，而作为新媒体的使用主体，青年受到的多元化的价值观的冲击尤其激烈，极易受到一些不良思想的影响。其次，要倡导忠贞专一。每个人追求的爱情都具有个性，表达爱情的方式也各不相同，爱情和婚姻也呈现出多元化的状态，但无论何种，社会都要倡导对待爱情、对待婚姻要忠诚、要专一。最后要加大正确婚恋观的宣传，引导青年形成正确的婚恋观。要注意多元化宣传渠道，尤其要注意运用青年群体使用较广的新媒体。

2. 进行科学健康的性教育，增强性责任意识

当前青年在性方面呈现的是一种矛盾状态：性观念相对开放及性知识相当贫乏。受传统文化的影响，整个社会对性持忌讳以及回避的态度，关于性方面的学校教育非常滞后，很多时候甚至是缺失的。这也致使生理日趋成熟的青年对于性方面事情有着十分强烈的压抑感及好奇心，往往通过其他非正规渠道获取性知识，而其中很大一部分是不科学的、不健康的、不全面的，会对青年形成错误的引导，进而造成不良的后果。因此，有必要对青年进行科学健康的性教育，让他们形成正确的性认知。首先，逐渐改变"谈性色变"的社会风气，开放性教育有助于满足青年的好奇心，避免他们从其他非正规渠道获取错误信息；其次，要明确性行为的严肃性，它反映了社会文明程度和个人修养程度；最后，要进行全面科学的性教育，包括性知识、性观念、性道德、性责任等，使青年通过正规渠道了解科学、全面的性知识。

（二）加强婚恋情感教育，增强情感纽带作用

韦伯指出现代社会是一个逐步趋于理性化的社会。他认为理性行为是目的和手段之间的合乎逻辑的理性，当然这种理性要受到一定的习俗、制度和规范、情感、信念的影响。他概括了工具理性行为和价值理性行为两种理性行为。而在当前追求经济地位的中国，人们的行为更多地体现为一种工具理性行为。这种性理性化同样体现在人们对待爱情和婚姻的态度中，"婚前财产公证"和"夫妻双方收入自理"正是婚姻理性化的具体体现。青年在婚恋中可能有注重个人需求与利益的倾向。理性化的增强极易导致情感淡漠，广州青年在择偶过程中对感情重视程度的下降，是情感纽带势微的体现。因此，在婚姻走向理想性化的同时，加强婚恋情感教育十分重要。理性与感情是维系爱情与婚姻的两个重要维度，二者只有以一个恰如其分的比例组合，才能使爱情与婚姻长久美满。

首先要正确对待爱情与婚姻的理性化，理性化并非世俗化，它的本质是保护个人利益，但这种理性化在情感纽带功能减弱的当前有助于爱情、婚姻的稳定。但如果过度强调理性化，导致情感的缺失，爱情和婚姻可能无法长久。其次要加强婚恋情感教育，情感教育有助于增强人们对爱情和婚姻的忠诚度。如果说理性化婚姻提供了物质基础，那么情感则为其提供了精神基础。没有情

感，爱情会枯萎，婚姻也可能走向死亡，因此情感纽带至关重要。可以通过开展各种活动促进恋人、夫妻的亲密度，也可以开展相关讲座教导恋人、夫妻关系处理技巧。在进行婚恋情感教育时，要注意调动多方资源，尤其是联动家庭、学校、社区、政府、企业等多方资源，形成联动效应。

（三）规范和拓展青年社交平台

在信息化和网络化的今天，以互联网和手机为核心的新技术新媒体，已经全面嵌入了人们的日常生活之中，不断改变着社会成员的学习、工作、生活和娱乐方式。青年人是使用新技术新媒体的主体，他们对新技术新媒体的接受程度极高，依赖程度也高。越来越多的青年人使用微博、微信、QQ等新媒体进行社交，寻找恋人。新媒体为青年人提供了十分便利的社交平台。但这个平台是虚拟的，所提供的信息既有真实的，又有虚假的，规范这一社交平台迫在眉睫。首先要从制度上规范网络虚拟平台的运作，加强相关法律法规的建设，做到规范有法可依、有法必依、违法必究。清查非法的、传播不良信息的网站，绿化网络环境。其次要加强青年人网络安全教育，倡导文明上网新风尚。

在规范网络社交平台的同时，更要拓展现实的社交平台。人最终要活在现实生活中，网络平台带有一定的虚拟性，虽然越来越多的网络平台开始与现实生活对接，但拓展现实社交平台也十分必要。

（四）开展多元化青年社区服务，发挥社区服务针对性、便利性优势

随着社会组织的发展及家庭综合服务中心的相继建立，广州市的社区服务有了质的提升，越来越多的广州市民享受到专业的社区服务，这些服务给社区居民带来了极大的便利，同时在处理社区、家庭及个人问题方面颇有成效。社区服务在青年婚恋和性观念方面能发挥独特作用。首先，社区服务具有针对性，它会为社区青年婚恋的具体问题制定相应的服务方案；其次，社区服务具有便利性，社区青年可以很方便地接受社区服务。社区可以从以下几方面发挥其效用。

第一，通过开展社区活动，构建青年社交平台。一般来讲同一社区的居民同质性较高，同一社区青年应该更容易有话题，再加上参加活动的便利性，会

使这类活动对他们更有感召力。

第二，开展社区教育或培训活动。例如开展有关爱情、婚姻的社区讲座，传递爱情和婚姻保鲜技巧，形成社区青年的自助和互助氛围。还可以开展性教育讲座，向社区青年传授正确的性知识等。

第三，提供其他专业化社区服务。比如说提供婚姻、家庭咨询服务，为爱情、婚姻解压。

（五）全社会倡导文明健康婚恋新风尚

倡导文明健康的婚恋观，形成全社会文明健康婚恋新风尚。青年人由于生理和心理的特点，其接受新事物的能力与需要较其他群体要强。在价值观多元化及贞洁观、道德感淡化的今天，积极进行社会倡导，引导青年形成文明健康的婚恋观、性观念已经迫在眉睫。

首先，社会要将文明健康的婚恋观、性观念进行公开宣教，在宣传过程中要动员家庭、社区、学校、社团等社会各方力量，要注意拓展宣传渠道，有效利用受众广的新媒体渠道开展宣传教育。其次，要大力倡导和积极营造全社会共同关注青年婚恋观及性观念、共同帮助青年形成正确婚恋观及性观念的良好氛围。最后，要宣传先进的性别文化，倡导更广泛的性别平等，男女关系的平等有利于维护爱情、婚姻的稳定。要倡导全社会关爱女性，特别是步入婚姻的女性，她们承受着来自事业和家庭的双重压力，她们极力呼吁男性分担家庭压力。显然"女主内，男主外"的传统已经不适应当前社会现实，倡导男女双方分担家庭压力十分重要。总之，倡导文明健康婚恋新风尚，鼓励青年以文明健康的方式进行婚恋活动，对于家庭文明和社会和谐都具有重要作用。

（六）深化婚恋服务内容，提高婚恋服务专业水平

随着大量"剩男"、"剩女"的产生，婚恋难已经成为社会共识，其中青年婚恋问题最受社会关注，由此催生了大量的婚介服务所，婚恋网站，政府、工青妇等群团组织，社会团体等均参与到婚恋服务中来。婚恋服务行业呈现出一派生机，其服务形式不断在创新、服务对象及服务机构在不断增加，取得了一定的社会效果。当前婚恋服务不管形式如何变化，其服务的主题基本都围绕婚恋交友，涵盖价值观及实际操作两方面的服务。随着社会的日新月异，青年

对婚恋服务的要求会越来越多，也越来越高，因此，有必要加强婚恋服务机构的服务能力。

第一，服务机构要拓宽婚恋服务范围，深化婚恋服务内容，在提供婚恋交友平台的同时，还可以提供专业的婚恋危机干预。在全社会性观念日趋开放的今天，婚恋服务机构在提供价值观方面的服务时，不要规避性知识的教育，要帮助青年形成科学的性观念、培育正确的性取向。因为性观念直接影响青年的婚恋观。第二，提供婚恋服务要契合服务对象的需要，要考虑服务对象的差异性。第三，不断创新服务形式，青年群体具有追求新奇的特性，不断创新服务形式，有利于增强婚恋服务的吸引力。第四，要规范婚恋服务行业的发展，建立婚恋服务行业规范，引导婚恋服务行业的健康有序的发展，进而增强婚恋服务的社会公信力。婚恋服务能力的提高有助于满足青年多元化的婚恋服务需求，减轻婚恋压力。

B.8
分报告七
广州青年消费与闲暇娱乐状况研究

谭丽华　周理艺*

摘　要：	调查发现广州青年消费水平稳中有升，消费结构持续稳定、消费心理理性，青年闲暇娱乐的内容与地点多样。互联网成为青年消费和闲暇娱乐的重要渠道，电子商务消费较往年增加，上网是闲暇娱乐方式之一。青年消费与闲暇娱乐是新常态下经济社会发展的重要构成，青年的消费与闲暇娱乐质量提高将促进青年身心发展。
关键词：	广州青年　消费　闲暇娱乐

青年对消费与闲暇娱乐有较高感受能力和参与热情，青年群体受到消费与闲暇娱乐行业的特别关注。消费与闲暇娱乐状况能反映生活质量的高低，因此通过分析青年消费及闲暇娱乐状况，可了解青年的生活质量及其变化，从而在消费方面提出关于经济新常态下青年发展的意见和建议。

本研究主要使用2014年开展的"广州市青年发展状况调查"数据分析，文中如无特殊说明的均指2014年调查数据，2014年调查的数据收集情况参见本书相关章节。

文中还对2010年与2012年分别调查的"广州市青年发展状况调查"部分数据做了比较，这两个数据来源将在文中以"2010年调查数据"和"2012年调查数据"分别说明。

---

* 谭丽华，广州市穗港澳青少年研究所助理研究员、博士；周理艺，广州市穗港澳青少年研究所研究助理。

分报告七　广州青年消费与闲暇娱乐状况研究

一　广州青年消费现状

2010年与2012年展开的两次"广州市青年发展状况调查"数据分析认为：广州青年的消费状况较为健康，广州青年追求消费的品质与现实可能性，并有适度的个性追求。两次调查跟踪均发现广州青年有"月光族"即月盈余不多、"啃老族"即父母支援消费，以及信贷消费趋势[①]。而2014年调查发现，广州青年收入水平继续增加，广州青年消费与闲暇娱乐持续小步提升，消费结构与往年相近，网购、信贷和享乐型闲暇娱乐的消费趋势持续扩大，住房、购车和旅行等方面的信贷需求较为强劲，反映青年逐渐接受信贷消费作为规划生活、优化生活条件的金融手段。

（一）收入提高显著，"月光族"持续增加

经济能力是消费质量的基础，收入是经济能力的重要来源。2014年调查数据显示，广州在职青年的平均年收入为5.2072万元，较往年青年收入有了较大提高。2010年调查数据显示广州在职青年平均年收入为3.9530万元，2012年调查数据显示广州在职青年平均年收入是4.0440万元，两者比较，2012年增长为2.3%，增幅较小。2014年调查数据与2012年调查数据比较，广州在职青年平均年收入增幅达到28.76%，为青年提高消费与闲暇娱乐的质与量提供了经济基础（见表1、表2）。较多在职青年与在校大学生每月收支平衡或者有盈余，但仍有超过两成"入不敷出"，占26.9%，"收支平衡"占26.0%，"有，但不多"占44.2%，"有很多"占2.8%。值得注意的是，2012年数据中"月光族"为16.3%，而2014年数据中"月光族"进一步增加，26.9%"入不敷出"青年即"月光族"，比2012年数据还高出10.6个百分点，"月光族"有增无减（见表3）。

[①] 游伟苏：《广州青年消费状况研究》，《广州青年发展报告（2012~2013）》，社会科学文献出版社，2013。

表1 2014在职青年年收入

	N	Minimum	Maximum	Mean	Std. Deviation
年收入（万元）	2052	.00	100.00	5.2072	4.39492

表2 三次调查青年收入状况

2010年		2012年		2014年	
增幅	年收入	较2010年增幅	年收入	较2012年增幅	年收入
—	3.9530万元	2.30%	4.0440万元	28.76%	5.2072万元

表3 2014年在职青年与大学生每月盈余

单位：%

	Frequency	Percent	Valid Percent	Cumulative Percent
入不敷出	730	26.1	26.9	26.9
收支平衡	705	25.2	26.0	53.0
有,但不多	1198	42.8	44.2	97.2
有很多	77	2.8	2.8	100.0
Total	2710	96.9	100.0	
缺失	86	3.1		
合计	2796	100.0		

（二）消费结构

1. 食品与餐饮支出占比增大，可能与外出就餐有关

（1）食品与餐饮支出占超三成。

食品与餐饮是基本的生活需求，广州青年平均每月的食品与餐饮支出占月收入的比例是34.23%，占有比例较大，说明青年的消费中心落在基本生活需求上。2014年的食品与餐饮支出占比，虽然较之前两次调查数据中"食品支出"有上升，2010年为20%，2012年为19%，但是应注意到，2014年调查数据为食品和餐饮合并数据，而外出就餐已然成为广州青年的消费和闲暇娱乐的项目，导致此项支出占比增加（见表4）。

表4 2014年在职青年与大学生每月食品与餐饮占月收入比例

	N	Minimum	Maximum	Mean	Std. Deviation
您平均每月的食品餐饮支出占你月收入的比例是_____%。	2414	.0	100.0	34.23	23.1821

（2）食品与餐饮支出的影响因素分析。

①收入越高，食品与餐饮支出占比越低。

对青年的食品与餐饮消费比例与年收入进行Pearson相关分析。经检验得出，食品与餐饮消费比例与年收入具有显著负相关关系（Pearson系数＝－0.322，$P<0.001$）。因此，年收入越高的青年，其食品与餐饮消费比例会越低（见表5）。

表5 食品餐饮消费比例与年收入pearson相关分析

	年收入
食品餐饮消费比例	－0.322＊＊＊

注：＊＊＊表示$P<0.001$。

②年龄越大，食品与餐饮支出占比越低。

对青年的食品与餐饮消费比例与年龄进行单因素均值比较分析。经检验得出，不同年龄段的青年的食品与餐饮消费比例存在显著的差异性。20岁以下青少年的食品与消费比例均值为55.5%，21~25岁青少年的食品消费比例均值为34.1%，26~30岁青少年的食品消费比例均值为27.5%，31~35岁青少年的食品消费比例均值为26.7%。由此可见，青少年的食品消费比例随着年龄的递增而下降，年龄大的青少年的食品消费比例小于年龄小的青少年（见表6）。

表6 食品餐饮消费比例与年龄相关分析

	样本量	消费比例（均值±标准差）	F
20岁以下	379	55.5±26.9	173.138＊＊＊
21~25岁	805	34.1±21.9	
26~30岁	848	27.5±18.0	
31~35岁	322	26.7±17.8	

注：＊＊＊表示$P<0.001$。

③学历越高,食品与餐饮消费占比越低。

对青年的食品与餐饮消费比例与学历进行卡方分析。经检验得出,不同学历的青年的食品与消费比例存在显著的差异性($\chi^2 = 50.336$,$P<0.001$)。初中、高中(含中专、中技)、大专三个学历的青年的食品与餐饮消费最大比重在"比例在20%~50%"的比例段上,比例分别为54.1%、51.9%和42.5%;大学本科学历青年的食品与餐饮消费比例主要在"比例在20%及以下"、"比例在20%~50%"两个比例段;硕士及以上学历青年的食品与餐饮消费最大比重在"比例在20%及以下",比重为53.6%。可见,学历越高的青年,其食品与餐饮消费比例越低(见表7)。

表7 食品与餐饮消费比例与学历卡方分析

			学历						合计
			小学及以下	初中	高中(含中专、中技)	大专	大学本科	硕士及以上	其他	
食品与餐饮消费比例	比例在20%及以下	计数	16	55	109	277	441	74	1	973
		百分比(%)	57.1	34.6	37.5	39.9	41.0	53.6	20.0	40.7
	比例在20%~50%	计数	5	86	151	295	434	42	1	1014
		百分比(%)	17.9	54.1	51.9	42.5	40.4	30.4	20.0	42.4
	比例在50%以上	计数	7	18	31	122	200	22	3	403
		百分比(%)	25.0	11.3	10.7	17.6	18.6	15.9	60.0	16.9
合计		计数	28	159	291	694	1075	138	5	2390
		百分比(%)	100.0	100.0	100.0	100.0	100.0	100.0	100.0	100.0
卡方			50.336***							

注:*** 表示 $P<0.001$。

④已婚青年食品与餐饮消费占比低于非婚姻青年的占比。

对青年的食品与餐饮消费比例与婚姻进行卡方分析。经检验得出,不同婚姻状况青年的食品与餐饮消费比例存在显著的差异性($\chi^2 = 135.568$,$P<0.001$)。在"比例在20%及以下"这一比例段上,已婚青年的比重高于未婚青年和离异/丧偶青年,比重为52.7%。在"比例在50%及以上"这一比例段上,已婚青年的比重低于未婚青年和离异/丧偶青年,比重为5.8%。可见,已婚青年的食品与餐饮消费比例低于未婚和离异/丧偶青年(见表8)。

表8 食品与餐饮消费比例与婚姻卡方分析

			婚姻状况			合计
			未婚	已婚	离异/丧偶	
食品餐饮消费比例	比例在20%及以下	计数	526	434	9	969
		百分比(%)	34.5	52.7	34.6	40.8
	比例在20%~50%	计数	652	341	12	1005
		百分比(%)	42.7	41.4	46.2	42.3
	比例在50%以上	计数	348	48	5	401
		百分比(%)	22.8	5.8	19.2	16.9
合计		计数	1526	823	26	2375
		百分比(%)	100.0	100.0	100.0	100.0
卡方			135.568***			

注：*** 表示 P<0.001。

⑤广州户籍青年食品与餐饮消费占比低于外地户籍青年的占比。

对青年的食品与餐饮消费比例与户籍类型进行卡方分析。经检验得出，不同户籍类型的青年的食品与餐饮消费比例存在显著的差异性（$\chi^2 = 72.676$，$P < 0.001$）。在"比例在20%及以下"的比例段上，广州本地户籍的比重高于外地户籍的比重，分别是45.0%和46.9%；在"比例在50%以上"的比例段上，外地户籍的比重高于广州本地户籍的比重，分别是26.5%和22.6%。在"比例在20%及以下"的比例段上，农村户籍的比重高于城镇户籍，分别是46.9%和35.1%；在"比例在50%以上"的比例段上，城镇户籍的比重高于农村户籍，分别是12.3%和26.5%。可见，广州本地户籍青年的食品与餐饮消费比例低于外地户籍青年，农村户籍青年的食品与餐饮消费比例低于城镇户籍青年（见表9）。

表9 食品与餐饮消费比例与户籍卡方分析

			户籍				合计
			广州城镇户籍	广州农村户籍	外地城镇户籍	外地农村户籍	
食品与餐饮消费比例	比例在20%及以下	计数	451	217	127	188	983
		百分比(%)	45.0	46.9	31.8	35.1	40.9
	比例在20%~50%	计数	428	191	167	227	1013
		百分比(%)	42.7	41.3	41.8	42.4	42.2

续表

			户籍				合计
			广州城镇户籍	广州农村户籍	外地城镇户籍	外地农村户籍	
食品餐饮消费比例	比例在50%以上	计数	123	55	106	121	405
		百分比(%)	12.3	11.9	26.5	22.6	16.9
合计		计数	1002	463	400	536	2401
		百分比(%)	100.0	100.0	100.0	100.0	100.0
合计			72.676***				

注：*** 表示 P<0.001。

2. 青年住房占比较往年轻微降低

（1）青年每月住房支出低于往年，同住可能减轻了住房负担。

广州青年平均每月住房支出占比是17.617%，低于食品与餐饮占比（见表10）。这一住房支出比例也低于2010年和2012年数据，2010年和2012年广州青年的住房开支所占的比重都达到了18%。

调查将住房状况分为"租房"、"自有产权房"、"宿舍"、"住亲戚家"和"其他"。在职青年与大学生则需要负担更多住房支出，自有产权房，占44.3%，另外，"租房"占24.4%，"宿舍"占28.1%，"其他"占3.2%（见表11）。

在同住情况方面，在职青年与大学生"与父母同住"占27.5%，"三代同堂"占10.4%，"与配偶及小孩同住"占11.5%，"与配偶两人同住"占7.2%，"单身独居"占8.5%，"未婚同居"占1.3%，"与他人合住"占33.1%，"其他"占0.4%（见表12）。青年与人同住可能减轻了其住房负担，例如广州本地青年可能与父母同住，这样本地青年就节约了住房支出，可能增加其他消费与闲暇娱乐活动。

表10 在职青年与大学生每月住房支出占月收入比例

	N	Minimum (%)	Maximum (%)	Mean (%)	Std. Deviation (%)
您平均每个月的住房支出（例如宿舍，租房，购房还贷）占您月收入的比例是_____%	2298	.0	90.0	17.617	19.7820

表 11　在职青年与大学生住房状况

		Frequency	Percent	Valid Percent	Cumulative Percent
Valid	租房	676	24.2	24.4	24.4
	自有产权房	1228	43.9	44.3	68.7
	宿舍	780	27.9	28.1	96.8
	其他	88	3.1	3.2	100.0
	Total	2772	99.1	100.0	
Missing	System	24	.9		
Total		2796	100.0		

表 12　在职青年与大学生的同住状况

		Frequency	Percent	Valid Percent	Cumulative Percent
Valid	三代同堂	290	10.4	10.4	10.4
	与父母同住	767	27.4	27.5	37.9
	与配偶及小孩同住	321	11.5	11.5	49.4
	与配偶两人同住	202	7.2	7.2	56.6
	单身独居	238	8.5	8.5	65.1
	未婚同居	37	1.3	1.3	66.4
	与其他人合住	925	33.1	33.1	99.6
	其他	12	.4	.4	100.0
	Total	2792	99.9	100.0	
Missing	System	4	.1		
Total		2796	100.0		

（2）住房消费影响因素分析。

①收入越高，住房消费比例越高。

对青年的食品、住房消费比例与年收入进行 Pearson 相关分析。经检验得出，住房消费比例与年收入具有显著正相关关系（Pearson 系数 = 0.183，$P < 0.001$）（见表 13）。因此，年收入越高的青年，其住房消费比例会越高。

表 13　住房消费比例与年收入 Pearson 相关分析

	年收入
住房消费比例	0.183***

注：*** 表示 $P < 0.001$。

②年龄越大，住房消费比例越高。

对青年的住房消费比例与年龄进行卡方分析。经检验得出，不同年龄段的青年的住房消费比例存在显著的差异性（$\chi^2 = 80.983$，$P < 0.001$）。在"比例在20%及以下"的比例段上，随着年龄的上升而比重在下降（从87.0%到60.2%）；在"比例在20%~50%"和"比例在50%以上"两个比例段上，随着年龄的上升而比重在上升（从11.2%到32.2%；从1.8%到7.6%）（见表14）。可见，青年的住房消费比例是随着年龄的增长而上升，年龄越大的青年，其住房消费比例越高。

表14 住房消费比例与年龄卡方分析

			年龄				合计
			20岁以下	21~25岁	26~30岁	31~35岁	
住房消费比例	比例在20%及以下	计数	288	564	530	189	1571
		百分比(%)	87.0	72.9	64.6	60.2	70.1
	比例在20%~50%	计数	37	188	242	101	568
		百分比(%)	11.2	24.3	29.5	32.2	25.4
	比例在50%以上	计数	6	22	49	24	101
		百分比(%)	1.8	2.8	6.0	7.6	4.5
合计		计数	331	774	821	314	2240
		百分比(%)	100.0	100.0	100.0	100.0	100.0
卡方			80.983***				

注：*** 表示 $P < 0.001$。

③硕士及以上学历青年住房消费比例较高。

对青年的住房消费比例与学历进行卡方分析。经检验得出，不同学历的青年的住房消费比例存在显著的差异性（$\chi^2 = 31.964$，$P < 0.01$）。硕士学历的青年的住房消费与其他学历的青年会有较大的差异："比例在20%及以下"这一比例段上，其他学历青年的比重是在70%以上，而硕士及以上学历青年的比重为54.4%；"比例在20%~50%"这一比例段上，其他学历青年的比重是在30%以下，而硕士及以上的比重为33.8%（见表15）。可见，硕士及以上学历青年的住房消费比例要比其他学历青年的比例要高。

表15　住房消费比例与学历卡方分析

			学历							合计
			小学及以下	初中	高中（含中专、中技）	大专	大学本科	硕士及以上	其他	
住房消费比例	比例在20%及以下	计数	19	106	194	471	731	74	3	1598
		百分比(%)	70.4	70.2	71.3	71.8	71.0	54.4	60.0	70.2
	比例在20%~50%	计数	7	42	68	160	251	46	1	575
		百分比(%)	25.9	27.8	25.0	24.4	24.4	33.8	20.0	25.3
	比例在50%以上	计数	1	3	10	25	47	16	1	103
		百分比(%)	3.7	2.0	3.7	3.8	4.6	11.8	20.0	4.5
合计		计数	27	151	272	656	1029	136	5	2276
		百分比(%)	100.0	100.0	100.0	100.0	100.0	100.0	100.0	100.0
卡方			31.964**							

注：** 表示 $P<0.01$。

④已婚青年住房消费比例较低。

对青年的住房消费比例与婚姻进行卡方分析。经检验得出，不同婚姻状况的青年的住房消费比例存在显著的差异性（$\chi^2=65.952$，$P<0.001$）。在"比例在20%及以下"这一比例段上，已婚青年的比重低于未婚青年和离异/丧偶青年，比重为60.7%。在"比例在50%及以上"这一比例段上，已婚青年的比重高于未婚青年和离异/丧偶青年，比重为8.1%（见表16）。可见，已婚青年的住房消费比例低于未婚和离异/丧偶青年。

表16　住房消费比例与婚姻卡方分析

			婚姻状况			合计
			未婚	已婚	离异/丧偶	
住房消费比例	比例在20%及以下	计数	1077	484	22	1583
		百分比(%)	74.9	60.7	84.6	70.0
	比例在20%~50%	计数	320	249	4	573
		百分比(%)	22.3	31.2	15.4	25.3
	比例在50%以上	计数	40	65	0	105
		百分比(%)	2.8	8.1	0.0	4.6

续表

		婚姻状况			合计
		未婚	已婚	离异/丧偶	
合计	计数	1437	798	26	2261
	百分比(%)	100.0	100.0	100.0	100.0
卡方		65.952***			

注：*** 表示 P<0.001。

⑤广州城镇户籍青年住房消费比例最高。

对青年的住房消费比例与户籍类型进行卡方分析。经检验得出，不同户籍类型的青年的住房消费比例存在显著的差异性（$\chi^2=18.181$，$P<0.01$）。在"比例在20%及以下"的比例段上，广州城镇户籍的比重低于广州农村户籍、外地城镇户籍、外地农村户籍三种青年，比重为68.1%；在"比例在50%以上"的比例段上，广州城镇户籍的比重高于广州农村户籍、外地城镇户籍、外地农村户籍三种青年，比重为6.2%。在"比例在20%及以下"的比例段上，农村户籍的比重高于城镇户籍，分别是72.5%和72.6%；在"比例在50%以上"的比例段上，城镇户籍的比重高于农村户籍，分别是6.2%和5.0%（见表17）。可见，广州城镇户籍青年的住房消费比例最高，农村户籍青年的住房消费比例低于城镇户籍青年。

表17 住房消费比例与户籍卡方分析

			户籍				合计
			广州城镇户籍	广州农村户籍	外地城镇户籍	外地农村户籍	
住房消费比例	比例在20%及以下	计数	657	314	270	368	1609
		百分比(%)	68.1	72.5	70.9	72.6	70.4
	比例在20%~50%	计数	248	101	92	131	572
		百分比(%)	25.7	23.3	24.1	25.8	25.0
	比例在50%以上	计数	60	18	19	8	105
		百分比(%)	6.2	4.2	5.0	1.6	4.6
合计		计数	965	433	381	507	2286
		百分比(%)	100.0	100.0	100.0	100.0	100.0
合计			18.181**				

注：** 表示 P<0.01。

（三）网络消费成青年消费重要取向

1. 青年网购现状

2012年数据已显示，青年经常进行电子商务行为，也就是网购，2012数据中，对"我经常在网上购物"完全同意和比较同意的则占到了广州青年人数的39.05%。而电子商务在2013~2014年进一步冲击着人们的消费习惯，支付宝支付、微信支付、财付通等多种新的网络支付平台应用广泛，而网商巨头阿里巴巴和京东分别在海外上市更将电子商务提升到全球金融的高度。在这一背景下，2014年数据显示广州青年平均每月网购金额达224.78元（见表18）。可以预计，未来广州青年网购行为将继续增加，资金投入将进一步加大，网购日益成为广州青年的消费渠道和生活方式。

表18　2014年广州青年月平均网购花费

	N	Minimum	Maximum	Mean	Std. Deviation
你平均每个月在网购上花费是多少_____元	3134	.00	10000.00	224.78	494.50077

2. 青年网购消费的影响因素分析

（1）网购费用与年收入具有显著正相关关系。

对网购费用与年收入进行卡方分析。经检验得出，网购费用与年收入具有显著正相关关系（Pearson系数=0.1980，$P<0.001$）（见表19）。即青年的年收入越高，青年的网购费用会越高。根据经济学理论，当人们有一定经济收入保障的时候，他们会更愿意消费。所以有收入保障的青年会更愿意消费，因此其网购的费用也越高。

表19　网购费用与年收入pearson相关分析

		网购费用	年收入
网购费用	Pearson 相关性	1	0.1980**
	显著性（双侧）		0.000
	N	2367	2262

续表

		网购费用	年收入
年收入	Pearson 相关性	0.1980**	1
	显著性(双侧)	0.000	
	N	2262	2630

注：*** 表示在 0.001 水平（双侧）上显著相关。

（2）年龄越大，网购费用越高。

对网购费用与年龄进行卡方分析。经检验得出，网购费用与年龄具有显著相关关系（$\chi^2 = 224.986$，$P < 0.001$）。20 岁及以下的青年的网购费用会集中在"200 元及以下"，比例是 88.8%，这个比例高于 21~35 岁的青年的比例。21~35 岁的青年在网购费用"200~500 元"、"500~1000 元"两个阶段的比重高于 20 岁及以下青年的比重（见表 20）。因此，年龄越大的青年，其网购费用会越高。

表 20 网购费用与年龄卡方分析

			年龄				合计
			20 岁及以下	21~25 岁	26~30 岁	31~35 岁	
网购费用	200 元及以下	计数	1002	540	516	204	2262
		百分比(%)	88.8	68.0	62.1	64.2	73.6
	200~500 元	计数	96	184	208	74	562
		百分比(%)	8.5	23.2	25.0	23.3	18.3
	500~1000 元	计数	27	54	80	30	191
		百分比(%)	2.4	6.8	9.6	9.4	6.2
	1000 元及以上	计数	4	16	27	10	57
		百分比(%)	0.4	2.0	3.2	3.1	1.9
合计		计数	1129	794	831	318	3072
		年龄中的(%)	100.0	100.0	100.0	100.0	100.0
卡方			224.986***				

注：*** 表示 $P < 0.001$。

（3）有婚史青年网购费用较高。

对网购费用与婚姻进行卡方分析。经检验得出，网购费用与婚姻具有显著相关关系（$\chi^2=77.372$，$P<0.001$）。在"200元及以下"这个阶段，未婚青年的选择比重高于离异/丧偶青年和已婚青年。在网购费用200元以上的各个阶段，已婚和离异/丧偶青年的选择比重高于未婚青年的比重（见表21）。因此，在网购费用方面，未婚青年的网购费用最低，有婚史青年网购费用较高。

表21 网购费用与婚姻状况卡方分析

			婚姻状况			合计
			未婚	已婚	离异/丧偶	
网购费用	200元及以下	计数	1756	512	16	2284
		百分比(%)	77.9	62.9	64.0	73.8
	200~500元	计数	355	200	6	561
		百分比(%)	15.7	24.6	24.0	18.1
	500~1000元	计数	117	73	2	192
		百分比(%)	5.2	9.0	8.0	6.2
	1000元及以上	计数	27	29	1	57
		百分比(%)	1.2	3.6	4.0	1.8
合计		计数	2255	814	25	3094
		百分比(%)	100.0	100.0	100.0	100.0
卡方			77.372***			

注：*** 表示 $P<0.001$。

（4）城镇户籍青年网购费用高于农村户籍青年。

对网购费用与户籍进行卡方分析。经检验得出，网购费用与户籍具有显著相关关系（$\chi^2=42.409$，$P<0.001$）。从表格数据看，广州户籍青年的网购费用是高于外地户籍青年（见表22）。城镇户籍青年的网购费用高于农村户籍青年。

（四）理性消费观念与适度信贷意愿并行

1. 消费观念保持理性，贷款意愿略低于2010年数据

当回答"如果您要买一件东西，但是手头存款不够，您愿意借贷消费（向金融机构贷款购买消费品，然后分期付款偿还债务）吗"，60.7%青年回答"不愿意"，39.3%回答"愿意"（见表23）。不愿信贷消费的青年占超过六成，显示大部分青年秉持理性消费、量入为出的消费观念。

表22 网购费用与户籍卡方分析

			户籍				合计
			广州城镇户籍	广州农村户籍	外地城镇户籍	外地农村户籍	
网购费用	200元及以下	计数	962	375	346	605	2288
		百分比(%)	69.9	71.4	76.0	80.1	73.5
	200~500元	计数	270	112	78	109	569
		百分比(%)	19.6	21.3	17.1	14.4	18.3
	500~1000元	计数	104	33	28	31	196
		百分比(%)	7.6	6.3	6.2	4.1	6.3
	1000元及以上	计数	40	5	3	10	58
		百分比(%)	2.9	1.0	0.7	1.3	1.9
合计		计数	1376	525	455	755	3111
		百分比(%)	100.0	100.0	100.0	100.0	100.0
卡方			42.409***				

注：*** 表示 $P<0.001$。

表23 如果您要买一件东西，但是手头存款不够，您愿意借贷消费吗？
（2014调查数据）

		Frequency	Percent	Valid Percent	Cumulative Percent
Valid	愿意	1069	38.2	39.3	39.3
	不愿意	1648	58.9	60.7	100.0
	Total	2717	97.2	100.0	
Missing	System	79	2.8		
Total		2796	100.0		

青年的消费观念趋于节制和理性。对于"节俭是值得提倡的"，"完全同意"占38.5%，"比较同意"占37.6%，"一般"占16.1%，"较不同意"占4.2%，"完全不同意"占3.3%，"不清楚"占0.4%，显示青年认同节俭的消费观念。对于"我觉得人应该享受，有钱就该花"，"比较同意"占24.2%，"完全同意"8%，"一般"占38.3%，"较不同意"占20.2%，"完全不同意"占8.3%，"不清楚"占1%，显示青年对享受型消费态度比较中立。对于"购物时我喜欢刷信用卡"，"一般"占39.7%，"较不同意"占18.1%，"比较同意"占16.7%，"完全不同意"占12.6%，"完全同意"9.2%，"不清

楚"占3.6%，显示近四成青年接受信用卡购物的行为，信用卡使用观念比较普遍（见表24）。

表24 以下表格列出了某些消费行为和观念，请说出您的认同程度
（2014调查数据）

	完全不同意	较不同意	一般	比较同意	完全同意	不清楚	合计
节俭是值得提倡的（N=3568）	3.3	4.2	16.1	37.6	38.5	0.4	100.0
我觉得人应该享受，有钱就该花（N=3568）	8.3	20.2	38.3	24.2	8.0	1.0	100.0
购物时我喜欢刷信用卡（N=3559）	12.6	18.1	39.7	16.7	9.2	3.6	

通过三次青少年贷款消费意愿的比较，2012年和2014年青少年贷款消费意愿均低于2010年青少年贷款消费意愿。2014年青少年的贷款消费意愿稍高于2012的贷款消费意愿（见表25）。

表25 三次调查青少年贷款消费意愿比较

		2010年（N=1364）	2012年（N=1648）	2014年（N=2717）
是否愿意贷款消费	愿意（%）	44.2	35.0	39.3
	不愿意（%）	55.8	65.0	60.7
	合计（%）	100.0	100.0	100.0

2. 购房、购车和旅行是主要信贷消费目标，教育消费意愿较低

而当回答"在未来的1年内，您最想借贷消费的是什么产品"时，45.1%选择"住房"，20.7%选择"私人轿车"，12.9%选择旅游，显示购房和购车仍是青年的信贷消费目标，而旅游跃居信贷消费目标第三位，显示广州青年注重通过旅行增长见闻，提高生活质量。其他选项包括"电脑"占5.4%、教育4.8%，医疗0.8%，手机3.9%，相机2.8%，其他占3.5%。其中教育仅占4.8%，远低于前三位的住房、私人轿车和旅游，显示青年投入教育资金的意愿较低（见表26）。

表26 在未来的1年内,您最想借贷消费的是什么产品?(2014年调查数据)

		Frequency	Percent	Valid Percent	Cumulative Percent
Valid	住房	448	16.0	45.1	45.1
	电脑	54	1.9	5.4	50.5
	私人轿车	206	7.4	20.7	71.2
	旅游	128	4.6	12.9	84.1
	教育	48	1.7	4.8	88.9
	医疗	8	.3	.8	89.7
	手机	39	1.4	3.9	93.7
	相机	28	1.0	2.8	96.5
	Total	994	35.6	100.0	
Missing	System	1802	64.4		
Total		2796	100.0		

是否拥有私家车是提示生活舒适度的指标,数据显示,广州青年自己或家庭拥有私家车的占24.2%,生活舒适度较高。仍有75.8%的青年自己与家庭都没有私家车,因此青年贷款购车意愿较高(见表27)。

表27 您(您家)是否拥有私家车

		Frequency	Percent	Valid Percent	Cumulative Percent
Valid	是	825	22.8	24.2	24.2
	否	2587	71.6	75.8	100.0
	Total	3412	94.4	100.0	
Missing	System	203	5.6		
Total		3615	100.0		

3. 贷款意愿的影响因素分析

(1)青年贷款消费意愿随着年收入的增加而增加。

对贷款消费意愿与年收入进行卡方分析。经检验得出,贷款消费意愿与年收入具有显著相关关系($\chi^2 = 47.606$,$P < 0.001$)。在"愿意"这一选择上,年收入15万元及以上的青年的比重最大,为55.2%,年收入为2万元及以下青年的比重最小,为31.9%,青年贷款消费意愿随着年收入的增加而增加(见表28)。

表 28　贷款消费意愿与年收入状况卡方分析

			年收入					合计
			2万元及以下	2万~5万元	5万~10万元	10万~15万元	15万元及以上	
是否愿意贷款消费	愿意	计数	293	381	287	40	16	1017
		百分比(%)	31.9	40.6	48.2	48.8	55.2	39.7
	不愿意	计数	626	558	308	42	13	1547
		百分比(%)	68.1	59.4	51.8	51.2	44.8	60.3
合计		计数	919	939	595	82	29	2564
		百分比(%)	100.0	100.0	100.0	100.0	100.0	100.0
卡方			47.606***					

（2）青年的贷款消费意愿会随着年龄的增长而上升。

对贷款消费意愿与年龄进行卡方分析。经检验得出，贷款消费意愿与年龄具有显著相关关系（$\chi^2 = 38.159$，$P < 0.001$）。在"愿意"这一选择上，20岁及以下青年的比重为32.4%，21~25岁青年的比重为34.8%，26~30岁青年的比重为46.2%，31~35岁青年的比重为43.7%。因此，青年的贷款消费意愿会随着年龄的增长而上升（见表29）。

表 29　贷款消费意愿与年龄卡方分析

			年龄				合计
			20岁以下	21~25岁	26~30岁	31~35岁	
是否愿意贷款消费	愿意	计数	159	313	417	153	1042
		百分比(%)	32.4	34.8	46.2	43.7	39.5
	不愿意	计数	331	586	485	197	1599
		百分比(%)	67.6	65.2	53.8	56.3	60.5
合计		计数	490	899	902	350	2641
		百分比(%)	100.0	100.0	100.0	100.0	100.0
卡方			38.159***				

注：*** 表示 $P < 0.001$。

（3）学历较高的青年会更愿意接受贷款消费。

对贷款消费意愿与学历进行卡方分析。经检验得出，贷款消费意愿与学历具有显著相关关系（$\chi^2 = 20.715$，$P < 0.001$）。在"愿意"这一选择上，初中学历青年的比重为22.5%，高中（含中专、中技）学历青年的比重为35.1%，大专学历青年的比重为38.3%，大学本科学历青年的比重为43.3%，硕士及以上学历青年的比重为43.5%。学历较高的青年会更愿意接受贷款消费（见表30）。

表30 贷款消费意愿与学历卡方分析

			学历						合计
			小学及以下	初中	高中（含中专、中技）	大专	大学本科	硕士及以上	其他	
是否意愿贷款消费	愿意	计数	10	38	111	307	524	67	1	1058
		百分比(%)	33.3	22.5	35.1	38.3	43.3	43.5	16.7	39.4
	不愿意	计数	20	131	205	494	686	87	5	1628
		百分比(%)	66.7	77.5	64.9	61.7	56.7	56.5	83.3	60.6
合计		计数	30	169	316	801	1210	154	6	2686
		百分比(%)	100.0	100.0	100.0	100.0	100.0	100.0	100.0	100.0
卡方			33.637***							

（4）已婚的青年的贷款消费意愿较高。

对贷款消费意愿与婚姻进行卡方分析。经检验得出，贷款消费意愿与婚姻具有显著相关关系（$\chi^2 = 23.824$，$P < 0.001$）。已婚的青年的贷款消费意愿高于未婚青年和离异/丧偶青年的贷款消费意愿，离异/丧偶青年的贷款消费意愿相对最低（见表31）。

表31 贷款消费意愿与婚姻状况卡方分析

			婚姻状况			Total
			未婚	已婚	离异/丧偶	
是否意愿贷款消费	愿意	计数	642	405	5	1052
		百分比(%)	36.6	45.3	18.5	39.3
	不愿意	计数	1113	489	22	1624
		百分比(%)	63.4	54.7	81.5	60.7
Total		计数	1755	894	27	2676
		百分比(%)	100.0	100.0	100.0	100.0
卡方			23.824***			

(5) 城镇户籍青年的贷款消费意愿较高。

对贷款消费意愿与户籍进行卡方分析。经检验得出，贷款消费意愿与户籍具有显著相关关系（$\chi^2 = 20.715$，$P < 0.001$）。在"愿意"这一选择上，广州城镇户籍青年的比重为43.8%，广州农村户籍青年的比重为36.1%，外地城镇户籍青年的比重为41.0%，外地农村户籍青年的比重为33.5%。广州本地户籍青年的贷款消费意愿高于外地户籍青年；城镇户籍青年的贷款消费意愿高于农村户籍青年（见表32）。

表32　贷款消费意愿与户籍卡方分析

			广州城镇户籍	广州农村户籍	外地城镇户籍	外地农村户籍	合计
是否愿意贷款消费	愿意	计数	480	179	192	215	1066
		百分比(%)	43.8	36.1	41.0	33.5	39.5
	不愿意	计数	617	317	276	426	1636
		百分比(%)	56.2	63.9	59.0	66.5	60.5
合计		计数	1097	496	468	641	2702
		百分比(%)	100.0	100.0	100.0	100.0	100.0
卡方			20.715***				

二　青年闲暇娱乐多样而健康

（一）平均每日闲暇时间4.7小时

娱乐休闲消费是高于基本生存和发展的较高层次消费，分析青年闲暇娱乐状况能进一步把握分析青年生活质量的高低。2014年数据分析显示，"近一个星期，您平均每天有＿＿＿＿小时闲暇的时间"问题中，广州青年平均每日闲暇时间是4.7小时，显示广州青年有一定的时间开展闲暇娱乐活动，根据闲暇时间与生活质量相关的规律，广州青年在享有较充足闲暇娱乐时间的情况下，生活质量也是相对较高的[1]（见表33）。

---

[1] 根据央视近日发布的《中国经济生活大调查》，中国人每天平均闲暇时间为2.55小时，收入越高的人，闲暇时间越长。参见《广州日报》2015年3月11日A8版，《每天休闲2.55小时，1/3时间在玩手机》。

表33 平均每天闲暇时间（2014年调查数据）

	N	Minimum	Maximum	Mean	Std. Deviation
近一个星期,您平均每天有_____小时闲暇的时间。	3468	.0	24.0	4.7	4.2453

（二）平均每周运动时间3.4小时

青年平均每周运动时间是3.4小时，运动时间相对不足，还有待提升。相应地，青年在闲暇娱乐场所中选择"健身俱乐部及其他体育设施场所"占6.9%，低于电影院、音乐厅、博物馆等场所，从一个侧面反映广州青年运动时间有待加长，如果城市与社区能提供更多便利的体育运动场所将有助于广州青年加强运动锻炼，强健体魄，以利于更好地工作、学习和生活（见表34）。

表34 平均每周体育锻炼的时间（2014年调查数据）

	N	Minimum	Maximum	Mean	Std. Deviation
近一个月,您平均每周进行体育锻炼的时间_____小时	3478	.0	52.0	3.4	5.1344

（三）青年到专门场所进行闲暇娱乐活动的比例上升

1. 广州青年闲暇娱乐场所多样

数据显示，广州青年的闲暇娱乐场所多样，在"通常的休闲活动场所"问题中，居于前三名的分别是"电影院、音乐厅、博物馆"（18.7%）、"自己家里"（18.4%）、"茶馆、咖啡店、美食街"（14.2%），显示广州青年闲暇娱乐最注重艺术熏陶，家居与社交的地点。而"图书馆、书店、展览馆"选项占13.7%，与"电影院、音乐厅、博物馆"两相合并，可显示广州青年选择侧重艺术与教育的场所，比例达32.4%，闲暇娱乐场所比较高雅。此外，其他闲暇娱乐场所选项也得到广州青年青睐，"网吧、KTV、酒吧、棋牌游艺室"（9.0%）、"旅游景点和公园"（13.6%），健身俱乐部及其他体育设施场所（6.9%）、"自己居住的小区或住地附近的空地"（5.1%），其他（4%），广

分报告七 广州青年消费与闲暇娱乐状况研究

州青年闲暇娱乐的场所比较丰富多样、健康（见表35）。

2. 广州青年到专门场所开展闲暇娱乐活动的比例较往年上升

通过2014年与2012年青少年休闲活动场所分布对比，我们发现，青少年去"图书馆、书店、展览馆"、"电影院、音乐厅、博物馆"、"茶馆、咖啡店、美食街"、"旅游景点和公园"、"健身俱乐部及其他体育设施场所"的比例均有所上升。而"自己家里"、"自己居住的小区或住地附近的空地"的比例有所下降（见表35）。

表35　2014年与2012年青少年休闲活动场所分布对比（多选）

单位：%

活动场所		
	2014年	2012年
图书馆、书店、展览馆	33.5	29.9
电影院、音乐厅、博物馆	45.7	28.8
网吧、KTV、酒吧、棋牌游艺室	22.0	22.1
茶馆、咖啡店、美食街	34.7	25.4
旅游景点和公园	33.1	30.5
健身俱乐部及其他体育设施场所	16.7	12.9
自己家里	45.0	63.0
自己居住的小区或住地附近的空地	12.5	22.1
其他	1.0	1.3

3. 青年闲暇娱乐场所的影响因素分析

（1）"90后"更倾向于去"图书馆、书店、展览馆"。

对青年的休闲娱乐场所与年龄进行交互分析。结果显示，"90后"青年比"80后"青年更倾向去"图书馆、书店、展览馆"，"90后"选择的比例为41.2%，而"80后"青年选择的比例为23.9%，两者相差异常明显（见表36）。而在其余的休闲娱乐场所的选择上"80后"与"90后"青年对比没有异常差异。

（2）学历对闲暇娱乐场所有影响。

对青年的休闲娱乐场所与学历交互分析。结果显示，大学本科、硕士及以上学历青年会倾向选择"图书馆、书店、展览馆"、"电影院、音乐厅、博物馆"，小学及以下学历的青年更倾向选择"网吧、KTV、酒吧、棋牌游艺室"，初中和高中（含中专、中技）学历青年会比其他学历青年更喜欢"自己家里"（见表37）。

表36　休闲娱乐场所与年龄交互分析

		年龄		Total
		"80后"	"90后"	
图书馆、书店、展览馆	计数	364	814	1178
	百分比(%)	23.9	41.2	
电影院、音乐厅、博物馆	计数	681	928	1609
	百分比(%)	44.7	46.9	
网吧、KTV、酒吧、棋牌游艺室	计数	291	475	766
	百分比(%)	19.1	24.0	
茶馆、咖啡店、美食街	计数	489	726	1215
	百分比(%)	32.1	36.7	
旅游景点和公园	计数	566	592	1158
	百分比(%)	37.2	29.9	
健身俱乐部及其他体育设施场所	计数	287	301	588
	百分比(%)	18.8	15.2	
自己家里	计数	671	900	1571
	百分比(%)	44.1	45.5	
自己居住的小区或住地附近的空地	计数	219	212	431
	百分比(%)	14.4	10.7	
其他	计数	13	20	33
	百分比(%)	.9	1.0	
合　计	计数	1523	1977	3500

表37　休闲娱乐场所与学历交互分析

		学历						合计
		小学及以下	初中	高中(含中专、中技)	大专	大学本科	硕士及以上	
图书馆、书店、展览馆	计数	11	29	434	222	422	65	1183
	百分比(%)	36.7	16.0	38.2	27.2	34.5	41.7	
电影院、音乐厅、博物馆	计数	12	45	495	358	630	82	1622
	百分比(%)	40.0	24.9	43.5	43.9	51.5	52.6	
网吧、KTV、酒吧、棋牌游艺室	计数	12	44	284	173	247	24	784
	百分比(%)	40.0	24.3	25.0	21.2	20.2	15.4	
茶馆、咖啡店、美食街	计数	8	46	411	301	433	33	1232
	百分比(%)	26.7	25.4	36.1	36.9	35.4	21.2	

续表

		学历						合计
		小学及以下	初中	高中（含中专、中技）	大专	大学本科	硕士及以上	
旅游景点和公园	计数	8	58	323	303	431	51	1174
	百分比(%)	26.7	32.0	28.4	37.1	35.2	32.7	
健身俱乐部及其他体育设施场所	计数	4	22	178	145	209	37	595
	百分比(%)	13.3	12.2	15.7	17.8	17.1	23.7	
自己家里	计数	6	91	560	341	536	61	1595
	百分比(%)	20.0	50.3	49.3	41.8	43.8	39.1	
自己居住的小区或住地附近的空地	计数	5	31	116	123	142	27	444
	百分比(%)	16.7	17.1	10.2	15.1	11.6	17.3	
其他	计数	2	0	15	13	5	0	35
	百分比(%)	6.7	0.0	1.3	1.6	0.4	0.0	
合　计	计数	30	181	1137	816	1223	156	3543

（3）婚姻对闲暇娱乐场所有影响。

对青年的休闲娱乐场所与婚姻交互分析。结果显示，未婚或离异/丧偶青年比已婚青年更倾向选择"图书馆、书店、展览馆"、"电影院、音乐厅、博物馆"，已婚青年比未婚或离异/丧偶青年更倾向选择"旅游景点和公园"、"自己家里"（见表38）。

表38　休闲娱乐场所与婚姻状况交互分析

		婚姻状况			Total
		未婚	已婚	离异/丧偶	
图书馆、书店、展览馆	计数	1002	178	8	1188
	百分比(%)	38.6	19.5	28.6	
电影院、音乐厅、博物馆	计数	1254	353	13	1620
	百分比(%)	48.3	38.7	46.4	
网吧、KTV、酒吧、棋牌游艺室	计数	585	184	7	776
	百分比(%)	22.5	20.2	25.0	

续表

		婚姻状况			Total
		未婚	已婚	离异/丧偶	
茶馆、咖啡店、美食街	计数	952	271	7	1230
	百分比(%)	36.7	29.7	25.0	
旅游景点和公园	计数	797	364	4	1165
	百分比(%)	30.7	39.9	14.3	
健身俱乐部及其他体育设施场所	计数	420	164	8	592
	百分比(%)	16.2	18.0	28.6	
自己家里	计数	1165	425	8	1598
	百分比(%)	44.9	46.6	28.6	
自己居住的小区或住地附近的空地	计数	266	176	4	446
	百分比(%)	10.2	19.3	14.3	
其他	计数	27	8	0	35
	百分比(%)	1.0	0.9	0.0	
合计	计数	2597	912	28	3537

(4)户籍对闲暇娱乐场所有影响。

对青年的休闲娱乐场所与户籍交互分析，结果显示，广州本地户籍青年比外地户籍青年更倾向"网吧、KTV、酒吧、棋牌游艺室"、"茶馆、咖啡店、美食街"、"自己家里"。外地户籍青年比广州本地户籍青年更倾向"图书馆、书店、展览馆"。城镇户籍青年比农村户籍青年更倾向"电影院、音乐厅、博物馆"，尤其是广州城镇户籍青年（见表39）。

表39 休闲娱乐场所与户籍交互分析

		户籍				合计
		广州城镇户籍	广州农村户籍	外地城镇户籍	外地农村户籍	
图书馆、书店、展览馆	计数	473	164	200	349	1186
	百分比(%)	31.2	27.9	36.4	38.7	
电影院、音乐厅、博物馆	计数	823	217	272	315	1627
	百分比(%)	54.3	36.9	49.5	34.9	
网吧、KTV、酒吧、棋牌游艺室	计数	337	138	112	196	783
	百分比(%)	22.2	23.5	20.4	21.7	

续表

		户籍				合计
		广州城镇户籍	广州农村户籍	外地城镇户籍	外地农村户籍	
茶馆、咖啡店、美食街	计数	567	211	187	269	1234
	百分比(%)	37.4	35.9	34.0	29.8	
旅游景点和公园	计数	480	169	153	377	1179
	百分比(%)	31.7	28.7	27.8	41.8	
健身俱乐部及其他体育设施场所	计数	274	78	100	143	595
	百分比(%)	18.1	13.3	18.2	15.9	
自己家里	计数	672	293	234	401	1600
	百分比(%)	44.4	49.8	42.5	44.5	
自己居住的小区或住地附近的空地	计数	153	97	60	136	446
	百分比(%)	10.1	16.5	10.9	15.1	
其他	计数	17	6	5	7	35
	百分比(%)	1.1	1.0	.9	.8	
合　计	计数	1515	588	550	902	3555

(四) 闲暇娱乐方式多样，上网、听音乐与睡觉居前三项

广州青年的闲暇娱乐方式也较为分散多样，前三项是上网（48.7%）、听音乐（35.3%）、睡觉（31.3%），这三项均是在家里可以进行的闲暇娱乐活动，显示广州青年偏爱的闲暇娱乐方式仍然偏向于"宅"。但体育锻炼占27.7%，位列第四，可见广州青年仍然重视体育锻炼。其余的闲暇娱乐应答次数百分比分别是看书刊（23.3%）、看电视（20.5%）、看电影（25.8%）、做家务（7.1%）、亲友聚会（17.3%）、外出餐饮（13.1%）、逛街购物（14.2%）、旅行（8.0%）、其他（.9%）（见表40）。可见广州青年闲暇娱乐方式多样，首要方式是便于在家里展开的，其次注重体育锻炼，也兼顾其他外出性闲暇娱乐方式。

表40 主要休闲方式（最多选三项，2014年调查数据）

	Responses		Percent of Cases (%)
	N	Percent(%)	
体育锻炼	990	10.2	27.7
看书刊	830	8.5	23.3
上网	1737	17.8	48.7
看电视	733	7.5	20.5
看电影	922	9.5	25.8
听音乐	1258	12.9	35.3
睡觉	1115	11.4	31.3
做家务	253	2.6	7.1
亲友聚会	616	6.3	17.3
外出餐饮	468	4.8	13.1
逛街购物	507	5.2	14.2
旅行	284	2.9	8.0
其他	33	.3	.9
Total	9746	100.0	273.2

a. Dichotomy group tabulated at value 1.

三 广州青年消费与闲暇娱乐现状存在的问题及原因分析

（一）"月光族"增加，"啃老"现象依然存在

青年"月光族"较往年增加，相应地"啃老"现象依然存在。父辈家庭对青年的经济支援在住房上较为明显，青年可能与家人同住而降低住房支出，或家人对青年购房提供经济支援。这体现了我国传统家庭居住习惯和扶持精神，在一定程度上也显示出"月光"与"啃老"的无奈。其原因在于尽管青年收入有一定增长，但是仍赶不上青年消费与闲暇娱乐的多样化需求与现状，青年依然存在"入不敷出"的压力。

产生青年"入不敷出"压力的根源，是社会上形成的"结婚先买房"，或

者其他追赶时尚、品牌等攀比观念，使得青年在消费与闲暇娱乐方面陷入了困境。另外，在经济与社会持续健康发展的环境下，青年收入依然有待提高。

（二）青年静态休闲时间较长，动态休闲娱乐时间较短

青年闲暇娱乐时间有所增加，使得青年在通过发展闲暇娱乐促进身心健康上获得了时间保障；青年利用专门闲暇娱乐场所的比例也较往年有上升。但是青年仍将较多闲暇时间用于静态休闲，特别是上网，这在一定程度上减少了青年动态休闲时间，青年通过闲暇娱乐发展社会参与和身心锻炼的机会相应减少。这一状况可能与当前青年文体和社交活动还不充足以及社会上鼓励青年增加文体与社交活动的宣传与传播还不充足有关。

四 促进广州青年消费与闲暇娱乐的对策建议

（一）推动青年收入持续增长，提高青年消费与闲暇娱乐质量

十八届三中全会以来，我国经济顶住经济下行风险稳速增长，社会建设在坚定不移的反腐工作下持续发展，人民收入持续增长，居民消费与闲暇娱乐环境更接地气。收入是消费的基础，在经济社会建设新常态下，为提高青年消费与闲暇娱乐质量，政府与社会应共同为推动青年收入提高提供政策与环境支持，从而保障青年提高消费与闲暇娱乐的经济基础，促进广州青年的消费与闲暇娱乐质量提高。

（二）着力提升青年消费与闲暇娱乐"互联网+"优势

近日李克强总理谈到自己也网购[①]，电子科技、金融科技的创新逐渐塑造着新的消费与闲暇娱乐方式。青年消费与闲暇娱乐"互联网+"特点显著，青年对网络消费与闲暇娱乐接受与应用程度较高，体现了青年对现代技术的敏感和认知程度。通过网络消费与闲暇娱乐，青年实际走在了互联网经济高速发

---

① 《李克强回应网购：我也网购过最近还买了几本书》，检索日期：2015 年 3 月 15 日，http://news.163.com/15/0315/10/AKO9I0SC00014JB6.html? wps

展通道上，是互联网经济时代的重要群体。青年消费与闲暇娱乐"网络化"趋势不可避免，值得鼓励，值得政府、社会与市场继续深度探索挖掘。

（三）鼓励青年秉持理性消费价值观，适度信贷合理规划人生

大多数青年认可中国传统的节俭的价值观，他们在消费时比较理性，把性价比作为的首要考虑因素。青年贷款购买住房和车辆的意愿比较高，在当前我国金融业发展快速的背景下，适度运用信贷是青年合理规划，实现人生目标的金融手段。与此同时，学校、家庭与社会仍应共同为预防青年过度消费而倡导理性消费的价值观，倡导健康、理性消费的新风气。

青年住房压力应当得到足够重视，协助青年顺利渡过这一婚育期难题。在具体措施上，一是有关部门应在减轻青年购房负担上推出切实有益的金融与行政政策支持。二是，应加快推进廉租房建设，形成新型住房系统，为提倡新型的青年住房观念提供弹性环境条件。三是全社会应有转变结婚一定要买房的既定观念，这一观念在全世界都不是标准。

（四）开辟青年体育锻炼与社交场所，提高青年动态休闲时间

青年将较多闲暇时间用于静态休闲，特别是上网。相对而言，青年积极休闲时间偏少，让青年"动起来"，增加积极休闲时间，有望促进青年闲暇娱乐结构的改善。当前青年进行体育锻炼，文体活动和社交活动的场所还有待改善和丰富，因此，有关政府部门应积极开辟青年体育锻炼与社交场所，促青年身心健康发展。

B.9
分报告八
广州青年互联网运用状况分析

刘思贤*

摘　要：	本文依据2014年广州青年发展状况调查数据统计分析，研究发现：广州青年上网更加普及，呈现低龄化、娱乐化、移动化的趋势。青年持续上网时间稳定，移动上网设备的普及加大了未成年人网络管理的难度，网络的娱乐功能得到进一步强化，网游成瘾依旧是青年面临的顽疾之一。在分析广州青年上网现状以及问题的基础上，笔者认为针对未成年人，有关部门应建设集指导、监管、服务、宣传于一体的互联网支持体系，有针对性地建立广州青年专属网络平台。此外也应多组织青年参与线下体验活动，降低青年的网络依赖度，优化青年网络发展环境，为最终打造广州"互联网+"优质生态链做出贡献。
关键词：	广州青年　互联网

一　前言

2015年2月，中国互联网络信息中心（CNNIC）发布的《第35次中国互联网络发展状况统计报告》显示，截至2014年12月，我国网民规模达6.49亿人，互联网普及率为47.9%。广东省以7286万网民、68.5%的互联网普及率位居全国第三。网民中使用手机上网人群占比由2013年的81.0%

---

* 刘思贤，广州市穗港澳青少年研究所助理研究员。

提升至85.8%。①历年CNNIC统计报告均显示青少年是网络使用人群的重要部分。截至2014年12月，我国10~39岁年龄段网民合计比例高达78.1%，其中20~29岁年龄段青年网民占比最高，达到31.5%。通过网络，广州青年得以高效快捷地获取所需信息。网络为青年带来了新的生活方式、社会互动方式、多元知识以及新型代际关系。②

一直以来建设"智慧广州"的重要步骤之一就是要发展信息网络技术。广州在过去十多年内扶持了一批知名互联网企业，为这座城市营造了浓厚的互联网生态氛围。作为青年工作者，我们不仅需要及时了解互联网对广州青年的各种影响（包括价值观、性格、审美、合作意识、语言习惯、生活方式等），更需要全面掌握、预测、应对可能导致青年在使用互联网的过程中出现的社会问题（包括网络成瘾、网络犯罪、网络诈骗等）。研究这一系列问题不仅具有紧迫的现实意义，而且对于产业经济学、传播学、教育学、心理学、社会学和社会工作等学科的理论推进与实际应用都有着重要的价值。本文拟从以下三方面进行阐述：①广州青年互联网运用现状；②广州青年网络文化与行为；③在网络社会，我们该如何应对网络对青年产生的负面影响。

二 广州青年互联网使用现状及特征

（一）广州青年互联网使用状况

1. 首次触网年龄

调查显示，广州青年平均在13岁左右就开始接触网络，40.3%的受访青年表示自己首次接触网络是在11~15岁，27.1%的受访青年认为在高中以后（16~20岁）自己才开始接触网络。而触网年龄最小的则是在5岁就开始接触网络，且有30%的受访青年承认在10岁前就已经接触网络。年纪最大的则是31岁才开始接触网络，超过21岁才接触网络的受访青年仅占样本量的2.6%。

在首次触网年龄调查中我们也对接触互联网的青年群体进行了进一步的性

---

① 中国互联网络信息中心：《第35次中国互联网络发展状况统计报告》，2015年2月。
② 王穗红：《网络化与社会化：青少年成长因素研究》，《当代青年研究》2007年第3期。

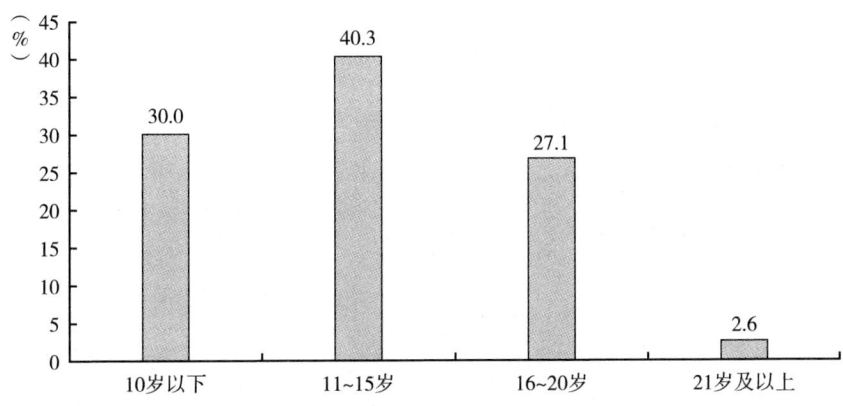

图1 初次上网年龄（N=3321）

别、独生子女/非独生子女、户籍和学历相关分析。调查结果显示，在性别方面男女首次触网年龄并不存在显著差异。10岁以下年龄组中男女比例几近一致；在11~15岁年龄组，结果显示女生初次上网的比例超过男生4个百分点；但在16~20岁年龄组及21岁及以上年龄组中男生初次上网比例则分别反超女生3.7个和0.4个百分点。这一调查结果与CNNIC最新发布的中国网民性别比例调查结果趋于一致。[1]

在首次触网青年独生子女/非独生子女相关分析方面，结果显示独生子女首次触网年纪明显较小，10岁以下年龄组中45.1%的独生子女家庭的青年就已经开始接触网络。随着年纪的增长，非独生子女家庭的孩子接触网络的比例开始超过独生子女家庭，在11~15岁年龄组中非独生子女家庭子女接触网络比例超过独生子女家庭青年8.3个百分点，在16~20岁年龄组中非独生子女家庭子女更是超过独生子女家庭青年10.1个百分点，21岁及以上年龄组中非独生子女家庭子女上网比例也高于独生子女家庭子女1.9个百分点。

在对首次触网青年户籍的相关分析中我们发现，10岁以下年龄组中广州城镇户籍人群最高（39.2%），其次是外地城镇户籍（33.6%），再次是广州

---

[1] 截至2014年12月，中国网民男女比例为56.4∶43.6，近年间基本保持稳定——《中国互联网络信息中心2015年报告》，第32页。

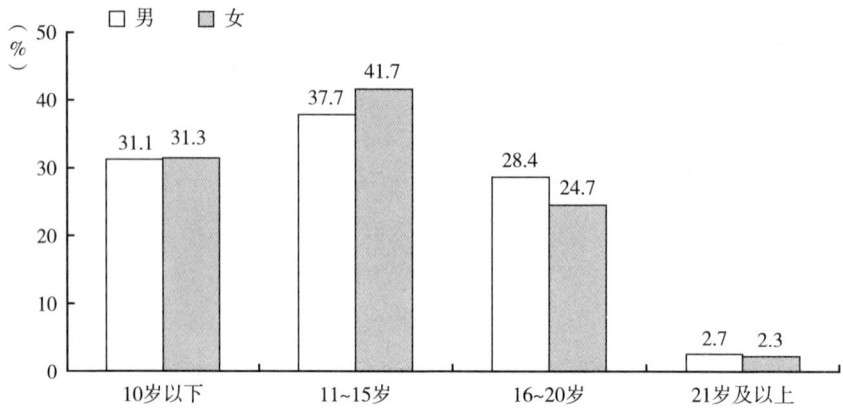

图2 男女青年初次上网年龄比较

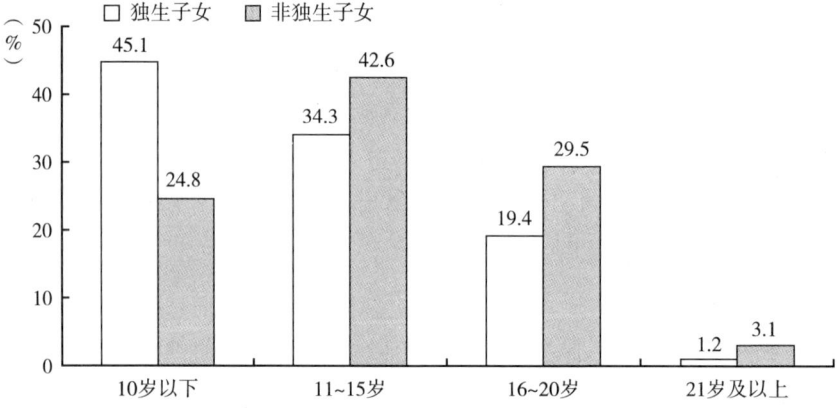

图3 独生子女与非独生子女初次上网年龄比较

农村户籍（22.8%），最后是外地农村户籍（21.9%）；在11~15岁年龄组中，上网青年户籍发生明显变化，占比最高人群是外地农村户籍（49.1%），其次是外地城镇户籍（41.8%），再次是广州农村户籍（38.9%），最后是广州城镇户籍（33.3%）；在16~20岁年龄组中，占比依次是广州农村户籍青年（34.0%）、外地农村户籍青年（26.3%）、广州城镇户籍青年（25.3%）、外地城镇户籍青年（22.8%）；在21岁及以上年龄组中，占比依次为广州农村户籍（4.3%）、外地农村户籍（2.7%）、广州城镇户籍（2.2%）、外地城镇户籍（1.7%）。

表1 不同户籍类型青年的初次上网年龄比较

单位：%

初次上网年龄	户籍			
	广州城镇户籍	广州农村户籍	外地城镇户籍	外地农村户籍
10岁以下	39.2	22.8	33.6	21.9
11~15岁	33.3	38.9	41.8	49.1
16~20岁	25.3	34.0	22.8	26.3
21岁及以上	2.2	4.3	1.7	2.7
合计	100.0	100.0	100.0	100.0

在对首次触网青年学历的相关分析中我们发现，接触网络较早的10岁以下青年中，50.8%的问卷填答人是高中（含中专、技校）学历，然后依次是硕士及以上（23.5%）、大学本科（23.4%）、大专（21.5%）、小学及下（21.4%）和初中（11%）；11~15岁上网年龄组中最终学历依次是大学本科（44.6%）、大专（44%）、高中（含中专、技校）（34.8%）、硕士及以上（32.2%）、初中（28.2%）、小学及以下（17.9%）；16~20岁年龄组中最终学历依次是初中（50.3%）、小学及以下（50.0%）、硕士及以上（42.3%）、大专（32.5%）、大学本科（29.2%）、高中（含中专、技校）（13%）；21岁及以上年龄组中最终学历依次是小学及以下（10.7%）、初中（10.4%）、大学本科（2.7%）、大专（2.1%）、硕士及以上（2.0%）、高中（含中专、技校）（1.5%）。

表2 不同学历青年的初次上网年龄比较

单位：%

	小学及以下	初中	高中（含中专、中技）	大专	大学本科	硕士及以上	其他
10岁以下	21.4	11.0	50.8	21.5	23.4	23.5	60.0
11~15岁	17.9	28.2	34.8	44.0	44.6	32.2	20.0
16~20岁	50.0	50.3	13.0	32.5	29.2	42.3	20.0
21岁及以上	10.7	10.4	1.5	2.1	2.7	2.0	
合计	100.0	100.0	100.0	100.0	100.0	100.0	100.0

2. 上网途径及设备

调查显示，52.1%的受访广州青年主要在家里上网，使用手机等移动设备有空就上网的比例已经达到30.6%，仅有10.5%的受访广州青年在学校上网，网吧等曾经风靡中国的公共网络会所使用比例以下降至6%，另有0.8%的比例选择其他上网方式。

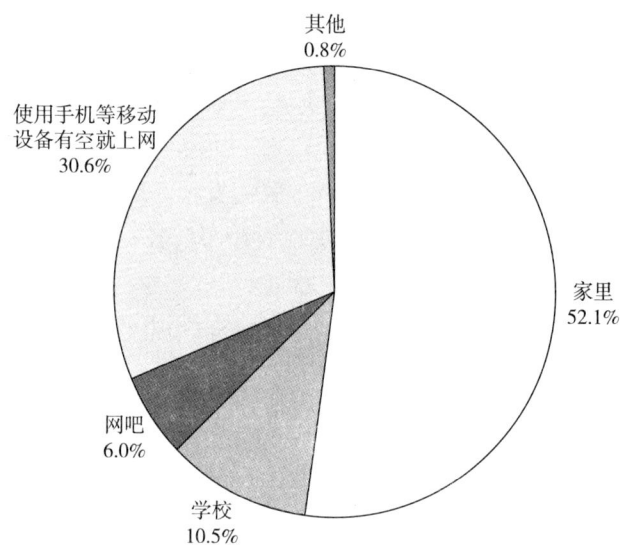

图4 主要上网地（N＝3344）

进一步分析不同性别与上网途径的关系，调查显示在超过一半的在家上网的青年中男性占53.8%，女性占50.2%；在学校上网的青年中男性占9.6%，女性占11.6%；在网吧上网的青年中8.3%为男性，3.4%为女性；用移动设备上网的青年中27.4%为男性，34.0%为女性。

进一步分析不同家庭子女数量与上网途径的关系，独生子女与非独生子女比较而言，除了在"家里"上网的独生子女占比56.6%超过非独生子女（49.6%），在其他途径（包括学校、网吧、移动设备等）方面均略低于非独生子女。

进一步分析青年不同户籍与上网途径的关系，调查显示在家里上网与在学校上网存在显著地区差异，在家上网的青年户籍比例由高到低依次是广州城镇

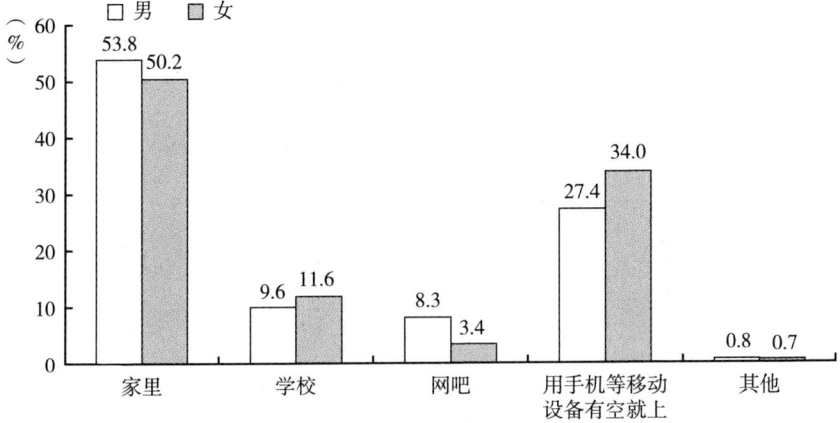

图 5 男女青年上网地点比较

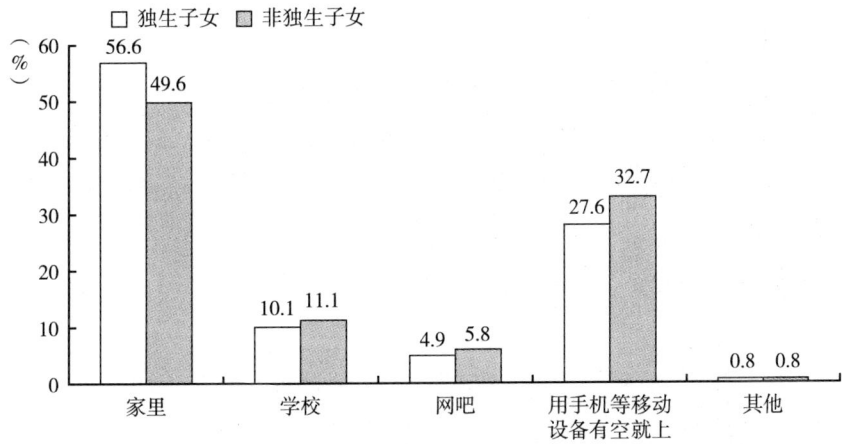

图 6 独生子女与非独生子女上网地点比较

户口（62.8%）、广州农村户籍（50.5%）、外地城镇户籍（47.4%）和外地农村户籍（38.2%）；在学校上网青年户籍比例由高到低依次是外地城镇户籍（17.2%）、外地农村户籍（15.0%）、广州农村户籍（7.3%）、广州城镇户籍（6.7%）；在网吧上网的青年户籍比例由高到低依次是外地农村户籍（8.3%）、广州农村户籍（7.3%）、外地城镇户籍（6.1%）、广州城镇户籍（3.8%）；使用移动设备上网的不同户籍青年比例由高到低依次是外地农村户籍（37.8%）、广州农村户籍（33.9%）、外地城镇户籍（28.8%）、广州城镇户籍（25.8%）。

表3 不同户籍类型青年的上网地点比较

单位：%

	户籍			
	广州城镇户籍	广州农村户籍	外地城镇户籍	外地农村户籍
家里	62.8	50.5	47.4	38.2
学校	6.7	7.3	17.2	15.0
网吧	3.8	7.3	6.1	8.3
使用手机等移动设备有空就上网	25.8	33.9	28.8	37.8
其他	0.9	0.9	0.6	0.7
合计	100.0	100.0	100.0	100.0

3. 上网时间

关于每天上网时长，近一半的受访广州青年选择2小时及以下，其次35.4%的受访广州青年认为自己上网时间通常在2~5小时，以上合计84.9%的广州青年上网时间在5小时以内。

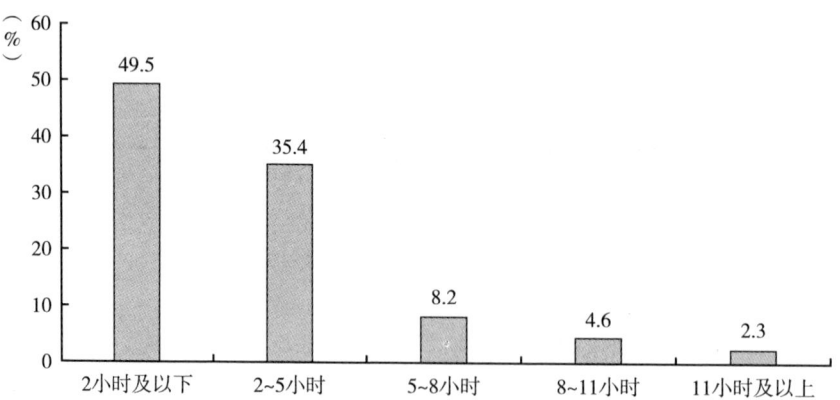

图7 每天上网时间（N=3236，均值=3.35，标准差=2.77）

我们也进行了进一步的性别、独生子女/非独生子女、户籍和学历相关分析，调查结果显示仅户籍、学历两项与上网时间相关关系存在显著差异。

上网时长 2 小时以下的依次是广州城镇户籍（53.4%）、广州农村户籍（50.6%）、外地农村户籍（45.9%）、外地城镇户籍（41.3%）；上网时长 2~5 小时的依次是外地城镇户籍（40.9%）、外地农村户籍（39.5%）、广州农村户籍（35.6%）、广州城镇户籍（30.6%）；上网时长 5~8 小时的依次是外地城镇户籍（9.8%）、广州城镇户籍（8.4%）、广州农村户籍（8.2%）、外地农村户籍（6.8%）；上网时长 8~11 小时的依次是外地城镇户籍（5.2%）、外地农村户籍（5.1%）、广州城镇户籍（4.3%）、广州农村户籍（4.2%）；上网时长 11 小时以上的依次是广州城镇户籍（3.3%）、外地城镇户籍（2.8%）、外地农村户籍（2.7%）、广州农村户籍（1.5%）。

表 4　不同户籍类型青年每天上网时间比较

单位：%

	户籍			
	广州城镇户籍	广州农村户籍	外地城镇户籍	外地农村户籍
2 小时以下	53.4	50.6	41.3	45.9
2~5 小时	30.6	35.6	40.9	39.5
5~8 小时	8.4	8.2	9.8	6.8
8~11 小时	4.3	4.2	5.2	5.1
11 小时以上	3.3	1.5	2.8	2.7
合　计	100.0	100.0	100.0	100.0

不同学历青年与上网时间的关系显示：上网时长在 2 小时以下的依次是初中（57.1%）、高中（56.5%）、小学及以下（56%）、硕士及以上（47.1%）、大专（46.1%）、大学本科（43.2%）；上网时长 2 到 5 小时的依次是大学本科（39.1%）、硕士及以上（38.6%）、初中（36.4%）、大专（36.1%）、高中（30.3%）、小学及以下（16%）；上网时长 5 到 8 小时的依次是大专（10.0%）、大学本科（8.9%）、小学及以下（8.0%）、硕士及以上（7.9%）、高中（6.8%）、初中（5.2%）；上网时长 8~11 小时的依次是小学及以下学历（12.0%）、大学本科（6.3%）、大专（5.2%）、硕士及以上（3.6%）、高中（2.9%）、初中（1.3%）；上网时长 11 小时以上的依次是小学及以下（8.0%）、高中（3.5%）、硕士及以上（2.9%）、大专（2.6%）、大学本科（2.5%）。

表5　不同学历青年的每天上网时间比较

单位：%

	小学及以下	初中	高中（含中专、中技）	大专	大学本科	硕士及以上	其他
2小时以下	56.0	57.1	56.5	46.1	43.2	47.1	60.0
2到5小时	16.0	36.4	30.3	36.1	39.1	38.6	40.0
5到8小时	8.0	5.2	6.8	10.0	8.9	7.9	
8到11小时	12.0	1.3	2.9	5.2	6.3	3.6	
11小时以上	8.0		3.5	2.6	2.5	2.9	
合　计	100.0	100.0	100.0	100.0	100.0	100.0	100.0

4. 上网内容

50.3%的受访广州青年认为自己上网的主要内容是"交友交流"，其次46%的受访广州青年上网主要是"听音乐、看视频、看小说"等娱乐性活动，位列第三的是用于"工作或学习"，占40.1%，此外亦有37.4%的受访广州青年认为"了解时事，看新闻"也是上网的主要内容之一。

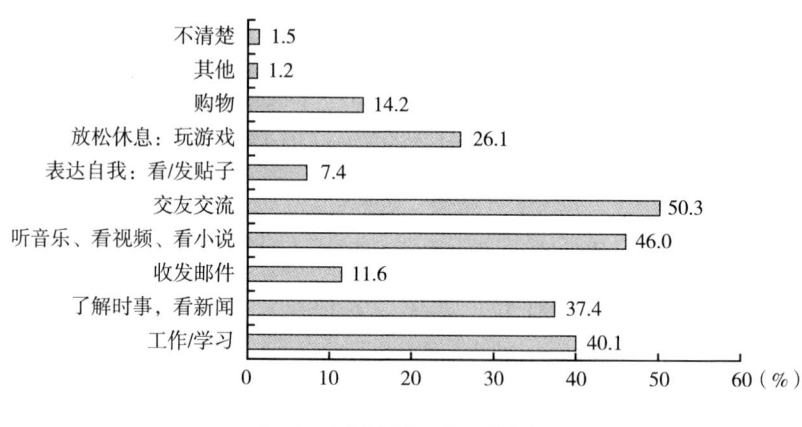

图8　上网内容（N=3344）

（1）进一步分析排在上网首位的"交友交流"与性别之间的关系。调查显示，55.0%的女性使用社交网络，高于男性用户9.5个百分点；与独生子女/非独生子女、户籍之间相关性不显著；不同学历使用社交媒体的程度依次是大专（53.9%）、高中（51.8%）、大学本科（48.0%）、初中（46.7%）、硕士及以上（43.6%）、小学及以下（37.9%）。

（2）进一步分析排名第二的"听音乐、看视频、看小说"与独生子女/非独生子女、户籍地之间的关系，并未发现显著差异。在娱乐功能使用方面，即便是不同类别青年其使用状况是相似的。但在性别方面，调查发现51.7%的女性更喜欢使用网络"听音乐、看视频、看小说"，这一数据超过男性11.3个百分点。

（3）进一步分析上网内容中排在第三位的"工作/学习"与户籍关系，调查发现，城镇户籍青年比农村户籍青年更善于运用网络学习，外地城镇户籍青年使用率最高（47.5%），广州农村户籍青年使用率最低（32.3%）。

表6 不同户籍类型青年网上工作/学习比例比较

单位：%

	户籍			
	广州城镇户籍	广州农村户籍	外地城镇户籍	外地农村户籍
非工作/学习	59.4	67.7	52.5	59.9
工作/学习	40.6	32.3	47.5	40.1
合计	100.0	100.0	100.0	100.0

此外，通过对"工作/学习"与学历关系数据进行分析，调查发现，通过网络工作/学习的不同学历青年依次是硕士及以上（60%）、大学本科（52%）、小学及以下（41.4%）、大专（41%）、高中（27.8%）、初中（15.4%）。

表7 不同学历青年网上工作/学习比例比较

单位：%

	小学及以下	初中	高中(含中专、中技)	大专	大学本科	硕士及以上	其他
非工作/学习	58.6	84.6	72.2	59.0	48.0	40.0	66.7
工作/学习	41.4	15.4	27.8	41.0	52.0	60.0	33.3
合计	100.0	100.0	100.0	100.0	100.0	100.0	100.0

（4）进一步分析上网内容中其他项目之间的关系，调查显示在"放松休息"中性别差异显著，32.3%的男性选择网络游戏放松休息，同比仅有19.8%的女性会选择该项。

通过学历比较我们发现,选择网络游戏的青年学历依次是高中(34.5%)、初中(28.6%)、大专(24.0%)、大学本科(21.9%)、小学及以下(10.3%)、硕士及以上(9.6%)。

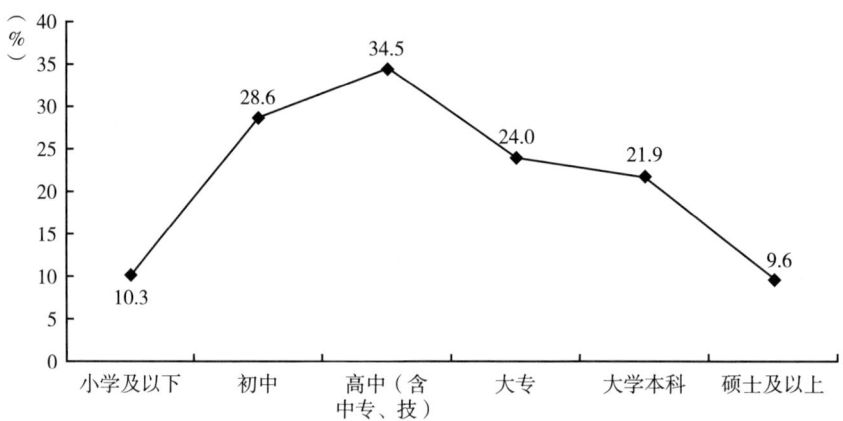

图9 不同学历青年放松休息:玩游戏比例比较

调查显示在"购物"中性别差异显著,19.4%的女生会选择网络购物,同比男生仅有9.3%;购物与独生子女/非独生子女,户籍等相关性较弱,与学历关系基本呈现出"学历层次越高网络购物也越多"的趋势。

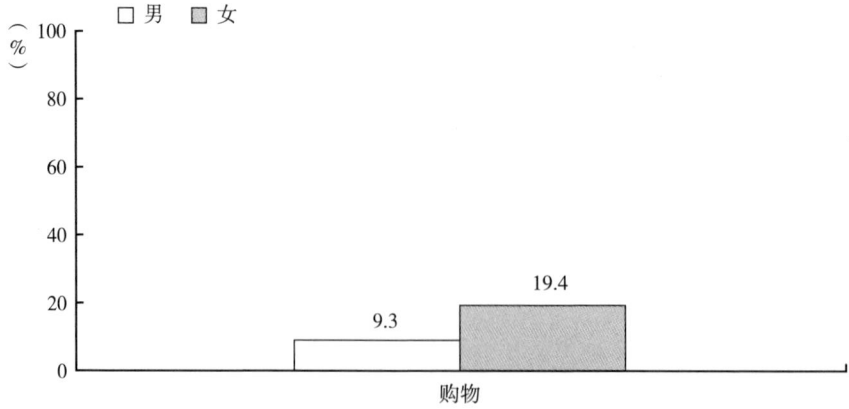

图10 男女青年网上购物比例比较

简言之，广州青年对互联网的使用显示出以下几个特征。

1. 初次上网时间低龄化趋势愈发明显

本次调查数据结果显示18～35岁广州青年首次触网平均年纪为13岁左右，30%的受访青年在10岁以下就曾接触网络。进一步对初次上网时间与性别、独生子女/非独生子女、户籍、学历之间的相关性进行分析，结果显示，男女上网性别比不存在显著差异。但在子女数不同的家庭，10岁以下独生子女比例略高（45.1%）；在户籍方面，我们发现10岁以下经济发达地区城镇户籍青年接触网络占比最高（39.2%）；在学历方面，10岁以下接触网络青年成年后学历层次近一半集中于高中（含中专、中技）阶段（50.8%）。这一调查结果整体上与CNNIC最新发布的中国网民性别比例调查结果趋于一致。① 在同类议题广州地区调查中也显示80.68%的"95后"是在"小学及以前"就开始接触网络。② 家庭互联网的普及使得未成年人接触互联网的比例越来越高。

2. 上网途径呈现多样化特点

家庭是广州青年主要的上网地点，使用移动设备上网的比例较高。调查显示，52.1%的受访广州青年主要在家里上网，使用手机等移动设备有空就上网的比例已经达到30.6%。进一步分析不同性别与上网途径的关系，调查显示在超过一半的在家上网的青年中男性占53.8%，女性占50.2%；在学校上网的青年中男性占9.6%，女性占11.6%；在网吧上网的青年中8.3%为男性，3.4%为女性；用移动设备上网的青年中27.4%为男性，34.0%为女性。移动设备的使用打破了上网的时间和空间束缚，便于青年接触网络的同时也增加了对未成年人上网的监管难度。

3. 上网持续时长稳定，持续上网时长呈现递减趋势

调查结果显示，近一半受访广州青年上网时长稳定证明18～35岁广州青年沉溺网络③现象并不显著。在对不同学历青年与上网时间的关系进行分析后

---

① 截至2014年12月，中国网民男女比例为56.4∶43.6，近年间基本保持稳定——《中国互联网络信息中心2015年报告》，第32页。
② 刘思贤：《网络游戏对广州"95后"青少年的社会化影响》，《广州日报》，2014年9月22日。
③ 沉溺网络：指一天多次上网，上网持续时间较长。康顺利：《城镇未成年人互联网运用基本状况分析》，《中国未成年人互联网运用报告（2013～2014）》，第28页。

我们发现,上网时长在 2 小时以下的依次是初中(57.1%)、高中(56.5%)、小学及以下(56%)。进一步分析不同户籍青年与上网时间的关系,调查显示,能够将上网时长控制在 2 小时以下的最多源于广州城镇户籍(53.4%),而上网时长超过 11 小时以上的最多也源于广州城镇户籍,但相对占比较低(3.3%)并呈现递减趋势。

4. 网络社交媒体及互联网娱乐功能进一步强化

排在前三位的网络使用功能分别是:"交友交流"(50.3%),"听音乐、看视频、看小说"等娱乐性活动(46%),"工作或学习"(40.1%)。这一排名客观验证了"互联网这一伟大的发明,对于很多青少年来说,仅仅是一个玩具"。① 这句评价对广州青年而言,运用互联网进行学习的功能相对靠后。

关于网络社交。调查显示,在社交应用方面,55.0%的受访女性喜欢使用社交网络,高于男性用户 9.5 个百分点;不同学历使用社交媒体的程度依次是大专(53.9%)、高中(51.8%)、大学本科(48.0%)、初中(46.7%)、硕士及以上(43.6%)、小学及以下(37.9%)。

关于网络消遣。对排名第二的"听音乐、看视频、看小说"与性别进行相关分析后,调查发现 51.7%的女性更喜欢使用网络"听音乐、看视频、看小说",这一数据超过男性 11.3 个百分点。

关于网络工作/学习。对于排在第三位的"工作/学习"与户籍进行分析后,调查发现,城镇户籍青年比农村户籍青年更善于运用网络学习,外地城镇户籍青年使用率最高(47.5%),广州农村户籍青年使用率最低(32.3%)。此外,通过对"工作/学习"与学历关系数据分析,调查发现,通过网络工作/学习的不同学历青年依次是硕士及以上(60%)、大学本科(52%)、小学及以下(41.4%)、大专(41%)、高中(27.8%)、初中(15.4%)。

关于网络休闲。进一步分析上网内容中其他项目之间的关系,调查显示在"放松休息"中性别差异显著,32.3%的男性选择网络游戏放松休息,同比仅有 19.8%的女性会选择该项;学历比较中我们发现,选择网络游戏的依次是高中(34.5%)、初中(28.6%)、大专(24.0%)、大学本科(21.9%)、小学及以下(10.3%)、硕士及以上(9.6%)。

---

① 周文:《互联网不该只是个大玩具》,《信息时报》2014 年 9 月 23 日。

关于网络购物。调查显示在"购物"中性别差异显著，19.4%的女生会选择网络购物，同比男生仅有9.3%会选择购物；购物与独生子女/非独生子女，户籍等相关性较弱，与学历关系基本呈现出"学历层次越高网络购物也越多"的趋势。

（二）网络文化与广州青年

1. 网络语言

随着网络对大众生活影响的日益深入，对网络语言现象的研究也日益增多。在网络空间中，网络语言交际的性质、特征、过程、特有现象及与日常言语交际的差别一直以来都是研究者关注的重点。在本次调查中，调查结果显示合计高达65.7%的广州青年认为自己会受到网络语言影响，且13.7%的受访青年"经常"会使用到网络语言进行沟通。

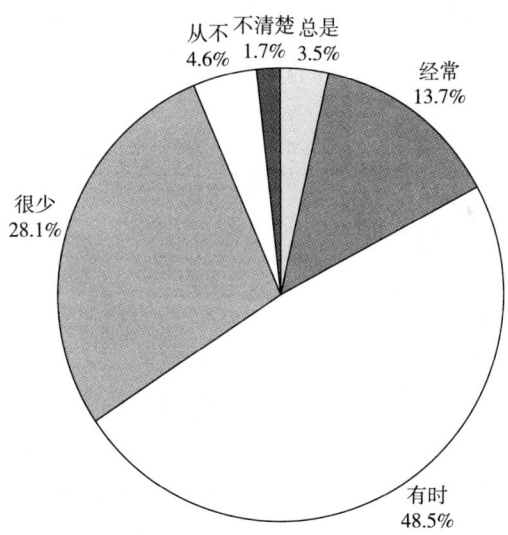

图11 生活中你会使用网络语言吗？（N=3574）

进一步分析使用网络语言与户籍、学历之间的关系，调查显示城镇户籍青年使用网络语言"总是"、"经常"程度胜于农村户籍青年；"小学及以下学历"用户偏好"总是"使用网络语言，占比高达20%。

表8 不同户籍类型青年使用网络语言比例比较

单位：%

	户籍			
	广州城镇户籍	广州农村户籍	外地城镇户籍	外地农村户籍
总是	3.8	3.7	4.0	2.6
经常	15.0	12.2	15.1	11.5
有时	49.6	39.3	50.4	51.2
很少	26.5	33.2	26.0	29.0
从不	4.0	7.8	3.6	4.0
不清楚	1.1	3.7	.9	1.7
合计	100.0	100.0	100.0	100.0

表9 不同学历青年使用网络语言比例比较

单位：%

	小学及以下	初中	高中（含中专、中技）	大专	大学本科	硕士及以上	其他
总是	20.0	2.8	3.9	3.9	2.3	5.1	16.7
经常	13.3	8.4	12.8	14.8	14.6	11.5	16.7
有时	33.3	41.9	49.2	44.5	50.7	58.3	16.7
很少	26.7	33.5	26.1	31.2	28.1	19.2	50.0
从不	6.7	7.3	6.4	3.8	3.0	5.8	0.0
不清楚	0.0	6.1	1.6	1.7	1.3	0.0	0.0
合计	100.0	100.0	100.0	100.0	100.0	100.0	100.0

2. 行为选择

（1）网络参与：调查显示，当前在广州青年中35.1%的青年会受到网络影响而选择流行的娱乐活动，其次33.3%的青年会影响其说话方式，而32.8%的青年会尝试团购等较为新鲜的网络消费生活方式。

进一步分析网络行为选择与性别、独生子女/非独生子女、户籍、学历之间的相关关系，有以下调查发现。

关于穿衣打扮：36.5%的女性会参照网络热门的流行趋势，同比男性仅有18.7%的人会做这种选择。受访青年中32.2%的外地城镇户籍穿衣打扮会参考网络，广州城镇户籍青年仅占26.2%，比外地城镇户籍青年占比低6个百分点。

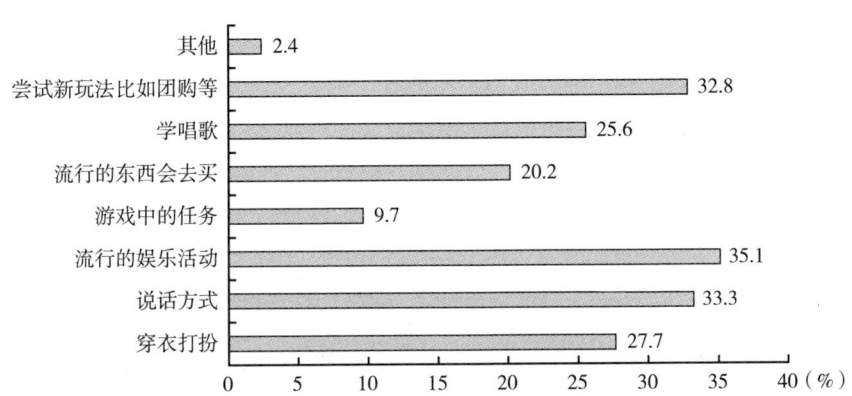

图12 在现实生活中,你会尝试网上的哪些行为?(N=3574,限选三项)

表10 不同户籍类型青年关注网络穿衣打扮信息比较

单位:%

	户籍			
	广州城镇户籍	广州农村户籍	外地城镇户籍	外地农村户籍
非穿衣打扮	73.8	71.5	67.8	73.9
穿衣打扮	26.2	28.5	32.2	26.1
合计	100.0	100.0	100.0	100.0

关于说话方式:36.9%的男性会使用网络语言,同比女性仅占29.3%;由户籍数据显示可知,使用网络语言比例最高的依次是外地农村户籍(36.2%)、外地城镇户籍(34.3%)、广州农村户籍(32.5%)、广州城镇户籍(31.7%)。

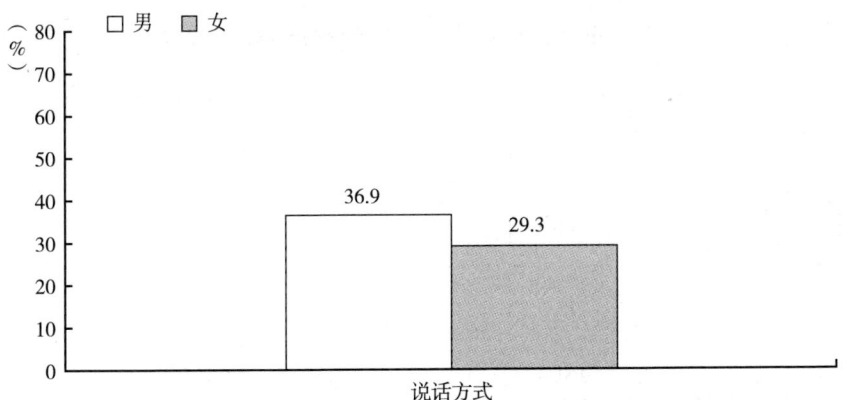

图13 男女青年关注说话方式的比例比较

关于流行娱乐活动：41.2%的独生子女受网络影响，同比非独生子女仅占32.4%；受性别、户籍、学历等因素影响并不显著。

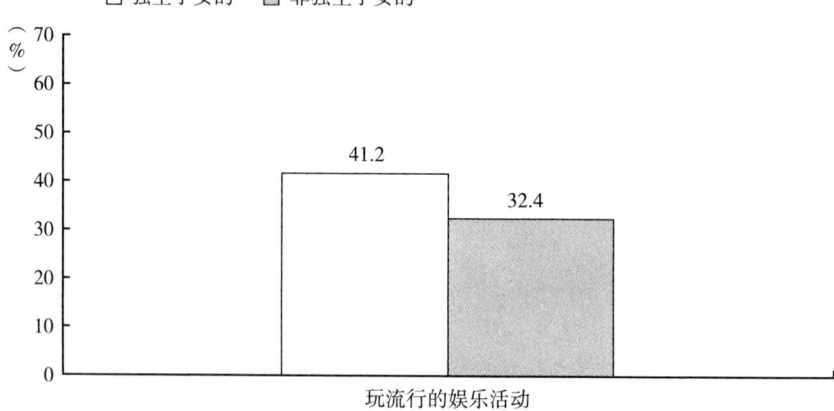

图14 独生子女与非独生子女是否玩流行的娱乐活动比例比较

关于流行消费：23.4%的受访女性会受到网络影响，同比男性仅占17.2%；根据学历因素调查结果显示，呈现"学历越高越易受网络消费影响"的趋势，22.1%的本科学历受访者承认受网络流行消费影响。在团购等新网络消费形态面前，城镇户籍青年使用率显著高于农村户籍青年，学历层次越高使用"团购"等APP体验方式的比例高于其他学历层次人群。

表11 不同学历青年是否购买流行的东西比例比较

单位：%

	小学及以下	初中	高中（含中专、中技）	大专	大学本科	硕士及以上	其他
流行的东西不会去买	96.7	81.4	81.7	79.4	77.9	78.3	83.3
流行的东西会去买	3.3	18.6	18.3	20.6	22.1	21.7	16.7
合计	100.0	100.0	100.0	100.0	100.0	100.0	100.0

表12 不同户籍类型青年是否购买流行的东西比例比较

单位：%

	户籍			
	广州城镇户籍	广州农村户籍	外地城镇户籍	外地农村户籍
流行的东西不会去买	63.0	71.2	67.6	71.4
流行的东西会去买	37.0	28.8	32.4	28.6
合计	100.0	100.0	100.0	100.0

（2）网络价值认知：在主观认知评价中，64.8%的受访广州青年认为上网能够"拓宽视野，增强人际沟通"，56.0%的广州青年认为上网可以让"学习工作更加便利"，此外45.8%的广州青年认为"网购、网络订票方便生活"。

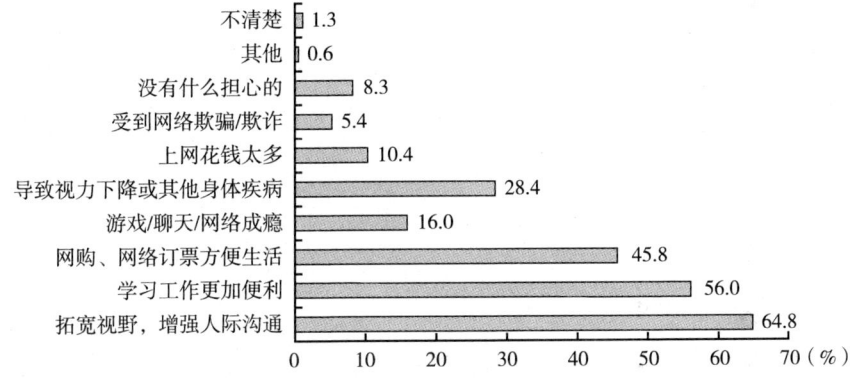

图15 你觉得上网对你的影响有哪些？（N＝3574，限选三项）

关于网络让人"拓宽视野，增强人际沟通"与"学习工作更加便利"这两个主观认知评价，学历层次越高对这一观点的认同度也越高。51.7%的女性会使用网络订票等新型服务方式，高于男性11.5个百分点，同时我们也发现学历层次越高对新的网络服务形式接受度也越高。

关于网络游戏/聊天/网络成瘾问题，调查显示19.4%的男性会承认易受其影响，高于12.3%的女性7.1个百分点。调查显示独生子女受网络影响比例比非独生子女高2.9个百分点；与此同时，学历层次越低越易受网络游戏影响进而导致网络成瘾。

关于网络消费问题，调查显示11.6%的女性认为"上网花钱太多"，高于男性2.4个百分点;与学历相关分析显示,学历层次越高对"上网花钱太多"认同度越低,硕士及以上学历受访者仅有8.9%认同这一说法。

关于网络欺诈问题,调查显示农村户籍青年受到网络欺诈的程度高于城镇青年,广州农村户籍青年受网络欺骗/欺诈程度最高占7%,外地城镇青年仅占4%;与学历相关分析显示,受教育程度越高越不容易受到网络欺诈。

表13 不同户籍类型青年是否受到网络欺骗/欺诈比较

单位:%

	户籍			
	广州城镇户籍	广州农村户籍	外地城镇户籍	外地农村户籍
没有受到网络欺骗/欺诈	94.9	93.0	96.0	94.3
受到网络欺骗/欺诈	5.1	7.0	4.0	5.7
合 计	100.0	100.0	100.0	100.0

(3)社交媒体:调查显示,高达81.5%的受访广州青年在使用微信,这一数字与中国青年政治学院青年发展研究中心开展的青年社交媒体调查结论相比几近翻倍。① 其次,71.7%的受访青年仍是QQ的主要使用群体,另有23%的受访青年仍在使用微博。曾经风靡青年中的飞信、UC、人人网等使用群体合计不足7%,青年对社交媒体的使用显示出高度重叠性,微信和QQ稳居社交媒体主流软件地位。

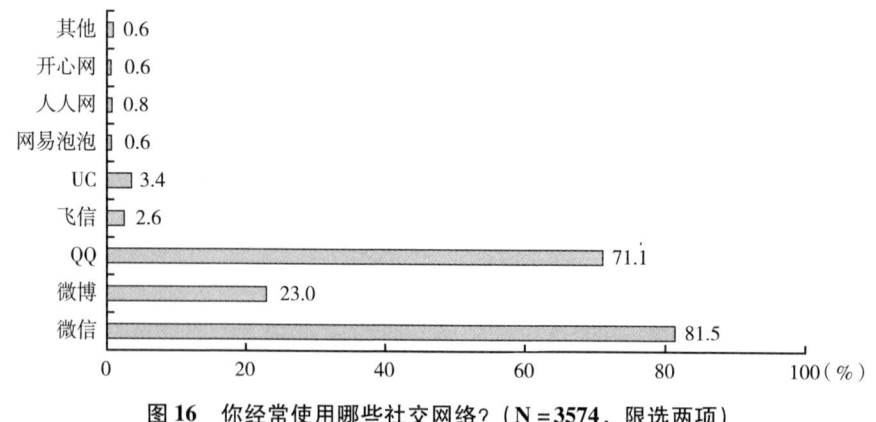

图16 你经常使用哪些社交网络?(N=3574,限选两项)

---

① 《第七次中国未成年人互联网运用状况调查报告(2013)》,2014年6月,第45页。

排名第一的微信调查结果显示,86%的广州女性青年和77.4%的广州男性青年是微信主要使用群体,城镇户籍青年使用率高于农村户籍青年,学历层次越高微信使用率也越高。

表14 不同户籍类型青年使用微信比例比较

单位:%

	户籍			
	广州城镇户籍	广州农村户籍	外地城镇户籍	外地农村户籍
不使用微信	14.2	19.8	17.4	25.4
使用微信	85.8	80.2	82.6	74.6
合 计	100.0	100.0	100.0	100.0

表15 不同学历青年使用微信比例比较

单位:%

	小学及以下	初中	高中(含中专、中技)	大专	大学本科	硕士及以上	其他
不使用微信	50.0	31.4	24.1	18.1	12.2	9.5	16.7
使用微信	50.0	68.6	75.9	81.9	87.8	90.5	83.3
合 计	100.0	100.0	100.0	100.0	100.0	100.0	100.0

此外,在针对"网络与现实社交比较"的调查中,结果显示,受访广州青年平均微信好友数量为96人,而在现实联系中平均每个受访广州青年经常联系的朋友不超过19人。

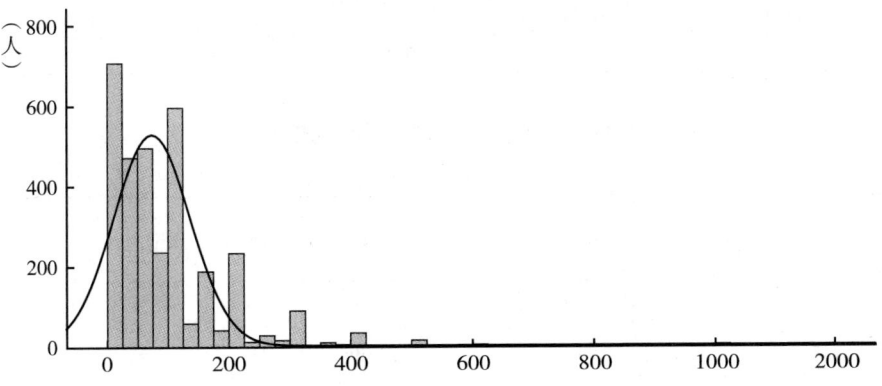

图17 微信好友数量(N=3276,均值=96,标准差=105)

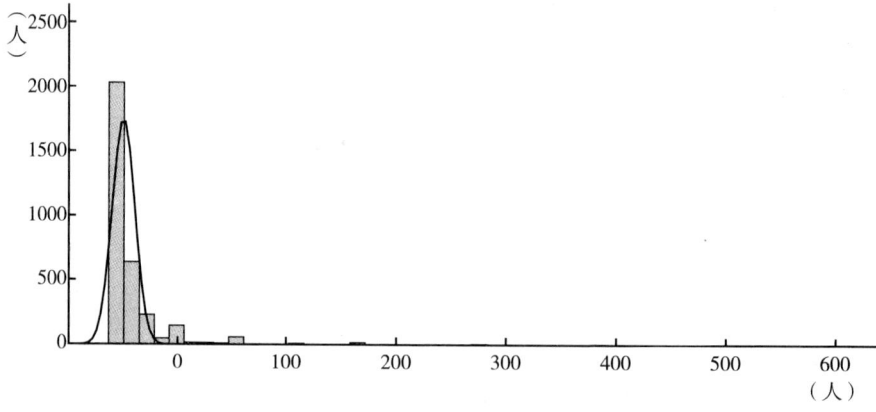

图 18　现实中好友的数量（N=3225，均值=19，标准差=33）

排名第二的社交工具QQ调查结果显示，72.8%的广州男性青年和69.3%的广州女性青年都拥有QQ账号；81.5%的外地农村户籍青年都在使用QQ，由农村到城市、由外地到广州使用率依次降低；QQ使用率与学历相关性不明显，基本上无论任何学历层次都有70%左右的人使用。

表 16　不同户籍类型青年使用 QQ 比例比较

单位：%

	户籍			
	广州城镇户籍	广州农村户籍	外地城镇户籍	外地农村户籍
不使用QQ	37.5	26.8	26.3	18.5
使用QQ	62.5	73.2	73.7	81.5
合　计	100.0	100.0	100.0	100.0

表 17　不同学历青年使用 QQ 比例比较

单位：%

	小学及以下	初中	高中(含中专、中技)	大专	大学本科	硕士及以上	其他
不使用QQ	42.9	21.9	28.3	29.3	30.3	29.7	33.3
使用QQ	57.1	78.1	71.7	70.7	69.7	70.3	66.7
合计	100.0	100.0	100.0	100.0	100.0	100.0	100.0

排名第三的社交工具微博调查结果显示,26.3%的广州女性和19.5%的广州男性使用微博账号;其中独生子女占比29%,比非独生子女高8.9个百分点;广州户籍青年比外地户籍青年微博使用率更高;除小学生外,大学本科层次用户人数最多(24.8%),其次是高中(23.5%)、大专(23%)。

表18 不同户籍类型青年使用微博比例比较

单位:%

	户籍			
	广州城镇户籍	广州农村户籍	外地城镇户籍	外地农村户籍
不使用微博	72.3	77.6	79.9	82.5
使用微博	27.7	22.4	20.1	17.5
合计	100.0	100.0	100.0	100.0

表19 不同学历青年使用微博比例比较

单位:%

	小学及以下	初中	高中(含中专、中技)	大专	大学本科	硕士及以上	其他
不使用微博	67.9	88.8	76.5	77.0	75.2	83.1	100.0
使用微博	32.1	11.2	23.5	23.0	24.8	16.9	0.0
合计	100.0	100.0	100.0	100.0	100.0	100.0	100.0

简言之,关于网络文化对广州青年的影响主要显示出以下几点特征。

1. 网络语言及思维习惯对日常生活的影响日益加剧

调查结果显示合计高达65.5%的广州青年认为自己会受网络语言影响,13.7%的受访青年"经常"会使用到网络语言进行沟通。例如,2014年网络流行语"人艰不拆"、"喜大普奔"、"不明觉厉"等已融入现实社会生活,成为众多青年的口头禅。进一步分析使用网络语言与户籍、学历之间的关系,调查显示城镇户籍青年使用网络语言"总是"、"经常"的程度胜于农村户籍青年;"小学及以下学历"用户偏好"总是"使用网络语言的程度显著,高达20%。

2. O2O网络娱乐性活动及网购等网络参与方式成为广州青年新宠

调查显示,当前在广州青年中35.1%的青年会受到网络影响而选择流行的娱乐性活动，其次33.3%的青年会受影响采用网络流行语或说话方式，而32.8%的青年会尝试团购等较为新鲜的网络消费生活方式。互联网对广州青年日常生活的影响日益加剧。进一步分析网络行为选择与性别、独生子女/非独生子女、户籍、学历之间的相关关系，有以下调查发现。

（1）关于穿衣打扮：36.5%的女性会参照网络热门的流行趋势，同比男性仅有18.7%的人会做这种选择。受访青年中32.2%的外地城镇户籍会参考网络，同比广州城镇户籍青年仅占26.2%，低6个百分点。

（2）关于说话方式：36.9%的男性会使用网络语言，同比女性仅占29.3%；由户籍数据显示可知，使用网络语言比例最高的依次是外地农村户籍（36.2%）、外地城镇户籍（34.3%）、广州农村户籍（32.5%）、广州城镇户籍（31.7%）。

（3）关于流行娱乐活动，41.2%的独生子女受网络影响，同比非独生子女仅占32.4%；受性别、户籍、学历等因素影响并不显著。

（4）关于流行消费：23.4%的受访女性会受到网络影响，同比男性仅占17.2%；根据学历因素调查结果显示，呈现"学历越高越易受网络消费影响"的趋势，22.1%的本科学历受访者承认受网络流行消费影响。在团购等新网络消费形态面前，城镇户籍青年使用率显著高于农村户籍青年，学历层次越高使用"团购"等APP体验方式高于其他学历层次人群。

3. 青年对网络功能正面评价居多，网络互动频繁

（1）64.8%的受访广州青年认为上网能够"拓宽视野，增强人际沟通"，56.0%的广州青年认为上网可以让"学习工作更加便利"，关于网络让人"拓宽视野，增强人际沟通"与"学习工作更加便利"这两个主观认知评价，学历层次越高对这一观点的认同度也越高。

（2）45.8%的广州青年认为"网购、网络订票方便生活"。51.7%的女性会使用网络订票等新型服务方式，高于男性11.5个百分点，同时我们也发现学历层次越高对新的网络服务形式接受度也越高。关于网络消费问题，调查显示，11.6%的女性认为"上网花钱太多"，高于男性2.4个百分点；与学历相关分析显示，学历层次越高对"上网花钱太多"认同度越低，硕士及以上学历受访者仅有8.9%认同这一说法。

（3）网络社交媒体及互动显示出广州青年对网络社交的渴求和依赖。网友通过社交媒体成为现实朋友的案例不胜枚举,而现实生活中日常联系的朋友个数则远低于网友数量,网络交往为青年人群带来了互动的快乐,带来了情感支持,带来社会关系拓展,带来了新的交往结构。对排名第一的社交媒体工具"微信"的调查结果显示,86%的广州女性青年和77.4%的广州男性都是主要使用群体,城镇户籍青年使用率高于农村户籍青年,学历层次越高微信使用率也越高。但在针对"网络与现实社交比较"的调查中,结果也显示受访广州青年平均微信好友数量为96人,而在现实联系中平均每个受访广州青年经常联系的朋友不超过19人。

对社交工具的使用也显示出当前广州青年的社会分层状态。微信的使用群体可谓是"女白领"的朋友圈居多;而QQ则是广大男生的天下,呈现出"农村包围城市"趋势;而排名第三的社交工具微博则显示出独生子女的"寂寞与彷徨",尽管微博实际用户占比下降至30%,但超过1/4的广州户籍城镇青年仍热衷于使用微博,且使用者多为本科、大专及高中学历人群,微博是真正的公共社交的广场性工具。

三 存在问题及原因分析

2015年中国互联网络信息中心(CNNIC)发布的《第35次中国互联网络发展状况统计报告》显示,中国网民规模增幅持续收窄,非网民转化难度增大。但是针对网络普及率较高的青年群体,互联网发展的主题早已从"普及率上升"转换到"使用程度加深"。现代社会经济对互联网的依存度与日俱增,大数据时代的来临进一步加剧了互联网对个人日常生活、学习、休闲、娱乐等方面的影响。广州作为东南沿海经济发达地区,其网络及数字建设一直位居全国前列。因此广州青年在互联网使用方面也呈现出以下几点问题。

1. 初次上网时间低龄化趋势明显,移动设备普及导致广州青年更易沉湎于网络

调查显示,在经济发达地区10岁以下独生子女初次上网的比例占45.1%,这意味着从少儿时期开始就有越来越多的人沦为"宅男宅女"。同时,我们发现10岁以下接触网络人群在成年后学历层次近一半集中于高中(含中专、中技)阶段(50.8%),由此可见过早上网对少年儿童身心成长并非获益良多。"学电脑要从娃娃抓起"可能要考虑下对孩子的年龄限制。相比之下，11~15岁才接触网络的青年在成年之后学历相对层次较高（大学本科44.6%，大专44%）。此外，调查结果显示上网时长超过11小时的广州城镇户籍青年最多，相对优越的经济条件加上移动互联网的普及在带来便利的同时也导致广州青年更易沉湎于网络。

2. 广州青年运用互联网进行学习的功能仍需进一步开发

排名前三位的网络使用功能客观验证了"互联网这一伟大的发明，对于很多青少年来说，仅仅是一个玩具"[①] 这句评价。对于"网络社交"、"听音乐、看视频、看小说"、"网络购物"等的调查显示过半女性更易沉湎其中，且呈现出"学历层次越高网络购物也越多"的趋势。但在"放松休息"的调查结果中，32.3%的男性更偏好选择网络游戏放松休息，同比仅有19.8%的女性会选择该项；而在学历比较中我们发现，网络游戏的最多用户学历排前三位的依次是高中（34.5%）、初中（28.6%）、大专（24.0%）。对于多数青年而言，使用网络学习似乎"过于正经，且比较遥远"。倘若广州青年运用网络的能力只停留于娱乐休闲，也是非常可惜的。一方面，这与青年对网络的使用习惯有关；另一方面，我们也缺乏例如慕课一样的高品质的网络学习平台，因此，在互联网学习方面仍有极大的开发空间。

3. 网络用语滥用日益增多

调查显示城镇户籍青年使用网络语言"总是"、"经常"的程度高于农村户籍青年；"小学及以下学历"用户偏好"总是"使用网络语言的程度显著，高达20%。网络流行语对城镇小学及以下学历者的影响由此可见一斑，网络语言及其思维习惯在不经意间影响了下一代青年的语言思维方式及表达方式。例如"逗比"等传统语言文字中认为几近粗俗的用语现今却大行其道。因此笔者认为对网络语言也需进行适度规范及引导，至少在青年正规教育及语言学习中能够去粗取精，为青年打下良好的国学基础。

4. 网络社交对比现实社交，再问青年现实人际沟通能力

调查显示青年对网络社交的依赖与日俱增。但是在现实联系中，调查显示平均每个受访的广州青年经常联系的朋友不超过19人，这一调查结果引人深

---

① 周文：《互联网不该只是个大玩具》，《信息时报》2014年9月23日。

思。在虚拟情境中主动活跃，回归现实之中却木讷不语的青年已不占少数，随着网络社交的进一步普及与低龄化，笔者担忧今后青年的现实沟通与交往能力会进一步弱化，遇到现实问题该如何应对处理，如何维护自身的合法权益，甚至如何与他人交往，如何建立亲密联系，这些都与青年在现实中的人际沟通能力密不可分。就此引发的一系列考学、就业、婚恋问题必须得由青年人迈向现实，在实际生活中解决。

5. 网络游戏、网络欺诈等负面影响存在依旧

关于网络成瘾问题，调查显示广州青年男性比女性，独生子女比非独生子女，学历层次低比学历高者更易受网络负面影响，容易发生网络成瘾问题。此外，另一项调查结果显示①，"95后"青少年出生成长于中国互联网诞生发展期，他们自幼就有条件、有机会、有能力接触网络世界，80.68%的受访青少年表示"小学及以前"就开始接触网络游戏，超过60.1%的学生玩网络游戏的历史已有3年以上。根据中国青少年网络协会公布的《中国游戏绿色度测评统计年报（2012）》，截至2012年底其测评的423款网络游戏中，78.5%的游戏不适合未成年人使用。② 因此，超过1/5的"通宵游戏"青少年不禁会让人忧虑其游戏内容，且引发对青少年"网络成瘾"的担忧。有学者指出，网络游戏是后现代社会中的一种集体化的大众狂欢仪式，现实和虚拟出现多重交叠，为青少年再社会化提供了一个实验性场域（邓天颖，2009）。曹殿朕等人认为，网络游戏自身的逼真性、多元性、互动性和虚拟现实性对青少年产生极大的吸引力，对青少年的角色社会化产生了两方面的影响：一方面有助于在角色扮演中克服角色紧张问题、进行角色定位、促进角色社会化，增强自我意识与合作精神；另一方面容易导致青少年角色认知不清，产生角色冲突，引发人格的自我同一性，影响正确角色观念的形成。适度参加网络游戏具有一系列正面影响，对于青少年的健康心理形成、智力开发和培养良好道德品质以及克服角色分工带来的异化感等方面是有积极作用的，但其游戏行为如果缺乏合理的引导和理性的规范，就可能产生网游成瘾、学习倦怠、逃避现实生活问题，导

---

① 刘思贤：《网络游戏对广州"95后"青少年的社会化影响》，《广州日报》2014年9月22日。
② 《青少年网游成瘾之忧如何解？》，中国网，2013年4月23日。

致情感、人格和思维障碍，引起道德和价值观的偏差等严重的负面影响。

关于网络欺诈，结果显示农村户籍青年受到网络欺诈的程度高于城镇青年，广州农村户籍青年受网络欺骗/欺诈程度最高占7%。未来，在青年网络信息安全方面也期盼相关职能部门加强打击力度，遏制违法犯罪行为。

四 对策建议

（一）针对未成年人，有关部门应建设集指导、监管、服务、宣传于一体的青少年互联网支持体系

随着网民低龄化趋势的显现，应加强对未成年人的网络安全教育。此外，随着移动设备大量"自由"使用，辅以广州青年以娱乐为主导的互联网使用习惯，互联网这一伟大发明的学习功能被弱化。对于很多青少年来说互联网成为一个玩具。因此，笔者建议应从实际需求出发，建立符合社会发展需求、符合我国未成年人发展需求的普适性的法律条文，严格排查互联网平台推送的图片、视频、音频、文字等内容，杜绝不良信息增长，对扰乱未成年人互联网运用秩序的非法站点、机构等依法取缔并追究其责任。为青少年群体创造一个安全健康的网络使用环境。

（二）有针对性地建立推广青年喜闻乐见的专属网站平台

本次调查中我们也向广州青年直接征求网站建设意见，结果显示广州青年对网络社交媒体的需求仍占据主流地位，其次"在线知识答疑"、"课程辅导"、"益智游戏"分别位居广州青年关注的前列。不仅是青少年本身，社会各方也都应该努力为青年人建立专属互联网平台，提供集娱乐节目、益智游戏、学习生活、社会交往于一体的信息分享专区。这一平台的建立自然可以区分广州青年中不同年龄层次的网络使用人群，可分阶段、分层次地为各类青年提供喜闻乐见的互联网内容，一定程度上营造健康安全的网络生态环境。

（三）组织青年多参与线下体验活动，降低青年网络依赖度

广东省疾病预防控制中心启动的广东省第四次青少年健康危险行为监测显

示"青少年至少五成以上缺乏运动锻炼"。① 曾经"把孩子从沉迷于网游的虚拟世界拉回到体育场馆"是青少年教育的重要社会工程。有意思的是，现在这句话也适用于已经成年的青年人当中。这就要求青年工作者们要组织策划新颖、有吸引力的实体活动组织青年积极参加。"把青年从网络世界中拉回来"仅仅是第一步，更重要的是要能够把青年留在现实社会中，增强其社会交往和人际沟通技巧，真正融入现实社会生活，降低其对网络游戏的依赖程度，来自年轻人的声音告诉我们预防与干预工作做得越早，将越有成效。

（四）针对未成年网游玩家应切实推动网游分级制度，进行网游实名验证

从网络游戏对广州未成年人的影响来看，笔者认为未成年人正处于思想价值观的形成期，更易沉湎于网络游戏，应该全面加强社会干预。首先，要制定严格的分级制度，在未成年人网络游戏成瘾的众多原因中，游戏设计本身难辞其咎。那些充满了暴力、性暗示的各种刺激性游戏让那些意志力薄弱的未成年人深陷其中，那些闯关、打装备、升级的游戏使需要在虚拟世界中寻求成就感的孩子们不能自拔。因此，对游戏本身的监管也是预防和解决网络游戏成瘾的一个措施。目前，我国虽然制定了一些分级标准，但是在实施过程中仅仅是推荐和建议性质的，并没有强制执行。严格的游戏分级制度必然会规范游戏制作者的行为，也使得未成年人能够在一定的指导下正确地上网。因此，若要破除网络游戏成瘾之忧，严格分级制度的出台刻不容缓。

（五）优化青年网络发展环境需联动个体—家庭—社会

GWI研究显示，对于青少年互联网使用状况的研究分别指向"手机和平板使用量"、"社交媒体活动"、"电子商务趋势"和"品牌参与度"。一个良性的互联网生态环境不仅拥有良好的用户体验，更能够进一步培育、开发青少年网络参与度与创造力。这一过程不仅需要青少年自身的天赋，更与父母的态度、行为以及相互之间的沟通状况关系最大。

网络科技的发展已势不可挡，青少年与网络社会的链接愈发紧密而深入。

---

① 《别让网游成青少年健康杀手》，《广州日报》2013年8月9日。

随着商业形态的转变,未来将有更多青少年从事与网络相关的行业或职业。因此,家庭的正面引导与支持将决定青少年与网络的良性关系。"有些父母在发现孩子网络游戏成瘾之后,不是细致耐心的教育,更不会先了解孩子的生活经历、心理波动,而是采用粗暴而简单的方式,或打或骂。这种恨铁不成钢的急切心理往往适得其反,不少孩子产生逆反心理,甚至对父母充满了怨恨,于是他们更加确信只有网络游戏中才能获得成就感。"(方晓义,2013)因此,针对青少年网络成长环境,团中央提出的"要以家庭为重点提升家长教育观念和能力,有效防范青少年沉溺网络游戏"就显得非常重要了。其次才是联动学校"推动教育部门和学校加强网络安全教育,教育引导青少年正确使用网络,提高网络素养",联动社会面向社会进行倡导,推动加强公共文化服务场所建设,提升管理水平,突出公益性质,充分利用网络和新媒体丰富青少年文化生活。

(六)打造广州青年"互联网+"优质生态链

在第十二届全国人民代表大会第三次会议上,李克强总理提出制定"互联网+"行动计划,推动移动互联网、云计算、大数据、物联网等与现代制造业结合,促进电子商务、工业互联网和互联网金融健康发展,引导互联网企业拓展国际市场。未来"互联网+"战略将利用互联网的平台,利用信息通信技术,把互联网和包括传统行业在内的各行各业结合起来,在新的领域创造一种新的生态,对传统产业换代升级。经过"十二五"时期信息技术的基础打造,"互联网+"战略的提出是站在一个新的战略高度,对未来信息技术和传统产业的"生态融合"的全新定位。

目前"互联网+"不仅正在被迅速应用到第三产业,形成了诸如互联网金融、互联网交通、互联网医疗、互联网教育等新生态,而且正在向第一和第二产业渗透。对于青年一代而言,"互联网+"不只是一种消费生活方式,更是一个新的事业机遇与未来。与传统行业不同,互联网领域自诞生之日起一直都是年轻人所擅长的领域。同时,提到"互联网+"就不得不提到另一个名词"IOT"(Internet Of Things,即万物互联)。万物互联促成了"互联网+"的实现,尤其是为制造业带来第四次工业革命。未来几年随着 IOT 时代和"互联网+"这两种趋势的流行,大部分企业都会被迫转成或者主动转成互联网企业。企业的商业模式会从单纯的一次性买卖变成实时与互联网相连，变成互联网服务。① 未来的互联网科技开发与应用力量正是当下的"网络原住民"、"90后"和"00后"，笔者相信在启发、引导青年人接触网络、学习网络的同时，在"互联网+"的格局战略下，将有更多广州青年自发、自愿、目标明确地融入互联网大潮之中，为建设智慧广州做出这一代年轻人应有的贡献。

---

① 《360董事长兼CEO周鸿祎："互联网+"是一场化学反应》，《环球财经》2015年3月27日。

B.10
分报告九
广州市未成年人偏差行为状况研究

刘 念*

摘　要： 通过对广州市1380名未成年人的数据分析发现，未成年人偏差行为集中于逃学、不做课程作业等违纪行为，虽然绝对偏差行为比例为51%，但未成年人偏差行为整体严重性较低。与2013年调研数据比较，未成年人吸烟、吸毒比例有大幅上升。在控制所有其他因素的情形下，在Logistic回归模型中，性别、学生类型、父母婚姻、教师依附、学业表现、正向休闲安排、不良朋辈及亲社会态度对未成年人偏差行为有显著影响。针对上述影响因素，提出了识别高危偏差行为群体、正确交友/丰富休闲、增强家庭/学校依附、提升学业成就、培养亲社会态度的未成年人偏差行为防治对策。

关键词： 未成年人　偏差行为　违纪行为　不良朋辈　广州

一　研究背景及目的

偏差行为（deviantbehavior）是社会学上广泛探讨和运用的一个概念，也被称为离轨行为、越轨行为或者差异行为等，指任何违反正式社会规范（如法律法规）和非正式社会规范（如风俗、道德）的行为（Clinard & Meier, 2008, p. 5）。犯罪行为是偏差行为最严重的表现形式。新中国成立之初，尽管

---

* 刘念，广州大学公共管理学院社会学系讲师，研究方向为青少年犯罪、司法社会工作。

发案率高达9.3%，但青少年犯罪很少，并没有成为一个问题引起社会关注；随着国家经济社会的发展，青少年犯罪的比例亦出现较大的变化（李子顺，2009）。1965年青少年犯罪在我国整个刑事犯罪中所占比例仅为38.5%，但随着我国现代化进程加快，我国青少年犯罪问题也日益严峻。青少年犯罪的比率，较20世纪五六十年代有大幅度的增加，犯罪率也出现惊人的增长。1975青少年犯罪在我国整个刑事犯罪中所占比例上升到75.5%；1982年占65.8%；1990年全国青少年犯罪总人数为82万人，占70%以上。2000～2008年，青少年犯罪的比例一直在68%～75%徘徊（王牧，2003，pp.28～35）。

在青少年犯罪中未成年人犯罪呈逐年上升的趋势，最高人民法院有关部门提供的数据显示（王利霞，2006），从2000年到2004年，全国各级人民法院判决生效的未成年犯罪人数在平均以14.18%的速度逐年上升。在我国，每年新产生的未成年犯人数竟高达15万人，中国青少年犯罪研究会统计资料显示（胡俊文，2011），近年来，青少年（35岁以下）犯罪总数已占了全国刑事犯罪总数的70%以上，而其中15～16岁的少年犯罪案件又占到了青少年犯罪案件总数的70%以上（李建光，2010）。可以说我国犯罪问题防控的重点群体是青少年，而青少年犯罪的防控重点又集中于未成年人群体。

将广州市公安局和广州市法院近三年逮捕和判罪的未成年人数据进行纵向比较可见（见图1），广州市未成年人犯罪绝对人数整体呈下降趋势：被警察

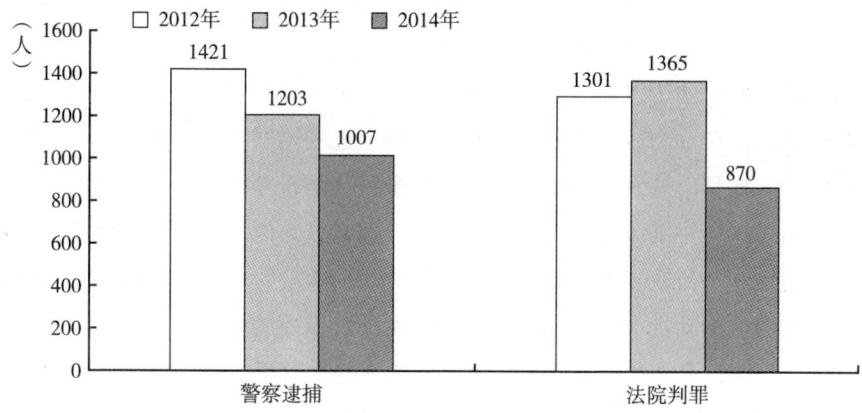

图1 广州市未成年人犯罪统计数据

注：数据来源于广州市公安局、广州市中级人民法院统计。

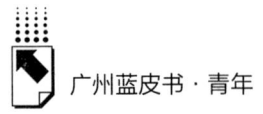

逮捕的未成年人绝对人数从2012年的1421人，以每年200人左右的规模递减至2014年的1007人；被法院判罪的未成年人，2013年为1365人，2014年急降接近500人，降至870人。

广州市未成年人犯罪类型主要集中在抢劫、盗窃和故意伤害这三类；被法院判罪的未成年人主要集中在16~18岁（不满）这一年龄段，有762人，占87.5%。虽然无论从警察逮捕和法院判罪两方面的数据都显示广州市未成年人犯罪的绝对人数在大幅减少，但未成年人犯罪人数规模依然在一个较高的体量（1000以上），对广州市未成年犯罪的防治依旧不可放松。此外，上述数据来源于官方的正式犯罪数据统计，无法排除大量"犯罪黑数"（蔡德辉，1996，p.10）的存在。未成年人出现犯罪行为不一定会被发现；犯罪行为被发现也不一定会被警察逮捕，可以说未成年人实际犯罪数量远高于官方的正式统计。犯罪是偏差行为中最严重的表现形式，大部分未成年人犯罪都源于看似轻微、危害不高的偏差行为，如果仅仅将未成年人犯罪防治，局限于"犯罪"这一类别，将导致对未成年人其他类别偏差行为的忽视，大大降低犯罪防治的成效，亦不符合促进未成年人健康成长的社会目标。因此，本研究不再仅仅局限于未成年人犯罪行为，而是涵盖未成年人偏差行为所有类别。

青春期是每个人一生中必经的过程，是从儿童期到进入成年期的过渡阶段，是顺利社会化的最重要关键期。处于青春期的未成年人，正处在身心急速成长、各种生理机能逐渐趋向成熟、独立意识与自我意识发展迅速的时期，通过不断地社会化使自己达到成人的要求，并努力内化社会规范成为遵纪守法的社会公民。同时处于这一时期的未成年人，由于其身心发育尚不成熟，对是非的辨别能力尚在一个较低的水平，对于各种消极的错误行为和思想缺乏辨别和抵制能力，极易出现和产生偏差行为。减少和预防青春期未成年人偏差行为的产生和出现，是协助未成年人顺利社会化、拥有成熟的人格品质、形成正确理性的人生观和价值观、开始自己独立社会生活的重要保障，对于促进社会整体的稳定和谐、推动社会的协调持续发展有着极其重要的作用。

有基于此，本文以广州市未成年人群体为例，运用抽样调查和量化分析方法开展研究，以期达致以下三方面目的：①明确广州市未成年人群体中出现偏差行为的比例、种类、群体分布等现状特征；②探究影响未成年人出现偏差行为的显著性因素；③提出未成年人偏差行为防治的政策建议和实践对策。

二 研究设计

(一)研究整体逻辑

本研究采取定量研究的方法进行,以探究广州市未成年人偏差行为现状、影响因素和防控对策为主要目的,通过抽取合适数量的未成年人,运用结构化调查问卷,收集未成年人横截面数据资料。结构化调查问卷包括未成年人人口学特征、家庭结构与经济、家庭依附与监管、学校纽带、受害经历、休闲/朋辈、价值倾向、司法公正、偏差行为九大方面信息,通过客观科学的测量,将所收集的定量数据进行量化分析,运用描述统计、方差分析、均值比较、回归模型等统计方法对上述研究问题进行系统的探讨。

(二)核心概念释义

1. 未成年人

从法律上看,未成年人在我国指所有未年满18周岁的公民。未成年人(teenagers或minors)被涵盖在青少年(juveniles)这一年龄界定之中:一般认为,青少年应该是"青年"和"少年"的合称,"青年"是指人从十五六岁到三十岁左右的年龄段,"少年"指人从十岁左右到十五六岁的年龄段(薛广庆、杨鹂飞,2011)。国际上对未成年人的年龄界定并没有具体的统一标准,但普遍的关于未成年人年龄界限的共识为:个体年龄低于法律所规定的成年年龄者为未成年人(Siegel & Welsh,2011,p.5)。

在本研究中,如果将所有未年满18岁的公民——未成年人,全部纳入研究对象的范畴之中显然是不适合的。其一,儿童和少年[①]虽然都同属未成年人,但其心理行为特征、认知状况和身体发育情况存在着显著的差异,将两者混为一谈将导致研究的极大偏差和研究结论的错误适用。其二,犯罪作为偏差

[①] 依据儿童教育学和儿童医学,儿童又可划分为:幼儿期(1~3岁)、学龄前期(4~6岁)和学龄期(7~12岁);儿童期向青年期过渡的时期是少年期,一般少年期年龄界限划为12~18岁;《现代汉语词典》中解释:少年期为10岁到15~16周岁。

行为的一种最严重的形式，是本研究所需探讨的重点，而未成年人犯罪主要集中于15~16岁，集中于少年期的未成年人群体之中①。其三，处于青春期②的未成年人身心迅猛发展，但对事物的认识、心理发育尚不成熟，处于一系列矛盾的心理状态之中，其情绪发展强烈多变、行为易冲动，极可能导致偏差行为的产生，需要在青少年偏差行为防控过程之中予以重点关注。

有基于上述考量，为了保证研究结论的科学性和适用性，本研究所指未成年人将儿童排除在外，仅指处于少年期或青春期、年龄介于11~18岁（接受调查时未满18周岁）的未成年人。在此需特别说明，虽然本研究从年龄上划分了11~18岁的未成年人，但该年龄段未成年人可按在校和离校两种状态，继续被划分为两个群体。此两类群体之间存在着明显的差异：依据社会依附理论在校读书本身就是加强未成年人正向规范依附、减少其偏差行为产生的重要因素，未成年人主动辍学本身即是一种偏差行为（Costello & Vowell，1999）；另据广州市天河区2012~2014年的统计，三年来所有涉毒未成年人皆为失学少年（章程，2014）。可见处于此年龄段的离校未成年人发生偏差行为甚至是犯罪行为的可能性要远高于相对应的在校未成年人，两者在行为特征上存在显著的差异。

诚然未成年人偏差行为的防控，离校少年是其重点关注群体；但一方面离校未成年人较难寻找，另一方面我国未成年人辍学率十分低③，综合考虑在校和离校未成年人所具有的迥异特征及调研经费，本研究仅以广州市11~18岁在校未成年人为研究对象。

2. 偏差行为

目前学界尚未有对偏差行为进行规范的定义和分类，Goode（2000，pp. 10~32）将偏差行为归为四种类型：①违德行为，也可以称作不道德行为，主要指违背社会伦理、风俗习惯和道德规范的行为，如不尊敬长辈、不孝顺父母、青

---

① 公安部对青少年犯罪的年龄阶段划分，青少年犯罪指14~25岁的犯罪。
② 青春期主要是一个医学和生理学上的概念，但亦包含了心理和社会学内容，因个体发育而异，目前尚无一个统一的年龄段划分。一般来说女孩11~12岁，男孩13~14岁即开始进入青春期，与少年期存在着一定的重合。
③ 以上海为例，2003年上海初中生辍学率为0.88%（上海市统计局，2004，p. 407），未包括在老家辍学进城打工的未成年人。

少年夜不归宿等。②违纪行为,主要是指违反特定场合管理规范的行为,针对未成年人主要是指违反校纪校规,如逃学旷课、作弊、欺负弱小、破坏学校公物等行为。③一般违法行为,即违反宪法、民法、行政法等刑法以外的法律法规的行为①,此类行为社会危害性较小,还未达到犯罪的程度,如非法驾驶、违反交通规则、打架斗殴、携带管制刀具等行为。④犯罪行为,即出现刑事法律所禁止的行为,如抢劫、故意伤害、盗窃、贩毒等严重损害他人或社会利益的行为。

针对未成年人所出现的偏差行为,《中华人民共和国预防未成年人犯罪法》(全国人大常委会办公厅,2012)依偏差行为的严重程度可将其归为三类:①不良行为,包括:夜不归宿、逃学、破坏公物等。②严重不良行为,指严重危害社会,但尚不够刑事处罚的违法行为,如结伙滋事、扰乱治安、吸食注射毒品、参与赌博等行为。③犯罪行为,指违反我国刑法,且足以判处相应刑罚的行为。

将国内外对偏差行为的界定进行整合可见,违德、违纪行为与不良行为相吻合,一般违法行为对应严重不良行为,对犯罪行为的界定国内外皆相同。为使研究探讨更契合我国实际,本研究在整合国外对偏差行为定义的基础上,借鉴国内关于未成年人偏差行为的界定和分类,将偏差行为划分为四个类别。由于偏差行为包括众多具体行为体现,本研究无法将其全部涵盖,故而对四个类别下未成年人常见、典型的偏差行为进行有针对性的挑选和测量。本研究所定义的偏差行为及其具体行为表现形式如表1所示。

表1 偏差行为界定

类别	具体行为	内容说明
不良行为-违德	经常晚归	未成年人每周有至少2天,去迪厅、网吧、聚会等娱乐场所,且在晚上10点之后才回到家或住所
	涂鸦	在火车、地铁、公交车或公共外墙上涂鸦
	虐待动物	有意地伤害过动物
不良行为-违纪	逃学	未经请假而在上学时间不到校或离开学校
	不做课程作业	大部分情况下不完成老师所布置的课堂或课后作业
	破坏公物	故意损坏公共财产,如门窗、学校课桌椅或汽车上的座位

---

① 此处特指大陆法系国家或有成文法典国家。

续表

类别	具体行为	内容说明
严重不良行为①	偷拿别人东西	在未使用暴力的情况下,未经他人允许,将同学、朋友、邻里的东西据为己有
	携带刀具等武器	随身携带棍子、刀子、匕首或铁链等攻击武器
	群架斗殴	参与发生在学校操场、体育场、街头或者其他公共场所的群架
	吸烟	已开始有规律的吸烟上瘾
	酒精依赖	经常饮酒,如在过去30天内多次喝酒且有醉酒经历
	吸毒	包括吸食硬性毒品,如海洛因、可卡因等;软性毒品,如冰毒、K粉、摇头丸等;和成瘾药物,如安定、去痛片、止咳水等
犯罪行为②	偷窃	在商店、超市和购物中心等地趁人不备行窃
	抢劫	通过暴力或武器,夺走别人的钱或其他贵重东西
	故意伤害	故意殴打他人,以至于他必须要去看医生
	入室盗窃	通过破门而入的方式,进入他人住所、办公场所等,进行盗窃
	贩卖毒品	卖过任何毒品或充当毒品买卖的中介人

注:①主要以《治安管理处罚条例》所禁止的行为并结合未成年人特点为甄选依据。
②以《刑法》所禁止的行为为甄选依据,并参考《关于广州市预防青少年违法犯罪工作的调研报告》(穗团宣,2009)来甄选未成年人最主要的几种犯罪行为。

(三)调查问卷及测量工具

本研究通过编制结构化调查问卷,对广州市未成年人以下九大方面的资料进行系统收集:人口学特征、家庭结构与经济、家庭依附与监管、学校纽带、受害经历、休闲/朋辈、价值倾向、司法公正、偏差行为通过描述、相关、回归分析探索广州市未成年人偏差行为特质、与偏差行为产生有显著性联系的因素以及各因素影响力大小的排序。

调查问卷主要参照和借鉴 ISRD – 3 (International Self-Report Delinquency Questionnaire 3,国际偏差行为自评问卷第3版本)进行编制。欧美国家至1990年开始发展 ISRD 研究项目,进行跨国间的未成年人(集中于中学年龄阶段)偏差行为比较研究、验证和拓展未成年人偏差行为预防和治疗的相关理论及实践。ISRD 项目研究经过第一期(1990~1991年)的试调研,开始形成问卷初稿;其后2005~2007年,ISRD 项目团队在第一期调研的基础上,经过问卷改良,开始在非欧美国家(如印尼、墨西哥、南非)同步进行 ISRD – 2

的调研；2012~2014年，在ISRD第二版本的基础上，针对发展中国家的情况和犯罪学理论的新发展，增添了未成年人对司法公正态度等的相关测量模块，并在中国香港和澳门地区首次引进ISRD-3。ISRD-3的翻译工作由澳门大学社会学系完成，其中文版初稿经过香港、澳门、广州三地相关青少年犯罪研究学者、司法机关人员和青少年犯罪矫治实务工作者的审阅和回译，确保了ISRD-3中文版文字表述的准确性和问卷整体的表面效度。

ISRD-3中文版包括了对未成年人12个模块情况①的调查了解，由于本研究人力和资金的限制，目前仅对其中8个模块②进行数据分析；同时本研究调查问卷加入了一些针对广州市情况的自编问题和其他研究中已用的测量问题或量表，对问卷中的量表首先进行了内部一致性信度检验。本研究结构化问卷具体说明见表2。

表2 调查问卷设计

测量模块	测量维度	具体内容	类别	Cronbach's α系数	测题来源
人口社会学	人口学资料a	性别(0~1) 年龄(1~3) 民族(0~1) 户籍(1~3) 宗教信仰(0~1) 学生类型(1~3) 学校类型(1~3)	测题		ISRD-3 自编
家庭结构及经济	家庭结构	父母婚姻(0~1) 抚养模式(0~1)	测题		自编
	家庭相对富裕程度	家庭相对经济状况(1~3) 个人相对零花钱状况(1~3)	测题		ISRD-3
家庭依附和监管	家庭依附b	与父/母关系、父母情感支持、达致父母期望程度	量表(4~20)	0.819	ISRD-3
	家庭监管	外出告知父母、晚归约束、检查作业等	量表(5~25)	0.768	Eaton, Krueger, Johnson et al., 2009

① ISRD-3包括12个模块信息：人口学信息，家庭结构，家庭依附，学校，受害，同辈/休闲，价值倾向，规范传递，司法公正，成瘾行为，偏差行为，团伙犯罪和交叉问题设置。
② 由于本研究将成瘾行为归入偏差行为的一个类别，故在本研究中不再单独列出，实质本研究涵盖了ISRD-3的10个模块的内容。

续表

测量模块	测量维度	具体内容	类别	Cronbach's α 系数	测题来源
学校纽带	学校吸引	想念上学、喜欢学校、课程有趣等	量表(4~16)	0.800	Libbey,2004
	教师依附	喜欢老师、重视老师评价等	量表(2~12)	0.688	ISRD-3
	学业表现	相对成绩(1~3)留级经历(0~1)	测题		
休闲/朋辈	正向休闲安排	业余时间做运动、健身、看书等	量表(9~27)	0.635	Costello & Vowell,1999
	不良朋辈	朋辈中有人吸毒、盗窃、殴打他人等	量表(0~5)	0.791	ISRD-3
受害经历	受害经历	被偷东西、被勒索、被人暴力殴打、被歧视等	量表(0~6)		ISRD-3
价值倾向	亲社会态度	对撒谎、侮辱别人、伤害别人等的态度	量表(8~32)	0.859	Gollwitzer,Heckhausen,&Ratajczak,1990
司法公正	司法公正信心	制止犯罪效率	量表(0~10)		Hough,Ruuskanen,&Jokinen,2011
		司法公正性	量表(0~10)		
		警察公正对待(0~1)	测题		ISRD-3
偏差行为 c	不良行为-违德	经常晚归 涂鸦 虐待动物 逃学 不做课程作业 破坏公物	测题		ISRD-3 自编
	严重不良行为	偷拿别人东西 携带刀具等武器 群架斗殴 吸烟 酒精依赖 吸毒			
	犯罪行为	偷窃 抢劫 入室盗窃 故意伤害 贩卖毒品			

注：a. 问卷中所有测题，皆为定类和定序变量，括号内数值表明该测题被分为几类。
b. 分值越高表示，家庭依附关系越强；调研问卷中所有量表皆依此分值规定，不再累述。
c. 所有偏差行为测题皆为二分变量，"是"=1，"否"=0。

由表2可见，除教师依附和正向休闲安排量表外，其余量表内部一致性信度α系数皆大于0.7。教师依附、正向休闲安排量表α系数分别为0.688、0.635，轻微低于0.7，尚在可接受范围内。本研究所使用量表皆为单维度量表，受限于研究资源并未再进行实证效度的检验，暂仅进行了表面效度的验证。总体上来看，本研究所使用量表信效度良好。

（四）样本量及抽样过程

依据广州市2013年未成年人偏差行为调研统计，未成年人偏差行为的发生率比例为34.2%（周理艺，2013）。本研究参考此数据，并以此为核心变量指标，在99%的可信度、不大于3%的样本比例与总体比例容忍误差下，计算得到本调研预计样本量为1667名未成年人（见公式1）。

$$样本量(n) = 1667 = \left(\frac{2.58 \times \sqrt{0.342 \times (1 - 0.342)}}{0.02}\right)^2 \quad （公式1）$$

由于11~18岁在校未成年人主要集中于中学学习阶段（包括初中、高中、中职技校），抽样总体样本框为广州市内所有年龄介于11~18岁的初中生、高中生和中职技校学生。据广州市2013年统计，中等职业学校在校生24.06万人；普通中学在校生54.69万人，其中初中生约34.58万人、高中生约为20万人（广州市统计局，2013）。因此，在本研究中所抽取的初中生、高中生和中职技校学生人数，可按照5∶2∶3的抽样比例进行，以保持样本与总体分布的一致性。

本研究采取多段抽样方法，抽样过程分为三个阶段进行。

第一阶段，依据初中生、高中生、中职技校生各需抽取的样本数量，从广州市内初中、高中、中职技校名单中，各随机抽取4所初中（1所民办）、3所高中（1所民办）、4所中职技校。

第二阶段，在所抽取的学校中，由于多以50名学生左右为单位组建班级，故在所抽取的学校中，以班级为单位，各随机抽取1~2个班级。

第三阶段，以班级为单位，进行整群抽样，对所抽取班级内所有学生进行问卷调查，收集相应的研究数据资料。

问卷填写主要采取学生自填、集中填答的方式完成，访问员先与各学校领导及各班班主任取得联系,并获准开展问卷调查,各班班主任召集全班学生进行集中填答问卷。访问员在现场针对学生填答中的疑问进行及时的解答和协助。调查问卷的填写采取匿名形式完成,问卷开始填写前,访问员向学生说明问卷填写的自愿原则及数据资料的保密原则;问卷填写完成后,访问员及时检查问卷漏填情况,并及时进行补充;所有问卷数据进行统一录入、填补和分析,不涉及针对受访学生个人的身份信息。相关研究伦理在本研究中得到了很好的遵守,保证了调研数据的真实性和高质量。

(五)未成年人样本信息

本研究计划抽取1665名11~18岁的在校未成年人,排除不接受问卷调研者,实际总共有1524名未成年人接受了本次问卷调查。对1524份调查问卷进行录入检查发现,其中47份存在严重漏填、出现大量缺失值,予以剔除;由于中职技校中存在部分学生年龄较大——超过18岁已成年的情况,对此此部分样本,共97份,亦暂不纳入本次研究的统计分析之中。最终本研究共收集到1380份有效样本,问卷有效回收率为90.6%。

表3 样本情况描述

人口学因素	频数(N=1380)	百分比(%)	累计百分比(%)
性别(0~1)[a]			
女	677	49.1	49.1
男	703	50.9	100.0
年龄组(1~3)			
14岁以下	305	22.1	22.1
14~15岁	370	26.8	48.9
16~18岁(未满18周岁)	705	51.1	100.0
年龄均值 M(SD)	15.20(1.811)		
民族(0~1)			
汉族	1340	97.1	97.1
少数民族	40	2.9	100.0
户籍(1~3)			
广州本地户口	843	61.1	61.1
外地城镇户口	182	13.2	74.3
外地农村户口	355	25.7	100.0

续表

人口学因素	频数(N=1380)	百分比(%)	累计百分比(%)
宗教信仰(0~1)			
不信教	1012	73.3	73.3
有宗教信仰	368	26.7	100.0
佛教	239	17.3	
基督教	67	4.9	
道教	18	1.3	
伊斯兰教	7	0.5	
犹太教	6	0.4	
其他宗教	31	2.2	
学业类型(1~3)			
初中生	602	43.6	43.6
高中生	226	16.4	60.0
中职技校生	552	40.0	100.0
学校类型(1~3)			
公立中学	632	45.8	45.8
民办中学	196	14.2	60.0
中职技校[b]	552	40.0	100.0
学生类型(1~5)[c]			
公立初中生	438	31.7	31.7
民办初中生	164	11.9	43.6
公立高中生	194	14.1	57.7
民办高中生	32	2.3	60.0
中职技校生	552	40.0	100.0

注：a. 各变量类别具体赋值，依照表中编排顺序，依次设置。
　　b. 本研究所抽取得中职技校全为公立学校，故中职技校生不再按学校类型进行细分。
　　c. 学业类型与在学校类型进行交互分类，并进行重新分组编码。

在1380名未成年人有效样本中（见表3），男女性别比例相差不大，分别为50.9%和49.1%。16岁以下与16~18岁（未满18周岁）的未成年人比例大概各占一半，分别为48.9%和51.1%；年龄均值M=15.20，标准差SD=1.811。97.1%的未成年人是汉族，仅2.9%的未成年人属于少数民族（集中于壮族、土家族等）。接近2/3的未成年人（61.1%）拥有本地户籍，外地城镇户籍和外地农村户籍未成年人分别占13.2%和25.7%。有宗教信仰的未成年人占总体的26.7%，其中信仰佛教者最多，有239人，占未成年人总体的接近1/5（17.3%）；其次是信仰基督教，有67人，占4.9%。所抽取的未成年人样本，初中生占43.6%，高中生生占16.4%，中职技校生占40.0%。将学生类型与学校类型（公立、民办）进行交叉分类，可分为五类：公立初中生，438人，占31.7%；民办初中生，164人，占11.9%；公立高中生，194人，占14.1%；民办高中生，32人，占2.3%；中职技校生，552人，占40.0%。综上可见，本研究的未成年人样本，涵盖11~18岁在校各类型未成年人，且大体与广州市中学生总体分布相一致（详见本文"抽样"部分），研究样本具有较好的代表性。

三 未成年人偏差行为现状及特点

（一）偏差行为现状

依据本研究对偏差行为的定义，将未成年人偏差行为分为四类，各类别对应着不同的具体行为。由表4可见，在违德行为类别中，近12个月内未成年人夜晚在外游荡——经常晚归的比例最高，占总体的12.8%；在公共场所乱涂鸦和有意地伤害、虐待动物略低于经常晚归的比例，分别为10.9%和9.9%。在违纪行为类别中，有约1/5的未成年人（16.3%）有出现过未经请假而离开学校的逃学行为；16.2%的未成年人经常不做课程作业，接近10%的未成年人有故意损害公共财产（如门窗、学校课桌椅、公交座位等）的行为。目前，我国虽然明令禁止向未成年人出售香烟，但依然有接近1/5的未成年人（16.6%）已经患上烟瘾——经常吸烟，与我国15~19岁年龄组13.52%的吸烟率（马冠生、孔灵芝、栾德春等，2005）相比较，广州市未成年人的吸烟率大体上要高于全国平均比例。未成年人吸烟极易引发其他更加严重的成瘾行为（Colby, Nargiso, Tevyaw et al., 2012），在本研究中未成年人酗酒和吸毒比例分别为10.7%和4.1%；吸烟与酗酒、吸毒行为之间存在着显著的强正相关（p＜0.001），其肯德尔相关系数（tau-b）分别为0.355和0.606。其他偏差行为，如偷拿别人东西、群架斗殴、携带刀具的比例相差不大，分别为6.7%、5.4%和4.6%。未成年人的犯罪行为中，偷窃情况最为严重，占6.5%；其次为抢劫和故意伤害，分别为4.0%和3.5%；贩卖毒品和入室盗窃最少，占比在2.0%左右。在所有具体的偏差行为类型中，未成年人吸烟、逃学，以及不做课程作业的情况最为突出。

将本研究数据与广州市2013年未成人偏差行为调研数据①（见表4）相比较可见，未成年人破坏公物、偷买别人东西、群架斗殴、携带刀具和酗酒行为的发生率较上一年有所下降。但晚归、逃学、吸烟和吸毒的比例有明显的上升，特别是未成年人逃学和吸烟的比例皆由5.9%上升至12%左右，情况变得愈发严重。逃学和晚归可能是由同样的原因所引起，如未成年人监管力度（学校和家庭）的减弱；吸烟和吸毒同属于成瘾行为，可知目前未成年人成瘾物质依赖的情况愈发严重。

表4　具体偏差行为统计

单位：%

偏差行为	选择"是"[a]			
	2014（全体未成年人）		2014（初中＋高中）[b]	2013（初中＋高中）[b]
	频数	百分比	百分比	百分比
不良行为－违德				
经常晚归[c]	176	12.8	12.1	10.0
公共场所涂鸦	150	10.9	11.4	－[b]
虐待动物	137	9.9	8.6	—
不良行为－违纪				
逃学	301	16.3	12.8	5.9
不做课程作业[d]	223	16.2	9.5	—
破坏公物	135	9.8	8.9	9.3

---

① 本文提及所有广州市2013年未成年人偏差行为数据，详请查阅魏国华、张强主编《广州青年发展报告（2012～2013）》一书，为行文方便不再累述。

续表

偏差行为	选择"是"[a]			
	2014(全体未成年人)		2014(初中+高中)[b]	2013(初中+高中)[b]
	频数	百分比	百分比	百分比
严重不良行为				
偷拿别人东西[e]	102	6.7	5.6	6.6
群架斗殴	75	5.4	3.9	7.5
携带刀具等武器	63	4.6	3.6	5.8
吸烟	229	16.6	11.5	5.9
酗酒[f]	148	10.7	7.6	13.9
吸毒[g]	56	4.1	2.7	1.7
犯罪行为				
偷窃[e]	109	6.5	6.0	—
抢劫	55	4.0	2.2	—
故意伤害	48	3.5	0.5	—
贩卖毒品[h]	30	2.2	1.0	—
入室盗窃[e]	26	1.9	0.6	—

注：a. 未成年人样本总量 N=1380；测量的是未成年人在近12个月内出现该行为的情况。
b. 广州市2013年未成年人偏差行为调研仅对中学生进行抽样，而未包括中职技校生，样本量 N=916。本研究中，中学样本量 N=828。在偏差行为的具体行为方式的遴选上，本研究以2013年日常偏差行为调研为基础，依据研究分类进行了相应的调整和增添；"–"表示2013年未测量该行为。

（二）绝对偏差行为及其特征

依据未成年人各具体偏差行为的发生情况进行再编码分析，计算对各类别偏差行为和绝对偏差行为发生比例：同一类别下，如果该未成年人有其中任何一种具体行为发生，则有该类别行为，设置为"是"=1；反之，如果未成年人在该类别下所有具体行为皆未发生，则设置为"否"=0。同理，如果该未成年所有具体偏差行为皆未出现，则绝对偏差行为设置为"否"=0，表明该未成年人完全没有出现任何偏差行为、完全遵循操守行事。由表5可见，有524名未成年人（38%）出现违纪行为，其情况最为严重；1/4左右的未成年人出现违德（25.9%）和严重不良行为（24.1%）；出现犯罪行为的未成年人占样本总量的比例接近10%。704名未成年人在近12个月内曾出现至少一种具体的偏差行为，绝对偏差行为比例为51%，未成年人偏差行为的防控形势不容乐观。

将出现某具体偏差行为计1分,计算各类别偏差行为和绝对偏差行为的平均分①,亦可知与其他类别偏差行为出现可能性相比较,未成年人出现违纪行为的可能性最高(0.42/3),其次为违德行为(0.34/3),未成年人绝对偏差行为均值 M = 1.35;由上可见,未成年人偏差行为整体严重程度较低,且主要集中于社会危害性和严重程度较低的不良行为类别。

表5 绝对偏差行为

偏差行为类别	选择"是"(N = 1380)		测题数	Min-Max	均值(M)	标准差(SD)
	频数	百分比(%)				
不良行为-违德	358	25.9	3	0~3	0.34	0.619
不良行为-违纪	524	38.0	3	0~3	0.42	0.674
严重不良行为	333	24.1	6	0~5	0.41	0.887
犯罪行为	137	9.9	5	0~5	0.18	0.678
绝对偏差行为	704	51.0	17	0~15	1.35	2.237

将未成年人人口学各特征因素与是否发生偏差行为分别进行肯德尔(tau-c)相关分析,计算其相关性和显著度。由表6可见,除宗教信仰以外,性别、年龄、民族、户籍、学生类型、学校类型皆与未成年人偏差行为存在显著的正相关(相关系数介于0.121~0.467)。男性比女性更容易出现偏差行为,特别是违纪和严重不良行为的发生率,男性比女性高出10个百分点以上。随着年龄的增长,未成年人出现偏差行为的比例亦随之上升,16~18岁比例最高。少数民族比汉族未成年人有着更高的偏差行为发生率。本地、城镇户籍未成年人与外地、农村户籍未成年人在违纪行为方面并无显著差异,但后者更容易出现违德、严重偏差和犯罪行为。中职技校生更容易出现偏差行为,民办中学里偏差行为的发生率要显著高于公立中学。虽然未成年人是否有宗教信仰对其违德、违纪行为并无显著的影响,但有宗教信仰对未成年人出现的严重不良和犯罪行为有明显的抑制作用。

---

① 将绝对偏差行为作为一张量表,各类别偏差行为是其各分量表,计算内部一致性信度,α系数分别为:0.333(违德),0.310(违纪),0.709(严重不良),0.781(犯罪),0.831(绝对偏差行为)。违德和违纪分量表α系数较低,这可能是由于总分的非正态性分布和测题数量较少(都为3题)所导致(Streiner & Norman, 1989, p.4)在犯罪学研究中可以接受。本研究后续将继续对17道偏差行为测题进行深入的因子结构分析。

表6　未成年人偏差行为与人口学特征相关分析

人口学因素	选择"是"(%)				
	违德行为	违纪行为	严重不良行为	犯罪行为	绝对偏差行为
性别					
女	22.6**	32.8***	17.9***	6.1***	43.9***
男	29.2	43.0	30.2	13.7	57.9
年龄					
14岁以下	15.7***	28.2***	15.4***	5.6***	33.4***
14~15岁	24.6	34.6	18.6	8.6	45.9
16~18岁(未满)	31.1	44.0	30.8	12.5	61.3
民族					
汉族	25.4*	37.5*	23.2***	9.1**	50.5*
少数民族	42.5	55.0	55.0	37.5	67.5
户籍					
广州本地户口	22.7***	38.0 n.s.	20.5***	7.9***	45.3***
外地城镇户口	26.9	33.5	29.1	11.0	53.3
外地农村户口	33.2	40.3	30.1	14.1	63.4
宗教信仰					
不信教	24.9 n.s.	37.0 n.s.	22.7*	8.3**	49.6 n.s.
有宗教信仰	28.8	40.8	28.0	14.4	54.9
学生类型					
初中生	18.1***	29.6***	13.8***	5.6***	37.5***
高中生	37.6	43.8	30.5	12.8	52.2
中职技校生	29.7	44.7	32.8	13.4	65.2
学校类型					
公立中学	21.4**	32.8***	17.6***	7.3***	38.8***
民办中学	30.1	35.7	20.9	8.7	50.5
中职技校[a]	29.7	44.7	32.8	13.4	65.2

注：n.s. = 不显著；* = $p<0.05$；** = $p<0.01$；*** = $p<0.001$。

四　未成年人偏差行为影响因素

未成年人是否出现偏差行为受到多种因素的影响，本研究以未成年人是否出现绝对偏差行为为因变量，家庭、学校、朋辈、受害经历、价值倾向和对司法的信心等因素为自变量，探究变量之间的联系，并指出各因素影响力的大小，以明确更加具有针对性的未成年人偏差行为防治对策。研究分析分为两个步骤进行，首先运用卡方检定或 T 检定单独考察各因素与偏差行为之间的相关联系，检验其联系的显著程度；其次，以未成年人口学特征因素为控制变量，将各单独检定显著的因素，通过代入 Logistic 回归模型进行整合分析，最终找到对未成年人偏差行为有影响显著因素。

（一）偏差行为与各因素相关检定

各自变量依照测量维度进行归类，并依据各自变量类型分别与未成年人偏差行为进行卡法检定或 T 检定。由表 7 可知，除家庭抚养模式和相对零花钱的多少之外，其他所有变量皆与其偏差行为存在显著联系。

来自完整家庭（父母在婚姻中）和不完整家庭（父母离异、分居或丧偶）未成年人比例分别 91% 和 9%，有 93.3% 的未成年人是由双亲抚养长大，可见目前广州市未成年人的原生家庭结构较为稳定。来自不完整家庭未成年人出现偏差行为的比例为 62.9%，显著高于完整家庭 49.8% 的比例（$p=0.006<0.05$），父母婚姻状况的好坏对未成年人是否出现偏差行为有着重要的影响。同时，与大部分其他家庭比较，家庭相对经济状况亦会影响未成年人偏差行为的产生：家庭相对经济越好，未成年人出现偏差行为的可能性就越小。随着家庭相对经济状况由"好"、"一样"到"差"，其偏差行为比例显著上升（47.2%、49.7、59.1%）。家庭结构和相对富裕程度一定程度上代表了未成年人所处的社会阶层，可见，越处于社会中下阶层的未成年人，越容易出现偏差行为。

未成年人对家庭的依附程度越高、父母对其监管的程度越强，未成年人越远离偏差行为。遵操守（未出现偏差行为）未成年人家庭依附均值为 17.11，显著高于出现偏差行为未成年人 16.69 的均值（$p=0.016<0.05$）；同样，在家庭监管程度上，前者均值为 18.11，后者均值为 16.97，差异显著（$p<0.001$）。遵操守未成年人所受到的家庭监管明显强于偏差行为者；子女与父母的家庭内部互动关系对其是否出现偏差行为有重要影响。

未成年人与学校之间的纽带越牢固，学校对其越有吸引力、对学校教师的依附越强，越不容易出现偏差行为。遵操守未成年人更加喜欢学校，愿意去学校，其学校吸引得分均值为 12.03，显著高于偏差行为未成年人 10.82 的均值；在与教师关系方面，遵操守未成年人（$M=9.07$）比偏差行为未成年人（$M=8.01$）更愿意与老师接触，更加重视教师对自己的评价。未成年人对学业表现的自我评价亦与其偏差行为的出现存在着紧密联系，学业自我评价较好的未成年人出现偏差行为的比例（45.7%）显著低于学业自我评价较差的未成年人（58.2%）。留级是青少年客观学业表现最极端的失败表现，与主观自我学业评价相一致，无留级经历的未成年人偏差行为的发生率（49.0%）要显著低于有留级经历者（66.9%）。

休闲和朋辈交往是未成年人生活成长的重要组成，未成年人在空余时间的休闲活动越积极正向，如做运动、健身、看书等，出现偏差行为的可能性就越小：遵操守与偏差行为未成年人在正向休闲安排量表上得分均值分别为22.26、19.94（$p<0.001$）。朋辈是未成年人社会化过程中的重要参照和模仿对象，如果与未成年人交往的朋辈群体中常有人出现盗窃、殴打他人等不良行为，则该未成年人亦有较大的可能性出现偏差行为。从不良朋辈得分均值可见，遵操守未成年人所交往的朋辈群体中基本未有不良行为出现（$M=0.01$），而偏差行为者的朋辈群体中出现不良行为的情况则要严重得多（$M=0.51$）。

一些情况下，未成年人既是偏差行为的实施者，亦是他人偏差行为的受害者。对未成年人受害经历进行测量发现，出现偏差行为的未成年人（$M=0.36$）比遵操守者（$M=0.24$）有着更多的受害经历（$p<0.001$）。以校园欺凌为例，Salmivalli（1999）、Espelage和Swearer（2003）皆曾指出一些校园欺凌的受害者成为日后的欺凌者，受害经历会增大其出现欺凌行为的可能性。协助未成年人去除或矫正偏差行为固然重要，但加强对未成年人的保护，使其免于受伤害亦不可忽视。

未成年人偏差行为的产生除了受到外界因素的作用外，其自身的价值倾向和对司法公正信心亦会产生重要的影响。未成年人对撒谎、侮辱他人等行为越持一种否定态度，其出现偏差行为的可能性就越小：遵操守未成年人（$M=28.84$）比偏差行为未成年人（$M=26.82$）更加持一种亲社会的态度、更愿意接受社会规范。程序正义理论（Procedural Justice Theory）是近年来西方新发展的解释青少年犯罪的一种理论（Hough, et al., 2011），其核心在于"司法公正信心"这一主题。由表7可见，遵操守未成年人比偏差行为者对我国目前的司法公正有着更强的信心，前者比后者认为警察能够更高效地制止犯罪（$M=5.35-4.51$）、接受腐败的程度更低（$M=3.79-4.94$）、更加公平地对待报案人和求助者（56.2%-43.8%）。

虽然，抚养模式和相对零花钱的多少在遵操守与偏差行为未成年人之间的差异并不显著，但通过交互分析亦可见，由双亲抚养的未成年人出现偏差行为的比例（50.3%）要低于单亲或他人抚养的情况（60.9%）。未成年人相对零花钱的无论是过多（56.6%）或过少（51.0%）都会提高其出现偏差行为的比例；与同龄人相比零花钱数量一样多时，未成年人出现偏差行为的比例最低（48.2%）。

总体而言，单独来看家庭、学校、社会交往、过往经历以及未成年人所秉持的价值态度，皆会对未成年人是否出现偏差行为产生显著的影响。

表7 偏差行为与各因素相关分析

测量维度	因素	绝对偏差行为（$N=1380$）						x^2/t 值	显著度（p）
		否		几		总计			
		频数	%	频数	%	频数	%		
家庭结构	父母婚姻（0~1）								
	婚姻中	630	50.2	626	49.8	1256	91.0	7.706	0.006 **
	离异/分居/丧偶	46	37.1	78	62.9	124	9.0		
	抚养模式（0~1）								
	双亲抚养	640	49.7	648	50.3	1288	93.3	3.831	0.050 n.s.
	单亲或他人抚养	36	39.1	56	60.9	92	6.7		
家庭相对富裕程度	家庭相对经济（1~3）								
	差	138	40.9	199	59.1	337	24.4	12.188	0.002 **
	一样	257	50.3	254	49.7	511	37.0		
	好	281	52.8	251	47.2	532	38.6		
	个人相对零花钱（1~3）								
	少	305	49.0	317	51.0	622	45.1	4.794	0.091 n.s.
	一样	259	51.8	241	48.2	500	36.2		
	多	112	43.4	146	56.6	258	18.7		
家庭依附和监管	家庭依附（M,SD）	17.11	2.923	16.69	3.448	16.90	3.207	2.405	0.016 *
	家庭监管（M,SD）	18.11	4.216	16.97	4.751	17.53	4.532	4.740	<0.001 ***
学校纽带	学校吸引（M,SD）	12.03	2.630	10.82	3.183	11.41	2.987	7.748	<0.001 ***
	教师依附（M,SD）	9.07	2.135	8.01	2.697	8.53	2.494	8.086	<0.001 ***
	学业表现（1~3）								
	好	214	54.3	180	45.7	394	28.6	12.682	0.002 **
	中等	301	50.1	300	49.9	601	43.6		
	差	161	41.8	224	58.2	385	27.9		
	留级经历（0~1）								
	否	624	51.0	599	49.0	1223	88.6	17.842	<0.001 ***
	是	52	33.1	105	66.9	157	11.4		
休闲/朋辈安排	正向休闲安排（M,SD）	22.26	2.059	19.63	3.010	20.92	2.901	18.988	<0.001 ***
	不良朋辈（M,SD）	0.01	0.127	0.51	1.048	0.27	0.794	-12.561	<0.001 ***
受害经历	受害经历（M,SD）	0.24	0.561	0.48	1.111	0.36	0.893	-5.076	<0.001 ***
价值倾向	亲社会态度（M,SD）	28.84	3.103	26.82	4.924	27.81	4.253	9.145	<0.001 ***

续表

测量维度	因素	绝对偏差行为($N=1380$)						χ^2/t 值	显著度(p)
		否		几		总计			
		频数	%	频数	%	频数	%		
司法公正信心	制止犯罪效率(M,SD)	5.35	1.820	4.51	2.610	4.92	2.295	6.939	<0.001***
	司法腐败程度(M,SD)	3.79	2.018	4.94	2.665	20.92	2.901	-9.077	<0.001***
	警察公正对待(0~1)							79.281	<0.001***
	是	568	56.2	442	43.8	1010	73.2		
	否	108	29.2	262	70.8	370	26.8		

注：$^{n.s.}$ = 不显著；* = $p<0.05$；** = $p<0.01$；*** = $p<0.001$。

（二）偏差行为回归分析

虽然单独来看各因素对未成年人偏差行为的产生有着显著的影响，但各因素间可能存在着相互作用和复杂联系，需要在某些条件设定一致的情况下，来探究各因素是否还存在显著影响力及其影响力的大小。将未成年人偏差行为作为因变量；与偏差行为有显著联系的人口学因素（性别、年龄、民族、户籍、学生类型①）作为控制变量；将家庭结构和经济（父母婚姻、家庭相对经济）、家庭依附和家庭监管、学校纽带及表现（学校吸引、教师依附、学业表现和留学经历）、休闲/朋辈（正向休闲安排、不良朋辈）、受害经历、亲社会态度以及司法公正信心（制止犯罪效率、司法腐败程度、警察公正对待）作为自变量，依次代入 Logistic 回归模型之中。对于类别变量，本研究以哑变量的形式在分析结果中进行呈现。表 8 列出了将控制变量、自变量分别代入 Logistic 回归模型后的分析结果。模型 1 是只有控制变量的基准模型，模式 9 是引入全部变量的全模型，其他模型为两者之间的嵌套模型；所有回归模型的卡方检验均具有高度的统计显著性（$p<0.001$）。

模型 1 中，性别、民族和学生类型依旧对未成年人偏差行为有着显著的影响；在男性未成年人中偏差行为与遵操守者的比值是女性未成年人同样比值的1.836 倍（OR = 1.836），少数民族与汉族未成年人的 OR 值为 2.113，表明男

---

① 将学生类型与学校类型进行重新分类编码，可将未成年人分为五类：1 = 公立初中生；2 = 民办初中生；3 = 公立高中生；4 = 民办高中生；5 = 中职技校生。

分报告九 广州市未成年人偏差行为状况研究

表8 各因素对偏差行为影响的 Logistic 分析

因素	模型1		模型2		模型3		模型4		模型5	
	OR	S.E.	OR	S.E.	OR	S.E.	OR	S.E.	OR	S.E.
性别(男)[a]	1.836***	0.115	1.857***	0.116	1.823***	0.115	1.775***	0.119	1.874***	0.132
年龄(16~18岁)										
14岁以下	0.857	0.308	0.899	0.310	0.915	0.309	0.952	0.318	0.729	0.377
14~15岁	1.199	0.261	1.234	0.268	1.228	0.266	1.241	0.272	0.861	0.329
民族(少数民族)	2.113*	0.361	1.923	0.368	1.936	0.363	2.028	0.376	1.644	0.486
户籍(外地农村户口)										
广州本地户口	0.788	0.156	0.754	0.157	0.799	0.157	0.800	0.163	0.808	0.176
外地城镇户口	0.894	0.201	0.900	0.202	0.927	0.202	0.915	0.208	0.931	0.227
学生类型(中职技生)										
公立初中生	0.301***	0.320	0.298***	0.303	0.299***	0.301	0.346**	0.307	0.576	0.366
民办初中生	0.440*	0.185	0.426**	0.322	0.450*	0.321	0.526	0.329	1.050	0.385
公立高中生	0.576**	0.435	0.576**	0.188	0.554**	0.186	0.575**	0.190	0.457***	0.225
民办高中生	1.712	0.133	1.653	0.439	1.703	0.437	2.044	0.446	1.053	0.509
父母婚姻(离异)			1.864**	0.208						
家庭相对经济(好)										
差			1.198	0.151						
一样			0.976	0.133	0.970	0.019				
家庭依附										

261

续表

因素	模型6		模型7		模型8		模型9	
年龄(16~18岁)	1.814***	0.116	1.692***	0.118	1.769***	0.118	1.784***	0.137
14岁以下	0.778	0.313	0.852	0.319	0.917	0.317	0.827	0.388
14~15岁	1.125	0.268	1.129	0.274	1.276	0.274	0.923	0.336
民族(少数民族)	1.764	0.373	1.758	0.382	1.606	0.382	1.601	0.502
户籍(外地农村户口)								
广州本地户口	0.787	0.157	0.745	0.159	0.827	0.160	0.774	0.185
外地城镇户口	0.885	0.203	0.908	0.205	0.896	0.207	0.946	0.234
学生类型(中职技生)								
公立初中生	0.330***	0.304	0.353**	0.311	0.382**	0.310	0.647	0.375
民办初中生	0.495*	0.324	0.535	0.330	0.587	0.330	1.151	0.397
公立高中生	0.592**	0.186	0.597**	0.188	0.592**	0.193	0.467**	0.234
民办高中生	1.796	0.438	1.860	0.440	1.389	0.448	1.004	0.528
父母婚姻(离异)							1.685*	0.251
家庭相对经济(好)								
一样							1.166	0.177
差							0.955	0.156
家庭依附							1.017	0.023

续表

因素	模型 1		模型 2		模型 3		模型 4		模型 5	
家庭监管										
学校吸引							0.939**	0.023		
教师依附							0.891***	0.027		
学业表现（差）										
好							0.635**	0.158		
中等							0.738*	0.144		
留级经历（是）							1.442	0.195		
正向休闲安排									0.678***	0.033
不良朋辈									6.748***	0.326
受害经历										
亲社会态度										
制止犯罪效率										
司法腐败程度										
警察公正对待（是）										
Constant	1.496**	0.133	1.385*	0.159	3.964***	0.365	9.325***	0.312	3829.4	0.707
Chi-square	145.385***		157.508***		154.601***		205.927***		508.895***	
Nag R-square	0.113		0.144		0.141		0.185		0.411	
−2Log Lik	1767.133		1755.010		1757.917		1706.591		1403.623	
Predicted %	63.0		62.8		63.4		66.2		74.6	

续表

因素	模型6		模型7		模型8		模型9	
家庭监管							1.005	0.017
学校吸引							0.999	0.028
教师依附							0.936*	0.032
学业表现(差)								
好							0.664*	0.183
中等							0.861	0.165
留级经历(是)							1.128	0.228
正向休闲安排							0.696***	0.034
不良朋辈							6.339***	0.332
受害经历	1.371***	0.079					0.975	0.107
亲社会态度			0.895***	0.016			0.964*	0.021
制止犯罪效率					0.968	0.030	0.965	0.037
司法腐败程度					1.121***	0.027	1.037	0.032
警察公正对待(是)					1.906***	0.155	1.214	0.190
Constant	1.351*	0.135	33.727***	0.486	0.791	0.256	8288.5***	0.967
Chi-square	163.896***		197.804***		206.442***		540.721***	
Nag R-square	0.149		0.178		0.185		0.432	
−2Log Lik	1748.622		1714.714		1706.076		1371.797	
Predicted(%)	63.3		63.1		64.5		75.1	

注：未标注皆为不显著；* = $p<0.05$；** = $p<0.01$；*** = $p<0.001$。

a. 括号内为参照组。

性比女性未成年人、少数民族比汉族未成年人有更高的可能性出现偏差行为。公立、民办初中生以及公立高中生与中职技校生的 OR 值分别为 0.301、0.440 和 0.576，可见前三者都比中职技校生较小可能出现偏差行为。

将父母婚姻和家庭相对经济引入回归模型（见模型 2），未成年人来自离异家庭比来自完整家庭显著地增加了出现偏差行为的风险（$OR=1.864$）。在人口特征和父母婚姻状况一致的情况下，家庭相对经济对偏差行为没有显著影响；民族对未成年人偏差行为的影响变得不显著，性别和学生类型依然显著。在模型 3 中将家庭依附和家庭监管因素引入，家庭监管依旧对偏差行为有显著影响，家庭监管越有效，未成年人出现偏差行为的可能性越小（$OR=0.971$）。模型 4 中，在没有控制家庭内在因素的情况下，学校吸引、教师依附、学业表现好，依然能够降低未成年人偏差行为的发生比率。模型 5 显示，未成年人的休闲安排和朋辈交往对其偏差行为的产生有十分重要的影响，特别是与不良朋辈交往将使未成年人出现偏差行为的比率提升 6.748 倍。需特别注意的是，模型 5 是所有嵌套模型中伪决定系数 NagR-square 值（0.411）和预测正确率（74.6%）最高的；与基准模型相比，各模型效果判断指标皆有了显著的提升，模型预测能力得到了较大的提升，表明未成年的休闲安排和同辈交往对其偏差行为的预测有着十分重要的贡献。模型 6 中，受害经历变量每提升一个单位，未成年人出现偏差行为的比率就提升 1.371 倍。模型 7 中，未成年人越认同现行的主流社会规范，则出现偏差行为的比率越小（$OR=0.851$）。模型 8 加入关于司法公正信心的变量，除制止犯罪效率之外，未成年人对司法腐败程度及警察公正对待求助者的看法皆对其偏差行为有显著影响力。

最后，模型 9（全模型）将所有变量代入回归模型之中，在控制了其他所有变量之后，性别、学生类型、父母婚姻、教师依附、学业表现、正向休闲安排、不良朋辈以及亲社会态度依然能够影响未成年人偏差行为的发生比率。依照各变量比值的大小可见，不良朋辈对未成年人出现偏差行为影响最大，$OR=6.339$；其次为学生类型（$OR=0.467$）[1]，性别（$OR=1.784$）和父母婚姻

---

[1] 由于变量的测量方向不同，可计算变量反向设置后的 OR 值。学生类型（"公立高中生"为参照组）、学业表现（"好"为参照组）、负向休闲安排、教师疏离、反社会态度的 OR 值分别为：2.141、1.506、1.437、1.068、1.037。

($OR=1.685$);紧接着是学业表现($OR=0.664$)和正向休闲安排($OR=0.696$);教师依附($OR=0.936$)和亲社会态度($OR=0.964$)的影响力最小。

五 总结和讨论

通过对1380名广州市11~18岁在校未成年人的数据分析可见以下几方面。

(1)广州市未成年人偏差行为集中于逃学、不做课程作业等违反学校规定和纪律的违纪行为,偏差行为整体严重性较低、社会危害较小。未成年人出现违纪行为固然与其处于青春期易冲动、叛逆的自身发展特性有关,更为重要的是与学校对其是否有吸引力、学校规范是否足够明确清晰、与老师之间的关系是否融洽等外在环境和关系因素有关。未成年人较多地出现逃学、不做作业和破坏学校公物的行为,本身即表明学校对未成年人缺乏吸引力。要减少和降低未成年人违纪行为的发生,除了要从提升未成年人自身的理性认知和情绪的稳定性入手,在学校层面,一方面需要加强对未成年人的引导和管理,另一方面亦要丰富学校的课程设置、尊重未成年人多元化的需求、改善学校的环境设置提升环境的友好性和强化师生之间的联系。

(2)与2013年的调研数据相比较,未成年人吸烟、吸毒比例有大幅上升,未成年人控烟和禁毒工作形势日益严峻。吸烟吸毒同属于成瘾行为中的物质成瘾行为,其发生率的上升,其一与部分未成年人自控力弱有关;其二更为重要的是与未成年人更接触到成瘾物质有关。虽然我国明令禁止向未成年人出售香烟,但目前绝大部分商铺并未积极执行此条禁令,特别是学校周边商铺是未成年人便捷购买香烟的消费大户;近年来,新型毒品(如冰毒、K粉、摇头丸等)较传统毒品更易获得(李冠军、李娜、郑雯慧等,2011),且未成年人对新型毒品的伤害性严重认识不足。针对此种情况,在社会层面上需要加大对我国现行禁烟控烟条例的执行力度,对于新型毒品要持续性地保持高压打击势态,同时针对未成年人进行广泛的控烟禁毒的宣传和教育。

(3)未成年人出现绝对偏差行为比例为51%,明显高于2013年34.2%的绝对偏差行为比例。但在此,我们并不能简单地得出广州市未成年人偏差行为越来越严重的结论,原因有三:①本研究涵盖了更多具体的偏差行为类型,一定程度上扩大了未成年人偏差行为的外延。②本研究对偏差行为的内涵界定更加严格，如 2013 年测量了未成年人夜不归宿的情况，本研究则将一周有两天晚上 22 点之后回家界定为"经常晚归"，比夜不归宿对未成年人行为要求更加严格，可能将更多的未成年人划入偏差行为类别之中。③2013 年调研并未抽取中职技校学生样本，本研究加入此类样本，亦可能提高未成年人整体的偏差行为发生比例。诚然调研抽样和测量工具上的差异，可能导致绝对偏差行为比例较上一年有所上升，但在本研究中面对 51% 的未成年人出现偏差行为，加强对未成年人的教育、管理和引导以防控偏差行为的产生，就显得十分有必要。

（4）在单独进行相关或方差检定的情况下，未成年人的人口学特征、家庭系统、学校系统、社会交往、过往经历、自身价值倾向及对司法系统的信心，皆与未成年人是否出现偏差行为有显著联系。从生态学的视角来看，未成年人偏差行为的防治是一个系统性的工程，涉及未成年自身、家庭、同辈、学校、社区等不同层次的系统和工作内容。在此需特别说明的是，本研究是一前导性的探索研究，并未设立研究假设，但各因素的挑选依托于社会学、犯罪学的相关理论（如社会学习理论、社会依附理论等）和以往的研究成果，上述分析结论亦是对相关理论和研究的一种验证，对于未成年人偏差行为的防治亦有着重要的理论指导意义。

（5）在控制所有其他变量的情形下，构建最终的未成年人偏差行为影响因素模型（见图2）。不良朋辈交往是影响未成年人偏差行为产生的最重要因素。其次，男性未成年人、中职技校生、学业表现自我评价较低的未成年人是偏差行为防控的重点群体。父母离异、分居所造成的家庭结构不完整对未成年偏差行为的产生有明显的消极影响；而与老师保持良好的师生关系、积极正向的休闲安排以及自身所秉持的亲社会态度，都将有效地阻碍偏差行为的出现。

六　未成年人偏差行为防治对策

未成年人偏差行为防治是一个系统的工程，需要从未成年人自身、家庭、学校、社会等各层面进行入手。针对在控制其他变量的情况下依然对未成年人偏差行为有显著影响的因素，并结合广州的实际，本研究重点提出以下未成年人偏差行为防治对策。

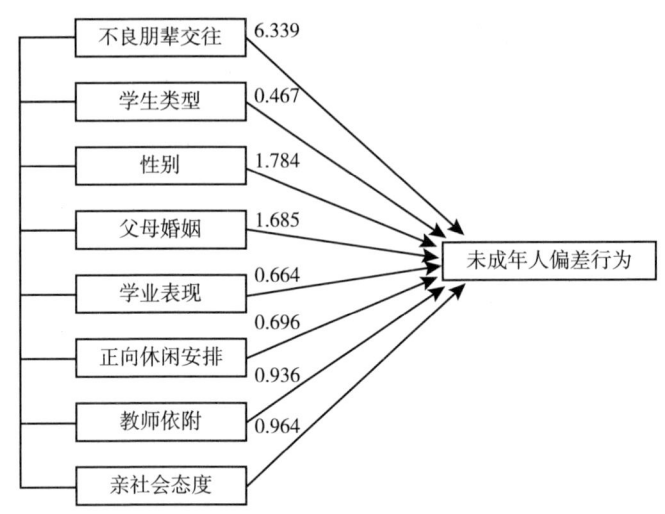

图2 偏差行为影响因素模型（*OR*值）

（一）识别高危偏差行为群体——重点防控策略

未成年人是一个大的群体概念，对本研究中有关11～18岁在校未成年人的界定亦可进行再次划分，以识别高危偏差行为未成年人，并进行有针对性的重点防控。在社会资源有限的前提下，重点防控能够更加有效降低偏差行为的发生率，减少防控资源的无效投放和浪费。要施行未成年人偏差行为重点防控策略，首先要能够对高危偏差行为群体进行识别，本研究分析指出：男性，就读中职技校，来自父母婚姻失败家庭，与学校之间关系纽带较差（特别是与老师关系疏离），学业表现不佳的未成年人有更高的发生偏差行为的风险，需要进行重点关注、引导和帮扶。诚然构建更加科学、系统的高危偏差行为识别体系和识别工具，已远远超出本研究的目标范畴，但这正是未成年人偏差行为防控工作开展的基础和所需完成的紧要任务。

（二）正确交友和丰富休闲－引导项目和主见训练

朋辈群体越多地出现偏差行为，与之交往的未成年人亦会显著增加出现偏差行为的风险。联系差别接触理论和社会学习理论对于"犯罪行为习得而来"的论断（Akers，2002），本研究建议可从两个方面引导未成年人树立正确的交友观。①开展一系列引导项目，预防未成年人偏差行为产生，如"同行者计划"①：由专业社工或招募的合格志愿者，以一对一的形式与未成年人结对，通过与未成年人建立良好的信任，进而与未成年人营造一种柔性的引导关系。未成年人通过与"大哥哥"、"大姐姐"的接触，强化其对社会正面形象的认识，减少与不良朋辈之间的接触。②考虑到很多青少年涉入不法行为是因为他们消极、被动地受到同龄人的引导甚至是"胁迫"（Allen &Eby, 2007）。当未成年人处于参与不良活动的压力情形时，尽管他们知道其所作所为是错误的，但从众和"随大流"的心态又使其害怕如果坚持操守将会失去与同龄人的友谊。因而，培养未成年人自我的理性思考和主见意识就显得十分重要。针对未成年人，可通过开展一些主见性的训练活动，如设置一些可能的群体压力情形，鼓励未成年人积极表达自身，有勇气拒绝做某些事情、理性地思考并维护自己的权利。未成年人在正确交友的同时，家庭、学校、社区以及社会组织亦需要为丰富未成年人正向休闲活动提供必要的条件和机会，如提供安全的活动场所、组织正向活动（如郊游、阅读分享）的开展，促使未成年人尽量不要在社区游荡、远离参与违法活动的机会。

（三）增强家庭/学校依附 - 家庭咨询和构建新型师生关系

处于青春期的未成年人，由于身体迅速成长、心智起伏变化容易出现偏差行为，家庭作为孩子的"第一课堂"应该给予其足够的情感支持和行为引导。本研究显示家庭结构的稳定和良好的家庭关系对于未成年人遵操守行为有着非常重要的积极影响。因此对未成年人偏差行为的防治不能单单只针对有偏差行为的未成年人本身，而是应该将失常的家庭作为一个整体来做出相应的应对方案。对于失常家庭，偏差行为防治工作者可运用家庭咨询、家庭治疗的方法，改善该家庭中的一系列的失和关系，同时理性地维持家庭结构的稳定和完整；即使未成年人处于不完整家庭之中，父母亦有责任和义务将婚姻解体对孩子所造成的伤害降到最小。如果一个未成年人已出现违规违纪等偏差行为，那么其家庭成员也要为预防及矫治方案的拓展对象，亦需要求家庭成员做出一些改变

---

① 在美国被称为"大兄弟姐妹"项目，在中国香港被称为"同路人项目"，在欧美一些国家亦被称为导生计划。

来强化家庭对未成年人的正向作用。

老师对于未成年人而言,不仅仅是知识的直接传授者,亦是规则、规范的重要学习和模仿对象。与老师关系的好坏、对老师评价的重视程度,直接影响未成年人出现偏差行为风险的高低。在现实的教育过程中,未成年人因为不喜欢某个老师,而放弃某门课程,甚至逃学、辍学的案例并不鲜见(郑彦芹,2013)。要改善师生关系、加强未成年人对教师的依附,就需要构建一种平等、宽容、和谐、互动的新型师生关系(田运隆,2002),提升老师的人格魅力,使未成年人能够重视老师的评价、接受老师的建议,进而阻碍偏差行为的出现。

(四)提升学业成就——后进生帮扶

学业是处于青春期未成年人所需奋斗的最为重要的任务。学业表现差将会极大地打击未成年人的自信心和自我效能感,本研究显示学业表现不佳,对未成年人出现偏差行为有推动作用。这可能是由于未成年人在学业上受困后,进而产生"破罐子破摔"的心态,此种心态使得未成年人受到社会规范和自我操守的约束减弱,从而出现偏差行为。未成年人所遭遇的暂时性学业困境,需要学校、教师与社工、家长相配合,开展个性化的后进生帮扶工作。同时学业成就不能仅仅简单地等同于学习成绩,亦包括对技能的学习和达到对自己合理的受教育预期;从这个层面上来讲,协助后进生明晰将来的学业规划和定位,亦会提升其对学业表现的自我评价,进而降低其出现偏差行为的风险。

(五)培养亲社会态度——社会规范教育

本研究显示未成年人亲社会态度对其偏差行为的出现有阻碍作用。那么是什么在影响着未成年人的亲社会态度?依据涂尔干对迷乱的解释(蔡德辉,1996,pp.77~78),关键在于青少年对有序的社会秩序信心不足。一方面,可能是由于社会无法提供清楚的规范来指导及约束青少年的行为,以致青少年无所适从;另一方面,在很多情况下,即使社会已经存在着明确的规范,但对于未成年人来说也许他们并不清楚、不知情,故而使得他们对社会秩序无信心,而模糊了对与错的界限。可见,要提升未成年人对社会秩序的信心,需要让青少年清楚地知晓所需遵守的社会规范。虽然加强对未成年人的行为操守教育是一个老生常谈的话题,但从目前社会规范教育的开展现状来看,依旧重点在于对法律知识的讲解和传递上,而较少关注于那些最基础的社会道德、伦理和基本行为规范(如诚信、讲秩序、公平交易等);同时,以往针对未成年人所开展的各种法律道德教育存在形式单一、内容晦涩难懂(如法律知识讲座等)的问题,尚有许多可操作、可提升的空间。因此,针对未成年人开展形式多样、深入浅出、基础性的社会规范教育十分有必要,这将直接提升未成年人的亲社会态度并降低其偏差行为的发生风险。

参考文献

蔡德辉:《犯罪学——犯罪理论与犯罪防治》,台北:五角,1996。

胡俊文:《青少年犯罪与预防:以生态系统理论为视角》,湖南社会科学,2011。

广州市统计局:《2013年广州市国民经济和社会发展统计公报》,2013。

李建光:《有效预防青少年犯罪初探》,《学校党建与思想教育》2010年第18期。

李子顺:《当前我国青少年犯罪的特点和对策》,《人民检察》2009年第5期。

李冠军、李娜、郑雯慧、王清亮:《特新型毒品"型与型传统毒品"滥用者的心理和行为特征比较研究》,《中国药物依赖性杂志》2011年第2期。

马冠生、孔灵芝、栾德春、李艳平:《中国居民吸烟行为的现状分析》,《中国慢性病预防与控制》2005年第5期。

全国人大常委会办公厅:《中华人民共和国预防未成年人犯罪法》,中国民主法制出版社,2012。

上海市统计局:《上海统计年鉴(2004)》,中国统计出版社,2004。

穗团宣:《关于广州市预防青少年违法犯罪工作的调研报告》,2009,载于http://www.gdzf.org.cn/gdsgzdt/gz/200911/t20091126_71466.htm。

王利霞:《浅谈青少年犯罪现状及预防》,《贵阳市委党校学报》2006年第6期。

王牧:《犯罪学论丛》(第1卷),中国检察出版社,2003。

田运隆:《新型师生关系》,《中小学心理健康教育》2002年第6期。

薛广庆、杨鹍飞:《青少年犯罪成因实证分析——以新疆乌昌地区为例》,《云南民族大学学报》(哲学社会科学版)2011年第4期。

章程:《3名辍学少年"轮班"贩毒》,《广州日报》2014年7月15日第A17页,载于http://gzdaily.dayoo.com/html/2014-07/15/content_2689360.htm。

周理艺:《广州市未成年人偏差行为状况研究》,载于魏国华、张强(主编),《广州青年发展报告》,社会科学文献出版社,2012。

郑彦芹：《中学生厌学的原因分析及干预措施》，《校园心理》2013年第3期。

Akers, R. L. (2002), "A Social Learning Theory of Crime", In S. Cote (Ed.), *Criminological Theories: Bridging the Past to the Future*, Thousand Oaks, CA: Sage Publications, Inc.

Allen, T. D., &Eby, L. T. (2007), *The Blackwell Handbook of Mentoring: A Multiple Perspectives Approach*, Oxford, UK: Wiley-Blackwell.

Clinard, M., & Meier, R. (2008), *Sociology of Deviant Behavior*. Belmont, CA: Thomson Higher Education.

Colby, S. M., Nargiso, J., Tevyaw, T. O. L., Barnett, N. P., Metrik, J., Lewander, W., et al. (2012), "Enhanced Motivational Interviewing Versus Brief Advice for Adolescent Smoking Cessation: Results from a Randomized Clinical Trial", *Addictive Behaviors*, 37 (7).

Costello, B. J., &Vowell, P. R. (1999), "Testing Control Theory and Differential Association: A Reanalysis of the Richmond Youth Project Data", *Criminology*, 37 (4), 815 - 842.

Eaton, N. R., Krueger, R. F., Johnson, W., McGue, M., &Iacono, W. G. (2009), "Parental Monitoring, Personality, and Delinquency: Further Support for a Reconceptualization of Monitoring", *Journal of Research in Personality*, 43 (1), 49 - 59.

Espelage, D. L., &Swearer, S. M. (2003), "Research on School Bullying and Victimization: What have We Learned and Where do We go from Here?", *School Psychology Review* (32).

Gollwitzer, P. M., Heckhausen, H., &Ratajczak, H. (1990), "From Weighing to Willing: Approaching a Change Decision Through pre-or Postdecisionalmentation", *Organizational Behavior and Human Decision Processes*, 45 (1).

Goode, E. (2000), *Deviant Behavior Upper Saddle River*, NJ: Prentice Hall Publishing.

Hough, M., Ruuskanen, E., &Jokinen, A. (2011), "Trust in justice and the Procedural Justice Perspective: Editor's Introduction", *European Journal of Criminology*, 8.

Libbey, H. P. (2004), "Measuring Student Relationships to School: Attachment, Bonding, Connectedness, and Engagement", *Journal of School Health*, 74 (7).

Salmivalli, C. (1999), "Participant Role Approach to School Bullying: Implications for Interventions", *Journal of Adolescence*, 22 (4).

Siegel, L. J., & Welsh, B. (2011), *Juvenile Delinquency: The Core* (4th ed.). Belmont, CA: Wadsworth/cengage Learning.

Streiner, D. L., & Norman, D. L. (1989), *Health Measurement Scales: A Practical Guide to Their Development and Use.*, London, UK: Oxford University Press.

分报告十
广州青年发展环境研究

赵道静 邓智平*

摘　要:	本报告从青年发展的政策体系、社会环境及青年自身对发展环境的评价三个层面，分析当前广州青年发展环境现状。研究发现：广州市青年发展的政策体系日渐完善、社会环境不断优化，但与青年自身的需求还有很大差距，青年对发展环境的满意度评价普遍不高。此外，报告分析了广州青年发展环境存在的主要问题及原因，提出了优化青年发展环境的若干对策。
关键词:	青年发展　社会环境　环境评价　政策体系

人的发展与环境有着密不可分的关系，马克思曾说过"人创造环境，同样，环境也创造人"，人可以通过实践活动改变环境，而环境则直接影响和决定着人的发展。青年是全面建设小康社会过程中重要的人才资源，也是经济、政治、文化、社会和生态文明建设的主要参与者和重要力量。青年时期，是人生命历程中最重要的发展时期，其社会化质量的高低，关乎国家的未来。伴随经济社会的发展和转型，很多复杂性因素渗透到青年群体的时代性特征之中，青年在利益表达、生活方式、行为方式、社会交往等方面快速变化，青年服务需求日益多元化、个性化，青年发展面临的社会、家庭、政策环境也愈加复杂。因此，为青年发展塑造良好环境至关重要。

广州市拥有规模巨大的青年群体，2010年第六次全国人口普查数据显

---

* 赵道静，广东省社会科学院社会学与人口学研究所助理研究员；邓智平，广东省社会科学院哲学与宗教研究所副所长、副研究员。

示,广州市14~35岁青年共有587.8万人。要确保如此庞大的青年群体全面健康发展,对当前青年发展环境的现状和存在的问题等进行研究十分必要而且迫切。

一 广州青年发展环境现状

青年发展环境主要包括家庭、学校、朋辈、社区和社会。在青年发展时期,青年更多受到朋辈和学校的影响,同时得益于信息技术的发展,青年受社会外界环境的影响也日渐增加。可以说,当前构建和优化青年发展环境最主要的力量是政府和社会。因此,本现状的分析主要着力于审视广州市青年发展的政策体系、社会环境,同时结合青年自身对其发展环境的评价,综合分析当前广州市青年发展环境的总体情况。

(一)青年发展的政策体系日渐完善

政府优化青年发展环境的主要体现是出台相关政策和措施,而政策和措施的完备程度则是判断一个地区青年发展环境优劣的重要指标。梳理2013年以来广州市出台的青年发展相关政策文件(见表1),结合广州市各相关职能部门的青年工作实践,总体上看,青年发展环境的政策体系已日渐完善。

表1 广州市2013年以来青年发展相关政策一览

发展领域	出台政策名称
学习教育	《推进优质教育资源均衡发展 做大做强两个新城区三个副中心基础教育的实施意见》(穗府办函〔2014〕65号) 《2014年广州市初中体育艺术特长生招生工作意见》(穗教发〔2014〕28号) 《关于做好来穗人员随迁子女参加高中阶段学校招生考试工作的实施方案(试行)》(穗教发〔2014〕30号) 《广州市高中阶段学校招生考试工作意见》(穗教发〔2014〕36号) 《广州市中小学校园足球计划(2014~2016年)》(穗府办函〔2014〕150号) 《2014年广州市公办外国语学校初中招生工作意见》(穗教发〔2014〕43号)

续表

发展领域	出台政策名称
就业创业	《广州市引进人才入户管理办法实施细则》(穗发改人口〔2014〕10号) 《广州市就业困难人员就业援助实施办法》(穗人社发〔2014〕4号) 《广州市创业(孵化)基地场租补贴办法》(穗人社发〔2013〕77号) 《广州市就业失业登记办法》(穗人社发〔2013〕80号) 《广州市留学人员优惠资格认定办法》(穗人社发〔2013〕47号) 《广州市创业带动就业(孵化)基地认定管理办法》(穗人社发〔2013〕33号) 《广州市博士后管理工作实施办法》(穗人社发〔2012〕118号)
权益保障	《广州市未成年人保护规定》 《广州市预防青少年违法犯罪工作五年规划(2013~2017年)》 《2014年广州市预防青少年违法犯罪工作要点》 《广州市法制宣传教育实施办法》(穗府办〔2015〕4号) 《广州市综治委预防青少年违法犯罪专项组工作职责及工作机制》
特殊关爱	《关于加强我市特殊教育工作的实施意见(2012~2016年)》(穗府办〔2013〕8号)

具体来看,则主要表现在以下几个方面。

1. 教育政策体系渐趋完备

截至2014年底,广州市制定出台《广州市中小学建设发展策略研究与布点规划及中小学建设控制性导则编制工作方案》,落实《推进优质教育资源均衡发展 做大做强两个新城区三个副中心基础教育的实施意见》及5个配套文件的实施,从整体上明确了青年教育发展的目标和格局。同时,通过一系列措施,使广州青少年教育的硬件和软件环境均得到优化。在硬件方面,一方面随着教育城建设和大学城提升计划的实施,以及民办教育财政差别化扶持机制的日益完善,广州市9个区均成功创建成为全国义务教育发展基本均衡县;另一方面完善"广州数字教育城"公共服务支撑体系,深入推进宽带网络"校校通"、优质资源"班班通"、学习空间"人人通",加快"中小学智慧校园"试点建设工作,以教育信息化促进教育现代化。在软件方面,深入实施卓越校长培养工程,组织开展第二批基础教育"百千万人才培养工程"教育专家、名校长、名教师遴选和第四批基础教育系统教育专家、名校长、名教师认定工作;以全面推进中小学教育质量综合评价改革为重点,着力提高农村和边远山区学校教师和特教师资水平;扎实稳妥推进中小学教师职称制度改革和"百校扶百校"工作等一系列措施,实现了教育人才的快速成长及资源的合理配置。

2. 就业创业政策体系不断健全

2013年以来,广州市出台了多项文件指导和推进青年的就业创业,比如《广州市创业(孵化)基地场租补贴办法》、《广州市创业带动就业(孵化)基地认定管理办法》、《广州市留学人员优惠资格认定办法》、《广州市就业失业登记办法》以及《广州市引进人才入户管理办法实施细则》等。同时,加强对就业形势的科学研判,强化就业形势动态分析和监测体系建设,定期召开"广州市就业景气指数发布会",向社会公布每季度就业景气指数,为用人单位和广大劳动者提供充分的就业信息。截至2014年底,应届广州生源高校毕业生就业率为93.3%,城镇新增就业27.08万人,城镇登记失业率2.08%,控制在3.5%的目标以内[1],全市就业形势继续保持稳定。另外,在广州团市委的努力下,全市建成403个青年见习基地、86个创业工作站、8个创业孵化基地,2013年开展了56场就业创业培训,提供了6.78万个就业岗位,实施"展翅计划"提供实习岗位超过1.8万个;推动金融机构发放青年创业小额贷款6623万元,组建创业导师团为青年提供就业创业指导、职业技能培训和素质拓展训练等服务,举办广州青年文化创意创业大赛、"红棉杯"潮服设计创业大赛、"炫纺SOHO"青年网络创业大赛,征集青年自主创业项目883个,遴选100个优秀项目进行巡展,并引入市场机制将优秀作品与企业需求对接;联合有关单位实施广州青年企业家发展领航计划,每年培育100名成长型青年民营企业家[2]。

3. 青少年权益工作科学有序发展

自2013年被确定为全国"青少年权益工作创新"试点城市以来,广州团市委以《广州市未成年人保护规定》为依据,重点面向未成年人群体,以促进未成年人保护工作机构有效运转、探索青少年权益个案受理办理机制、探索建立社会化的维权工作体系、完善青少年权益工作的组织化机制、探索建立青少年权益状况监测研究体系、开展青少年权益试点工作。目前,广州市已组建成未成年人保护专家咨询委员会,并先后五次重点针对未成年人普法教育、心理健康、性侵救济、校园伤害事故、暑期自护召开专家征询会、座谈会。同时,依托广州"智慧团建"系统,广州"12355"青少年维权网于2014年5月4日正式上线,

---

[1] 陈建华在广州市第十届人民代表大会第五次会议上的讲话:《2015年广州政府工作报告》。
[2] 魏国华在共青团广州市委十四届九次全会(扩大)会议上所做的工作报告,2014年1月26日。

并逐步整合线下党政部门、社会组织、爱心企业资源,建立庞大的青少年案件信息库,为日后广州青少年权益保护和相关政策制定提供重要参考。另外,为充分保障监护人缺失的刑事涉罪未成年人在司法过程中的合法权益,市综治办、市中院、团市委等单位联合牵头成立了"金不换合适成年人服务中心",并正式下发《关于开展合适成年人参与未成年人刑事案件诉讼程序工作的通知》和《合适成年人参与未成年人刑事案件诉讼程序实施规程(试行)》等系列文件,同时组建了一支逾300人的合适成年人队伍,参与未成年人刑事诉讼过程。

4. 特殊关爱保障体系基本建立起来

近年来,广州不断加大残疾人教育、就业等保障力度。在教育方面,2013年出台了《关于加强我市特殊教育工作的实施意见(2012~2016年)》,截至2014年11月,609名特殊儿童获得学前教育生活补助,127名贫困寄宿残疾学生获得福彩资助,915名普通寄宿残疾学生获得福彩资助,2029名非寄宿残疾学生获得义务教育生活补助,458名非寄宿学生获得中等教育、高等教育生活补助;5087名贫困残疾人子女获得生活补助,235名残疾人获得教育奖励金。在就业方面,截至11月15日,25261名残疾人实现按比例就业,其中新增残疾人就业1703人,新增残疾人培训1748人。举办16场残疾人专场招聘会,帮助433名残疾人实现就业①。另外,还实施了一系列措施使不同类型的青少年得到更好的关爱服务。比如建成"V公益小额捐赠平台",推动小额爱心资源与困难青少年家庭实现直接对接;2013年筹集福利彩票公益助学金800万元帮扶756名贫困学生,新希望救治基金支付47.2万元救助35名贫困家庭患儿;实施关爱农民工子女行动,结对帮扶农民工子女15万人;建成41家社区少年宫,每年新增学位1.4万个,让广大青少年儿童在家门口就能享受到优质校外教育②。

(二)青年发展的社会环境不断优化

社会对青年发展的影响是复杂多样的,社会环境是青年发展环境的重要内容。伴随着广州市社会建设和社会治理改革的不断推进,青年发展的社会环境

---

① 《广州市残联2014年工作总结和2015年工作计划》,中国广州政府门户网站,2014-12-18, http://credit.gz.gov.cn:82/gzgov/s2823/201412/2821808.shtml。
② 魏国华在共青团广州市委十四届九次全会(扩大)会议上所做的工作报告,2014年1月26日。

也得到了很大程度的优化,青年有了更多的接触整个社会的平台和机会。

1. 青年社会活动供给增多

一是有利于青年身心健康的公共体育设施建设力度大。2013年广州出台了《广州市建设健康城市规划(2011~2020)》,为未来十年广州整个城市的健康发展提供指导,2014年"支持全民健身活动"成为十件民生实事之一。截至2014年底,全市已建成小型足球场40个,推进36个街镇的"一站两点"试点工作,公共体育设施的免费和优惠时段分别由每周10小时增加到14小时,完善316个美丽乡村和幸福社区的体育休闲和健身设施,全市35个镇"乡镇农民健身工程"实现了全覆盖。二是有利于青年文化休闲娱乐的场所和活动增多。截至2014年底,广州市级儿童公园和海珠等九个公园建成开放,开放面积达60多万平方米;全年开展群众文化活动共1730场,艺术进校园20场,发放惠民文艺演出、节展及展览等文化活动门票约10.3万张;实现广州市广播、电视第一套节目在行政区域达到90%以上的覆盖率①。三是有利于青年婚恋交友的活动不断增加。2014年,广州团市委打造新广州人集体婚礼、青年相亲文化节、社区相亲阁等广受青年欢迎的婚恋服务品牌,服务青年婚恋交友5万人次。四是青年对外交流机会增多。2014年广州建成40家粤港澳青少年交流活动基地,开展"爱我中华"火车团等交流活动300余批次②,青少年的对外交流不断深化。

2. 青年社会组织培育发展壮大

青年社会组织是青年自我发展的重要路径,广州近年来加大了对青年社会组织的培育力度,并构建枢纽型组织体系引导青年社会组织健康发展。一方面,以青年为主体的社会组织和以青年为工作对象的社会组织大量出现。截至2013年12月底,全市依法登记或备案的社会组织有5965个,这些社会组织多数是以青年为主的社会组织,也大多面向青年开展工作。另一方面,团市委积极引导青年社会组织健康发展。包括:制定《广州共青团枢纽型组织体系建设规划方案》,为青年社会组织提供孵化培育、能力提升、资源集散、管理服

---

① 《2014年广州市十件民生实事全部完成》,中国广州政府门户网站,2015-01-20,http://www.gz.gov.cn/gzgov/s2342/201501/6c0ce6b9e0c64e5394f2c655229a76f1.shtml。
② 魏国华在共青团广州市委十四届九次全会(扩大)会议上所做的工作报告,2014年1月26日。

务等4大类15项服务,目前已建成"两新"团组织5317家、乡镇实体化"大团委"868个,维系驻穗团工委35家,在全市志愿驿站新建150个团组织,在各级志愿者队伍新建787个团组织;建成市青年社会组织孵化基地,凝聚76家青年自组织入驻孵化(其中33家已正式注册),市青年社会组织联合会联系青年自组织超过2000个;创新自主运行的青年参与方式,在志愿服务组织中推广"一个章程和理事会、监事会、执委会"的"一章三会"法人治理模式,引导青年社会组织自我管理监督、自主运行发展;创新举办第三届志交会,吸引538个组织和1002个项目申报参展,累计有318个组织和353个项目获得资助,资助总额达1312万元;鼓励青年社会组织承接政府青年事务,成立市青宫社会工作服务中心,承接白云区棠景街家庭综合服务中心3年600万元的政府购买服务项目,联合有关单位在海珠区试点"青年地带"项目,获得市、区两级财政每年600万元的政府购买服务[①]。

3. 青少年综合服务平台不断推进

2014年,广州团市委抓住广州作为"智慧团建"全国唯一试点城市的机会,搭建"智慧团建"青少年服务综合门户,用互联网思维、信息化手段打造线上线下、互联互通、互享互动的青年工作体系。智慧团建系统自2014年5月4日试运行上线以来,在团务管理、青年服务、数据挖掘方面取得良好工作成效。第一期PC端包括智慧团建、志愿时等青少年综合服务平台已初步建成。截至2015年2月10日,团员青少年通过自主登录系统激活共190846人,团干通过自主登录激活13504人,团组织激活9280个。活动网发起各类青少年活动项目2912个,网上精品课程465门,婚恋网发起青年交友、婚恋活动255项,"志愿时"系统2014年累积志愿时220万小时。"智慧团建"系统上线以来,系统网站已有独立的22.8万IP登录,访问量达527.3万人次,平均日访问量3.01万人次[②]。

(三)青年对发展环境的评价有待提升

判断青年发展环境的优劣可以从主客观两个维度来考虑。通过对当前广州青年发展政策和社会环境的审视分析,可以得出的结论是青年发展环境的客观

---

① 魏国华在共青团广州市委十四届九次全会(扩大)会议上所做的工作报告,2014年1月26日。
② 《"智慧团建APP"本月推出》,《广州日报》2015年2月11日。

条件正趋于完善。为了更好地了解青年发展环境的现状，共青团广州市委和广州市团校于2014年底至2015年初开展了"广州青年发展状况"的调查，收集了广州市12个区3000多名14~35岁青年对自身发展环境的主观评价数据。调查结果显示，主观维度下的青年发展环境不容乐观，青年对自身发展环境的评价普遍不高。具体表现为以下几个方面。

1. 四成以上青年对各项发展环境满意度评价一般，家庭环境不满意程度最高

调查中，仅有较少的青年对活动场所的数量、青少年政策、青少年服务、家庭环境及成长环境安全表示"很满意"或"比较满意"，四成左右的青年表示"一般"。满意程度稍高的是青年活动场所的数量，表示"很满意"或"比较满意"的被访者占了26.0%；其次是对青年政策和青年服务的满意程度，表示"很满意"或"比较满意"的被访者分别占了18.0%和17.7%；对成长环境安全和家庭环境的满意度评价最低，表示"很满意"或"比较满意"的被访者分别占了12.7%和8.3%，表示"比较不满意"或"很不满意"的被访者分别占了46.7%和54.2%（见表2）。

表2 青年对自身发展环境的满意度评价

单位：%

选项	很满意	比较满意	一般	比较不满意	很不满意	合计
您对本街道（乡镇）的青少年活动场所的数量（如体育设施、博物馆等）	8.2	17.8	46.7	19.9	7.4	100.0
对青少年政策的满意度	4.1	13.9	56.5	20.1	5.3	100.0
对青少年服务的满意度	4.1	13.6	56.7	19.8	5.7	100.0
对家庭环境的满意度	2.0	6.3	37.6	38.4	15.8	100.0
对成长环境安全的满意度	3.6	9.1	40.6	33.3	13.4	100.0

从不同类型青年人群对发展环境的满意度评价结果来看，就业人员对家庭环境和成长环境安全的满意程度普遍要高于大学生和中学生，且就业人员中对各项发展环境表示"比较不满意"或"很不满意"的比重均低于大学生和中学生；另外中学生对青少年政策和青少年服务的不满意程度是三类人群中占比最高的，中学生仅对活动场所的数量这一项环境的满意度要稍高于大学生和就业人员；大学生对各项发展环境的评价情况则基本处于就业人员和中学生之间。从这些对比数据可以看出，虽然说广州市青年发展环境的政策体系日趋完

善,但政策体系覆盖下的青年群体对政策和服务的需求还没有得到充分的满足,特别是针对中学生的政策体系和发展环境的优化还有很多需要改进和完善的地方。另外,家庭环境和成长环境安全是广大青年群体最不满意的方面,六成左右的大学生和中学生都表示了"比较不满意"或"很不满意",可见,在注重学校教育和就业创业等重点发展环境优化的同时,我们还需要进一步加强对家庭环境和成长环境安全的改善力度(见图1、图2和图3)。

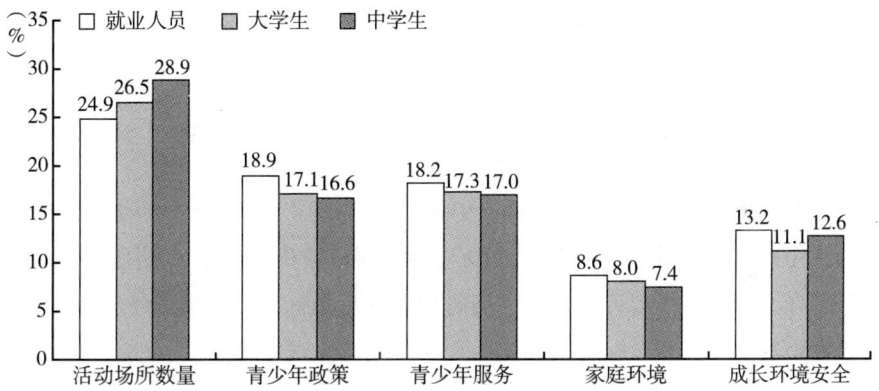

图1 不同青年对发展环境评价为"很满意"或"比较满意"的情况

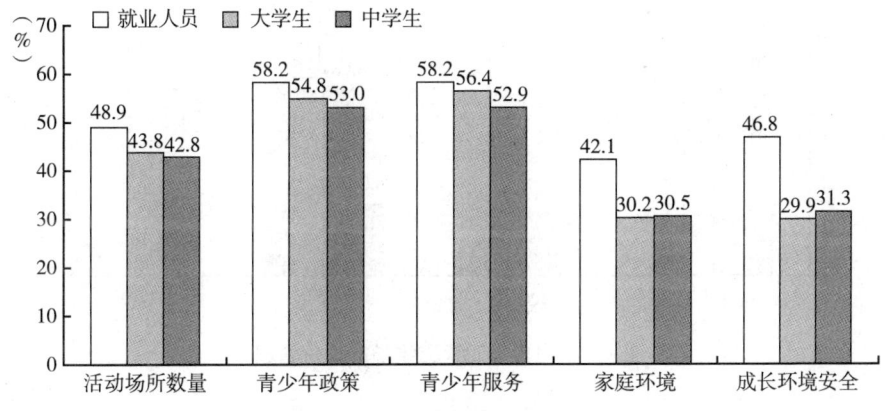

图2 不同青年对发展环境评价为"一般"的情况

2. 半数青年对自身权益维护持中性评价,中学生对权益维护评价最好

调查中,当问及"青年权益是否得到维护"时,仅有8.7%的人表示"得

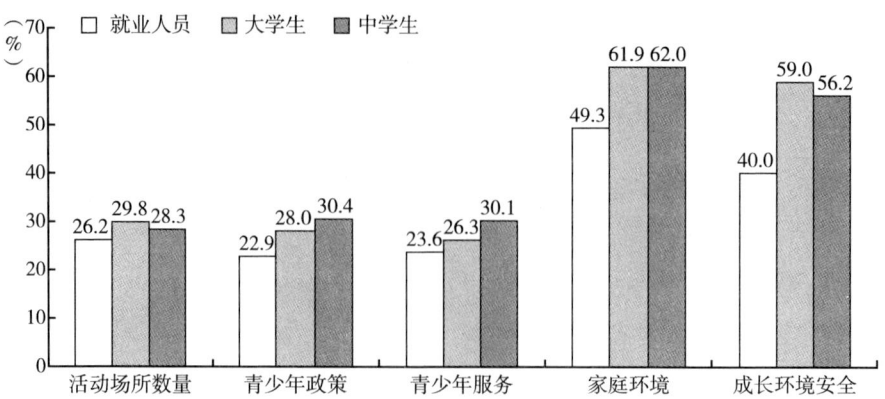

图3 不同青年对发展环境评价"比较不满意"或"很不满意"情况

到很好的维护",28.2%的人表示"得到较好的维护",有超过半数（56.5%）的人认为权益得到维护的程度"一般",另外6.7%的人表示"没有得到维护"（见图4）。可见，作为青年发展环境的重要衡量指标，广州市青年权益维护情况不容乐观。

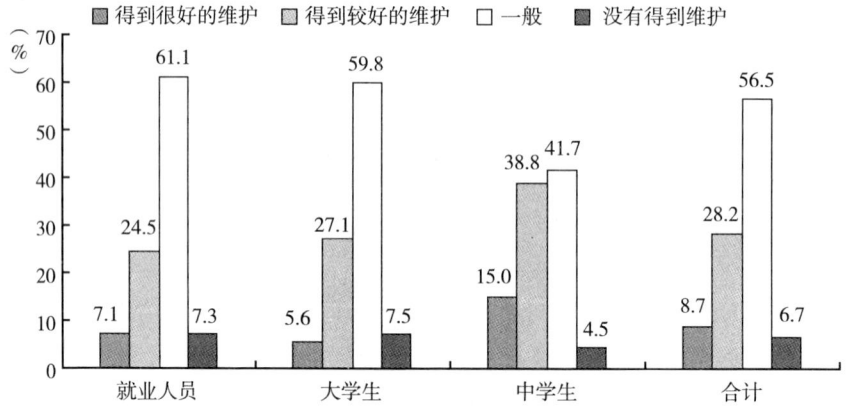

图4 不同青年对权益维护的评价情况

具体看不同青年群体的情况，中学生对权益维护持肯定评价的比重要稍高于就业人员和大学生，他们认为权益没有得到维护的比重（4.5%）是三者之中最低的，认为权益得到很好维护（15.0%）和较好维护（38.8%）的比重是三者之中最高的；大学生和就业人员对权益维护的评价则基本保持一致，六成左右的人持"一般"的态度（见图4）。调查结果表明，广州市中学生的权益维护状况要优于大学生和就业人员，因此在维护青年权益的过程中，我们不仅要以中学生为关注焦点，还要多留意大学生和就业人员的权益维护和保障工作。

3. 七成以上青年没有出国（境）经历，有出国（境）经历者多为旅游

伴随着经济社会的迅猛发展，青年在社会发展中的影响力日益增强，中国青年也早已成为国际交流舞台上的一支生机勃勃的力量，中外青年交流在推动国家关系发展中起着积极作用。近年来，中外青年交流活动的国际影响力不断提升，青年在对外交流过程中既能增长见识，开阔眼界，又能建立人脉，为自身今后的发展奠定良好基础。因此，对外交流作为青年发展的国际环境是当代青年发展不可或缺的，青年对外交流的状况更能体现一个城市的开放程度。从广州市青年出国（境）的经历调查结果来看，广州市青年普遍缺乏"走出去"对外交流的经历，在国际交流舞台上发挥的作用十分有限。

调查中，72%的被访者表示从来没有出过国（境），特别是调查的大学生中81.5%的人都没有出国（境）的经历，这与广州国际化大都市的定位显然不相适宜。而在有出国（境）经历的青年被访者中又以出国（境）旅游的居多，出国留学、访学或交流及因公出国的占比极少，特别是调查的大学生，留学的占比还不到1%，参与访学和交流的也仅为4.9%（见图5）。

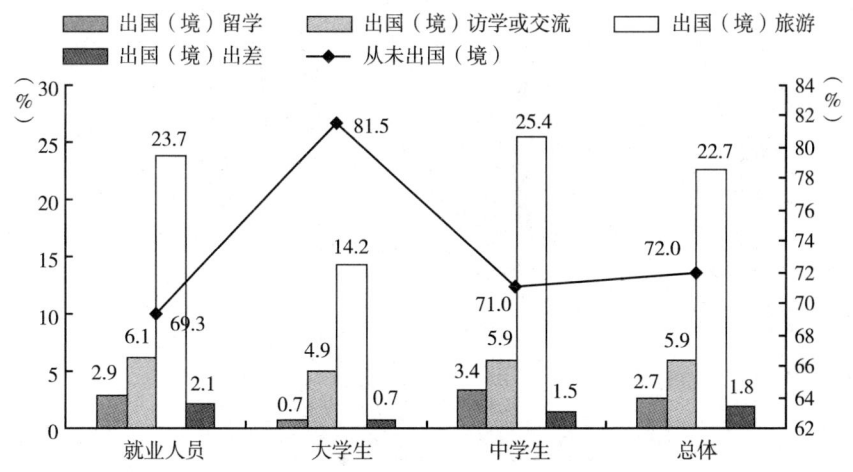

图5 不同青年出国（境）经历情况

4. 住房、人才发展环境及权益保障是青年最希望解决的三大发展环境问题

当问及被访者"最希望解决的青年发展环境问题"时，被三成以上的青年所选择的依次是"买房贵、租房难"、"青年人才发展环境不完善"、"青少年权益保障问题"、"社会保障不足"和"家庭生活困难"，选择的青年占比分别为50.7%、43.9%、34.1%、34.0%和31.4%；另外也有两成左右的人选择了"缺少关爱"、"利益表达渠道不畅通"和"法制宣传教育不足"（见图6）。从总体数据可以看出，当前广州青年最希望解决的问题主要集中在生活条件和个人发展方面。

具体看不同类型青年群体的选择结果，可以发现由于处在生命周期的不同阶段，不同年龄层的青年人对发展环境的关注焦点稍稍有所区别。比如就业人员最希望解决的三大发展环境问题依次是住房（56.3%）、人才发展环境（39.9%）和社会保障（33.8%）；大学生则更希望解决人才发展环境（54.7%）、权益保障（43.5%）和住房问题（40.8%）；中学生选择更多的依次是人才发展环境（47.1%）、住房（42.5%）和权益保障（41.7%）（见图6）。另外，从结果也可看出，虽然住房问题对于中学生和大学生而言并不是眼下实际需要解决的问题，但依然是他们最希望解决的，可见住房的确是当前最受大家关注的社会热点和难点问题。

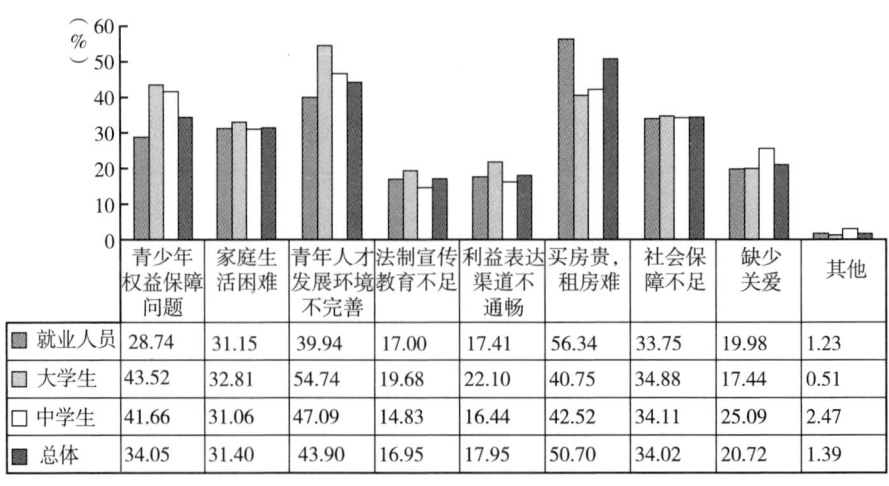

图6 不同青年在发展环境方面最希望解决的问题

二 青年发展环境存在的问题及原因

从对青年发展环境现状的分析中可以发现,当前广州市青年发展环境在政策体系和社会环境方面有了积极的进展,但与青年自身的需求还有很大差距,还存在很多不尽如人意的地方和问题。主要体现在以下几个方面。

(一)青年生存和发展环境更加复杂多样,消极的负面影响普遍存在

随着社会的快速变革发展和信息时代的到来,青年的生存和发展面临着越来越复杂的环境影响,其中既有正面促进青年全面发展的因素,也有大量负面的信息。社会环境中的不良信息不断冲击着青年的健康发展,使得营造和优化青年健康发展环境变得愈加重要。

1. 多元冲突的社会文化冲击青年社会文化环境

如今网络化、信息化和全球化浪潮正冲击着我国的社会文化环境,特别是作为国际大都市毗邻港澳的广州的青年正面临着同一时空下多种文化特质并存交织的状况。当下社会,传统、现代和后现代文化交织成一个相互冲突、融合与并存的多元文化环境,社会生活领域存在着各式各样的价值标准,传统意义上的文化权威受到挑战,青年普遍存在价值选择的迷茫感。同时,商业快餐文化正在全方位占据无孔不入的媒体,我们的主流文化受到严重冲击,在对青年富有吸引力的健康文化产品还不够丰富的现实情况下,青年的语言表达、价值取向、生活行为方式很容易被商业化的大众文化所影响。另外,网络文化、虚拟文化也对青年发展产生消极不利影响。随着信息技术的发展普及,特别是电脑、网络和智能手机的普及,网络文化已广泛渗透到青年的整个成长发展过程当中,青少年成为我国网民的主体。爆炸式涌现的大量网络信息和网络文化对青少年健康成长构成挑战,网络开放性带来的有害、负面、消极信息的泛滥正成为青年产生心理偏差和行为失范的最主要影响因素。

2. 现代家庭的教育及控制功能缺失冲击青年家庭环境

家庭是人与社会最早的接触点,俗话说父母是孩子的启蒙老师,家庭成员的价值观念、生活方式、教育理念以及家庭文化生活氛围都会直接影响青少年

未来发展。在社会变迁和文化多元化背景下，现代家庭存在着各式各样的问题，比如家长对青年身心健康发展关心不够或者力不从心，只看重应试教育忽视素质教育，父母只顾及工作挣钱而缺乏对青少年的关爱和教育指导，离异家庭与单亲家庭增多等。家庭应履行的教育义务及控制功能日益削弱，在青少年正确认知世界的关键初始阶段并没有起到应有的作用，成为影响青年发展的重要原因。因此，在我们的问卷调查中也发现，大部分的青年对家庭环境满意度较低。

3. 现代教育人文关怀价值的缺失冲击青年教育环境

长期以来，我们传统的学校教育对升学的重视忽略了对青少年成长进行全面发展的引导，特别是导致德育体素质教育严重不足和形式化。在很多学校教育中，素质教育在社会层面的效用和价值被过分看重，而其本身具有的促进青年全面发展，塑造青少年正确价值观的人文价值则被忽视。加上有些学校文化生活单调，课余生活缺乏有效的管理和引导，容易激发青少年的反抗和叛逆心理。

（二）青年发展环境资源配置不均衡，优质资源过度集中问题突出

青年发展环境的优劣可以体现在多个维度上，资源配置的公平合理是其中一个重要的维度。近年来，广州在推进资源均衡化发展方面做了很多努力，但青年发展所必需的教育、医疗卫生、就业、文化等资源配置不均衡问题依然突出，而这种不均衡的配置也正成为青年发展的一大沉重压力，制约着他们的全面发展。

广州大学广州发展研究院发布的《2013年中国广州社会形势分析与预测》显示，广州市公共服务资源既存在资源配置水平低又存在空间分布不均衡等问题。一方面，广州公共服务设施总体水平与先进城市差距较大。全市十区公共服务设施用地（扣除商业用地）仅占全市城市建设用地的7%左右，而新加坡、中国香港已分别达到15%和12%。另一方面，空间分布也不均衡，优质公共服务资源在中心城区过度集聚，调查发现越秀、荔湾、天河、海珠等四区集中了全市60%以上的医疗床位，新城区和副中心产业功能发挥较多，而教育、医疗、购物、文化等基本生活公共配套服务功能未及时跟进，导致旧城区

人口过度聚集，新区产生"宜业不宜居"、"钟摆式"交通等问题，多中心网络型城市空间布局较难形成。另外，城乡间公共服务差距也很显著。全市的村公共服务设施用地仅有3.72平方米，占村建设总用地不到2%。在配套方式上也有待创新，广州市的居住区公共服务设施配套大多仍采用设于住宅裙楼的"小配套"或小区内部零散商铺的模式，邻里中心、公共中心等服务综合体较少①。

（三）青年发展环境系统性不足，政策体系还有较大提升空间

青年发展是系统工程，其发展环境需要通盘考虑和有全局发展意识。当前，无论是广州市还是全省甚至全国，青少年事务的服务和管理涉及多个部门，比如团委、教育、医疗、就业、公安、司法等，缺乏一个主导统筹的机构和对青少年发展的总体规划。每个职能部门都对某一部分或某一项青年发展事务起着决策或执行的作用，各个相关职能部门在制定规划、决策或政策时难免会出现相互交叉重合，甚至相互矛盾的情况。加上，当前在市级层面公共服务信息还未完全实现部门和机构间的共享共通，从而优化青年发展环境容易造成公共资源配置的不均衡、资源浪费等不合理现象。同时，从调查中也发现，尽管在教育、就业、青年权益保障和特殊关爱方面，政府做了大量的工作，但在青年看来，这些政策和服务依然不足，政策体系还需要进一步的改善和深化。

三 优化青年发展环境的若干对策

随着经济社会的转型，可以预见未来青年发展环境将更加复杂，青年在成长发展过程中也将面临更多的困难和问题。因此，优化青年发展环境是一项长期的系统工程，本文就此提出若干对策建议。

1. 加强青少年社会地位作用的舆论宣传

加强青少年公民意识的培养，让青少年树立主人翁意识，关心国家大事和身边实事，积极参与社会公共事务，努力贡献自身力量。广泛开展以青年是祖国的未来、民族的希望为主题的宣传教育活动，提高公众对青少年发展重要性

---

① 《广州公共服务优质资源聚城区　新区配置吃不饱》，《南方日报》2013年6月5日。

的认识，形成有利于青少年学习、创业、就业、发展的社会舆论环境。

2. 尽快搭建起青年发展统筹主导机构

一是要尽快出台覆盖全市青少年群体的青少年发展规划，为当前和未来青少年发展的各个方面制定合理的目标和推进路径。二是要建立市青少年工作委员会理顺各部门青年发展相关事务，尽快明确和搭建起青少年发展的主导机构。三是要面向普通青少年建设全覆盖的服务阵地，统筹整合辖区内各党政机关、街道社区、企业、学校等工作阵地，提升志愿驿站、社区少年宫的辐射带动力，以社会化方式广泛建立"青年中心"，构建遍布社区的"家门口"青少年服务阵地。

3. 强化家庭教育

普及家庭教育知识，将家庭教育指导服务纳入城乡公共服务体系。推广运用手机、网络、社区服务三位一体的工作模式，建立健全市、区（市）青少年家庭教育综合服务指导平台。探索发展家庭教育讲师团队伍，鼓励和支持科研院所、有资质的社会教育机构深入基层和社区开展家庭教育咨询和研究。建立家长教育长效机制，不断提高家长教育的覆盖面、普及率和合格率，确保青少年家长每年接受两次以上的家庭教育指导服务，参加两次以上的家庭教育活动。加大政府公共财政对家庭教育及其指导服务体系建设的投入，鼓励和支持社会力量和民间组织参与家庭教育工作。

4. 全面实施青年素养教育

强化青少年德育体教育，持续推进"广州少先队媒介素养教育实践基地"和"儿童融合媒体实验室"建设，借鉴、引进港台及西方发达国家和地区的先进教育经验，研发适合广州地区少年儿童特点的媒介素养教育课程。面向青少年，开展生命教育，引导青少年认识生命现象，探索生命奥秘，体验生命价值，塑造敬畏生命、珍惜生命的生命观。开展"十八岁成人礼"活动，提升青少年的自我价值感和社会责任感。针对校外青少年，借助公益讲座、公益广告、论坛等形式普及生命教育。鼓励青少年参加兴趣爱好培养、潜力能力发展等非文化课程的辅导培训，借助各级少年文化宫、青年文化宫及各类社会教育培训机构，培养青少年兴趣爱好。完善青年职业素养培育体制，在中小学校、高等院校、职业院校设置职业规划课程，引导青少年树立正确的就业创业观念，培育青少年职业规划意识。加强教师的职业道德教育，提高教师教书育人的责任心。

5. 构建预防和减少青少年违法犯罪工作体系

建立预警和危机干预机制，及时制止青少年违法犯罪。加强对容易诱发青少年违法犯罪场所的监管。引导青少年正确使用网络等新媒体，净化青少年的网络环境，提升青少年的网络文化素养。依法整治危害青少年身心健康的不良行为和违法行为。依托各类青少年禁毒教育活动基地加大禁毒宣传力度，提高青少年拒毒意识，预防因吸毒、药物滥用所引起的青少年违法犯罪。加大对广州城区内，特别是人口结构复杂地区的文化娱乐服务场所的综合治理力度，整治校园周边的治安环境，查禁社会丑恶现象，努力净化青少年成长的社会环境。

6. 探索建立具有广州特色的青少年司法制度

建立健全涉及青少年违法犯罪的法律规章制度，完善办理青少年刑事案件的配套工作体系，加快推动公检院和司法行政机关设立办理未成年人刑事案件的专门机构，强化针对青少年司法服务的专业人才队伍建设。加强公检法司各部门的协调配合，不断完善青少年，特别是未成年人考察教育制度，研究制定违法犯罪青少年信息限制公开制度，切实保障未成年人的合法权益。加强对犯罪对象的分类管理，健全对违法犯罪情节较轻的未成年人实施罪错缓释和自我救治等柔性处理机制，完善未成年人犯罪社区矫治评价和管理机制。完善青少年法律援助网络，健全相关法律法规并认真落实，切实维护青少年的权益。

7. 建立全方位的青少年权益保护体系

明确共青团维护青少年权益的主要责任，充分发挥共青团组织在青少年权益保护中的主导作用，发展完善面向家庭、学校和社区的青少年权益保护和社会工作体系。创新青少年权益保护工作的管理和服务体制，构建家庭、学校、社区、媒体和职能部门共同参与的青少年维权网络，并建立健全预警机制、危机干预机制和过渡安置机制。加强青少年法律宣传教育，不断提升青少年自我保护的意识和能力，重点预防和减少家庭及学校暴力，注意防范校外暴力行为。防范和减少暴力、色情、赌博等不良信息通过新型媒体对青少年的危害。严厉打击非法经营的网吧，禁止未成年人进入经营性网吧。加强流浪乞讨未成年人救助保护机构建设，探索建立反家暴庇护救助服务中心，强化服务热线服务。

8. 健全特殊青少年社会关爱体系

建立全社会关爱特殊青少年群体的舆论氛围，保障特殊青少年群体的平等权益。完善困难青少年社会救助机制，加强对失学、失业、失管、单亲、吸毒等困难青少年的关怀，切实保障各类困难青少年公平合理地享有教育、就业与社会保障的权益。借助社会工作专业机构的介入，立足社区，开展有针对性、个性化的维权服务，有效做好失足和流浪青少年帮教工作。

9. 加快推进基本公共服务均等化

扩大住房保障的覆盖范围，减轻青少年租房、买房的经济压力。优化社会保障制度设计，提高社会保障水平，保障家庭困难青少年的生活水平，促进机会公平。积极拓展社会流动渠道，畅通青少年就业成才的通道。

10. 健全青少年公共安全体系建设

构建符合青少年教育发展的公共安全体系。开展警校共建安全文明校园活动，加强校园安全的建设和学校周边环境的安全治理。面向青少年大力普及公共交通安全知识，强化校车管理，保证青少年出行的交通安全。加快制定法律法规，明确中小学校需按规定配备足额的校园保安队伍，严格进出人员验证工作，为学校配齐安保器械等安全工具。强化对青少年药品、食品、用品、玩具和游乐设施等的质量和安全监管，完善相应检测标准、安全认证和质量认证制度。确保学校、青少年活动场所装修达到绿色环保标准，进出口处设置交通安全标识，全方位保障青少年安全。

11. 加强青少年研究调查工作

加大财政支持力度，健全各级各类青少年研究基地建设，确保每年都能定期开展青少年需求调查，准备把握青少年发展动态及其对发展环境的需求。鼓励和资助科研院所和社会各界加强对青少年理论及政策问题的综合研究，为全市青少年工做出谋划策。

12. 促进青少年国际交流与合作

建立青少年国际交流与合作长效机制，加强广州市青少年与港澳台及国外的青少年人员往来，鼓励发展青少年组织，并增进与国际青少年组织的友好交流，确保每年都有相应的中外青少年交流活动的开展。充分借鉴先进国家和地区的交流经验与成果，创新和提升广州青少年事业发展水平。

专题报告

Special Reports

专题报告一
广州大学生发展状况调查报告

龚超 梁演云[*]

摘　要： 随着社会的发展和科技的进步，大学生的人生发展也发生了变化，而大学生的发展状况反映着时代的变迁和时事的热点。为了解广州市大学生的发展状况，我们采取了以问卷调查的形式对大学生的人生发展进行了全面的了解分析。分析结果发现，广州市大学生学习热情高，创业意识不足；关注国家时事，但参与力度不足；性观念开放，家庭责任增强；精神压力大；闲暇方式多样，理智消费。针对时下大学生发展状况，本文认为应该以学校为主导，通过教育、社会舆论、政治参与体验法、朋辈辅导、消费引导室等方式对大学

---

[*] 龚超，博士，广州医科大学副教授、硕导，主要研究社会学、思想政治教育；梁演云，硕士研究生在读，广州医科大学，社会心理学方向。

生的人生发展进行全面引导与支持。

关键词： 大学生　广州

"广州青年发展状况"课题调查涉及多个青年群体。作为在经济社会繁荣发展、网络技术和信息化高速发展的背景下成长起来的当代大学生，其在价值观、社会参与、情感、学业、消费休闲等方面，都展现出独特的群体特征。因此，本课题组专题撰写"广州市大学生群体发展状况"，以便社会各界全面了解广州大学生的生存与发展现状。

一　样本基本情况

本次调查研究主要采用文献法和问卷调查法，调查对象为广州市大学生。按2014年广州青年发展问卷调查的抽样需求，调查需抽取大学生样本644个填答问卷。本次调查在广州市内的高等院校中随机抽取10所高等院校，包括中山大学、华南农业大学、华南师范大学、广州大学、广州医科大学、广州铁路职业技术学院、广州番禺职业技术学院、广州城市职业技术学院、广东省青年职业学院、广州科技贸易职业学院。按各学校的在校学生人数比例，分配每个院校的学生样本量。最后在每个院校内结合学科类别、学历、性别、年级四个因素下发调查问卷。本次调查最终回收有效问卷580份，有效回收率为90.1%。

本次调查研究对象的社会学资料：调查中，被调查的广州市大学生平均年龄为19.95岁，在广州居住平均年数为4.707年。

表1　样本基本情况

性别(%)		婚姻状况(%)		家庭情况(%)		宗教信仰(%)	
男	女	已婚	未婚	独生子女	非独生子女	有	无
45.8	54.2	0.9	99.1	30	70	8.7	91.3

户籍方面如图1所示。

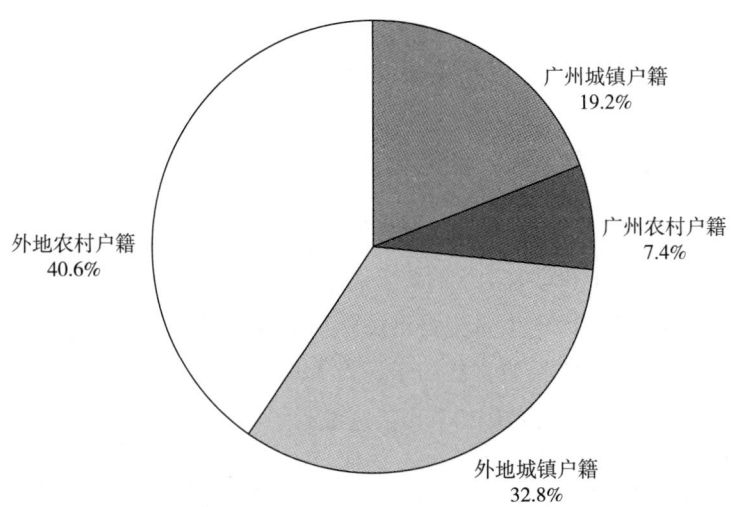

图1 大学生户籍情况

政治面貌方面如图2所示。

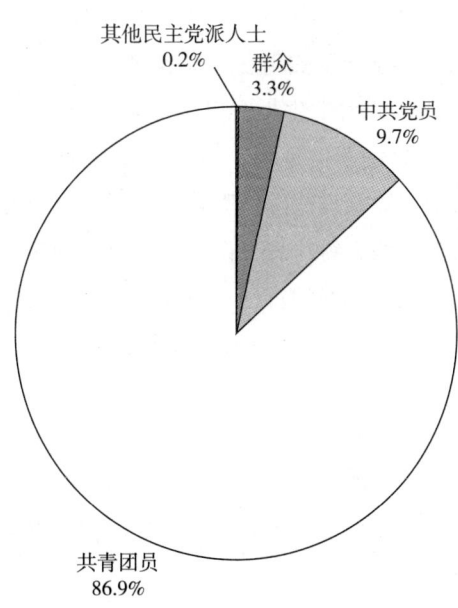

图2 大学生政治面貌情况

二 大学生基本发展状况

（一）学习热情高涨，创业意识低

1. 追求高学历，热衷于各类课外培训

随着社会的进步和对大学生的要求逐渐提高，大学生对自己的知识素养也提高了，有54.7%的大学生希望自己的学历是硕士及以上，超过了总体的半数，有42.5%的大学生希望自己的学历为大学本科。大部分学生希望通过就读全日制学校来达到自己希望的学历，这说明了现代大学生追求高学历，对知识的求知欲望强。

另外，为了应对当前严峻的就业形势，越来越多的大学生在选择参加各种资格证书考试的同时，也有更多人选择考研或出国留学，这使得大学生越来越青睐于各种各样的课外培训。据调查显示，有参加过教育类培训的大学生高达75.2%，没有参加过的只占24.8%。其中参加过英语培训的占23.5%，参加过教育技能培训的占14.6%，参加过计算机等级培训的占13.6%。

2. 学习具有针对性，倾向于实用发展型培训

调查发现，有35.9%的大学生接受其他职业培训或继续教育的原因是为了丰富自己，有21.0%的大学生是为了提高工作技能，20.1%的大学生则是为了兴趣爱好接受其他职业培训或继续教育。近几年就业形势严峻，广州大学生为了应对严峻的就业形势，纷纷想方设法提高自身的职业素养和竞争力，其中，考取职业资格证书成为他们的首选。由数据得出，大学生目前获得国家承认的资格证书数量平均为1.11个。另外，数据显示，大部分大学生希望从教育与学习中获得的内容是处理和解决问题的能力（18.3%），基本的知识素养（17.0%），更好地认识世界与人生（16.9%）。学生是特殊的社会群体，而大学相当于一个小社会，是大学生学习如何做人，学习做人道理，认识世界和人生的佳地。从数据来看，大学生为了积极应对就业，学习更具有针对性，并且倾向于实用发展型培训。

3. 倾向于继续深造，创业意识不足

为了迎合社会发展，更多学生对于目前或未来的工作状态表示会继续学习深造，不断提升自己；另外有意向考公务员或事业单位的占22.3%。而有意向创业的学生只占14.1%。那么究竟影响大学生职业发展的因素是什么呢？

调查中，当问到"在选择工作时您考虑最多的因素是什么"时，大学生考虑最多的选项分别是：第一位：收入高，占18.4%；第二位：符合自己兴趣、志向，占15.9%；第三位：适合自己的能力，占14.5%。可见，随着社会经济的不断发展，大学生受到了经济的影响，使得大学生就业观出现了较大的变化。许多大学生就业越来越倾向于功利化，而服务社会的意识在不断下降，甚至根据具体的职业划分具体的等级，完全没有意识到社会和国家的需求。对于一些基层的或者是比较偏远的地区，有很少的大学生愿意去考虑。这就导致很多的职业出现空缺，进而导致就业形势更加严峻，许许多多的人才无法施展自己的才能。而当问到"对后续职业发展影响最大的是什么"时，35.6%的大学生认为是知识技能，这也可以解释为什么越来越多的大学生参加职业培训和继续教育。其次，才是工作方法和态度。

另外，创业是国家经济和社会发展的推动力，要将人的创造力作为推动科技创新的核心，人是科技创新最关键的因素，大学生群体作为社会上最具有活力和创造力的一个群体，具有较高知识和技能水平，信息获得渠道广泛，想法新颖，蕴含着巨大的创业潜力，最有可能成为创业型人才。我国要坚持实施就业优化战略和更加积极的就业政策，优化就业环境，以创新引领创业，以创业带动就业。大学生在解决就业问题的同时也可以获得精神和物质上的满足。就业压力的缓解对于家庭和谐、社会稳定、民族经济发展强大至关重要，是构成稳固社会主义建设事业环境的一个必备因素。但是，数据显示在大学生中有创业经历的只占11.2%，愿意尝试创业的占49%，不超过半数。为什么在政府的鼓励下，大学生对于创业还迟迟迈不出脚步呢？他们所考虑的因素又是什么呢？其中，最多学生考虑的因素分别是正确的投资方向，足够的创业经验和足够的社会经验和管理经验。大学生创业主要依托自身专业特长与独特的视角挖掘商机，寻找正确的投资，深入研究，才能够尽情地发挥自身技能和才华。但大学生所做的项目定位是否准确且符合市场需求也是至关重要的。一旦其模式符合市场发展的需求，将会获得很大的市场，但如果市场地位不准确，其损失将会非常严重。

（二）社会志愿服务热情高涨，关注国家时事，但政治生活参与力度不足

1. 大学生志愿服务社会化程度加大，积极性提高

自1993年12月中国共青团推出"中国青年志愿者行动"以来，青年志愿者行动现已成为中国青年参与面最广、参与度最高、知名度极高的群众性公益活动。大学生作为拥有专业知识技能和高素质的特殊群体已逐渐成为志愿服务的中坚力量，形成了独特的优势。在过去一年里，大学生社会组织参与最多的就是社会公益志愿服务类，其次是文体类和社工服务类。另外，在过去一年里，参与过志愿服务的大学生占比达到68.7%，在条件允许的情况下，愿意参与志愿服务的大学生高达92.4%。这说明了大学生的社会志愿服务热情高涨，大学生积极参与到社会志愿服务当中。

大学生参与社会组织的原因多种多样，其中包括：想多结识一些志趣相投的人，更好地发展自己的兴趣、爱好、追求；锻炼自己，展示才能，得到别人的承认；更好地服务社会，推动社会公益。另外，大学生参与志愿服务的最主要原因分别是为了帮助有需要的人，回应社会需要；丰富经验，自我成长；尽公民责任，回报社会。通过广泛参与社会志愿活动，大学生在为他人服务的同时，也可以展现自己，并通过各种志愿活动学习新的知识和新的技能，开阔他们的视野，提高其见识和工作能力。

2. 政治意识提高，参与力度不足

党的十八届三中全会通过的《中共中央关于全面深化改革若干重大问题的决定》指出，要"从各层次各领域扩大公民有序政治参与，充分发挥我国社会主义政治制度优越性"。就大学生而言，参与政治生活有利于当代青年社会化，有利于大学生通过政治活动实现自身政治权利，从而履行政治责任，丰富人生价值。就国家而言，大学生是推进国家政治民主化进程的重要组成部分，关系着国家的兴衰和社会稳定和谐。对于"人是离不开政治的，因此应该时常关注政治"观点表示赞成的大学生占91.4%，对于"政府政策、制度或做法不当时，市民能通过合法渠道表达意见，并被相关部门采纳"表示赞成的大学生占63.8%，对于"选举投票是有用的"表示赞同的大学生占69.7%，对于"市民的意见对政府政策没有什么影响力"表示不赞成的大学生占65.4%。以上数据表明了当代大学生的政治意识普遍较高。

但是，当问到在最近一次地方人大代表选举中，是否有参加投票时，只有7.3%的大学生表示有参加投票，而92.7%的大学生并没有参与其中。另外，在最近一次居委会与业委会投票活动中，都没有参加的大学生高达91.3%，仅参加居委会投票的占7.3%，仅参加了业委会投票的占0.2%，均参加了投票的仅仅有2.1%。这说明了尽管大学生的政治意识提高了，但实际参与的情况还是寥寥无几。大学生参加人大代表、政协委员选举活动机会相对较少，原因包括两大方面，一方面是外部条件造成的，例如选举换届时间长；另一方面，是学生自身原因造成的，例如政治人士不足，对换届选举的了解不深入。所以部分学生未能参加投票选举，有部分学生认为选举与自己无关，盲目跟风，没有事先了解候选人情况，没有经过斟酌选择认为可以代表自己利益诉求的候选人。

3. 关心身边事，政治参与方式多样

调查发现，大学生最关注的政治活动分别是国际局势、反腐倡廉、党和政府的决策。觉得对自己最重要的参与分别是支持和参与社会团体活动，参加社区建设和基层群体自治，参加人大代表、村委会、居委会选举。这说明了大学生平时关注国家大事，但更关心与自身利益相关的身边事。

当前我国大学生的政治参与形式多样，载体丰富。大体包括校外作为公民的实际政策参与和校内作为大学生身份的参与。资料显示政策参与的主要形式有参与政策听证会、参与政策意见征求活动、参与网络政策讨论和以书信表达个人意见。自从网络媒体技术普及后，网络政治参与成为大学生自发进行政治参与的重要形式，大学生通过网络环境对当前的热点时事新闻进行关注和发表意见，网络政治参与这种形式主要依托于新闻网站、论坛、QQ、博客、微博等平台。同时，也有高校顺应社会潮流建立了一些红色网站或思想政治教育主题网站，以提高学生的政治思想教育。调查数据显示，如果觉得政府的某项政策、制度不妥，大学生除了与身边的人面对面谈论外，他们会通过网络发表意见、主张或与人交流，另外，他们还会在政府相关部门网站、政务微博上留言。

（三）择偶观改变，性观念开放，家庭责任意识加强

1. 择偶以精神品质为主导，追求感官享受

当代大学生的择偶标准反映了这个时代大学生群体的价值观念，另外，与

大学生择偶价值观紧密相连的是这个社会普遍的社会道德心理,这也同时影响着一个国家的经济社会走向和政治状况。因此,择偶是满足爱与归属需要的一个前提。为了了解当代大学生的择偶标准,我们在问卷设置了"在您择偶时,主要考虑对方的哪些方面的条件?"这个问题。调查结果显示,选择最看重的前3个择偶条件依次是:道德品质(15.9%)、性格(14.8%)、相貌(8.8%),这说明在择偶的时候,广州大学生更加注重精神品质和个性需要等内在因素,尤其是道德品质已经成为择偶的重要标准。但是随着社会对人们相貌的要求越来越高,大学生择偶时对相貌的关注程度也随之增大。虽然说以貌取人是不值得提倡的价值观,但是在现实中,大多数人都逃避不了"颜值"选择。

古诗有云:"爱美之心人皆有之。"与以往调查相比,相貌在大学生择偶中占的分量相对重了,说明了大学生更追求感官上的享受。社会上流传着一句话:"21世纪是个看脸的时代。"随着社会对样貌的要求加大,大学生在择偶时也开始对样貌重视起来。

2. 性观念开放,性道德、性责任表现突出

大学生的性心理发展状况,性观念、性道德、性责任与大学生作为社会主体的责任和社会的稳定发展进步紧密相连。因此,本调查对广州市大学生对婚前性行为的状况进行了了解。其数据如下:广州大部分大学生对婚前性行为表示认同,其比例占44%,表示不认同的占27%,另外,对婚前性行为表示说不清的有29%。这表明了大学生逐渐接受婚前性行为,但是,当问到是否会尝试婚前性行为时,持否定态度的青年增多了,占36%,与会尝试婚前性行为的比例相当,只相差1个百分点。可见,即使大学生的性态度开放了,但是受到传统思想教育的约束,大学生的性心理还是比较成熟、理智的。

网络的出现改变了人际道德交往的空间限制。在这种不受限制的信息交换过程中,不同社会形态、不同人群的思想、价值取向、生活方式等丰富的信息使网上的道德观念呈现多元化。举例来说,从2008年的"艳照门"到后来网络上盛行的"潜规则"再到广西烟草局长的"日记门",种种网络上曝光的社会现象使一些原有的道德观念已经公开受到了冲击和质疑。互联网使当代的大学生处在性信息相对开放的时代,各种性信息直接作用于他们,较多的性信息必然导致大学生较早地关心性的事情。近年来很多相关报道也不得不让人相信,大学生的性道德状况已经成为一个严重的社会问题。大学生阅历甚浅,其世界观、人生观和价值观都很容易受到外来文化和道德取向的影响,如不能及时对其进行正确地指引,他们很容易会受到其中的消极影响,对大学生的生理和心理发展产生不利的影响。令人欣慰的是,经过调查我们发现广州大学生的性道德和性责任还是比较乐观的。

3. 家庭平等观念巩固,责任意识增强

"性别偏好"在20世纪以前是广泛存在的,特别是农村,从21世纪开始,男女平等观念越来越深得人心。由于计划生育,现在的大学生大多数都是"90后",大部分都是独生子女,因而在生男生女方面并没有过多的偏好。由数据我们可以看出广州大学生理想的子女数中,男女的比例相当,其中生1~2个的占61.8%和63.1%,超过总体半数。

对谈恋爱时花费AA制表示赞同的有37.6%,对婚后家务均担表示赞同的有61.8%,这表明了大学生的独立意识比较高,而且放下了以往男主外、女主内的思想,愿意分担家务,同时也体现出现代男尊女卑的思想慢慢退化,而男女平等的思想越来越普遍。

以上数据均表明当代大学生受社会潮流影响,男女平等观念逐渐增强,男尊女卑的观念渐渐淡化。同时男女双方均愿意承担家庭责任,这是社会进步带给我们一个好的潮流趋势。

(四)精神压力大,焦虑感强,渴望帮助和理解

1. 学习和工作压力大,焦虑感强

随着社会生活节奏的加快,压力一词频频进入我们的视野,与压力相关的报道频见报端,大学生压力问题成为一个社会热点话题。作为国家未来的主要建设者和社会精英,高校大学生具有高智商、高知识和较高的素质与修养,但与此同时,他们也承受着来自各方面的巨大压力。再加上其身心发展的特殊性,大学生成为压力问题的高发群体。

调查数据显示,觉得近一个月压力非常大的大学生占10.4%,比较大的占43.7%,一般的占38.5%,比较小的占6.7%,非常小的占0.7%。其中有63.0%的大学生压力来自学习紧张,表明了当代大学生的总体压力水平达到中等偏高,而他们大部分的压力源都来自学习和工作。

另外，相当一部分大学生存在焦虑问题。焦虑是人们遇到某些事情如挑战、困难或危机时出现的一种正常的情绪反应。焦虑具有两面性作用，一种是保护性作用，起积极作用；一种是消极作用，会成为影响个人行动的障碍。大学生焦虑的原因大部分为自尊，其自尊主要在于其个人对自我能力的信念和他人所做事情价值的肯定。

2. 存在健康隐患，缺乏安全感

调查数据显示，大学生认为自己存在的健康隐患或问题最多的是视力不良，其次是焦虑，再次是缺乏安全感。大学生近视率逐年增高的因素固然很多，但其课业负担逐年加重、体育活动相对减少则是视力下降的重要原因。此外，持续学习时间过久、睡眠不足，以及不良的阅读习惯、缺乏用眼卫生知识、膳食营养单调等，也是学生视力下降不可忽视的诱因。

安全感是决定心理健康的最重要因素，也是维持个体与社会生存不可或缺的因素，安全感强的人的自我认同和接纳新事物的能力强，而安全感不强的人往往会隐藏着自卑和敌对情绪。为什么大学生会认为自己缺乏安全感呢？有相关研究发现，安全感与人际信任呈显著正相关，即安全感越高，人际信任度越高。当代大学生缺乏安全感，说明了大学生的人际信任度降低。在大学生焦虑情绪的影响因素中我们了解到，缺乏真正的温暖和关爱是个体产生不安全感的一个因素，而不安全感又是焦虑情绪的本惧之物，所以倡导一种关怀型的学生工作方式，就会使学生感受到一种温暖和关爱的体贴，从而有效地防御和缓解焦虑情绪问题的发生。

3. 渴望获得帮助和理解

大学生遇到困难或挫折时，他们有得到物质和精神的帮助吗？据调查显示，当大学生遇到困难时，有可提供精神或物质帮助的资源情况不乐观，认为非常多的只占6.2%，认为比较多的占30.7%，认为一般的占44.1%，认为比较少的占12.4%，认为非常少的占4.3%，认为没有的占2.2%。

在大学生遇到困难或挫折时，他们通常会向朋友寻求帮助（46.0%），其次会向父母需求帮助（19.3%）。如果有心理辅导，他们最希望是通过个人辅导来解决个人问题。以上数据表明，当学生出现心理问题时，选择专职心理辅导人员咨询的学生比较少，大多数大学生都选择找朋友或同学进行倾诉。据了解有许多高校都设置了专门的心理咨询室，但是很多学生都不愿意主动到心理咨询室寻求帮助，导致资源的浪费。

（五）闲暇方式多样，理智消费

1. 休闲生活内容丰富，精彩纷呈

休闲是一种特别的社会实践活动，是人们在自由时间里，在一定的空间内，积极学习、发展自我并服务社会的一系列的、连续不断的、可以产生美好感受的、个性化的生命运动过程。大学生拥有相对充足的休闲时间，据调查显示，其每天大约有4.6小时的闲暇时间。随着经济和社会的发展，出现了越来越多不同形式的闲暇活动，大学生不仅能愉快地享受自己的休闲时光，同时也可以通过相关的闲暇活动实现自我增值与发展。

调查结果显示：大学生的休闲生活可谓"内容丰富，精彩纷呈"。其中有听音乐、体育锻炼、看书刊、上网等，其中最受欢迎的休闲生活为上网。其休闲活动场所通常是图书馆、书店、展览馆、电影院、音乐厅等地方。从大学生的休闲行为和活动场所来看，大学生通过参加多姿多彩的休闲活动，既满足了不同层次的需要，也实现了自身的价值。

2. 网络应用广泛，利用网络服务生活

随着互联网的应用和普及，网络技术已经渗透到社会生活的各个方面，为我们的生活带来了许多好处和便利。互联网进入高校校园，对大学生的生活方式、学习方式、交往方式、价值观念等产生了深刻的影响。据调查发现大学生第一次上网的平均年龄为11.4岁，上网的场所一般为学校、家。每天上网的时间大约为3.5小时，上网的主要内容依次为工作、学习、听音乐、看视频、看小说和交友交流。大部分大学生认为上网可以拓宽视野，增强人际沟通能力，学习工作更加便利。

从以上分析中可以看到，大多数大学生都能够正确对待上网，对网络上的信息具有一定的辨别能力，能较好地利用网络为自己的生活和学习服务。

3. 经济水平不高，但消费理智

大学生作为社会消费的特殊群体，他们有着旺盛的消费需求，但因为他们经济上未获得独立，消费受到很大的制约。据调查显示，大学生每月入不敷出的占36.1%。愿意借贷消费的只占32.7%，其中最想借贷消费的产品包括住

房、旅游、教育等。当代大学生作为一个特殊的消费群体,他们的思想观念趋前,消费心理尚为成熟,使得他们的消费观念很容易受到消费主义不良的影响,为此,大学生的消费观念应当获得社会的重视。

三 对策与建议

(一)发挥学校和社会作用,帮助大学生共同跨过就业这道坎

学校教育是人类社会和教育发展到一定历史阶段的产物,教育模式的正确与否对所要培养的人才质量具有决定性的作用。学生在学校接受了正规、正确教育模式的培养,对自己的就业是有很大益处的;反之,则会影响其就业。高校要积极弥补自身在教育过程中的缺点和不足,主动适应市场的需求和变化,转变原有教育模式,使培养出来的毕业生能很好满足社会需求。

首先,要结合理论与实践,激发大学生的创造力。高校要合理进行专业设置,要坚持以市场为导向。在教学当中不能盲目照搬传统的教育模式,只重视理论,忽视实际操作能力。其次,在课程设计中多设置实践课,让大学生走向社会,走向生活,走向实践。最后,可以打造校企联盟,建立实践学习基地。这有利于大学生掌握技能知识,提高技能水平,也有利于大学生缓解就业压力,疏通就业渠道。

另外,社会舆论的一个重要宣传工具就是新闻媒体,新闻媒体的引导作用实质上就是用新闻去改造和同化公众舆论,以媒体的立场和观点去改造公众的立场和观点。新闻媒体应当多报道一些成功人士的成功经验,帮助大学生了解当前社会发展状况,促使毕业生克服浮躁和急功近利心理。互联网是大众创业、万众创业的新工具。要着眼于网络技术、服务持续创新,让互联网更好地成长,引领创新创业新潮流。

(二)利用参与体验法,培养大学生政治意识和政治参与

参与体验法是一种互动的教育形式,在参与体验法过程中要提高大学生的参与积极性,直接提高学生对政治参与价值的深度领悟和认同,成为有判断能力、强烈政治责任感、效能感以及坚定参与信念的积极公民。然而,大学生政

治参与意识的形成和发展不能任由其依靠自身公民理性的自我完善而自由发展，而是要通过积极鼓励公民参与政治生活的体验来获得。而针对大学生在接受政治教育时更希望获得实践体验的需求，高校思想政治教育可以通过参与体验法来优化教育效果、达成教育目标。

具体可以通过三种方式来实现：一是情景模拟活动体验。通过"设置场景—引导角色进入—体验—选择—评价"的方式，让大学生如同进入生活真实情景，担任不同的角色，分享自己的观点，并且对他们进行客观的评价。例如，通过针对某一政治内容，开展对该话题的政治讨论，模拟国家会议形式等具有创新性的活动，让学生在查资料的过程中了解我国政治制度运作，增强其对于国家民主制度的认同感。二是参与学校的民主活动。通过广泛参与学校相关组织，例如学生会、校团委、班级等举办的政治专题调研、参观访问、社会考察活动，让大学生参与其中，感受政治参与的乐趣。通过实地的参与，更能促进大学生对政治参与的认识和提高其参与的兴趣。三是参与社会志愿服务活动。随着中国社会工作的进步，志愿服务得到了迅速的发展，很多高校也参与其中。与社会志愿服务结成联盟，让大学生参与到社会服务体系当中，是大学生进行政治参与实践体验的最佳机会，也是帮助大学生实现政治社会化发展的最有效途径。

（三）加强性教育，培养正确的婚恋观

首先，要加强大学生性教育和父母的榜样作用。父母在孩子心目中占重要地位，通过父母的引导，加强大学生的性教育，学习性知识，培养正确的婚恋观。家庭和睦是中华民族的传统美德，家长应该在平时生活中建立婚姻自主、平等相待的观念，同时，要吸收外国追求自由、民主、平等和博爱的原则。

其次，以学校教育为主导，法律约束为辅助。学校可以通过开设性知识课程让学生从正规的渠道了解和学习性知识，科学地把握性生理和性心理的特点及其发展规律，从而实现对自身新生理现象的科学认知，改变性无知状态。同时可以利用网络技术，开设性知识平台，包括生殖健康知识、避孕知识和性保健知识的教育，这样学生可以利用空闲时间上网浏览，同时也避免了一些学生的尴尬心理。陶行知先生曾说："一个现代人必须取得现代知识、学会现代技能、感觉现代问题，以现实的方法发挥我们的力量。"思想是行为的先导，而

思想是以知识为基础的。所以,大学生培养正确的婚恋观和性观念,首先要学习相关的知识。

有了正确的性基础,接下来要为大学生树立正确的恋爱观和婚姻家庭观。提高大学生自我保护的基本能力,运用法律在恋爱和婚姻中维护自己的权利。

最后,要积极发挥大众传媒的影响力,形成良好的社会大众舆论导向,大力营造高尚的婚姻家庭道德舆论环境,要弘扬婚姻家庭美德、抵制歪风邪气,坚持正确的舆论导向和价值导向,规范人们的行为。

(四)关心大学生身心健康,切实加强心理健康教育师资建设

大学生心理健康教育工作是一项专业性较强的工作,它的实施和发展依赖于一支强有力的教育师资队伍,提高广大教师的心理健康水平,是保障心理健康教育开展的重要条件。我国高校的心理健康教育的发展,对从业人员的专业要求越来越高,各高校纷纷注重心理健康教育师资队伍的建设,包括对心理健康教育专职教师、专兼职心理咨询师及心理健康辅导员的培养。

朋辈辅导机制由于缺乏专职教师的指导而流于形式,没有真正发挥其应有的作用。朋辈辅导在一定程度上能减少学生的阻抗,让学生敞开心扉,打开心结,有利于学生的心理健康。因此,各高校应当利用朋辈辅导,加强同学与同学之间的互动,在校内设置大学生心理健康协会或心理辅导社团,配备专业教师定期对社团成员进行辅导,定期对其进行检查和管理。通过开展各种活动增进学生之间的情感,提高朋辈辅导作用。同时指导社团成员举办各种旨在宣传心理卫生知识、提高学生心理健康水平的文体活动或专题讲座,提高学生的心理健康知识水平,让朋辈辅导真正成为教师的得力助手。

(五)以高校为主导,培育当代大学生理性消费和科学消费观

大学校园是大学生日常生活的主要阵地,因而学校教育在大学生的消费观教育中起到一种主渠道作用,学校可以通过多种途径培育当代大学生的理性消费和科学消费观。

首先,学校必须注重和监督校园消费环境。大学生的日常生活与校园及其周边所提供的消费环境息息相关,因而其现状将会对大学生的消费行为产生最为直接的影响。为此学校不但要在内部着力培育积极向上的校园文化,为大学

生提供形式多样的精神文化交流和学习的平台,开展生动有趣的校园消费文化主题活动,把科学和高尚的消费观念真正融入校园文化的主体中来,而且要在外部对校园周边的不良消费环境进行清除和改造,从而根除诱导大学生不良消费行为的现实载体。

其次,学校可以设置理财教育引导室,培养学生的理财意识,对学生消费行为中出现的不良倾向进行及时引导和正面的宣传教育,还可以吸收国外理财教材里的一些有益内容,从不同角度引导学生消费,把科学消费观的教育作为一种构建和谐校园的必要措施常态化。

最后,学校应该对学生的消费实践和德育价值进行指导。由于消费行为不同于学习行为,它是一种理论和实际紧密关联的个人行为。消费的目的是对商品符号价值的占有,其结果是容易令人异化,对大学生的人生价值观产生较大的负面影响。因此,各高校应当将正确的幸福观、审美观以及科学发展观渗透到消费教育之中,还必须实时适地地开展对大学生的社会消费实践引导工作。

参考文献

夏琳、余伟:《关于大学生参加课外培训的调查研究》,《老区建设》2010年第4期。
周莹:《大学生就业观存在的问题及对策研究》,《人力资源管理》2015年第1期。
万凤艳:《大学生创业意识与职业价值观及其关系研究》,重庆大学贸易与行政学院,2009。
杨加勇:《大学生创业影响因素及创业能力提升研究——以A校大学生为例》,云南大学。
刘晨:《新时期大学生政治参与意识问题研究》,东北师范大学硕士论文,2013。
许超:《青少年性道德模型构建与应用研究》,华东师范大学。
韦玉敏:《大学生压力、反刍思维与焦虑的关系研究》,广西大学,2013。
常彦梅:《大学生焦虑情绪及其影响因素研究》,大庆石油学院,2008。
贾立蕊:《大学生休闲现状分析及休闲教育对策研究》,河北师范大学,2011。
尹艳华:《和谐社会背景下大学生就业难问题的对策研究》,湖南大学,2012。
刘晨:《新时期大学生政治参与意识问题研究》,东北师范大学硕士论文,2013。
李明忠:《朋辈心理辅导模式与大学生心理健康教育工作有效性的提高》,河北大学教育学院,2011。
张娜,《当代大学生消费观分析及教育研究》,郑州大学,2013。

B.13
专题报告二
广州农村青年发展状况调查报告

共青团广州市委员会　中山大学政治与公共事务管理学院
广州青年发展现状课题组

摘　要： 在政府的各项扶持措施的支持下，广州农村青年的生存和发展状况呈现出新的特征。研究发现，广州农村青年以务工群体为主，缺乏专业培训；收入水平较为低下，生活满意度不高；择偶、婚恋观大体沿袭传统观点，但比以往更为开明；社交网不断扩大，新媒体对农村青年的影响力日益增强；业余活动较为单一封闭，缺乏有益的文娱体育活动；对国家时事关注度较高，对国家与社会发展持积极态度。针对时下农村青年发展状况，本文从资金支持、技能培训、政策保障等方面提出了促进农村青年发展的相关对策建议。

关键词： 农村青年　广州

一　广州农村青年概况

（一）发展环境

在经济发展新常态的大背景下，农村青年群体也是需要重点关注的对象。对于农村青年的成长与发展，政府也一直做出不懈的努力。例如：2007年，团省委建立农村青年人才管理信息系统，录入全省各级农村青年人才的具体资料，建立"南粤农村青年人才库"；2010年，团省委联合省农业银行开展"万千小额贷款项目直通车工程"，由省农业银行全年安排10亿元，面向全省上万个行政村的农村青年发放创业贷款，重点扶持1000个农村青年优质创业项目，引导和扶持返乡农村青年、农村"两后生"以及青农会会员创业致富；2013年，团省委又发布了2013年广东青年创业就业五大服务行动，包括"青年网商精英计划"、"青年连锁创业项目扶持计划"、"青年创业就业见习基地提升计划"、"MM大学生创业计划"以及"百万农民学电脑培训服务活动"。还有广州团市委、广州农商行等进行的城乡青年小额贷款合作项目，也是一种很好的探索，通过创业带动就业，鼓励青年更好地发展和选择空间。

由此可见，农村青年不再是一个封闭而被忽视的群体，在政府的各项扶持措施的支持下，农村青年在就业、创业等方面拥有了更多的机会和平台。

（二）农村青年群体特征及发展诉求

当下的广州青年面临着来自各方面的挑战。在就业方面，由于就业竞争激烈，就业结构的不平衡，个人素质和能力与市场需求不匹配等等因素，制约了青年就业发展的空间；在家庭压力方面，青年对父母的依赖也成为值得关注的社会问题，"啃老"成为一个近年来的高频词汇，据中国社会科学院一份调查显示：中国65%以上家庭存在"老养小"现象；在价值观方面，在新媒体出现后，多平台、多层次的舆论互动，催生了更多元的价值观，当代青年对社会问题的看法，对家庭、事业、友谊、爱情等各个方面的看法，都受到了当代社会很多复杂因素的影响。

农村青年，作为城乡统筹背景下最具备研究意义的群体，在城乡统筹以及农村城市化的过程中，其所面对的诸如就业创业、社会保障、城市身份认同、家庭婚育等各方面挑战尤为突出；并且，从这些挑战中，还引申出其他社会问题，如教育等。经过总结和剖析，本项目组认为，较为突出和典型的问题，表现在以下几个方面。

1. 农村青年缺乏相关专业培训，导致其创业过程屡屡受挫

目前，广州农村青年在农村地区的务农形式主要分两种，一种仍然是传统意义上的"精耕细作"，耕作农田，这一类型的务农，规模较小，收入不高。另一种是种植经济作物，这一类型的务农，通常都具有一定的规模化。但是，据了解，后者往往缺乏资金与技术，使得其创业严重受到环境、技术等因素的制约。在资金支持方面，政府各个部门均推出不同程度、不同方面的创业贷款支持项目，使得农村青年在创业过程中能够解决短期资金周转问题。但是，在技术支方面，仍然是一个空白。很多农村青年都是"摸着石头过河"，靠自己的经验积累来逐步掌握种植的技术，但这样所耗费的时间非常多，并且并没有经过系统的梳理，使得其掌握的技术经验往往是零散的，作用非常有限。

2. 农村青年收入水平较低，并且缺乏相关社会保障

目前，广州农村青年由于学历不高、社会地位不高，以及农村身份不受到认同等，其在就业过程中往往被迫吃"闭门羹"。就业不顺利，直接导致其收入水平较低，大部分农村青年的收入仅仅够维持其本人的每月生活支出，对于住房消费、发展消费和娱乐消费，农村青年通常都难以支付。收入情况不佳，而生活成本随着城市的发展而不断增加，这使得农村青年陷入了巨大的生活压力当中。同时，由于其就业的类型通常都是处于较为低端的层次，所以往往没有购买相关社保。没有社会保障作为强大后盾对其生活给予保障，农村青年的生活境况愈显窘迫。

3. 农村青年外出务工现象普遍，导致农村"空巢"现象严重

目前，在广州的农村地区，其青年外出务工情况较为普遍，18~35岁的中青年，大多都北上，到其他省份务工，主要从事汽配等行业。由于农村地区的中青年劳动力外出务工的现象日益加剧，因而造成两方面的问题。一方面，农村地区的工业长期停滞不前，就业岗位非常有限，导致青年群体在当地无法实现有效就业，选择外出务工；而当地的工业由于青年群体外出务工现象日益增多而逐渐缺乏青壮年劳动力，导致其无法发展壮大起来，从而陷入恶性循环的状态。另一方面，当地的"空巢"现象尤为严重，很多家庭都只有老人和小孩在家里留守，由此引发教育、安全等一系列社会问题。

二 调查数据与理论分析

（一）研究方法

本研究通过定量研究与定性研究方法相结合的方式，运用文献研究、问卷调查、深入访谈及座谈等调查方法，采用随机抽样，在反复、多方论证以及前期预调研的基础上，确定采用多阶段分层整群抽样方法，抽样主要根据最新的《广州统计年鉴》及《广州市2010年第六次全国人口普查主要数据公报》公

布的统计数据。首先对国内（北京、上海、香港）及国外相关的理论实践进行回顾及分析，奠定本研究的理论背景及实践基础。同时结合比较研究方法，围绕广州与国内外青年工作进行比较研究，为了使调研的问卷与广州市共青团及青年工作更好地结合，使调研结果能为青年工作提出切合实际的建议，问卷的设计按照青年的生存健康、素质教育、职业发展、婚恋家庭、社会参与、社会支持、娱乐休闲七个维度对广州不同青年群体的生活、工作和学习的现状进行深入调研，调查对象为广州城区（包括增城、从化）青年。项目调研从理论研究和问卷设计，到预调研，再到最后的问卷发放与回收，共历时近四个月。本报告的研究对象为农村青年，重点调查区域为增城市、从化市。

（二）样本基本情况

表1 样本基本情况

单位：%

性别	年龄		学历		政治面貌		婚姻状况	
男（56%）	18岁以下	11	小学或以下	11	共青团员	53	未婚	58
	18~22岁	31	初中	21	中共党员	18	已婚	38
	23~28岁	37	高中、中专	21	民主党派人士	1	离异	3
女（44%）	29~30岁	7	大专	27	群众	28	丧偶	0
	31~35岁	14	本科	19			分居	1
			硕士、博士	3				

1. 成婚较早，受教育程度较低

本次问卷调查的受访者中，男性占56%，女性占44%，调查样本的男女比例约为1.2∶1，样本的性别结构较为均衡。受访者中，有11%属于未成年人，小于18岁，有31%的受访者在18~22岁，37%的受访者在23~28岁，7%的受访者在29~30岁，还有14%的受访者在31~35岁。由此可见，本次问卷调查中，农村青年的调查样本，近七成都集中在18~28岁的区间里，而这一年龄区间也正是青年群体中最具代表性的主体部分，因此，这一定程度上反映出本次调查数据的代表性较高。

从受访者的婚姻状况来看，有58%的受访者未婚，但同时也有38%的受访者已婚，其余有极少数受访者（约4%）处于离异、丧偶或分居的状态。不难发现，广州市的农村青年的"早婚"现象较为明显，有超四成的受访者处于已婚状态，或曾经有过婚姻的经历。这一现象的存在，主要与农村青年群体的受教育水平、农村传统文化观念、家庭环境等因素相关。

从受访者的学历分布来看，有11%的受访者只有小学或以下的学历背景，21%具有初中学历，21%具有高中或中专学历，还有27%具有大专学历，19%具有本科学历，3%具有硕士或博士学位。也就是说，有至少一成以上的受访者是没有完成九年义务教育的，近一半受访者均没有受过高等教育（含大专）的经历。广州市的义务教育乃至高等教育已经发展成熟，教育资源也相当丰富，但在这一背景下，农村地区的青年群体的受教育水平依然处于相对较低的水平。

2. 政治素养较高，就业状况较乐观

至于受访者的政治面貌，有18%的调查样本属于中共党员，53%是共青团员，而属于群众的样本则占28%，民主党派人士占1%。中共党员和共青团员所占的比例较大，占样本比例的七成，这一定程度上反映广州市农村青年的政治素养，与过往相比在不断提高，其政治参与的意愿较为强烈。

从受访者所从事的职业类型来看，务农者的比例最大，占28%；其次是事业单位职员、自由职业者、服务业人员，以及自主创业者，分别占15%、12%、11%和10%。接下来，有12%是企业工作人员，其中8%为普通员工，4%是企业管理者，公务员占6%，社会组织人员占5%，而下岗待业人员仅有1%，受访者中没有技术人员的样本（见图1）。由此发现，广州市农村青年的就业现状总体较为乐观，失业个案较少。其中，务农、创业、自由职业的比例较大；在务工方面，主要集中在服务业行业。因此，针对广州农村青年群体就业问题可做出初步论断：广州农村青年的就业率较高，这一方面，与农村青年的就业标准相关，总体而言，该群体的就业标准相对没有那么苛刻；另一方面，广州农村青年所从事的岗位总体偏向中低端水平，这与其学历水平相关。

最后，从受访者的居住地分布来看，25%的调查样本在南沙区，25%在从化市，18%在番禺区，16%在花都区，10%在增城市，其余零散地分布在广州市的其他行政区或佛山市（见图2）。一方面，这一组数据的结果，主要受发放问卷时所选择的地点影响；但另一方面，也可以大致反映出广州市农村地区的分布情况。从饼状图可以看出，南沙区、花都区以及番禺区，还有两个广州市辖下的两个县级市——增城市和从化市，都是广州市主要的农村地区。

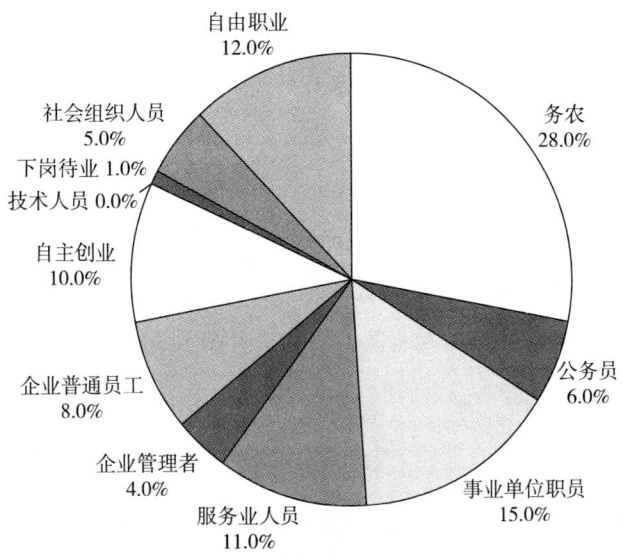

图 1　受访者籍贯与户籍分布结构

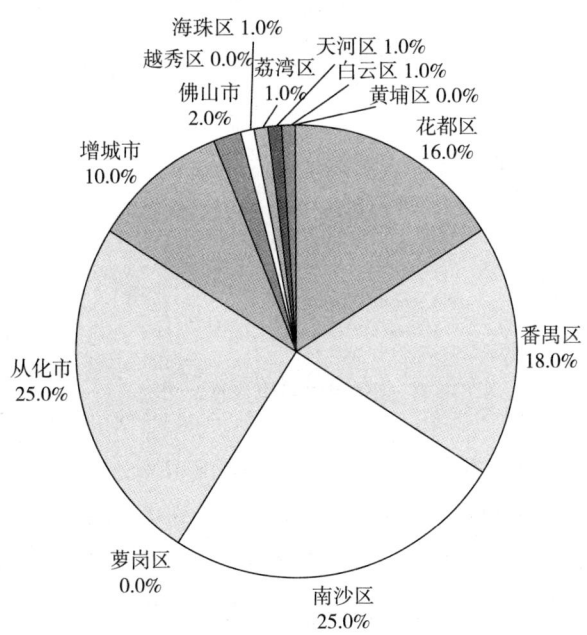

图 2　受访者居住地分布结构

（三）问卷数据分析

1. 生存健康

（1）收支水平较为低下。

生存情况方面，最基本的表现是其经济状况，即其收入和支出的情况。通过图3和图4可以看出，26%的广州农村青年，其平均月收入在1000元以下。同时，有55%受访者的平均月收入在1000～2999元。平均月收入大于等于3000元的受访者仅占调查样本总数的19%。由此可见，广州农村青年属于典型的低收入群体。

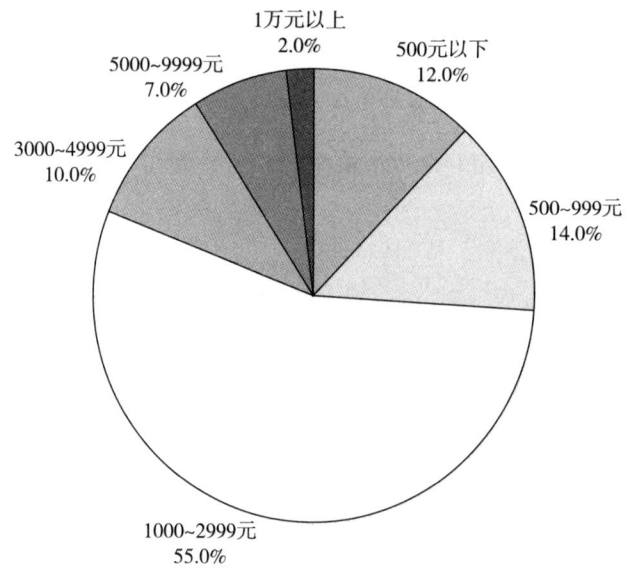

图3　受访者年平均月收入情况

将受访者的职业和其收入情况数据进行交叉分析，发现：务农受访者中，有其中89.6%的月平均收入都在3000元以下，其中56.6%低于1000元；公务员受访者则截然不同，有59.1%的月平均收入都在3000元以上；事业单位职员、社会组织人员、服务业人员、企业普通员工以及自由职业者的收入分布比较集中，月平均收入基本都集中在1000～2999元之间，所占比例分别为71.9%、94.7%、72.5%、82.8%以及60%。自主创业和企业管理者的受访

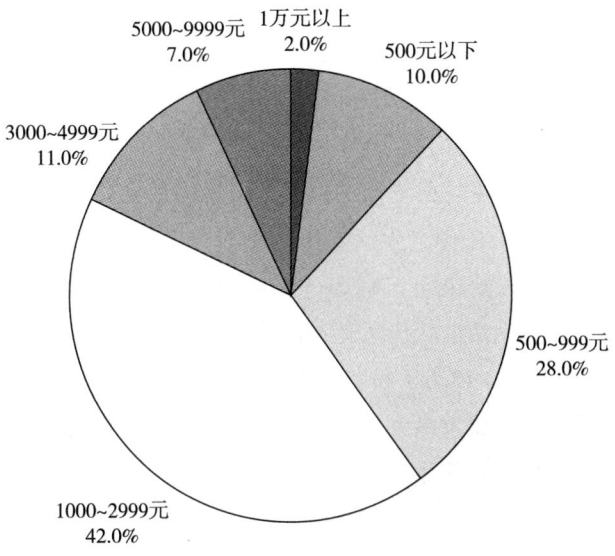

图 4 受访者年平均月支出情况

者,其收入分布比较分散,没有明显的集聚。由此可见,务农的农村青年,其收入水平相比其他职业群体要低;其次是务工的农村青年,普遍的收入水平徘徊在 1000~3000 元,远低于城镇职工的平均水平;公务员的收入水平相对较高,而自主创业者,由于影响因素较多,情况更为复杂,因此没有明显的偏向,因人而异。

从上述数据看出,职业是影响其收入水平的直接因素。而影响职业类型和职业层次的主要因素是教育与学历,因此,继续将受访者的收入数据与其学历情况进行交叉分析,发现:学历在小学或以下的受访者中,有 76.8% 的月平均收入均在 1000 元以下,而学历为初中的受访者中,有 79.3% 的月平均收入均在 3000 元以下,其中有 50% 集中在 1000~2999 元。由此看出,学历低的群体,其收入水平也都普遍处于较低水平。而学历在高中(含中专)、大专、本科的受访者中,虽然收入低于 1000 元的比例大幅度减少,但大部分的月平均收入均集中在 1000~2999 元,分别占 62.5%、64.7% 以及 73.2%。这组数据表明,在广州农村青年群体当中,本科及以下的学历,其收入水平均不具备优势。相反,硕士和博士研究生的收入水平较高,受访者中,拥有硕士生学历的样本，其月平均收入水平100%都在3000元以上；而拥有博士生学历的样本，有85.7%的月平均收入更是在5000元以上。

反观广州农村青年的支出情况，有38%的受访者，其平均月支出不超过1000元，有42%平均月支出在1000~2499元，约有20%平均月支出在2500元以上。总体来看，其平均月支出的规模，与平均月收入的分布大致相同。调查问卷的数据还显示，在各个生活支出的项目中，所占比重最大的两项，有45.7%的受访者选了住房支出，有51.9%的受访者选了食物和服装支出，证明衣、食、住等基本生活消费仍然是农村青年群体的主要消费项目。此外，分别还有4.2%、14.9%、12.6%和13.4%的受访者选择了医疗、娱乐、教育和交通作为他们日常支出比重最大的两项之一。农村青年的消费结构总体较为单一，主要还是围绕生活必需品进行消费。

（2）住房问题主要依赖于父母解决。

谈及"住"，绝大部分农村青年均属于广州本地人，因此，往往都拥有并且居住在其自家的房产，问卷数据反映，有55%的受访者均居住在其自家房产。除此之外，有24%受访者居住在单位或学校的宿舍，这一部分样本主要是外来务工人员或在读学生。还有15%在当地租住房子。极少数（约占6%）居住在亲戚、朋友家，或者住在搭建的工棚里。

对于拥有自家房产的受访者，有69%的调查样本都是一次性付清房产的款项，而剩下31%是通过供楼的形式拥有房产。之所以一次性付清的比例如此高，主要是由于农村地区的家庭基本都是自己盖房子为主。而且，其中，"父母一次性付清"的比例占42%；"父母供楼"的比例占11%，可以反映出相当一部分农村青年依然与父母一起生活，居住在父母的房子里，而没有自己买房。所以，对于居住在自家房产的农村青年，其居住环境的主要特点是：通常与父母合住，共居一室的家庭成员人数较为庞大。由于有上一辈所提供的住所，广州农村青年对"居住问题"并没有表现出较大的需求。

（3）工作生活压力较大，主要受经济情况牵绊。

在分析其工作生活压力前，我们有必要预先了解广州农村青年的工作和生活现状。生活现状主要体现在其收支情况上，前面已经有详细描述。至于工作现状，在此，主要分析其工作的强度，即工作时长——本项目调查了受访者一天和一周的工作时长。结果发现，有59%的受访者一天的工作时长在8~10

小时左右,有19%超过10小时。而低于8小时的则占22%;至于一周的工作强度,41%的受访者表示主要是工作日上班工作,偶尔周末会加班,还有23%的受访者表示仅限于工作日工作,周末一定是休息,22%的受访者表示一周内基本没有休息时间,11%的受访者表示没有固定工作时间,还有少数3%的受访者一周工作少于等于4天。

表2 工作时长

单位:%

工作时长(一天)		工作时长(一周)	
少于4小时	2	少于等于4天	3
4~8小时	20	仅限工作日	23
8~10小时	59	偶尔周末加班	41
大于10小时	19	基本没有周末时间	22
		没有固定工作时间	11

工作时长,很大程度上取决于其工作性质。因此,本项目通过将受访者的职业和其一天的工作时长进行交叉分析,得到以下发现:务农的受访者,有40.2%的日均工作时长在10小时以上,有41.1%在8~10小时,即超八成的务农受访者每天需要工作8小时以上。自主创业的受访者中,工作8小时以上的也占了89.5%。可以看出,务农和自主创业的农村青年,其工作时长较长,工作强度相对较高。相比之下,公务员受访者中,有50%的工作时间是8~10小时,而事业单位职员受访者中,有66.7%的工作时间是8~10小时;而服务业人员、企业管理者、企业普通员工也相类似,日均工作时长8~10小时之间的占主体,分别占65%、71.4%和75.9%,证明务工人员的工作时长相对比较固定。

(4)生活满意度较低,生活压力较大。

上述数据表明,工作时长更长,收入水平较低的务农者青年,其生活压力更大,幸福感更弱;工作时长较为固定,收入水平也较高的公务员青年,其生活压力相对较小,幸福感更强呢。

首先,是收支情况的满意度,有21%受访者认为很不满意,有43%认为不太满意,30%认为一般,只有6%认为比较满意,几乎没有受访者感觉对其收支情况非常满意。广州农村青年的实际收入和支出水平相对较低,因此,其对自身的收支情况普遍抱有不满意的态度,比例高达64%。

此外,在生活成本方面,有高达85%的受访者都认为生活成本较大。其中,有32%表示生活成本大,导致压力很大,喘不过气来;有28%表示虽然生活成本大,但还是能基本承受;有25%表示生活成本稍高,但家庭完全可以担负起基本生活支出,没有太大困难。只有15%的受访者认为生活成本适中或偏低(见图5)。

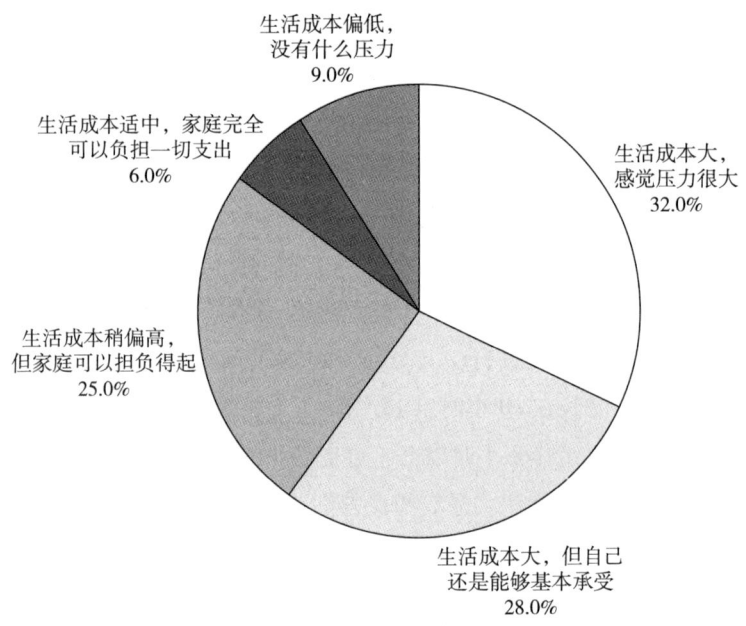

图5 受访者对生活成本的看法

由于收入水平低,生活成本压力大,导致收支不平衡,从而致使广州农村青年面临着巨大的生活压力。如图6所示,近八成(78%)的受访者表示自己曾经或现今仍然承受着不同程度的心理压力。有46%的受访者认为自己曾经有过较大压力,但可以依靠自己的努力排解;有22%的受访者认为自己也曾经有过较大压力,需要寻求对象倾诉才能排解;还有10%的受访者长期都感觉到较大压力,并且至今仍感到焦虑等不良情绪,不能排解。

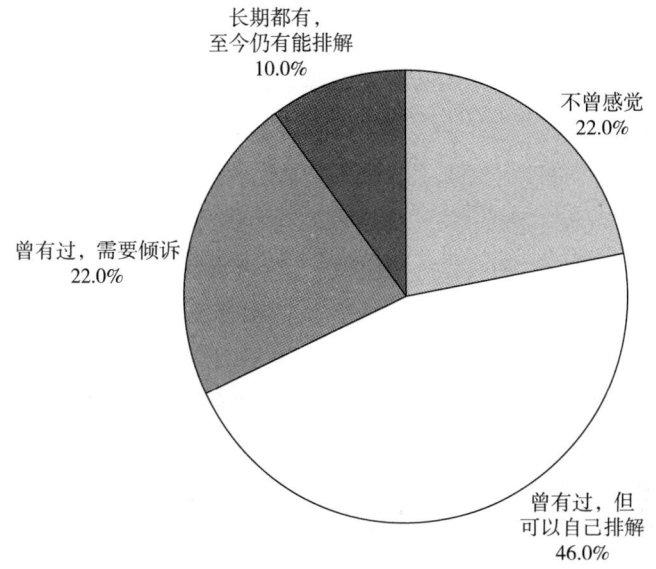

图 6　受访者心理压力情况

同时，有49%的受访者认为在日常生活和工作中，社会竞争太激烈，而岗位很有限，每天工作都要绷紧神经；还有42%的受访者觉得偶尔感觉压力很大，但很快就可以自我调节；只有9%的受访者表示压力就是动力，只要正确面对就行了。由此可见，来自工作、生活的心理压力在广州农村青年当中相当普遍，高达九成的受访者均有类似的想法。

造成较大生活压力的来源，较多受访者认为主要是来自前途与就业、经济负担，以及家庭，分别占样本的30%、30%和24%（见图7）。由此进一步证实，广州农村青年的生活压力主要来自其较为拮据的经济状况。

将受访者的职业与其"是否感觉压力过大"的数据进行交叉分析，以职业区别度较大的"务农者"和"公务员"作比较，可以发现：务农者和公务员两个农村青年群体中，感觉压力过大的比例分别占82.2%和81.9%，两者的比例非常接近，并且都非常高。再看受访者的生活满意度，以100分作为满分，受访者的平均幸福感分数为74.1分，处于中等偏上水平。细分至各个职业群体的幸福感平均分（见图8）可以发现，大体上，各职业之间的平均分差异不大，但却以收入水平最为可观的公务员的平均分最低，仅为61.7分，远

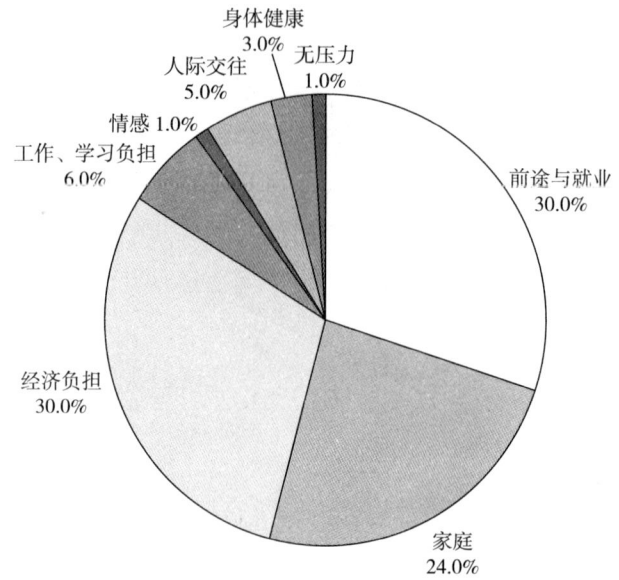

图7 受访者生活压力的主要来源

远低于总体平均分。由此反映出，影响幸福感的因素不仅仅在于经济状况，正如梅奥在著名的霍桑实验中提出的"人不仅是'经济人'，还是'社会人'"的观点，生活压力和幸福感除了经济状况的影响，还可能包括人际交往、工作氛围等因素。

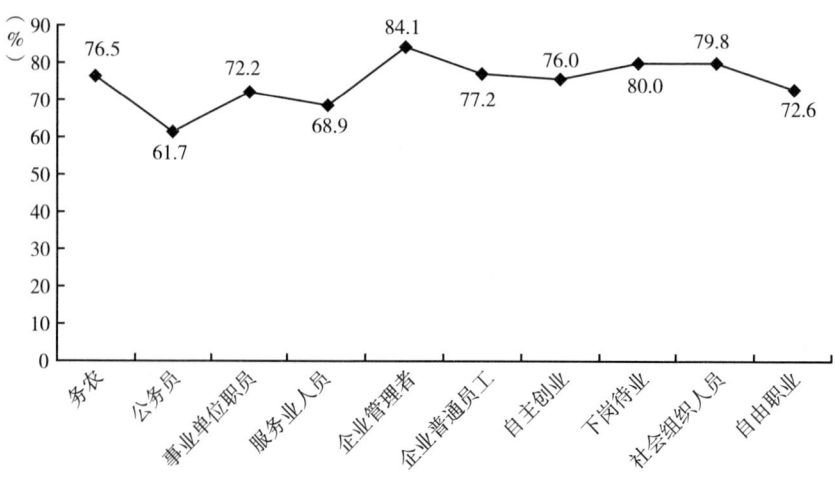

图8 受访者的幸福感分数分布

(5) 对社会保障的认知度较低，新农保购买比例低。

社会保障，作为生存健康方面的安全后盾，也是相当重要的一部分。在农村地区，社会保障的典型表现是"新农保"制度。首先，在广州农村青年对于新农保的认知程度方面，有16%的受访者表示完全不了解，有32%的受访者表示不怎么了解，而有41%的受访者表示基本了解，只有11%的受访者对于新农保是非常了解的。这可以证明，大部分的广州农村青年对于"新农保"政策的了解程度还停留在较为肤浅的层面，甚至有一部分青年是对其没有了解的。

再而，由于认知程度不高，导致新农保在广州农村青年当中的购买情况也非常有限。调查数据显示，高达76%的受访者均没有购买新农保，仅有24%的受访者已经购买。同时，调查数据还显示，在没有购买新农保的受访者当中，有55%的受访者表示，现在虽然没有购买，但将来会考虑购买，表明有相当一部分农村青年还是具备社会保障的意识，并给予新农保一定的认可程度。但同时，也还有33%的受访者表示暂时没打算购买新农保，以后再说；更有12%的受访者表示以后也不会打算购买新农保。至于不打算购买新农保的原因，有25.11%的受访者表示因为每个月缴纳的费用太高，缺乏支付能力；有27.52%的受访者表示因为觉得对将来养老用处不大，没有起到保障作用；有31.05%的受访者表示因为对新农合了解程度不高，不敢轻易去买；还有34.25%的受访者表示已经购买其他种类的社会保险或商业保险。因此，政府亟须加强对新农保的宣传，使农村地区的青年群体能够更加全面、深刻而准确地了解新农保的相关知识。

2. 素质教育

(1) 对国家时事关注度较高，对国家与社会发展抱以积极态度。

如图9所示，有8%的受访者总是会密切关注时政时事，而36%的受访者则是经常会关注，40%的受访者偶尔也会关注，只有16%的受访者是极少关注或从来不关注时政时事的。因此，大部分广州农村青年上是较为关心时政时事和国家大事的。

总体来看，广州农村青年对于国家的发展都是抱有积极的态度，分别有36.9%和46.5%对"中国特色社会主义事业进一步发展，综合国力增强，国际地位提高"的观点持非常乐观和比较乐观的态度；同时，对"周边睦邻友好关系不断

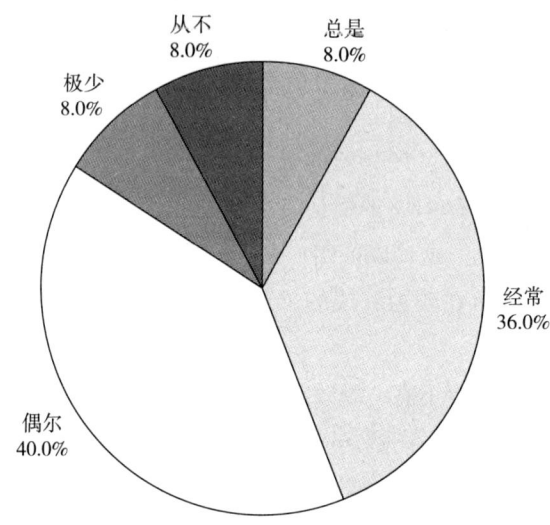

图9　受访者对时政时事和国家大事的关注程度

发展"观点持非常乐观或比较乐观的比重约为64.2%；对"解决台湾问题,实现国家完全统一"观点持非常乐观或比较乐观的比重约为57.9%。

表3　对我国未来发展趋势的判断

单位:%

	非常乐观	比较乐观	不太乐观	很不乐观	说不清
a. 中国特色社会主义事业进一步发展,综合国力增强,国际地位提高	36.9	46.5	8.7	2.7	5.2
b. 社会和谐程度不断提高	21.9	48.6	19.1	6.8	3.6
c. 公民道德水平不断提高	15.3	41.8	32.2	6.8	3.9
d. 周边睦邻友好关系不断发展	17.8	46.4	20.2	10.1	5.5
e. 解决台湾问题,实现国家完全统一	19.1	38.8	25.7	7.4	9.0

另一方面,受访者对于社会现状的看法总体也是较为积极的。受访者对"社会和谐程度不断提高"的观点持乐观态度的比重约为70.5%；对"公民的道德水平不断提高"的观点持乐观态度的比重约为57.1%。同时,调查数据还反映,若要提高公民素养和创新意识,其最主要的限制性因素,有43%的

受访者认为是教育制度和教育方式有缺陷，有22%的受访者认为是政府政策支持不足；有18%的受访者则认为是社会或学校提供的指导不足；还有17%的受访者认为是自身知识技能造成限制（见图10）。

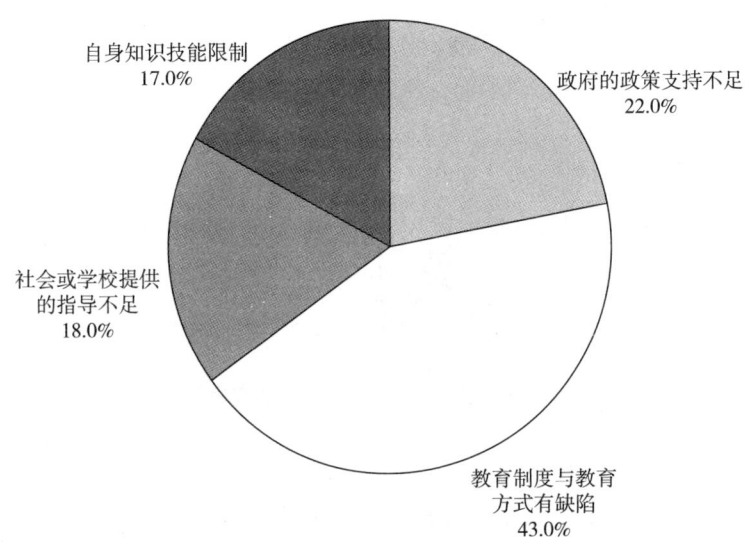

图10　提高公民素养的主要限制性因素

（2）青年价值观仍以传统道德标准为主流，青年人生规划较为明确。

对于中国传统道德规范，如仁、义、礼、信、忠、孝、廉、耻等。如图11所示，有51%的受访者认为中国传统道德规范是做人的基本标准，很好；也有32%的受访者认为虽然有点过时，但中国传统道德规范仍然有遵守的价值。至此，我们可以知道，广州农村青年对于中国传统道德规范还是持认可和支持的态度。

大部分广州农村青年都拥有自己的人生目标和规划。数据显示，有73%的受访者均表示有自己明确的人生目标和规划，其中54%是通过个人的独立思考得来的；剩下19%是通过他人的指点而得来的。但是，还有极少数（约占9%）受访者表示还没想好自己的人生目标和规划，也有少数（约占18%）受访者认为不需要目标和规划，随遇而安即好（见图12）。

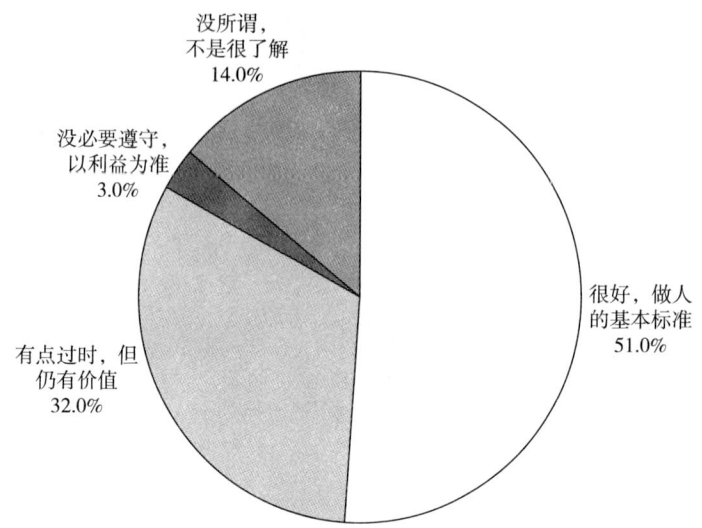

图11 受访者对中国传统道德规范的看法

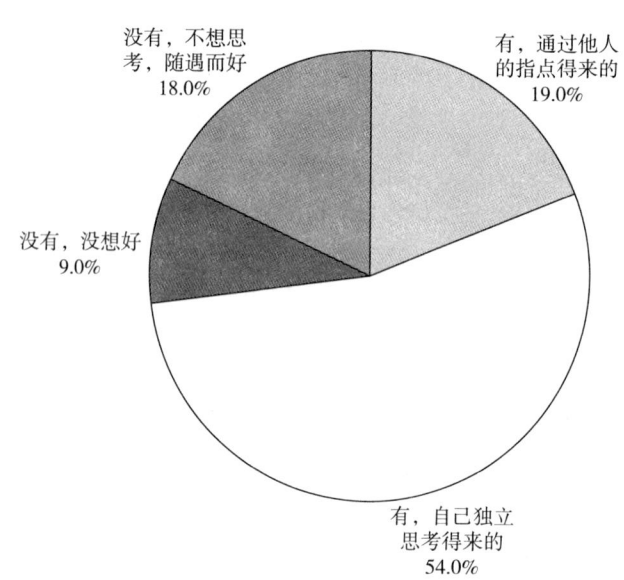

图12 受访者是否有明确的人生目标和规划

(3) 父母亲人对其成长影响最大,对革命先辈和平民英雄最为崇拜。

谈及在成长过程中,对其思想道德素质的形成最重要的影响因素,有

39%的受访者均认为是父母,还有25%的受访者认为是社会环境。相反,只有6%的受访者认为是榜样楷模(见图13)。因此,对于农村青年而言,父母本身的道德素质以及其教育方式,还有社会道德的大环境,都是影响其思想道德塑造的重要因素。而榜样楷模的社会影响效应显得较为微弱,项目组成员推测与政府对榜样楷模的宣传方式和宣传力度有关。

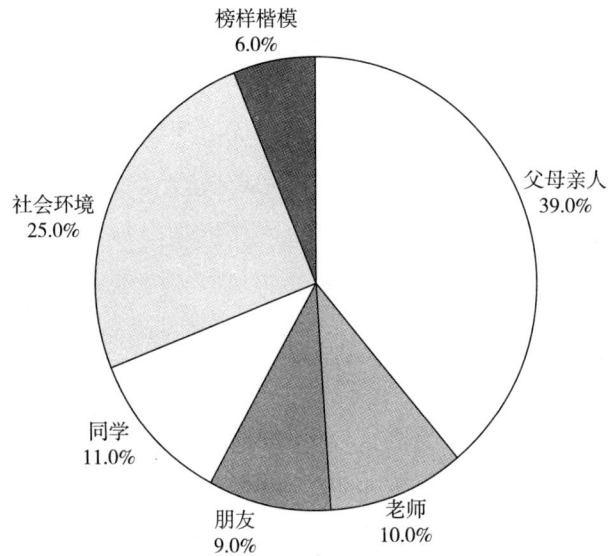

图13 受访者认为其思想道德素质形成的最重要影响因素

关于心目中的榜样楷模,相当一部分受访者都认为是革命先辈和平民英雄,分别有44.24%和39.53%的受访者选择了这两类楷模。其次,还有商界精英和志愿者,分别有28.08%和22.77%受访者选择。可以看出,广州农村青年对于为社会做出贡献的好人好事(如志愿者、平民英雄,以及过往的革命先烈)普遍持更为肯定和赞扬的态度。

3. 职业发展

(1)农村青年以务工群体为主,缺乏专业培训。

广州农村青年的就业类型主要分成三大方面,分别是务农、务工和自主创业。调查结果显示,受访者中,务工人员比重最大,为46%;其次是自主创业者,包括那些养殖一定规模的禽畜水产或种植山林、水果作物等的个体户,其比重为43%;真正耕地务农的只有11%。这一现实情况与农村地区的城镇化、耕地面积减少的大背景有关。

同时,谈及其家庭主要的收入来源,有50.8%的受访者选择了外出务工,也有30%的受访者选择了种田、养殖,证明农村地区的家庭收入来源主要还是依托劳动所得。只有15.1%的受访者选择了股票、债券或出租房屋等的财产性收入,可见,在广州农村青年当中,理财现象并没有得到广泛推广,由此证明,广州农村青年的理财知识也较为匮乏。除此之外,还有13.6%的受访者选择了村分红,这一类型的收入来源更多的是作为辅助性收入,而且也通常是广州本地的农村青年的家庭才拥有。

通过调查问卷的数据发现,有高达44%的受访者均认为自身缺乏相关的经验与知识(见图14),导致在职业发展的过程中遇到较大困难。由此反映出广州农村青年有专业培训和指导的需求。同时,调查数据还显示,如果在工作过程中遇到困难的时候,51%的受访者都是倾向于尝试自行按照经验去解决,也有38%的受访者表示会通过寻找亲人亲戚或邻里和村里其他人帮忙来解决,只有少数的8%的受访者是会求助于村委会或当地政府的(见图15)。可以看出,政府在农村青年的就业和工作中的影响较为有限,并没有真正发挥其提供指导和帮助的作用。

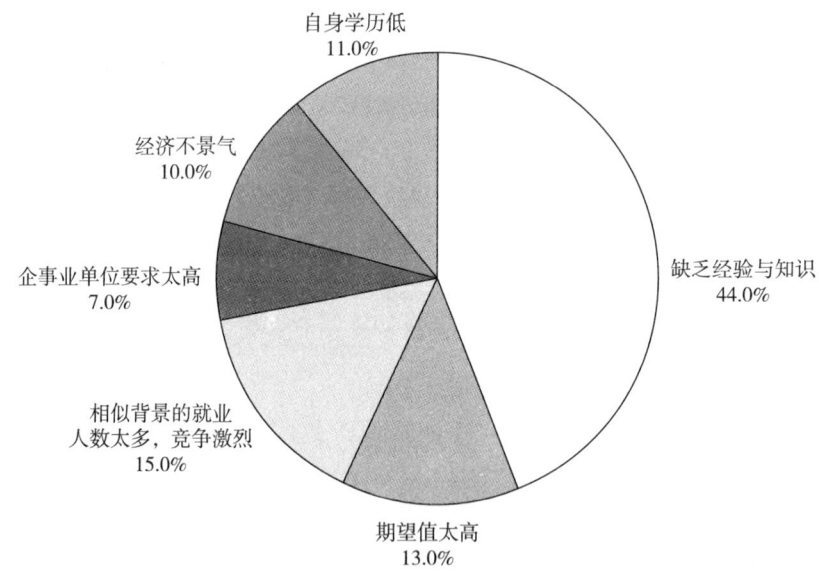

图14 影响职业和就业的最大阻碍因素

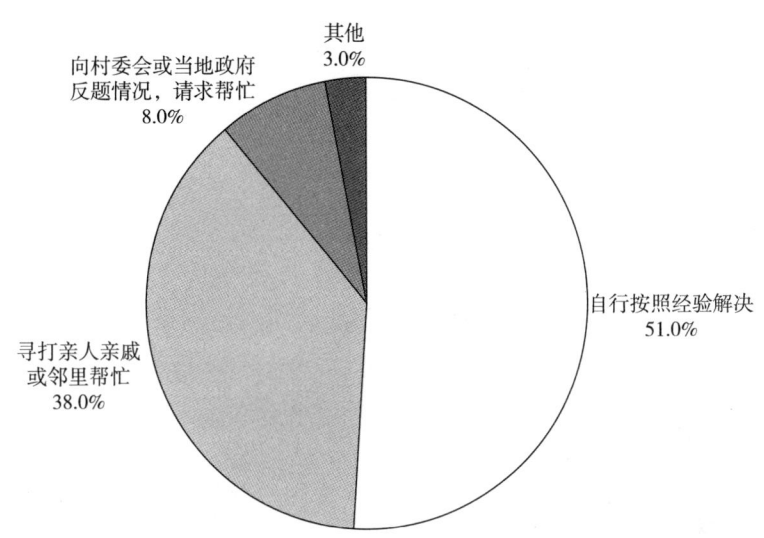

图 15　在工作中遇到困难的解决方式

问及其在工作和就业中的诉求,有 41% 的受访者认为可以通过投资或者创业来达到提高收入的目的,还有 30% 的受访者认为可以通过学习深造(见图 16)。并且,如图 17 所示,在工作过程中,当遇到困难的时候,有 36% 的

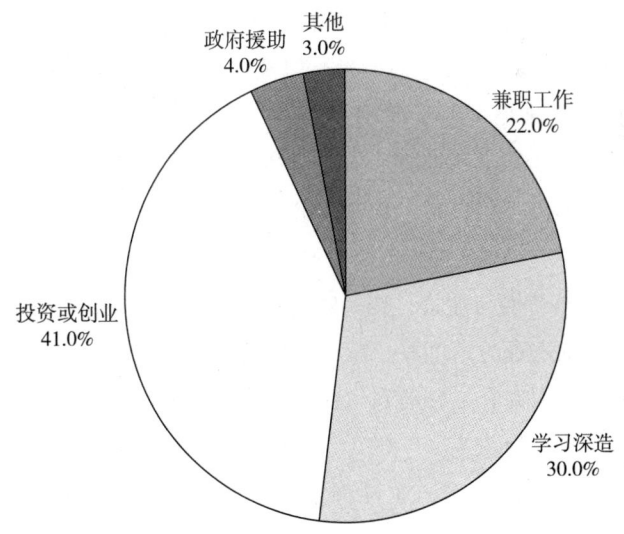

图 16　受访者认为能够提高收入的主要途径

325

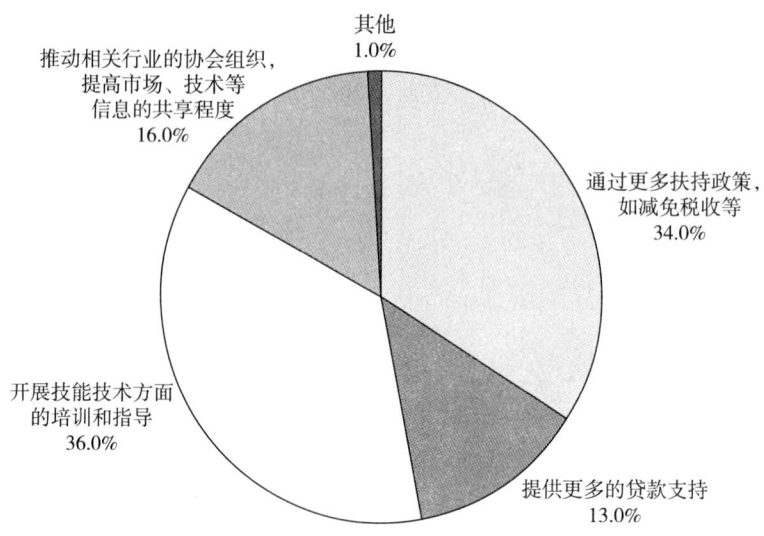

图17　受访者希望政府能提供哪些方面的帮助

受访者希望政府能够通过开展相关技能、技术方面的培训和指导，增强其专业知识。由此进一步表明，广州农村青年对于学习和培训有较为强烈的需求。调查问卷的数据还显示，农村农村青年基本比较倾向与就业密切相关的技能与知识项目，包括：劳动技能（有44.9%受访者选择）、法律知识（有27.4%受访者选择）、就业指导（有21.0%受访者选择）以及理财（有23.1%受访者选择）。

但是，目前情况是，对于政府所提供的培训或者其他方面的帮助，有77%的受访者均表示没有参加过，只有17%的受访者表示只接受过2次以下的相关帮助。这也再一次表明，政府在给予广州农村青年的帮助和支持确实较为匮乏。

（2）择业看重待遇与前景，提高收入水平是最为迫切的愿景

总的来说，从宏观的角度看，调查数据反映，广州农村青年在选择职业的时候，主要考虑的因素有工资福利与社会保障、发展机遇、生活便利，以及与家人现居地的距离，分别有41.8%、38.8%、33.5%和29.2%的受访者选择了以上四个因素。相比之下，农村青年对于工作单位的情况（如企业规模、社会声望等）、生态环境等条件不太看重，分别只有10.7%和14.5%的受访者选择。同时，一方面，多数广州农村青年都认为广州的发展机遇比较多（有

61.2%受访者表示同意这一观点),而且生活比较便利、丰富多元(有67%受访者表示同意这一观点);但另一方面,他们觉得广州生活节奏比较快,生活压力比较大(有57.9%受访者表示同意这一观点),而且在广州就业对个人的综合素质和技能掌握要求都较高(有56%受访者表示同意这一观点)。

表4 对广州生活的看法

单位:%

	十分同意	同意	中立	不同意	十分不同意
a. 广州发展机遇、机会较多	14.5	46.7	29.2	6.8	2.8
b. 广州生活便利,多元丰富	13.0	54.0	26.6	4.7	1.7
c. 难以融入广州,身份认同度较低	8.0	20.7	46.3	20.9	4.2
d. 广州生活节奏较快,生活压力大	9.1	48.8	28.9	8.8	4.4
e. 广州生态环境较差	10.7	28.8	41.5	12.9	6.0
f. 在广州就业对技能和综合素质要求较高	13.7	42.3	31.3	8.2	4.4

从微观的角度看,受访者对于目前工作的各方面状况的满意度总体中等偏高,其中其对人际关系、工作时间和工作环境的满意程度较高,分别为56.6%、52.4%和50.0%;而受访者对收入水平和工作前景的不满程度相对较高,分别为25.6%和26.4%(见图18)。

由于对现今的收入水平普遍较为不满,因此,有38%的受访者表示希望在未来三年内,自己的收入能够提高到3000~4999元的水平,还有34%的受访者表示希望未来三年自己的收入能够提高等到5000~9999元的水平(见图19)。这一平均期望值与现今城镇职工的平均收入水平相近。

对于自身的职业规划,有54%的受访者均表示希望在继续做好现在的工作的同时,努力寻找更好的机会,另谋发展;而也有33%的受访者有相反的观点,他们表示想坚持原有工作,努力改进,务求工作稳定即可;还有13%的受访者暂时还没有明晰的职业规划。可见,广州农村青年整体上对自身的职业规划,有着较为清晰的想法,并且较多人具有上进、求变的精神。

总的而言,对于现在工作的满意度,有10%受访者表示很满意,他们认为有较为满意的收入,生活无忧,自己在现在的工作中也较为顺利;有26%受访者表示较为满意,他们认为有较为稳定的工作和收入,愿意继续在这个职业上做下去;有38%的受访者感觉一般,虽然有工作,但收入较低,但没怎

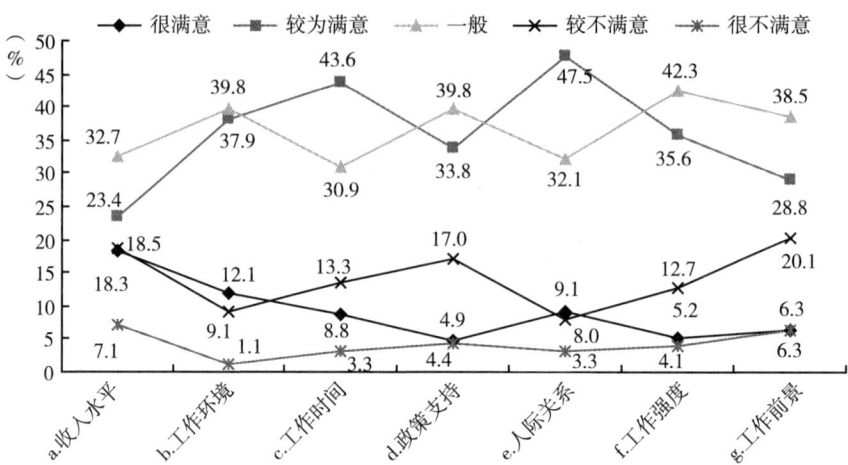

图18 受访者对于目前工作的满意度

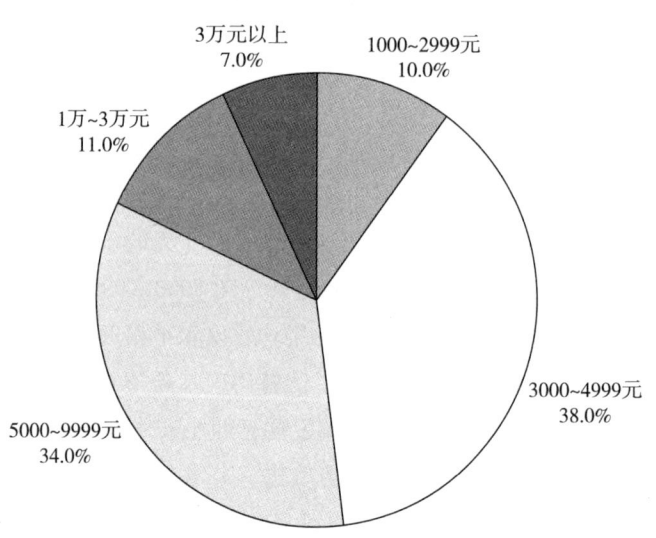

图19 受访者对未来三年内的收入期望

么想换工作;另一方面,有19%受访者表示较为不满意,认为工作和收入没有达到自己的预期,如果有更好的机会,想转换工作;还有7%的受访者表示很不满意,认为工作非常不符合自己的期望,现在也在寻找其他的工作来替换。由此可见，每个受访者对于自己目前的工作的满意度都不太一样，但是，其关注点还是在工资收入和工作前景上。

4. 婚恋关系

（1）择偶、婚恋观大体沿袭传统观点，但比以往更为开明

随着社会经济的不断发展，人们的思想观念也在不断发生转变，尤其对于"80后"、"90后"的青年群体来说，其思想观念跟"70后"以及出生在更早年代的群体有着很大的不同。其中，青年群体对于爱情、婚姻的观点与传统的思想观念更是截然不同。农村地区也不例外。以下，本研究选择了"婚前性行为"、"择偶观"、"结婚目的"、"裸婚"等四个问题，来研究广州农村青年的观点和想法，并且将这些数据与性别数据进行交叉分析，观察不同性别间，其观点是否有所区别。

首先，对于婚前性行为，就总体而言，赞成（约占31%）和接受（约占14%）的声音比不赞成（约占23%）的声音稍高，但同时也有相当一部分（约占32%）受访者认为情况较为复杂，说不清。通过交叉分析，男性和女性相比，在婚前性行为的态度上，男性比女性稍微显得开放一些，受访者中，表示赞成的有20.5%是男性，10.8%是女性（见图20）。

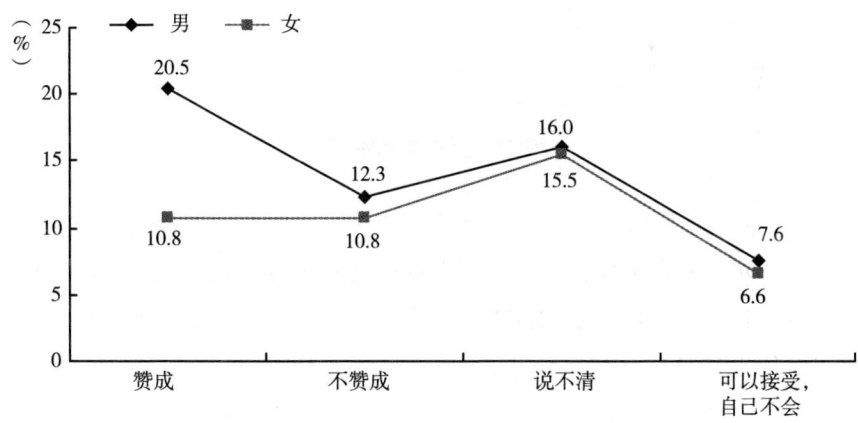

图 20　不同性别受访者对婚前性行为的态度

其次，对于择偶观的看法，如图21所示，有超过一半（即52%）的受访者均表示在选择配偶的过程中，对其家境和长相没有特别的要求，只要求双方

相爱就可以。这个在青年群体中盛行的观点，与传统的"门当户对"的择偶观非常不同，证明如今越来越多农村青年群体更加注重心理上和情感上的追求，而淡化了客观和物质条件在择偶中的比重。但与此同时，也还有27%的受访者还是会看重对方的家境和长相，沿袭传统观点。至于其他诸如"单身主义"、"没要求，异性即可"等的极端观点，只占少数。

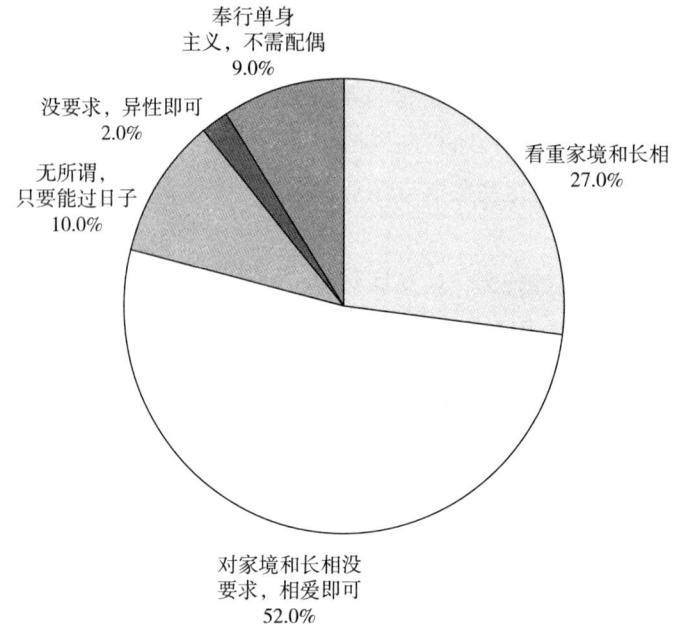

图 21　受访者择偶观

说到婚姻观念，有42%的受访者表示婚姻是爱情走向圆满的里程碑，这一数据进一步证明青年群体对于心理上的感受越来越有较高的追求。但也有28%的受访者表示结婚是为了组建家庭，孕育下一代。这一观点与传统的婚嫁思想观念较为贴近（见图22）。

而对于"裸婚"（即指缺乏经济基础的婚姻）现象，就总体而言，有近一半的受访者均表示不同意，其中有27%更是表示坚决不同意。但也有分别27%和24%的受访者表示同意"裸婚"或"无所谓"较为模糊不定的看法。传统的婚恋观依然对农村青年有着一定的影响，但是相比以前，如今的农村青年更加注重心理和情感上的追求，而不仅仅将目光放在物质生活中。

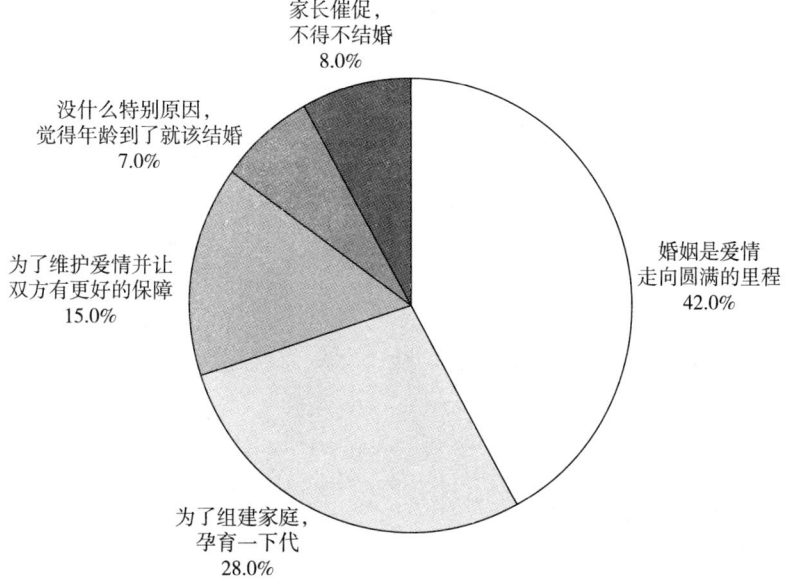

图 22 受访者的婚姻观

（2）人际关系仍是农村青年寻找配偶的主要途径，"早婚"现象逐渐减少

首先，在寻找配偶方面，45%的受访者表示倾向于自己寻找；22%的受访者表示倾向于朋友介绍，还有19%的受访者表示比较倾向于父母或亲戚的介绍（见图23）。由此可知，这三种方式是广州农村青年寻找配偶的主要途径。这三种途径都是通过身边的人际关系网络，因此，人际关系在广州农村青年的婚恋当中起着较为重要的作用。

其次，在婚姻状况方面，有60%的受访者都属于未婚状态，证明以往农村地区的早婚现象在慢慢消退；而已婚，且夫妻都在广州的受访者占27%；已婚，但配偶不在广州的受访者占10%，主要是由于部分农村青年外出务工现象而导致的。通过将受访者基本信息部分的学历和婚姻状况数据进行交叉分析可知，在未婚的受访者当中，学历是小学或以下、初中、高中或中专、大专、本科、硕士研究生和博士研究生的比重分别是16.0%、16.4%、17.8%、27.6%、20.9%、0%和1.3%（见图24）。因此，我们可以发现，学历越高，晚婚现象越普遍。

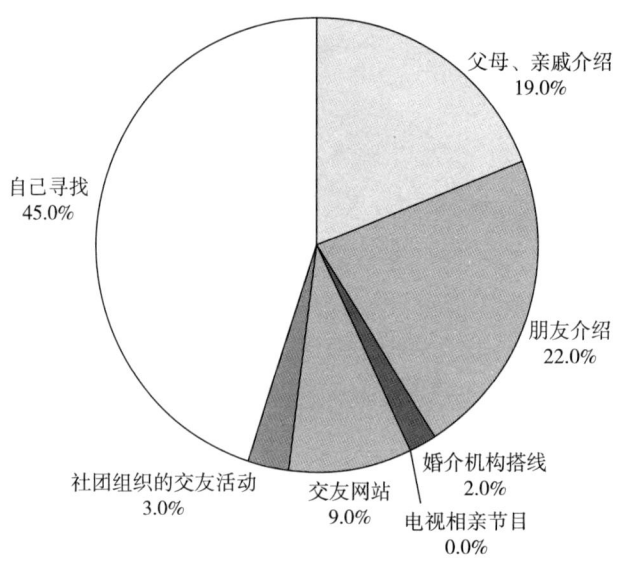

图23 受访者对于"裸婚"现象的看法

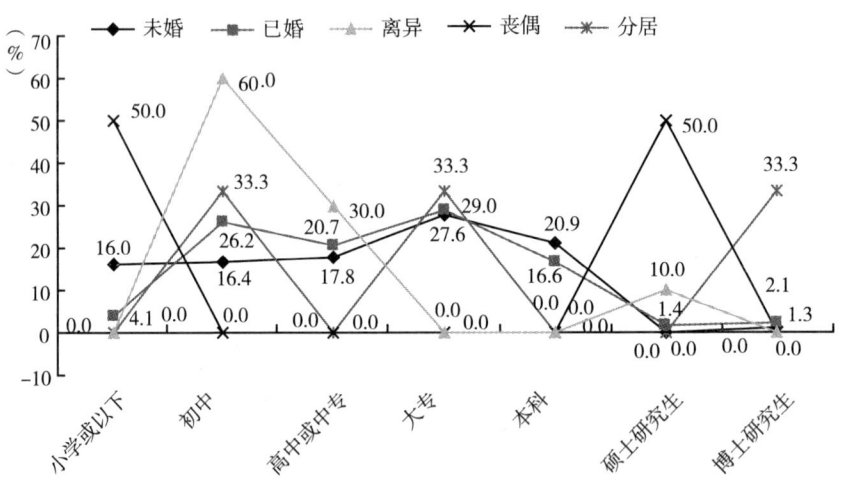

图24 "学历＊婚姻状况"交叉表

5. 社会参与

本研究通过"社会交际"、"信息获取"、"政治参与"以及"青年社会组织的参与"等四个维度简单概括描述广州农村青年的社会参与现状,由此观察其"社会化"的状况。

(1) 农村青年社交网不断扩大，新媒体对农村青年的影响力日益增强

在社会交际方面，如图25所示，超过一半的受访者，其社交网络较广，其中有41%的受访者的社交范围较为宽广，除了本身认识的亲戚、老乡之外，还会认识一些朋友和同学；更有14%的受访者的社交网络非常广泛，他们会通过各种渠道广交朋友。因此，我们可以发现，与我们固有思维中"农村"一词是封闭落后的象征不同，如今，越来越多的农村青年的社交网络在不断扩大，并且渠道繁多。但是，尽管如此，受访者中还是有25%的受访者社交范围较窄，主要还是只跟亲戚老乡打交道；更有20%的受访者表示基本都是一个人，没有社交圈子。农村青年的社交网络需要政府引入更多的社交资源、提供更多的社交场所来得以扩大。

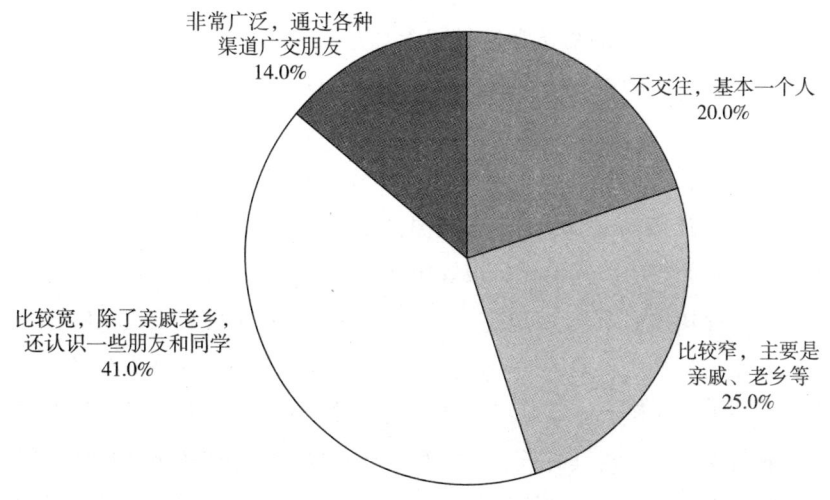

图25 受访者的社会交际情况

在信息获取方面，有38%的受访者表示主要从书籍报刊中获取相关信息，还有29%的受访者表示主要从电视节目中获取信息。这证明传统的主流媒体对于广州农村青年在信息获取方面而言，还是较为重要。另一方面，随着网络等新媒体的不断发展，越来越多的广州农村青年通过新媒体来获取相关信息。例如：有14%的受访者表示主要通过微博获取信息，还有12%的受访者会通过各大论坛和门户网站。其中，受访者当中，有65%均已经开通和使用微博。

因此，随着手机等移动通信工具的日新月异，微博等新媒体作为传播速度快、传播范围广的媒体工具和交流平台，在农村青年中的影响力也不容忽视。

（2）农村青年政治素质较高，但对青年组织的参与度不高

在政治参与方面，其基本体现在于是否有参加政治选举。调查数据显示，只有0.3%的受访者从来没有参加过任何政治选举，证明广州农村青年的政治参与率非常高，反映出广州农村青年的政治素质较高。另一方面，广州农村青年参加的选举主要集中在基层选举和学校选举，具体数据是：受访者当中，42.2%的人参加过在校团干部和学生干部选举，39.5%的人参加过街镇、社区、村委会基层干部选举。另外，部分受访者所参与的选举属于其工作单位或所参加的社会组织的选举，具体数据是：15.6%的受访者参加过单位领导干部的选举，还有12.2%的受访者参加过青年社会组织内部的骨干选举。

至于青年社会组织参与方面，有67%的受访者均表示没有参加过任何青年社会组织，有24%的受访者表示只参加过一个。由此可见，广州农村青年对于青年社会组织的参与度不高。

而问及为什么没有参加青年社会组织，原因是多种多样的。如图26所示，有39%是由于工作繁忙，没有时间；有27%是由于缺乏信息渠道，对青年组织不甚了解，有12%是认为加入青年组织意义不大，没有必要参加，有10%是由于担心不能与组织其他成员很好相处，还有9%认为没有找到合适的组织加入。这就反映出以下几个问题：首先，是青年组织的宣传力度不够，一方面表现在青年组织在农村地区的活动频率较少，很少有活动是在农村举办的，另一方面，还表现在鲜有青年组织主动走进农村地区进行宣传，并招纳会员，这就导致农村青年无法对其有效进行了解，从而也就无法了解加入这类组织的意义；其次，青年组织的活动开展，应该考虑到青年群体的工作和学习时间，尽量选择其空闲时间开展活动，避免其由于工作繁忙而无法参加。

至于农村青年群体对于青年社会组织的种类需求，并没有表现出明显的倾向性，主要还是结合个人兴趣因人而异，其中，运动健身（18%）、美容美体（16%）、美食旅游（13%）等休闲娱乐类组织较为受青睐。除此之外，公益类的组织（11%）也较为受农村青年的欢迎（见图27）。因此，青年社会组织的设置应该尽可能做到百花齐放，涵盖各个领域，以满足不同青年群体的不同兴趣和需求。

专题报告二 广州农村青年发展状况调查报告

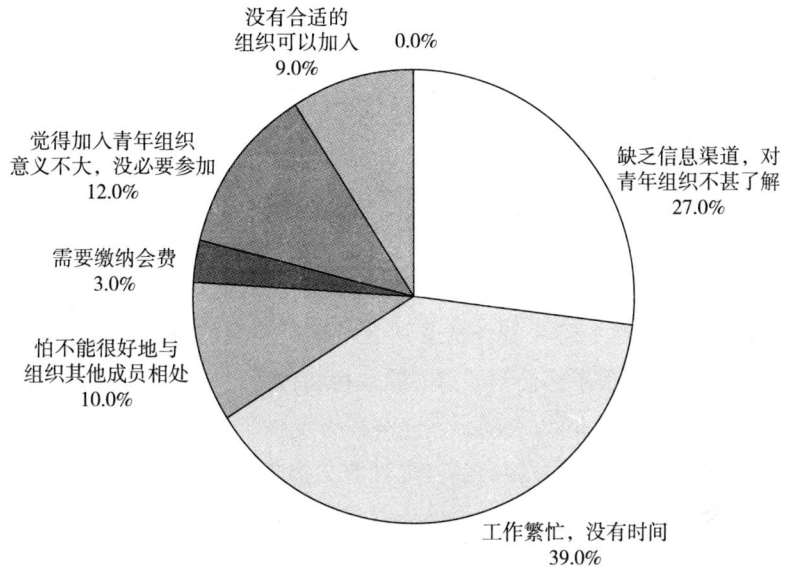

图26 受访者没有参加青年社会组织的原因

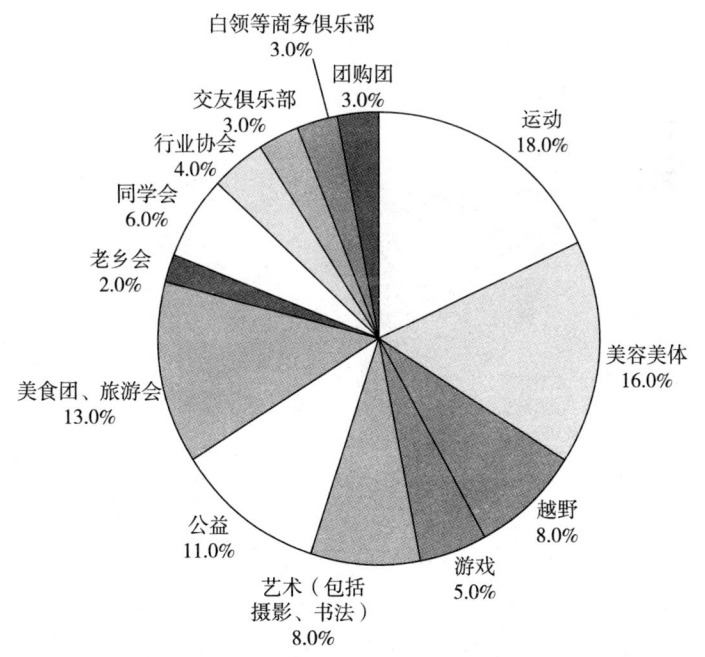

图27 受访者希望参加何种青年社会组织

6. 社会支持

（1）农村青年在广州城市中的身份认同有待提高。

从调查数据发现，大部分广州农村青年都会在不同频率上去广州城镇地区。其中，有28%是每月去4次或以上，有32%是每月去1~3次。由此可见，广州农村青年来往城镇地区的频率相对比较频繁。

而在跟城镇地区的居民的互动过程中，52%的受访者还是觉得城镇人的态度较为友好，像平时一样；有26%的受访者认为城镇人的态度在不同程度上显示出歧视和不欢迎，还有22%的受访者对这一问题的看法模糊不清（见图28）。26%的受访者表示感受到城镇人的歧视和排斥，以及22%的受访者对这一问题没有明确看法，可以表明，在经济社会发展新常态背景下，在城乡统筹的过程中，尽管农村青年与城镇的互动频繁，但仍存在歧视农村身份的情况。政府需要通过相关措施减少城乡身份的差异，增强两者对彼此的身份认同，从而推进社会的和谐进程。

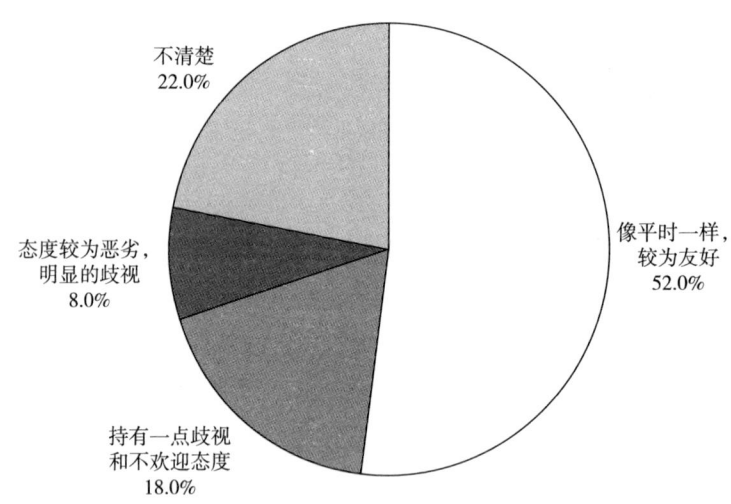

图28　受访者认为城镇人对其的态度

（2）农村青年的维权途径不通畅，导致无法合理维权。

在维权方面，在其权益受到侵害的时候，有高达75%的受访者均没有过维权的行动，仅有25%的受访者是进行过维权的。在没有进行维权的受访者当中，有39%的受访者觉得问题本身并不是很严重；有22%的受访者认为反正进行维权行动也没用,最后问题也得不到解决,有16%的受访者认为不知道去哪里投诉;更有10%的受访者认为不知道原来可以维权;还有7%的受访者怕维权后遭到报复(见图29)。

在有维权经历的受访者当中,其所使用过的维权手段,有37.2%的人是通过法律渠道解决,有34.5%的人是找相关领导解决,有19.5%的人找工会,有15.8%的人找新闻媒体,有14.2%的人通过劳动仲裁。另一方面,通过上访、信访解决的只有9.3%,说明信访渠道的认知度或有效性有待加强。找共青团的只有8.9%,说明共青团针对青年群体,尤其是农村青年这一相对弱势的群体,可以实施相应措施,帮助其有效表达民意、维护自身权益。还有10%的人是通过极端行为来解决。这从侧面反映出,一方面是由于农村青年的教育程度不高,另一方面是由于合法的、正式的维权渠道不畅通,导致部分农村青年群体可能通过极端行为来表达自己的想法。

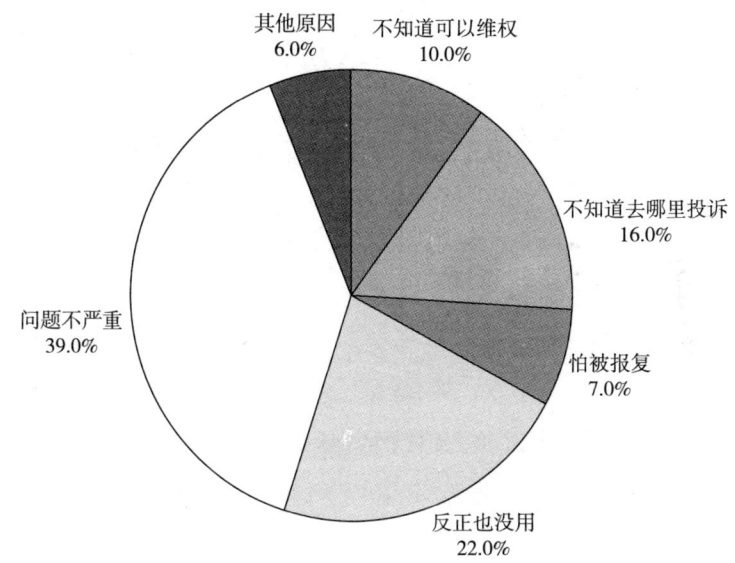

图29 受访者没有维权的原因

7. 文娱体育:农村青年的业余生活内容单一,多为"宅男"、"宅女"

广州农村青年的业余时间,据调查数据显示,63.4%的受访者通常用于上网;39.3%的受访者用于看电影、电视剧;28.3%的受访者用于体育锻炼或户外活动，28.2%的受访者用于阅读，25.3%的受访者用于找亲戚朋友聊天聚会，还有21.9%的受访者用于逛街购物。从事公益活动的受访者的比例非常少，仅有9.4%（见图30）。但也由此可以看出，广州农村青年的业余生活内容较为单一，且较少集体活动。

谈及最希望村委会或政府以何种方式丰富所在地方的业余生活，受访者均表示出强烈的意愿，有46.1%的人希望完善相关娱乐设施，如建设小公园、图书馆、麻将馆等；有40.1%的人希望发展业余兴趣爱好，如村委聘请专业人员教授跳舞、歌唱等；有37.5%的人希望在村里组织各种简单、大众的娱乐活动，如放电影、聘请剧团表演粤剧等。只有3.8%的受访者觉得没有必要。

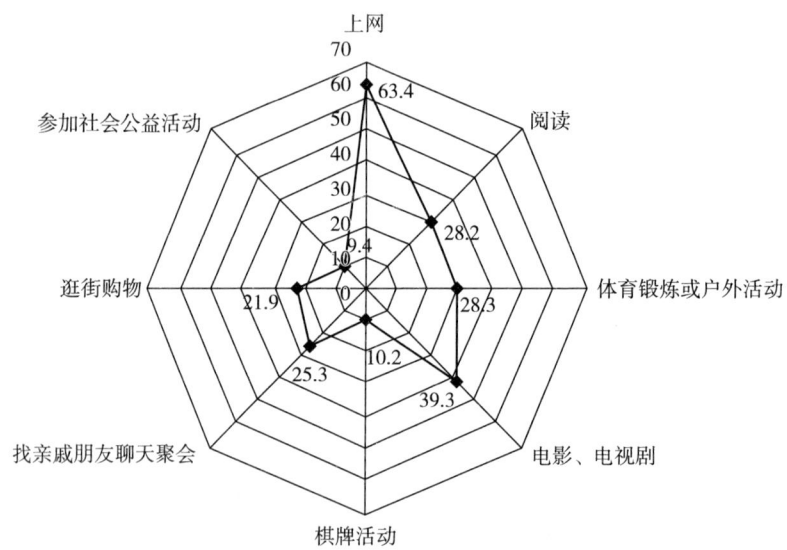

图30　受访者的业余活动情况

三　调查总结与政策建议

（一）调查总结

经过对问卷数据和访谈资料进行整理和分析，以下对广州农村地区青年群体的现状和诉求进行梳理总结。

1. 收入水平较为低下，生活满意度不高

广州农村青年的平均收入水平较低，远低于城镇职工的平均工资水平。因此，一方面，使得广州农村青年在生活支出方面也较为拮据；另一方面，在心理上也对其造成了巨大的生活压力。最终，导致其生活满意度不高。广州农村青年的收入水平低下，主要由于其学历不高，导致其择业的时候受到极大限制，往往只能应聘那些工资水平低，而工作强度较大的工作。除此之外，务农和自主创业的农村青年，也由于本身缺乏经验和专业知识，导致其收入也一直无法得到极大的提高，甚至出现亏本状况。

2. 缺乏相关的就业指导和岗位培训

广州农村青年由于学历不高，导致其本身的专业知识相当不充足。同时，由于缺乏相关的就业指导和岗位培训，导致广州农村青年的职业发展受到很大限制，一方面无法寻求更好的职业；另一方面在工作过程中遇到各种困难不能自行解决，导致工作效率和效能的"双低"现象。

3. 社会保障认知不足，社保购买率较低

广州农村青年对于"新农保"制度等相关与切身利益相关的社会保障政策的认知程度非常低下，导致其没有足够的个人保障意识，因此，"新农保"等购买率较低，广州农村青年的社会保障没有得到落到。这主要与政策宣传力度不够相关，农村青年无法通过有效的渠道对"新农保"制度进行系统了解，导致其无法意识到购买"新农保"的重要性。

4. 青年社会组织参与率非常低

大部分广州农村青年都没有参加青年社会组织的经历。这是因为，一方面，青年社会组织的活动并没有在农村地区进行开展；另一方面由于地域的原因，农村青年与青年社会组织的时空距离相差较大，导致其无法加入，甚至无从了解。所以，迄今为止，青年社会组织的影响范围仍未能有效地覆盖到农村地区。

5. 业余活动较为单一封闭，缺乏有益的文娱体育活动

广州农村青年本身每周和每天的工作时长较长，业余活动时间较少；同时，在业余时间里，广州农村青年的业余活动仅限于上网、购物、阅读等封闭单一的形式。一方面，不利于其兴趣爱好的培养以及健全人格的塑造；另一方面，不利于其社会交往，无法在业余活动中扩展社交网络。

（二）政策建议

基于访谈以及对问卷的数据的整理、分析，提出以下的建议：

1. 对农村青年的自主创业予以资金和技术上的支持

农村青年有相当一部分的群体都是以务农或自主创业谋生，而其自主创业的内容也往往与种植业、农产品加工等行业相关。但由于缺乏相应的专业知识，同时创业资金匮乏，导致农村青年的自主创业情况不容乐观，大多都停留在规模较小、技术较为滞后的状态，甚至有相当一部分由于经营不当而面临倒闭的困境。我们建议，针对这样的情况，团组织牵头地方政府多给予农村青年在自主创业问题上的资金和技术上的支持。

具体的参考措施包括：

（1）建立创业基金，定期为相关有潜力的广州农村青年提供启动资金；、

（2）设立创业监督机制，定期邀请相关的企业家，评估农村青年的创业盈亏情况和运作模式，并及时提出改进意见；

（3）建立农业等方面的行业协会，或建立创业互助互扶小组，为务农者和自主创业者提供一个相互交流学习的平台；

（4）对运作情况不佳的创业个案进行调整，通过兼并等形式帮助其找到更好的创业方式。

2. 重视并落实对农村青年的岗位培训

农村青年对于岗位培训的需求较为强烈。因此，劳动和社会保障部门要针对农村青年的就业问题，在职技能培训、就业指导、职业介绍、职业见习等方面提供政策支持和经费保障，让农村青年能享受优惠政策。培训将以定点和定向培训为主，重点是农业技术、财务、家政服务、餐饮、制造加工等行业的职业技能。加强岗位培训方面的工作，既可以为农村青年带来专业的知识的同时，也有助于附近企事业单位及时吸收有需要的人才，实现互助互赢的局面。

具体的参考措施包括：

（1）定期在农村地区举办相关的培训讲座，培训内容主要涵盖农业技术、企业管理、财务管理等实用性课程；

（2）增加与企业的互动，一方面与企业合作，将培训讲座外包给各类企业举办；另一方面，向各企业进行宣传，让其鼓励其员工，尤其是农村青年的

员工前来学习；

(3) 设立相关资格考试，在农村青年参加完成相关讲座课程后，组织其参加相关资格考试，通过者办理相关资格证书。

3. 加大社会保障政策的宣传力度，鼓励农村青年购买社保

农村青年对现存的社会保障政策并不了解，导致其没有购买相关社保，因此没有在政策的保护范围内。所以，团组织可以在社会保证政策的宣传上开展相关工作，推动农村青年全面而详细地了解相关法规和政策，并使其意识到社保的重要性，从而鼓励其有规划地参加社保。

具体的参考措施包括：

(1) 在广州各农村地区举办相关的"新农保"政策宣传活动；

(2) 向各企业派发社会保障的相关宣传资料，要求企业对自己的员工，尤其是农村青年员工做好相关的政策宣传；

(3) 与村委会联系，让村委会了解目前村里的青年群体购买"新农保"的情况，有针对性对某些青年个案进行教育宣传，必要时对其进行帮助。

4. 扩大青年社会组织的服务和活动范围，鼓励农村青年加入

经过调查，农村青年的业余生活较为单调，缺乏丰富的集体活动，社会参与度较低。为了进一步提高农村青年的社会参与度，团组织应搭建各青年社会组织与农村青年之间的信息平台，实现信息沟通顺畅，使得农村青年能够了解、选择符合自己兴趣的青年社会组织，而青年社会组织也适时了解农村青年的需求，迎合其需求举办活动，吸纳农村青年成员，扩大青年组织影响范围。另外，团组织也应该在资金等方面给予青年社会组织更多支持，使其活动范围能够扩展至农村地区，充分发挥青年社会组织在农村地区的影响力。

具体的措施参考如下：

(1) 鼓励广州的各大青年社会组织设立农村分支，并且到农村地区吸引农村青年的加入，使其成为组织的一分子；

(2) 组织青年社会组织定期在各农村地区举办相关活动，如篮球赛、歌唱比赛等，一方面增加农村青年在社会活动中的参与度，另一方面通过活动对青年社会组织进行宣传，增加其在农村青年中的影响力；

(3) 成立专门由农村青年群体组成，或为农村青年服务的青年社会组织。

5. 加强文娱体育设施和服务的建设，丰富其业余生活

针对广州农村青年的业余时间较少、业余活动形式较为单一和封闭的现实情况，政府应该在农村地区大力发展文娱体育方面的基础设施建设，同时利用农村地区紧密的村民邻里关系进行相互影响，促使农村青年在业余时间多参加集体文娱体育活动，一方面丰富业余生活，增强体魄，陶冶情操；另一方面促进邻里互动与交流，营造和谐良好的农村地区的社会氛围。

具体的措施参考如下：

（1）建设篮球场、健身房等体育场所，以及粤剧室、图书室等文化场所，为农村青年的业余活动提供良好的场所和设施；

（2）由村委会牵头，聘请相关的舞蹈老师、歌唱老师等，在夜晚饭后时分教授农村青年，以及其他村民简单的舞蹈和歌唱技巧，促进业余生活集体化；

（3）将社会上相关的文娱体育活动信息发布在微博上，吸引更多广州农村青年的关注。

B.14 后　记

本书是由共青团广州市委员会、广州市团校、广州市穗港澳青少年研究所组织完成的。课题组成员从2014年5月开始进行广州青年发展指标的设计，于2014年7~12月进行调查数据的收集工作，2015年1月起进行各篇报告的写作。在课题组全体成员的共同努力下，利用最新的调查数据和大量文献资料，并与2010年、2012年"广州青年发展状况"调查数据进行纵向比较研究，认真、细致地探索广州青年的最新发展动态，并取得了最终研究成果。

《广州青年发展报告（2014~2015）》是关于广州青年研究的第三本蓝皮书，是对广州青年发展动态的持续跟踪性研究。与前两本蓝皮书相比，该书有其创新之处：一是新增广州大学生发展状况、广州农村青年发展状况等两个专题报告，使全书结构更加系统完善；二是本书所使用的客观数据，是在与各职能部门充分论证的基础上所选取的最能代表青年发展状况的指标，研究结论更加科学、客观。

本书由一个总报告、十个分报告和两个专题报告组成，各部分执笔人的名单如下。

总报告：沈　杰（中国青年政治学院青少年研究院研究员）
　　　　董艳春（北京航空航天大学公共管理学院博士研究生）
分报告一：蒋亚辉（广州市教育研究院副编审）
分报告二：涂敏霞（广州市穗港澳青少年研究所教授）
　　　　　刘艺非（中山大学中国公益慈善研究院助理研究员）
分报告三：杨秋苑（广州市康复中心心理治疗师、副主任医师）
分报告四：孙　慧（广州市穗港澳青少年研究所见习研究员）
分报告五：吴冬华（广州市团校青少年研究中心主任、助理研究员）
分报告六：刘梦琴（广东省社会科学院社会人口所研究员）

　　　　　　　巫秋君（广东省社会科学院硕士研究生）
　　　　　　　李　青（广东省社会科学院硕士研究生）
　　　　　　　陆　峥（广东省社会科学院社会人口所助理研究员）
　　　　　　　陈蔼沂（广州市心悦社区发展中心项目主管）
　　分报告七：谭丽华（广州市穗港澳青少年研究所助理研究员、博士）
　　　　　　　周理艺（广州市穗港澳青少年研究所研究助理）
　　分报告八：刘思贤（广州市穗港澳青少年研究所助理研究员）
　　分报告九：刘　念（广州大学公共管理学院社会学系讲师）
　　分报告十：赵道静（广东省社会科学院社会学与人口学研究所助理研究员）
　　　　　　　邓智平（广东省社会科学院哲学与宗教研究所副所长、副研究员）
　　专题报告一：龚　超（广州医科大学卫生管理学院副教授）
　　　　　　　　梁演云（广州医科大学卫生管理学院硕士研究生）
　　专题报告二：共青团广州市委员会　中山大学政治与公共事务管理学院及广州青年发展现状课题组

　　本课题问卷由涂敏霞统稿。

　　本课题问卷发放由涂敏霞、吴冬华、丘异龄、孙慧、刘思贤、谭丽华、巫长林、周理艺负责。

　　问卷的数据录入由丘异龄、周理艺、谭丽华、温敏玲、林美玲、卢丹青、戚彩浓、王京璐、赵惠珊、张美红、吴波德负责。

　　本课题的数据分析由李超海、周理艺及各报告的执笔人负责。

　　本课题在实施过程中，得到了社会各界以及学界专家的大力支持。首先，本课题在开展的过程中获得学界专家的建议和指导，课题研究严谨和科学。其次，本次调查的样本量较大，覆盖面较广，在发放问卷的过程中，工作人员获得了一些单位部门、企业、共青团组织和社会组织的帮助。本次课题研究获得了广州市委组织部、广州市政协提案委、广州市统计局、广州市人力资源和社会保障局、广州市公安局、广州市民政局、广州市体育局、广州市文广新局、广州市中级人民法院等9个职能部门的客观数据支持。对于给予我们帮助的组织和个人，我们在此一并表示感谢！

后 记

由于时间仓促及研究人员的水平有限,本研究报告错误之处在所难免。欢迎广大读者对本研究报告提出意见和建议,以便我们更好地改进今后的研究工作。

共青团广州市委员会
广州市团校
广州市穗港澳青少年研究所
广州青年发展状况研究课题组
2015年5月

Abstract

Annual Report on Youth Development of Guangzhou (2014 ~ 2015) is composed by one general report, ten subject reports and two specific reports. This book conduct a systematic empirical research from value outlook of youth, physical and psychological health, education and study, employment, marriage and family situation, social participation, consumption and leisure time entertainment, Internet application, deviant behavior of teenagers and development environment to intensive study and analysis value proposition, ideology, thinking mode and life style, to outline essential features of survival development of today's Guangzhou young people, to reflect survival and development situation of youth and to outlook development tendency of Guangzhou's youth and their impact and influence to social development.

The research found that comparing to the investigation result of 2010 and 2012, youth's value outlook of Guangzhou become more diversified, but the major characteristic of Guangzhou youth's value outlook still tend to be individual-based and pragmatic. As to social values, young people become more confident with national economic development and more concern about social construction. As to physical and psychological health, there are several healthy hidden troubles to Guangzhou young people, learning stress, working pressure and low income are the three biggest pressure resources. Guangzhou young people still tend to ask for help from their parents and friends primarily, but they also choose to seek advice from professional institutes. Nowadays, Guangzhou young people have good social atmosphere to education and study and material conditions, they have high expectation of education background and they are more satisfied with their education now. As to employment, "self-employed" become important choice of youth employment; and they consider about salary more than stability when looking for a job, but employment and work satisfaction remain to improve.

While choosing a mate, Guangzhou young people pay more attention to spiritual pursuit and sensory satisfaction than emotional and material factors; and young people are more willing to conduct social networking, and they pay less attention on marital duties and stability; their attitude towards sex become more open while pain less attention to sexual responsibility. As to youth participation, Guangzhou youth have stronger political consciousness now and although they have limited ways to take part in political activities, they are more willing to become a part of it; they are more enthusiastic to community involvement. Guangzhou young people's consumption level seems to have improved substantially and they have maintained a consumption structure. The leisure activities and places become more diverse, and Internet becomes the important channel for young people of Guangzhou to consume and spend leisure time on. As to Internet application, there appears the tendency of low age, entertainment and mobility for it has already became popularity for youth to surf the Internet. And deviant behaviors of teenagers are alarming, they tend to play truant and may not do their homework. As to development environment, the policy system of Guangzhou youth development and social environment become better, but it still can't meet the requirements of them, young people do not think highly of development environment.

The new positioning, new development, new plan of the Guangzhou, intertwined with changing social ideological trend, make Guangzhou young people change rapidly and remarkably. In the future, we should develop the youth work from multiple dimensions such as work ideas optimization, improvement of policy system and public service strength to provide young people a more harmonious, benign conditions and environment and to promote all-round development of Guangzhou young people.

Contents

Ⅰ　General Report

B.1　The Development of Guangzhou Youth under Chinese
　　　Economic Development New Normal

Shen Jie, Dong Yanchun / 001

Abstract: Guangzhou youth is under the macro background of economic development new normal, which brings both opportunities and challenges. They continue to grow in both opportunities and pressures, showing unique development characteristics of the times: having positive values, holding higher academic expectations and strong driving forces of education and learning, giving full subjective initiative in terms of employment and rising passion with entrepreneurial, enhancing self-protection awareness in marriage relationship, having rational consumer attitudes and healthy, diversify way of entertainment, holding clear sense of political participation and increasing behavior, offering the tendency of much more younger, mobility, entertaining in terms of accessing to the internet, facing greater social pressure to survive and making physical and mental development affected to some extent degree, showing lighter minors deviant behavior on the whole and rising incidence. Overall, policy system has been gradually improved to promote youth development in Guangzhou, but the environment for youth development still needs to be further optimized. In order to better promote youth work, we propose to develop a comprehensive youth policy, so that we can make sure the issues related to youth development have been concerned and resolved by the government from the system.

Keywords: New Normal; Guangzhou; Youth Development

Contents

B Ⅱ Sub – Reports

B. 2 Report on Youth Education and Study in Guangzhou

Jiang Yahui / 020

Abstract: The statistical data show that the youth education and learning in Guangzhou have a good social atmosphere. They mainly have good family economic conditions, accordingly they have higher expectations of degree and attach more importance to personal ability enhancement. Most youth actively participate in training to develop interests, therefore more and more youth have got the national professional qualification certificate. The overall satisfaction on education increased. However many problems still exists in youth education and learning, such as unbalanced development, highly educated hope is hard to meet, the personalized development and the quality of youth and family education need to be improved, etc. Therefore, we should insist on the priority to the development of education and the balanced development to guarantee the youth education and learning in Guangzhou. On the other side we should narrow the gap in the youth group education, meet the needs of the young people personality development, and gradually raise the level of youth education, improve the quality of youth amateur training, in order to make the youth lifelong education system perfect.

Keywords: Guangzhou Youth; Youth Education; Youth Learning

B. 3 Report on Youth Values in Guangzhou

Tu Minxia, Liu Yifei / 043

Abstract: This report focuses in the youth in Guangzhou, analyses the situation of their social values and life values. The results show that, in the social values, the youth in Guangzhou have a rebound confidence toward the nation's social and economic development, the expectation to a stable economic development is becoming stronger, and paying more attention to the social management, the

consciousness of law maintains on a high level, but has fallen a little compare to the former year. In the life values, individual oriented and practical are still the main characteristics of the youth in Guangzhou, the religious belief is not the mainstream among the youth, but the phenomenon that middle school students have religious belief is worthy of paying attention to, in addition, most of the youth are likely to be affected by the advanced models around them. Based on the results, this report has put forward several suggestions.

Keywords: The Youth in Guangzhou; Value; Longitudinal Study

B.4　Research on Physical and Psychological Health of Youth in Guangzhou　　*Yang Qiuyuan* / 077

Abstract: The research shows to some extent youth in Guangzhou have some health hidden problem at present. Compare with the survey result on 2010 and 2012, there is a downtrend among youth in Guangzhou having less time on physical exercise while youth in Guangzhou uses extreme negative coping strategies are rising year by year. Included education, work and income, top three intense pressure among youth in Guangzhou have existed for a long time. Even though the feeling of pressure are on downtrend year by year, state of mental health does not in a better development. The social support for youth in Guangzhou are in large fluctuation that there is an obvious change on resources they seek when they are in trouble or frustration. Youth in Guangzhou first seeks parents for help, then friends and professional psychological institution. In addition, individual counseling is more acceptable than before. Compared with the 80s and 90s, the feeling of pressure are almost the same, but youth in 80s takes no count of physical exercise. With less social support, poor physical health and psychological health, the youth in 80s seldom seeks help from friends, parents or faces difficulties themselves, so that they adopt more extreme negative coping behaviors. Therefore, we should pay highly attention to changes in youth in Guangzhou.

Keywords: Youth in Guangzhou; Physical Health; Psychological Health; Social Support

B. 5　Research on Youth Employment in Guangzhou　　*Sun Hui* / 107

Abstract: In this report, we comprehensive used the data that from "Guangzhou youth development status" survey in 2010, 2012and 2014 and Guangzhou municipal human resources and Social Security Bureau, with the purpose to analyse the problems existing in the current situation of Guangzhou youth employment and Entrepreneurship from vertical and horizontal angles. The study found that: Guangzhou youth's overall employment rate rises gradually, "entrepreneurship" has become an important choice for Guangzhou youth to work successful; salary counter ultra work stability, has become the most important factor to consider when one finding jobs; Guangzhou youth is more and more recognised human capital factors'effection on work, the concept of employment is becoming more rational; the quality of youth employment in Guangzhou is not very good, job satisfaction should be improved; "difficult employment" phenomenon in college students is still serious. Based on these findings, this report puts forward corresponding countermeasures and suggestions.

Keywords: Youth; Employment and Entrepreneurship; Employment Quality; Job Satisfaction

B. 6　Youth Participation in Guangzhou　　*Wu Donghua* / 134

Abstract: With the changes of the times youth participation presents the distinctcharacteristics and rules. At the same time youth participation in social change and social development is diverse. At present, in Guangzhou while the youth political consciousness raising and participation behavior reinforced, the way of political participation is limited. the youth's social participation is active such as the increasing number of the community involvement and becoming volunteers. Nevertheless the development of social organizations is not yet standard and the developmentmechanism of t voluntary is not yet perfect. All these interfere with the youth's social participation. Therefore the system of political participation should be further improvedand the space of social participation should be further broadened.

Keywords: Youth Participation; Political Participation; Social Participation; Social Organization; Volunteer Service

B.7 Research on Guangzhou Youth Marriage Status
　　　　　　　　　　　　　　　　　　　　　　　Liu Mengqin etc. / 156

Abstract: According to the research of value and attitude toward love and marriage, we can get these finding: 1. Youth in Guangzhou consider the spirit and sense satisfactions most, however, the affective and economic factors are less important than before. 2. Due to the increasing internet social networking and lack of the real social platform, the consciousness about responsibility of the marriage reduces and the marriage stability is weak. Marriage focuses on the rational relation more than the emotional relation. 3. Value of sex is more open than before, however, the consciousness about responsibility reduces. Female youth appeal the sex equality in reality. On the basis of the problem toward love and marriage in youth in Guangzhou, this research suggests that youth should build up correct value towards marriage and sex. Strengthen marriage and love education, reinforce emotional relation as well. Expand and set up the standard of the youth social networking platform. Develop diverse social work about love and marriage. Promote the social community work about individual and convenience.

Keywords: Youth in Guangzhou; Attitude Towards Marriage; The Marriage Service

B.8 Study on Youth Consumption and Leisure-time
　　　Activity in Guangzhou　　　　　　　*Tan Lihua, Zhou Liyi* / 180

Abstract: The present study reveals that in Guangzhou youth consumption level is rising. The consumption structure is maintaining stable. The consumption psychology is rational. Youth leisure-time activity is connected with multiple contents and locates. Internet becomes important in youth consumption and leisure-time activity. Youth consumption and youth leisure-time activity is important parts of the new-normal social-economic development. The progress of youth consumption and leisure activity help improve youth physical and mental development.

Keywords: Guangzhou Youth; Consumption; Leisure-time Activity

B. 9　Analysis on the Behavior of Youths in Guangzhou
　　　Concerning the Use of Internet　　　　　　*Liu Sixian* / 209

Abstract: The article is based on the statistic analysis in "The Survey on the Development of Youths in Guangzhou, 2014". The research shows that an increasing number of youths are using internet, and they start to use internet at a younger age. There is also a trend that they use internet for more entertaining activities and more and more mobile devices are applied involved with internet. Based on the analysis about the bahavior youths in Guangzhou show associated with the use of internet, I believe that our authorities should be required to set up a system to provide guidance, supervision, services and educational function. Also, an online platform concerning youths' behavoir should be established. And another approach is to provide more activities offline, so as to reduce youths' level of addiction to internet, the online environment, therefore, can be enhanced, which will contribute to a beneficial cycle of "internet +" in Guangzhou.

Keywords: Youths in Guangzhou; Internet

B. 10　Research on Teenagers' Deviant Behavior in Guangzhou
　　　　　　　　　　　　　　　　　　　　　　　　　Liu Nian / 240

Abstract: Based upon the data analysis of 1380 teenagers in Guangzhou, the research indicates the majority of teenagers' deviant behavior is the violation of school rules, such as truancy, not doing homework and damaging public property. Although the occurrence of teenagers' deviant behavior is 51% in Guangzhou, it is limited that the damage and dangers to our society are caused by these deviant behaviors. Compared with the relevant research data in 2013, the teenagers' proportion of smoking and substance abuse are both increased greatly. By controlling the effects of all other independent variables in logistic regression model, there are eight factors having significant impact on teenagers' deviant behaviors: gender, student type, parents' martial status, the bonding to teacher, academic performance, leisure arrangement, contact with delinquent involvement friends and pro-social values. In terms of research findings, for juvenile delinquency prevention, it is suggested to identify high-risk groups, guide the teenagers to make good friends and arrange their spare time, enhance family and school bonding, improve academic achievement, and foster their pro-social values.

Keywords: Teenagers; Deviant Behavior; Violation School Rules; Delinquent Involvement Friends

B.11 Environments for Youth Development in Guangzhou

Zhao Daojing, Deng Zhiping / 273

Abstract: From three aspects of the youth policy, the youth social environment and the youth development evaluation, the report analyzes the environmental situation of youth existence and development in Guangzhou at present. It is found that in recent years, the youth policy is improving, the youth social environment is optimizing, but there has a huge gap between the youth needs and the environments supply, the evaluation of the satisfaction of youth development environment is generally not high. In addition, the report analyzes the main problems and the reasons existing youth development environment in Guangzhou, and gives some advices to optimize the development environments.

Keywords: Youth Development; Social Environment; Environment Evaluation; Policy System

B III Special Reports

B. 12 The Investigation Report of Guangzhou College

Students Development *Gong Chao, Liang Yanyun* / 291

Abstract: The life of college students has got a change with the development of society and the progress of technology. Meanwhile, the development of college students also reflects changing times and society hot spots. In order to understand the development of college students in Guangzhou, the report gives a comprehensive analysis on the lifetime of college students in the form of a questionnaire survey. The results show that the college students in Guangzhou have a high learning enthusiasm, less entrepreneurship, concern about national affairs, have shortage of participation, sex concept is open, family responsibility is strong. Against the development of college students in present, we should guide them from perspective of education, public opinion, political participation, friends counseling, consumption.

Keywords: College Student; Guangzhou

B. 13 The Investigation Report of Guangzhou Rural Youth

Development *Guangzhou Communist Youth League,*

School of Government, Sun Yat - Sen University,

Research Group of Guangzhou Youth Development / 306

Abstract: Benefiting from supportive measures of governments, the living condition and development of Guangzhou rural youth has demonstrated new features. According to research, working in urban areas has become the best choice for rural migrant workers, but they are unable to accept professional training. They barely find a job with higher salary and their life satisfaction is not as good as their expectation. Their value on spouse selection and love & marriage tend to be traditional, but also more positive than before. New media has greater effects on the rural youth day by day as social

networks are prevailing. They rarely organize leisure-time activities and are short of recreational sport. Besides, they attach importance to current affairs, and hold positive attitude towards national and social development. Considering that current development of the rural youth, this report will put forward a plan for promoting development of rural youth from perspectives of financial support, skill training and policy guarantee.

Keywords: Rural Youth; Guangzhou

社会科学文献出版社　　　　　　　　　　　　皮书系列

❖ 皮书起源 ❖

"皮书"起源于十七、十八世纪的英国，主要指官方或社会组织正式发表的重要文件或报告，多以"白皮书"命名。在中国，"皮书"这一概念被社会广泛接受，并被成功运作、发展成为一种全新的出版型态，则源于中国社会科学院社会科学文献出版社。

❖ 皮书定义 ❖

皮书是对中国与世界发展状况和热点问题进行年度监测，以专业的角度、专家的视野和实证研究方法，针对某一领域或区域现状与发展态势展开分析和预测，具备权威性、前沿性、原创性、实证性、时效性等特点的连续性公开出版物，由一系列权威研究报告组成。皮书系列是社会科学文献出版社编辑出版的蓝皮书、绿皮书、黄皮书等的统称。

❖ 皮书作者 ❖

皮书系列的作者以中国社会科学院、著名高校、地方社会科学院的研究人员为主，多为国内一流研究机构的权威专家学者，他们的看法和观点代表了学界对中国与世界的现实和未来最高水平的解读与分析。

❖ 皮书荣誉 ❖

皮书系列已成为社会科学文献出版社的著名图书品牌和中国社会科学院的知名学术品牌。2011年，皮书系列正式列入"十二五"国家重点图书出版规划项目；2012~2014年，重点皮书列入中国社会科学院承担的国家哲学社会科学创新工程项目；2015年，41种院外皮书使用"中国社会科学院创新工程学术出版项目"标识。

中国皮书网
www.pishu.cn

发布皮书研创资讯，传播皮书精彩内容
引领皮书出版潮流，打造皮书服务平台

栏目设置：

- 资讯：皮书动态、皮书观点、皮书数据、皮书报道、皮书发布、电子期刊
- 标准：皮书评价、皮书研究、皮书规范
- 服务：最新皮书、皮书书目、重点推荐、在线购书
- 链接：皮书数据库、皮书博客、皮书微博、在线书城
- 搜索：资讯、图书、研究动态、皮书专家、研创团队

中国皮书网依托皮书系列"权威、前沿、原创"的优质内容资源，通过文字、图片、音频、视频等多种元素，在皮书研创者、使用者之间搭建了一个成果展示、资源共享的互动平台。

自 2005 年 12 月正式上线以来，中国皮书网的 IP 访问量、PV 浏览量与日俱增，受到海内外研究者、公务人员、商务人士以及专业读者的广泛关注。

2008 年、2011 年中国皮书网均在全国新闻出版业网站荣誉评选中获得"最具商业价值网站"称号；2012 年，获得"出版业网站百强"称号。

2014 年，中国皮书网与皮书数据库实现资源共享，端口合一，将提供更丰富的内容，更全面的服务。

法律声明

"皮书系列"(含蓝皮书、绿皮书、黄皮书)之品牌由社会科学文献出版社最早使用并持续至今,现已被中国图书市场所熟知。"皮书系列"的LOGO( )与"经济蓝皮书""社会蓝皮书"均已在中华人民共和国国家工商行政管理总局商标局登记注册。"皮书系列"图书的注册商标专用权及封面设计、版式设计的著作权均为社会科学文献出版社所有。未经社会科学文献出版社书面授权许可,任何使用与"皮书系列"图书注册商标、封面设计、版式设计相同或者近似的文字、图形或其组合的行为均系侵权行为。

经作者授权,本书的专有出版权及信息网络传播权为社会科学文献出版社享有。未经社会科学文献出版社书面授权许可,任何就本书内容的复制、发行或以数字形式进行网络传播的行为均系侵权行为。

社会科学文献出版社将通过法律途径追究上述侵权行为的法律责任,维护自身合法权益。

欢迎社会各界人士对侵犯社会科学文献出版社上述权利的侵权行为进行举报。电话:010-59367121,电子邮箱:fawubu@ssap.cn。

社会科学文献出版社